Der Todesbegriff im Strafrecht

Europäische Hochschulschriften

European University Studies

Publications Universitaires Européennes

Reihe II **Rechtswissenschaft**

Series II Law

Série II Droit

Band/Volume **5431**

Marie-Sophie Freiin von Thannhausen

Der Todesbegriff im Strafrecht

PL ACADEMIC RESEARCH

Bibliografische Information der Deutschen Nationalbibliothek
Die Deutsche Nationalbibliothek verzeichnet diese Publikation in der Deutschen Nationalbibliografie; detaillierte bibliografische Daten sind im Internet über http://dnb.d-nb.de abrufbar.

Zugl.: Heidelberg, Univ., Diss., 2012

D 16
ISSN 0531-7312
ISBN 978-3-631-64053-1

www.peterlang.de

Meinem Vater

Vorwort

Die vorliegende Arbeit wurde von der Juristischen Fakultät der Ruprecht-Karls-Universität Heidelberg als Dissertation angenommen; die mündliche Prüfung fand am 15.11.2012 statt.

Mein besonderer Dank gilt meinem Doktorvater Herrn Professor Dr. iur. Dr. h. c. Thomas Hillenkamp für seine Begleitung und Betreuung der Arbeit. Er hat mein Interesse an der Thematik der Untersuchung in einem seiner Seminare während meiner Studienzeit geweckt und gab mir sodann die Anregung, sich dieser in einer Dissertation anzunehmen.

Herrn Professor Dr. iur. Ralph Ingelfinger danke ich für die Erstellung des Zweitgutachtens.

Düsseldorf, den 1.12.2012 Marie-Sophie Freiin v. Thannhausen

Inhaltsverzeichnis

Abkürzungsverzeichnis

a. A.	anderer Ansicht
a. E.	am Ende
a. F.	alte Fassung
a. M.	am Main
AEUV	Vertrag über die Arbeitsweise der Europäischen Union
AG	Amtsgericht
Alt.	Alternative
Anh.	Anhang
APuZ	Aus Politik und Zeitgeschichte
Art.	Artikel
ArztR	Arztrecht
AufenthG	Gesetz über den Aufenthalt, die Erwerbstätigkeit und die Integ-ration von Ausländern im Bundesgebiet
Aufl.	Auflage
Ausschussdr.	Ausschussdrucksache
BayÄB	Bayerisches Ärzteblatt
BayObLG	Bayerisches Oberstes Landesgericht
Bd.	Band
Bearb.	Bearbeitung
Begr.	Begründer
BGB	Bürgerliches Gesetzbuch
BGH	Bundesgerichtshof
BGHSt	Entscheidungen des Bundesgerichtshofes in Strafsachen (Herausgegeben von den Mitgliedern des Bundesgerichtshofes und der Bundesanwaltschaft)
BtMG	Betäubungsmittelgesetz
BVerfG	Bundesverfassungsgericht
BVerfGE	Entscheidungen des Bundesverfassungsgerichts (Herausgegeben von den Mitgliedern des Bundesverfassungsgerichts)
bzw.	beziehungsweise
d.	durch

d. h.	das heißt
DÄBl.	Deutsches Ärzteblatt
Dez.	Dezember
DMW	Deutsche Medizinische Wochenschrift
DÖV	Die Öffentliche Verwaltung
DVBl	Deutsches Verwaltungsblatt
ebd.	ebenda
EGV	Vertrag zur Gründung der Europäischen Gemeinschaft
Einl.	Einleitung
EMRK	Europäische Konvention zum Schutze der Menschenrechte und Grundfreiheiten (Europäische Menschenrechtskonvention)
etc.	et cetera
EU	Europäische Union
EuGRZ	Europäische Grundrechte-Zeitschrift
EUV	EU-Vertrag
f.	folgende
FamRZ	Zeitschrift für das gesamte Familienrecht
F.A.Z.	Frankfurter Allgemeine Zeitung
ff.	folgende
Fn.	Fußnote
GA	Goltdammer's Archiv für Strafrecht
Geb.	Geburtstag
gem.	gemäß
GG	Grundgesetz
ggf.	gegebenenfalls
h. L.	herrschende Lehre
h. M.	herrschende Meinung
Hervorh.	Hervorhebung
Hrsg.	Herausgeber
i. E.	im Ergebnis
i. e. S.	im engeren Sinne
i. R. d.	im Rahmen des
i. S. d.	im Sinne des
i. S. v.	im Sinne von
i. V. m.	in Verbindung mit
i. w. S.	im weiteren Sinne
JA	Juristische Arbeitsblätter
JR	Juristische Rundschau
jur.	juristisch
JuS	Juristische Schulung

JZ	Juristenzeitung
Kap.	Kapitel
KritV	Kritische Vierteljahresschrift für Gesetzgebung und Rechtswissenschaft
LK	Leipziger Kommentar
m. w. N.	mit weiteren Nachweisen
med.	medizinisch
Med. Klin.	Medizinische Klinik
MedR	Medizinrecht
MittBayNot	Mitteilungen des Bayerischen Notarvereins, der Notarkasse und der Landesnotarkammer
MMW	Münchener medizinische Wochenschrift
MüKo	Münchener Kommentar
n. F.	neue Fassung
NJW	Neue Juristische Wochenschrift
NJW-RR	NJW-Rechtsprechungs-Report Zivilrecht
Nr./Nrn.	Nummer/Nummern
NStZ	Neue Zeitschrift für Strafrecht
OLG	Oberlandesgericht
RGSt	Entscheidungen des Reichgerichts in Strafsachen
Rn.	Randnummer
Rspr.	Rechtsprechung
S.	Seite
s. o.	siehe oben
s. u.	siehe unten
Schweizer JZ	Schweizerische Juristen-Zeitung
sog.	so genannt
StGB	Strafgesetzbuch
StPO	Strafprozessordnung
TPG	Transplantationsgesetz
u. a.	unter anderem/und andere
UA	Unterabsatz
v.	von/vom
v. a.	vor allem
Var.	Variante
Verf.	Verfasserin
VerwArch	Verwaltungsarchiv
vgl.	vergleiche
Vorb.	Vorbemerkung/Vorbemerkungen

WStG	Wehrstrafgesetz
z. B.	zum Beispiel
ZfL	Zeitschrift für Lebensrecht
ZIS	Zeitschrift für Internationale Strafrechtsdogmatik
zit.	zitiert
ZJS	Zeitschrift für das juristische Studium
ZRP	Zeitschrift für Rechtspolitik
ZStW	Zeitschrift für die gesamte Strafrechtswissenschaft

A. Einführung

„Wahrscheinlich ist keine Menschheit je dem Tode gegenüber so ratlos gewesen wie die heutige."[1]

„Wir (...) kennen kein höheres Würfelspiel als das um Tod und Leben: Jeder Entscheidung über diese sehn wir mit der äußersten Spannung, Teilnahme und Furcht entgegen: denn es gilt in unsern Augen alles in allem."[2]

Diese beiden Zitate von WEIZSÄCKER und SCHOPENHAUER verdeutlichen, mit welcher Ehrfurcht und zugleich mit welcher Hilf- und Ratlosigkeit der Mensch dem Tode als der unausweichlichen Kehrseite seines menschlichen Lebens generell gegenübersteht. Außerdem wird durch die Formulierung SCHOPENHAUERs „Würfelspiel um Tod und Leben" deutlich: Wer sich mit dem Tode beschäftigt, befasst sich notwendigerweise auch mit dem Leben. Denn die Frage nach dem Tod bedeutet zugleich, „was ist Nicht-Leben?"[3] Tod und Leben sind somit untrennbar miteinander verknüpft. „Der Tod ist [„ein Phänomen des Lebens"[4]], von vornherein und von innen her dem Leben verbunden."[5]

Doch ethische, theologische und philosophische Betrachtungen können sich allesamt damit begnügen, über den Tod, den SCHOPENHAUER als „[den] eigentlich inspirierende[n] Genius der Philosophie"[6] beschreibt, „zu reden",[7] dem einzelnen Menschen Hilfen für den Umgang mit diesem bereitzustellen sowie sich damit

---

1 Weizsäcker v., Der Garten des Menschlichen. Beiträge zur geschichtlichen Anthropologie (1977), 146.

2 Schopenhauer, Löhneysen (Hrsg.), Sämtliche Werke Band II. Die Welt als Wille und Vorstellung Band 2 (1960), 604.

3 Lengeler, in: Ochsmann (Hrsg.), Lebens-Ende (1991), 85 (85); so auch Ingelfinger, Grundlagen und Grenzbereiche des Tötungsverbots. Das Menschenleben als Schutzobjekt des Strafrechts (2004), 137.

4 Heidegger, Sein und Zeit (17. Auflage), 246.

5 Simmel, Das Individuum und die Freiheit. Essais (1984), 30.

6 Schopenhauer, Löhneysen (Hrsg.), Sämtliche Werke Band II. Die Welt als Wille und Vorstellung Band 2, 590.

7 Vgl. hierzu Schreiber, in: Festschrift für Egon Müller (2008), 685 (685), der treffend formuliert: „Das Recht als das vorläufig wirklich Maßgebliche – wie es Hans Ryffel gesagt hat – kann aber nicht wie die Philosophie nur über den Tod reden."

zu beschäftigen, was nach dem Tode sei.[8] Das Recht, insbesondere das Strafrecht als „mißtrauisches Recht“[9] und sinnbildlich gesprochen als „schärfster Hüter des Lebensschutzes“[10], sieht sich jedoch mit der Aufgabe konfrontiert, zu bestimmen, was als Tod des Menschen im (straf-) rechtlichen Sinne anzusehen ist. „Das [Straf]recht darf sich (…) in einer derart existentiellen Frage nicht um eine klare Grenzziehung drücken.“[11]

Die nachfolgende Untersuchung hat daher zum Ziel, eine Antwort auf diese Frage, was als Tod des Menschen im *strafrechtlichen* Sinne anzusehen ist, zu finden. Sie wird versuchen, zumindest im Bereich des Strafrechts, der menschlichen „Ratlosigkeit gegenüber dem Tod“ entgegenzutreten und festzulegen, wann im strafrechtlichen Sinne „die Würfel“ hinsichtlich des menschlichen Todes „gefallen sind“, die „höchste“ Entscheidung des menschlichen Daseins also im Strafrechtssinne getroffen ist. Da sich die nachfolgende Untersuchung als eine ausschließlich *rechtliche* begreift, werden hierbei all diejenigen außerrechtlichen Aspekte ausgeklammert werden, deren Erörterung für das (rechtliche) Verständnis nicht unbedingt erforderlich ist. Dies gilt insbesondere für theologische, ethische, soziologische und philosophische Betrachtungen des menschlichen Todes.

Zunächst werden im ersten und zweiten Abschnitt (B und C) der Untersuchung[12] diejenigen Grundlagen medizinischer und rechtlicher Natur in Bezug auf den menschlichen Tod herausgestellt werden, die im Sinne eines allgemeinen Teils für das Verständnis aller nachfolgenden Abschnitte erforderlich sind. Im Anschluss daran widmet sich der dritte Abschnitt (D) explizit der Frage, was als strafrechtlicher Todesbegriff anzusehen ist und wird so den Versuch unternehmen, unter

8 Vgl. hierzu statt vieler beispielsweise Küng, in: Jens/Küng (Hrsg.), Menschenwürdig sterben. Ein Plädoyer für Selbstverantwortung (2. Auflage), 32 ff.

9 Eser, in: Jens/Küng (Hrsg.), Menschenwürdig sterben, 137 (137).

10 Vgl. hierzu beispielsweise Hefendehl, in: JA 2011, 401 (401), der das Strafrecht als „das ‚schärfste Schwert‘ des Staates“ bezeichnet.

11 Sternberg-Lieben, in: JA 1997, 80 (81).

12 Für *alle* Abschnitte der nachfolgenden Untersuchung, bis auf Abschnitt vier (E), gilt: §§ ohne Gesetzesangabe sind solche des StGB. Außerdem hat sich die Verf. entschieden, generell die Termini „Gesamthirntodeskonzept“, „Herztodeskonzept“, „Großhirntodeskonzept“ (einschließlich ihrer Variationen wie beispielsweise Gesamthirntodesbegriff) zu verwenden und nicht die alternativen Schreibweisen „(Gesamt-)hirntodkonzept“, „Herztodkonzept“ sowie „Herztod-Konzept“, „Hirntod-Konzept“ zu gebrauchen, welche überwiegend in der Literatur vorzufinden sind. Die hier verwendete Schreibweise, welche das Genitiv „s“ beibehält, erleichtert nach Auffassung der Verf. den Lesefluss und ist zudem ebenso grammatikalisch korrekt wie die übrigen (zumeist) vorzufindenden Schreibweisen; dies bestätigte eine wissenschaftliche Mitarbeiterin der Abteilung Grammatik des Instituts für Deutsche Sprache (Sitz Mannheim), welche die Verf. zu diesem Zwecke befragte.

Berücksichtigung verschiedener im Laufe der Untersuchung noch zu klärender Aspekte einen angemessenen Todesbegriff für das Strafrecht herauszuarbeiten. Anhand eines Blicks in andere Rechtsgebiete, in das Zivilrecht, Verfassungsrecht und Europarecht i. w. S. (EU-Recht und EMRK), dienen die folgenden drei Abschnitte (E bis G) sodann insbesondere dazu, den mittels des dritten Abschnitts gefundenen strafrechtlichen Todesbegriff auf seine Konsistenz (u. a. Stichhaltigkeit, Schlüssigkeit sowie Vertretbarkeit) im Hinblick auf die Erkenntnisse aus anderen Rechtsgebieten zu überprüfen. Auf diese Weise wird die Untersuchung idealiter zu einem strafrechtlichen Todesbegriff gelangen, der mit diesen anderen Rechtsgebieten, insbesondere mit dem Verfassungsrecht, im Einklang steht. Schließlich und letztlich (Abschnitt H) wird sich die Arbeit dann noch der Frage zuwenden, ob es sinnvoll wäre, eine gesetzliche Kodifikation des strafrechtlichen Todesbegriffes vorzunehmen.

B. Medizinische Grundlagen – Der Todesbegriff in der Medizin

Für das Verständnis der nachfolgenden Abschnitte ist es unerlässlich, gewissermaßen als Hintergrundwissen darzulegen, was in der Medizin als Tod des Menschen angesehen wird.[13]

Neben dem „klassischen“ Herztod[14] spielt mittlerweile das Gehirn in Bezug auf die medizinischen Todesbegriffe die zentrale Rolle. Daher sollen zunächst die Bedeutung des Gehirns für den menschlichen Organismus und seine Anatomie erläutert werden.[15] Auf dieser Grundlage wird sodann auf die einzelnen medizinischen Todeskonzepte[16] eingegangen werden.

13 Sinn und Zweck des vorliegenden Abschnitts ist es nicht, eine medizinische Diskussion zu führen; dies würde Reichweite und Kompetenz der Arbeit übersteigen, es soll vielmehr lediglich dargestellt werden, welche Todesbegriffe in der Medizin vertreten werden.

14 In 99 % der Fälle wird der Tod medizinisch durch den Nachweis äußerer sicherer Todeszeichen (Totenflecken, Totenstarre) festgestellt, die als Folge des irreversiblen Herzkreislaufstillstands („klassischer“ Herztod) eintreten; nur in 0,5 bis 1 % aller Todesfälle stirbt das Gehirn unter den intensivmedizinischen Bedingungen des Gesamthirntodes ab; vgl. Nickel, Die Entnahme von Organen und Geweben bei Verstorbenen zum Zwecke der Transplantation (1999), 87; Schlake/Roosen, Der Hirntod als der Tod des Menschen (2. Auflage), 15.

15 Die nachfolgenden Ausführungen müssen für die vorliegenden Zwecke auf das Wesentliche reduziert werden, eine ausführliche Darstellung kann hier nicht erfolgen; vgl. ausführlich zum menschlichen Gehirn statt vieler: Oduncu, Hirntod und Organtransplantation (1998), 18 ff.; Thompson, Das Gehirn. Von der Nervenzelle zur Verhaltenssteuerung (3. Auflage).

16 Hierbei geht es um die Frage, was medizinisch als menschlicher Individualtod (das Lebensende des Individuums „Mensch“, vgl. hierzu Pschyrembel Online: http://www.wdg.pschyrembel.de.ubproxy.ub.uni-heidelberg.de (Stand: August 2012) unter dem Stichwort „Tod“; Bertels, Der Hirntod des Menschen – medizinische und ethische Aspekte (2002), 25) anzusehen ist. In der medizinischen Literatur zum Tod sind weiter die Begriffe „totaler Tod“ und „Organtod“ zu finden: Unter dem „totalen Tod“ (Gesamttod, biologischer Tod) versteht man den Zeitpunkt des Absterbens der letzten Zelle des Körpers, mit der Bezeichnung „Organtod“ (Partialtod) beschreibt man jeweils den irreversiblen Funktionsverlust eines einzelnen Organs; vgl. hierzu Bertels, Der Hirntod, 25 f.; Oduncu, in: Roxin/Schroth (Hrsg.), Medizinstrafrecht (2. Auflage), 199 (229 ff.); Schlake/Roosen, Der Hirntod als der Tod, 10 f.; mangels Relevanz wird auf diese beiden Begriffe jedoch im Folgenden nicht näher einzugehen sein.

I. Der Aufbau des menschlichen Gehirns

„Das menschliche Gehirn ist die bei weitem komplizierteste Struktur, die wir im Universum kennen.“[17] „[Es] ist die zentrale und oberste Schalt- und Integrationsstelle des menschlichen Organismus.“[18] Diese beiden Zitate der Autoren THOMPSON und ODUNCU fassen sowohl die Einzigartigkeit des Gehirns als auch seine Bedeutung für den menschlichen Organismus treffend zusammen.

Anatomisch lässt sich das Gehirn im Wesentlichen in drei größere Abschnitte gliedern: das Großhirn, den Hirnstamm[19] und das Kleinhirn.[20]

Den größten Bereich des menschlichen Gehirns stellt das Großhirn dar.[21] Es besteht aus einer linken und einer rechten Hirnhälfte.[22] Die erstere beinhaltet grundsätzlich die Sprachzentren und ist gegenüber der zweiten dominant.[23] Weiter unterteilt sich das Großhirn in die Großhirnrinde (Cortex) und das Großhirnmark.[24] Die Großhirnrinde ermöglicht es, dass sich ein Mensch dem anderen mitteilen kann.[25] Die über die Sinnesorgane erfassten Reize dringen durch die Hirnrinde in das Bewusstsein ein und können dadurch im Gedächtnis gespeichert werden.[26] Daher wird die Großhirnrinde auch „als die notwendige materielle Voraussetzung der ‚spezifisch menschlichen‘ Eigenschaften angesehen, weil sie für das qualitative Bewußtsein, wie Denken, Sprechen, Fühlen [und] Erleben (…) wesentlich und unersetzbar ist.“[27]

---

17 Thompson, Das Gehirn, 1.

18 Oduncu, in: Roxin/Schroth (Hrsg.), Medizinstrafrecht, 199 (203); Oduncu, Hirntod und Organtransplantation, 24.

19 Zusammen mit dem Zwischenhirn bildet der Hirnstamm das sog. Stammhirn, der Hirnstamm ist also Teil des Stammhirns, siehe hierzu Pschyrembel Online: http://www.wdg.pschyrembel.de.ubproxy.ub.uni-heidelberg.de (Stand: August 2012) unter dem Stichwort „Stammhirn“.

20 Oduncu, Hirntod und Organtransplantation, 25; Oduncu, in: Roxin/Schroth (Hrsg.), Medizinstrafrecht, 199 (203); vgl. hierzu auch: Spittler, Gehirn, Tod und Menschenbild (2003), 29 f.; vgl. zur Anatomie des Gehirns auch Schlake/Roosen, Der Hirntod als der Tod, 16 ff.

21 Oduncu, in: Roxin/Schroth (Hrsg.), Medizinstrafrecht, 199 (204).

22 Oduncu, in: Roxin/Schroth (Hrsg.), Medizinstrafrecht, 199 (204); Oduncu, Hirntod und Organtransplantation, 30.

23 Oduncu, in: Roxin/Schroth (Hrsg.), Medizinstrafrecht, 199 (204); Oduncu, Hirntod und Organtransplantation, 30.

24 Oduncu, in: Roxin/Schroth (Hrsg.), Medizinstrafrecht, 199 (204); Oduncu, Hirntod und Organtransplantation, 30.

25 Oduncu, in: Roxin/Schroth (Hrsg.), Medizinstrafrecht, 199 (204); vgl. das Zitat von Thompson zur Bedeutung der Großhirnrinde: „Die Großhirnrinde (…) macht den Menschen zu dem, was er ist. In diesem großen Gehirnbereich verbirgt sich ein entscheidender Teil des Geheimnisses unseres Bewußtseins (…).“, zitiert nach Oduncu, in: Roxin/Schroth (Hrsg.), Medizinstrafrecht, 199 (203).

26 Oduncu, in: Roxin/Schroth (Hrsg.), Medizinstrafrecht,199 (204).

27 Oduncu, in: Roxin/Schroth (Hrsg.), Medizinstrafrecht, 199 (204).

Der Hirnstamm setzt sich aus dem verlängerten Mark, der Brücke und dem Mittelhirn zusammen.[28] Er erfüllt überwiegend vegetative, für das Leben unersetzliche Funktionen.[29] Hierzu zählen unter anderem der Atemantrieb, die zentrale Blutdruckregulation, die Steuerung der Herzkreislauftätigkeit sowie die Regulierung des Schlaf-Wach-Rhythmus.[30]

Aufgabe des Kleinhirns ist es, die Motorik zu koordinieren.[31] Hierfür ist es das wichtigste Organ.[32] Es greift als stabilisierendes Regelsystem korrigierend und harmonisierend in Bewegungsabläufe ein, indem es die Vorinformationen über die Bewegungsabläufe, welche in ihm aus unterschiedlichen Hirngebieten zusammenlaufen, mit Rückinformationen aus dem Bewegungsapparat der Körperperipherie und aus dem Gleichgewichtsorgan des Innenohrs vergleicht.[33]

Nachdem die für die vorliegenden Zwecke entscheidende Anatomie des Gehirns dargestellt wurde, sollen nun auf dieser Grundlage die in der Medizin zur Diskussion gestellten Todesbegriffe erläutert werden.

II. Der Gesamthirntod als medizinischer Todesbegriff

1. Definition des Gesamthirntodes

Zur Beantwortung der Frage, was in der Medizin unter dem Begriff „Gesamthirntod" zu verstehen ist, bietet es sich an, die Erklärungen des Wissenschaftlichen Beirates der Bundesärztekammer heranzuziehen.

28 Pschyrembel Online: http://www.wdg.pschyrembel.de.ubproxy.ub.uni-heidelberg.de (Stand: August 2012) unter dem Stichwort „Hirnstamm"; vgl. hierzu auch Oduncu, in: Roxin/Schroth (Hrsg.), Medizinstrafrecht, 199 (205); Oduncu, Hirntod und Organtransplantation, 25.

29 Oduncu, in: Roxin/Schroth (Hrsg.), Medizinstrafrecht, 199 (206); Oduncu, Hirntod und Organtransplantation, 28.

30 Oduncu, in: Roxin/Schroth (Hrsg.), Medizinstrafrecht, 199 (206); Oduncu, Hirntod und Organtransplantation, 28.

31 Oduncu, in: Roxin/Schroth (Hrsg.), Medizinstrafrecht, 199 (206); Oduncu, Hirntod und Organtransplantation, 28.

32 Oduncu, in: Roxin/Schroth (Hrsg.), Medizinstrafrecht, 199 (206); Oduncu, Hirntod und Organtransplantation, 28.

33 Oduncu, in: Roxin/Schroth (Hrsg.), Medizinstrafrecht, 199 (206); Oduncu, Hirntod und Organtransplantation, 28.

So legt die 3. Fortschreibung[34] der Entscheidungshilfen des Wissenschaftlichen Beirates der Bundesärztekammer zur Feststellung des Hirntodes vom 9.05.1997 folgendes fest: „Der Hirntod wird definiert als Zustand der irreversibel erloschenen Gesamtfunktion des Großhirns, des Kleinhirns und des Hirnstamms. Dabei wird durch kontrollierte Beatmung die Herz- und Kreislauffunktion noch künstlich aufrechterhalten."[35] Weiter heißt es an anderer Stelle: „Mit dem Hirntod ist naturwissenschaftlich-medizinisch der Tod des Menschen festgestellt."[36]

All dies bedeutet: Mit dem irreversiblen Ausfall der Gesamtfunktion des Großhirns, Kleinhirns und des Hirnstamms bei noch künstlicher Aufrechterhaltung von Herz- und Kreislauftätigkeit (Gesamthirntod) ist medizinisch der Tod des Menschen eingetreten.[37]

---

34 Am 9.4.1982 formulierte der Wissenschaftliche Beirat der Bundesärztekammer zum ersten Mal Entscheidungshilfen zur Feststellung des Hirntodes; diese wurden in den Jahren 1986 und 1991 weiter fortgeschrieben; vgl. hierzu DÄBl. 1982, A/B 45 ff., DÄBl. 1986, B 2940 ff.; DÄBl. 1991, B 2855 ff.; zur Analyse der Stellungnahmen des Wissenschaftlichen Beirates zum Hirntod vgl. Rixen, Lebensschutz am Lebensende. Das Grundrecht auf Leben und die Hirntodkonzeption (1999), 208 ff.; Spittler, Gehirn, Tod, 7 ff.

35 Vgl. DÄBl. 1997, C-957 (C-958); der Sterbeverlauf ohne intensivmedizinische Betreuung ereignet sich 1. beim Herzkreislaufstillstand grundsätzlich wie folgt: Zunächst tritt der Herzkreislaufstillstand ein, dann tritt der irreversible Herzkreislaufstillstand ein und schließlich tritt der Hirntod ein (auch hier kommt es also zu einem Absterben des Gehirns); 2. bei einer schweren Hirnschädigung infolge eines Unfalls, Tumors etc. kommt es zu einem Organtod des Gehirns und sodann als dessen Folge zum irreversiblen Herzkreislaufstillstand: vgl. Schroth, in: Schroth/König/Gutmann/Oduncu, Transplantationsgesetz Kommentar (2005), vor §§ 3, 4 Rn. 10 f.; Spittler, Gehirn, Tod, 57 f.; Wuermeling, in: ZfL 2011, 51 (53).

36 Vgl. DÄBl. 1997, C-957 (C-958); früher in den Richtlinien von 1982, 1986 und 1991 hieß es noch ausdrücklich: „Der Hirntod ist der Tod des Menschen." vgl. DÄBl. 1982, A/B 45 ff., DÄBl. 1986, B 2940 ff.; DÄBl. 1991 B 2855 ff.; zur möglichen Erklärung dieser abgeänderten Formulierung: Spittler, Gehirn, Tod, 8; bei Madea/Dettmeyer, Basiswissen Rechtsmedizin (2007), 69 heißt es hingegen ausdrücklich: „Der Hirntod ist der Tod des Menschen."

37 Vgl. statt vieler: Angstwurm, in: Hoff/in der Schmitten (Hrsg.), Wann ist der Mensch tot? Organverpflanzung und Hirntodkriterium (1995), 41 ff.; Berlit/Rumpl, in: Berlit (Hrsg.), Klinische Neurologie (2. Auflage), 1210; Oduncu, Hirntod und Organtransplantation, 182 ff.; zur Entstehung und Feststellung des Gesamthirntodes vgl. Bein, in: Burchardi (Hrsg.), Klinikmanual Intensivmedizin (2011), 482 ff.; Berlit/Rumpl, in: Berlit (Hrsg.), Klinische Neurologie, 1210 ff.; Förderreuther/Angstwurm, in: Intensivmedizin und Notfallmedizin 2003, 33 ff.; Oduncu, in: Roxin/Schroth (Hrsg.), Medizinstrafrecht, 199 (202), (208 ff.); Oduncu, in: Schroth/König/Gutmann/Oduncu, TPG Kommentar, Einl. Rn. 78 ff.; Schlake/Roosen, Der Hirntod als der Tod, 24 ff.; Spittler, Gehirn, Tod, 13 ff.; in 99 % der Fälle wird der Tod medizinisch durch den Nachweis äußerer sicherer Todeszeichen (Totenflecken, Totenstarre) festgestellt, die als Folge des irreversiblen Herzkreislaufstillstands eintreten; nur in 0,5 bis 1 % aller Todesfälle stirbt das Gehirn unter den intensivmedizinischen Bedingungen des Gesamthirntodes ab; vgl. Nickel, Die Entnahme von Organen und Geweben bei Verstorbenen, 87; Schlake/Roosen, Der Hirntod als der Tod, 15.

Doch war der Gesamthirntod seit eh und je als medizinischer Todesbegriff anerkannt? Um hierauf eine Antwort zu finden, soll im Folgenden im Wege einer historischen Betrachtung[38] erläutert werden, auf welche Weise es zur Bildung des medizinischen Todesbegriffs Gesamthirntod[39] gekommen ist.

2. Vom Herztod zum Gesamthirntod – die medizingeschichtliche Entwicklung des Todesbegriffs

Der Todesbegriff, welcher über Jahrhunderte in der Medizin galt, findet sinnbildlich seinen Niederschlag in dem altertümlichen Sprichwort „Kampf um das Leben bis zum letzten Atemzug".[40] Standen Herz-, Kreislauf- und Atemtätigkeit eines Menschen still, so war dieser tot.[41] Der Arzt war nicht in der Lage, diesen Zustand zu beheben.[42] Der Tod des Menschen trat ein, wo der Arzt die Grenzen seines Handelns und damit zugleich die Grenze des medizinisch Machbaren erreicht hatte.[43] Nach dieser klassischen Todesdefinition (Herztod) verstand man unter dem Tod des Menschen demnach „den irreversiblen Stillstand von Kreislauf und Atmung verbunden mit dem Aufhören der Tätigkeit des Zentralnervensystems und gefolgt von dem Absterben aller Zellen und Gewebe des gesamten Organismus."[44]

Mit der Errungenschaft neuer Erkenntnisse in Notfall- und Intensivmedizin wurde dieser klassische Todesbegriff zunehmend in Frage gestellt.

Zum einen war man nun in der Lage, Menschen mit Atmungs- und Kreislaufstillstand, denen früher mangels medizinischer Möglichkeiten keine Hilfe mehr geleistet werden konnte, wiederzubeleben.[45] Dies machte das Merkmal der Irre-

38 Eine ausführliche historische Darstellung findet sich auch bei Stoecker, Der Hirntod. Ein medizinethisches Problem und seine moralphilosophische Transformation (2. Auflage), 26 ff.

39 Als Synonym für Gesamthirntod wird der Begriff „Hirntod" verwendet.

40 Geilen, in: FamRZ 1968, 121 (123).

41 Spittler, Gehirn, Tod, 5; vgl. hierzu auch Fritsche, Grenzbereich zwischen Leben und Tod (2. Auflage), 10 ff.

42 Geilen, in: FamRZ 1968, 121 (123).

43 Geilen, in: FamRZ 1968, 121 (123).

44 Hansen, Gerichtliche Medizin (2. Auflage), 20; eine einheitliche Begriffsbildung in dieser Form erfolgte allerdings erst im 20. Jahrhundert: vgl. Schlake/Roosen, Der Hirntod als der Tod, 10.

45 Spann, in: Krösl/Scherzer (Hrsg.), Die Bestimmung des Todeszeitpunktes (1973), 263 (265); seit der zweiten Hälfte des 18. Jahrhunderts wurden Wiederbelebungsmaßnahmen immer populärer, vgl. Klinge, Todesbegriff, Totenschutz und Verfassung – der Tod in der Rechts-

versibilität von Kreislauf- und Atemstillstand problematisch,[46] denn der Zustand von Atmungs- und Kreislaufstillstand konnte unter Umständen behoben werden.

Zum anderen konnte man mittels technischer Geräte, den Herz-Lungen-Maschinen, Atmung und Kreislauf künstlich aufrechterhalten.[47] In diesem Zusammenhang waren es die französischen Ärzte MOLLARET und GOULON, die 1959 ein neues Syndrom beobachteten, welches sie als „coma dépassé“ (übersetzt: „überschrittenes Koma“) bezeichneten.[48] Bei diesen Patienten war die Gehirntätigkeit vollständig erloschen, während ihre Herz- und Atmungstätigkeit weiter maschinell aufrechterhalten wurde.[49] Es wird deutlich: Dieser von den Ärzten als „coma dépassé“ beschriebene Zustand war kein anderer als der uns unter dem heutigen Namen bekannte Gesamthirntod.[50] Aus Unsicherheit, wie man mit Patienten in einem solchen Zustand umgehen sollte, beatmete man sie damals zunächst weiter, bis es trotz maschineller Betreuung zu einem Herzstillstand bei ihnen kam.[51]

---

ordnung unter besonderer Berücksichtigung verfassungsrechtlicher Dimensionen (1996), 89; zur Scheintodproblematik (hier waren Herz-, Kreislauf- und Atemtätigkeit so stark reduziert, dass sie äußerlich nicht mehr bemerkbar waren, so dass die betroffenen Menschen für tot gehalten wurden, obwohl sie noch lebten) vgl. Gütgemann/Käufer, in: DMW 1970, 702 ff.; Klinge, Todesbegriff, 90; Madea/Dettmeyer, Basiswissen Rechtsmedizin, 69; mit dieser Scheintodproblematik hängt auch folgender Fall zusammen: 1966 ereignete sich in einem dänischen Krankenhaus ein Aufruhr von Krankenschwestern, die gewissermaßen in einen „Transplantationsstreik“ traten, weil sie durch die Art und Weise der Durchführung der Transplantationen ein dänisches Gesetz als verletzt ansahen, das „ ‚die Entnahme der Leiche aus ihrem Bett‘ binnen einer 6-Stundenfrist nach Todeseintritt verbietet.“ Dieses alte dänische Gesetz diente gerade der Bewältigung der Scheintodproblematik; vgl. hierzu Geilen, in: FamRZ 1968, 121 (122 f.).

46 Spann, in: Krösl/Scherzer (Hrsg.), Die Bestimmung des Todeszeitpunktes, 263 (265); der klassischen Todesdefinition stand nun die Bezeichnung klinischer Tod gegenüber: Unter diesem „versteht man den Zustand in einem Zeitraum von etwa drei Minuten nach einem Herz- und Kreislaufstillstand, innerhalb dessen eine vollständige Wiederbelebung des Organismus durch Reanimationsbehandlung und intensivmedizinische Mittel wie künstliche Beatmung [grundsätzlich] möglich ist“, Bertels, Der Hirntod, 24 f.; vgl. auch Kaindl/Zilcher, in: Krösl/Scherzer (Hrsg.), Die Bestimmung des Todeszeitpunktes, 59 (60).

47 Klinge, Todesbegriff, 92; seit Ende der 50-iger Jahre wurde es möglich, mit Herz-Lungen-Maschinen Atmungs- und Herztätigkeit maschinell zu ersetzen; vgl. Schlake/Roosen, Der Hirntod als der Tod, 11.

48 Oduncu, in: Roxin/Schroth (Hrsg.), Medizinstrafrecht, 199 (234).

49 Oduncu, in: Roxin/Schroth (Hrsg.), Medizinstrafrecht, 199 (234).

50 Auch „dissoziierter Hirntod“ genannt; vgl. Nickel, Die Entnahme von Organen und Geweben bei Verstorbenen, 83; Oduncu, in: Roxin/Schroth (Hrsg.), Medizinstrafrecht, 199 (234); Spittler, Gehirn, Tod, 33; der Begriff „Hirntod“ wurde von Xavier Bichat (1771-1802) geprägt, der die gegenseitigen Beziehungen von Hirntod, Herztod und Lungentod beschrieb, vgl. Oduncu, in: Roxin/Schroth (Hrsg.), Medizinstrafrecht, 199 (232 ff.).

51 Oduncu, in: Roxin/Schroth (Hrsg.), Medizinstrafrecht, 199 (235).

An die Beobachtung dieses Syndroms schloss sich zugleich die Frage an, wann diese Menschen tot seien – bereits mit dem Eintritt des Hirntodes, oder erst, wenn trotz intensivmedizinischer Maßnahmen Atmungs- und Kreislauftätigkeit zum Stillstand kämen –, und bewegte von diesem Zeitpunkt an die medizinische Wissenschaft.[52]

Schon 1963 äußerten die deutschen Neurochirurgen TÖNNIS und FROWEIN: „Bei den hier besprochenen Patienten [gemeint sind solche im Zustand des Gesamthirntodes] muß (...) der Stillstand der Hirndurchblutung als Zeitpunkt des Todes gewertet werden.“[53] „Dies sei der ‚cerebrale Tod‘[54]“:[55] „Die künstliche Beatmung darf dann, trotz des noch schlagenden Herzens, abgestellt werden.“[56] Auch die Rechtsmediziner SPANN und LIEBHARDT sprachen sich im Jahre 1966 deutlich für den Hirntod als Tod des Menschen aus: „(...) Nur der Funktionszustand des Gehirns [ist] für die Beurteilung von Leben und Tod ausschlaggebend.“[57]

Schließlich war es eine weitere neue medizinische Errungenschaft, welche der (schon bestehenden) Diskussion um den Hirntod als Tod des Menschen einen besonderen Auftrieb verlieh.[58] Am 3.12.1967 wurde von Professor BARNARD in Kapstadt die erste Herztransplantation durchgeführt.[59] Spätestens mit diesem Zeitpunkt wurde deutlich: Das Herz konnte, nimmt man die postmortale Organentnahme ernst, den individuellen Tod des Spenders überleben.[60] Diese erste Herztransplantation brachte das Dilemma der (postmortalen) Organtransplantation zum Ausdruck: Einerseits musste der Spender tot sein, gleichzeitig war es von besonderer Wichtigkeit, die Organe möglichst frisch zu entnehmen.[61] Ein Abwarten nach den Regeln der klassischen Todesdefinition, bis der Herzstillstand bei dem Hirntoten trotz maschineller Beatmung eintrat, konnte diesen Anforderungen nicht gerecht werden.[62]

---

52 Oduncu, in: Roxin/Schroth (Hrsg.), Medizinstrafrecht, 199 (234); Spittler, Gehirn, Tod, 6.

53 Tönnis/Frowein, in: Monatsschrift für Unfallheilkunde 1963, 169 (188).

54 Tönnis/Frowein, in: Monatsschrift für Unfallheilkunde 1963, 169 (189).

55 Rixen, Lebensschutz am Lebensende, 194.

56 Tönnis/Frowein, in: Monatsschrift für Unfallheilkunde 1963, 169 (189).

57 Zitiert nach Oduncu, in: Roxin/Schroth (Hrsg.), Medizinstrafrecht, 199 (236).

58 Vgl. hierzu Geilen, in: Festschrift für Ernst Heinitz (1971), 373 (373 f.); Klinge, Todesbegriff, 94; Rixen, Lebensschutz am Lebensende, 197.

59 Oduncu, in: Schroth/König/Gutmann/Oduncu, TPG Kommentar, Einl. Rn. 50.

60 Geilen, in: Festschrift für E. Heinitz, 373 (373 f.).

61 Geilen, in: Festschrift für E. Heinitz, 373 (374); Maurer, in: DÖV 1980, 7 (14 f.).

62 Vgl. Klinge, Todesbegriff, 94.

Nicht zuletzt ausgelöst durch diese erste Herztransplantation,[63] stand bereits Ende der 60-iger Jahre in der Medizin (bis heute) fest,[64] um es mit den Worten KAUTZKYS zu formulieren: „Sie wissen alle, daß man sich entschlossen hat (...) den Gehirntod mit dem Tod des Menschen gleichzusetzen.“[65]

Trotz dieser Akzeptanz des Gesamthirntodes als Tod des Menschen in der medizinischen Wissenschaft dauerte es noch über zehn Jahre, bis der Wissenschaftliche Beirat der Bundesärztekammer erstmals im Jahre 1982 „Entscheidungshilfen zur Feststellung des Hirntodes“ bereitstellte.[66]

Die erste grundlegende Veröffentlichung, welche den Zustand des Hirntodes beschrieb und Richtlinien zu seiner Feststellung aufstellte, stammte nicht aus Deutschland, sondern aus den USA, von dem „Ad Hoc Committee of the Harvard Medical School of Examine the Definition of Brain Death“ im Jahre 1968.[67]

---

63 Klinge, Todesbegriff, 94; Rixen, Lebensschutz am Lebensende, 197.

64 Vgl. Rixen, Lebensschutz am Lebensende, 199.

65 Dies äußerte Kautzky am 20.06.1968 im Rahmen einer interdisziplinär organisierten Podiumsdiskussion auf der Jahrestagung der Deutschen Gesellschaft für Neurochirurgie; zitiert nach Oduncu, in: Roxin/Schroth (Hrsg.), Medizinstrafrecht, 199 (236); vgl. Rixen, Lebensschutz am Lebensende, 195; in der Medizin waren und sind nur wenige Gegenstimmen vorhanden, die den Hirntod als Tod des Menschen ablehn(t)en: vgl. hierzu: Rixen, Lebensschutz am Lebensende, 205 ff., der als Gegner des Gesamthirntodeskonzeptes u. a. den ehemaligen Direktor der Neurochirurgischen Klinik und Poliklinik der Universität Würzburg J. Gerlach nennt; vgl. hierzu auch Gerlach, in: MMW 1969, 732 ff.; als (im weiteren Sinne) medizinische Hirntodkritiker sind außerdem zu nennen: der Arzt P. Bavastro, in: ZRP 1999, 114 ff.; der US-amerikanische Neonatologe Prof. Dr. med. P. A. Byrne, in: Lebensforum 2007, 10 ff.; der Arzt Prof. Dr. Dr. K. Dörner, in: Deutscher Bundestag Ausschuss für Gesundheit Stellungnahmen zum Entwurf eines Transplantationsgesetzes, Ausschussdrucksache: 13/114, 21 ff. und, in: Deutscher Bundestag Ausschuss für Gesundheit Sammelstellungnahme zu den Anhörungen v. 25.09.96 und 9.10.96, Ausschussdrucksache 574/13, 11 ff.; der Biologe G. Roth, vgl. nur Roth/Dicke, in: Hoff/in der Schmitten (Hrsg.), Wann ist der Mensch tot?, 51 ff.; Roth, in: Firnkorn (Hrsg.), Hirntod als Todeskriterium (2000), 11 ff.; der Arzt J. in der Schmitten (vgl. beispielsweise: Hoff/in der Schmitten, in: Universitas 1995, 328 ff.); wohl auch der Arzt H. Thomas, in: ZfL 2008, 74 ff.

66 Vgl. Stellungnahme des Wissenschaftlichen Beirates der Bundesärztekammer zur Frage der Kriterien des Hirntodes, Entscheidungshilfen zur Feststellung des Hirntodes, in: DÄBl. 1982, A/B 45 ff.; die Kommission für „Reanimation und Organtransplantation der Deutschen Gesellschaft für Chirurgie“ nahm bereits Ende der 60-iger Jahre zu dem Gehirntod Stellung: vgl. hierzu Rixen, Lebensschutz am Lebensende, 195 f.

67 Nickel, Die Entnahme von Organen und Geweben bei Verstorbenen, 83; Spittler, Gehirn, Tod, 7 f.; diese Kommission setzte sich aus Medizinern, Ethikern, Juristen und Theologen zusammen, vgl. Schlake/Roosen, Der Hirntod als der Tod, 11.

3. Die biologisch-medizinische Begründung des Gesamthirntodes

Um zu erfahren, mit welcher Begründung medizinisch-naturwissenschaftlich der Gesamthirntod als Tod des Menschen angesehen wird, bietet sich wiederum ein Blick in die Entscheidungshilfen des Wissenschaftlichen Beirates der Bundesärztekammer zur Feststellung des Hirntodes an. Hier heißt es, „(…) der vollständige und endgültige Ausfall des gesamten Gehirns bedeutet [für den Organismus] biologisch [zugleich] den Verlust der

Selbst-Ständigkeit als Funktionseinheit, als Ganzes (Autonomie als Organismus),

Selbst-Tätigkeit als Funktionseinheit, als Ganzes (Spontaneität als Organismus),

Abstimmung und Auswahl von Einzelfunktionen aus der Funktionseinheit des Ganzen (Steuerung durch den Organismus),

Wechselbeziehung zwischen dem Ganzen als Funktionseinheit und seiner Umwelt (Anpassung und Abgrenzung als Ganzes) und

Zusammenfassung der einzelnen Funktionen und ihrer Wechselbeziehungen zum Ganzen als Funktionseinheit (Integration).“[68] Der unwiderrufliche Totalausfall der gesamten Gehirntätigkeit bedeute daher biologisch, dass die selbstständige, selbsttätige und selbstbestimmte Lebenseinheit und Lebensordnung des Organismus verloren gegangen sei.[69] Oder um es mit BONELLIS Worten auszudrücken: „(…) Das Gehirn ist gleichsam der Garant der Identität und Integration eines Individuums zu einem einheitlichen Ganzen. Mit dem Verlust des Gehirns gehen also die Integration, die Identität und die abgeschlossene Ganzheit des Menschen verloren. Er hört auf zu existieren.“[70]

---

68 Vgl. Stellungnahme des Wissenschaftlichen Beirats der Bundesärztekammer, in: DÄBl. 1993, B-2177 (2177); so auch Angstwurm, in: Hoff/in der Schmitten (Hrsg.), Wann ist der Mensch tot?, 41 (44).

69 Angstwurm, in: Hoff/in der Schmitten (Hrsg.), Wann ist der Mensch tot?, 41 (45); Angstwurm, in: Oduncu/Schroth/Vossenbühl (Hrsg.), Transplantation (2003), 28 (33); Oduncu, in: Roxin/Schroth (Hrsg.), Medizinstrafrecht, 199 (243 ff.).

70 Bonelli, in: Schwarz/Bonelli (Hrsg.), Der Status des Hirntoten (1995), 83 (103).

4. Ein Wiederaufleben der medizinischen Debatte um den Hirntod in den USA?

Grund für die Annahme, dass die medizinische Debatte um den Hirntod in den USA wiederauflebt, könnte folgende Veröffentlichung des President's Council on Bioethics[71] im Dezember 2008 mit dem Titel: „Controversies in the Determination of Death" sein.

In diesem Dokument, welches aus sieben Kapiteln besteht, befasst sich der Ethikrat mit dem Gesamthirntod als Tod des Menschen.[72] Die Ziele seiner Tätigkeit beschreibt der Rat wie folgt:[73] Er sieht es als seine Aufgabe an, erstens die Öffentlichkeit über das komplexe Thema „Tod" zu unterrichten,[74] zweitens sich mit den verschiedenen Auffassungen zu beschäftigen, welche die bisherige biologische Begründung des Gesamthirntodes als Tod des Menschen anzweifeln bzw. zu widerlegen versuchen[75], und drittens die problematische Beziehung zwischen der Festlegung des Todes und der Beschaffung von Organen zu klären.[76]

Für die vorliegend verfolgte Fragestellung, ob diese Veröffentlichung des Ethikrates den Schluss zulässt, die medizinische Debatte um den Hirntod lebe in den USA wieder auf, ist besonders die zweite Zielsetzung zu beachten, welche auf die biologisch-medizinische Begründung des Gesamthirntodes als Tod des Menschen[77] Bezug nimmt. Gerade dieses biologische Erklärungsmodell müsse,

---

71 Seine Aufgabe beschreibt der Rat wie folgt: „The Council shall advice the President on bioethical issues that may emerge as a consequence of advances in biomedical science and technology." (übersetzt: Der Rat soll den Präsidenten in bioethischen Fragen/Problemen beraten, die als Folge von Fortschritten in der biomedizinischen Wissenschaft und Technik zu Tage treten können) vgl. Executive Order creating the Council v. 28.11.2001: http://bioethics.georgetown.edu/pcbe/about/executive.html (Stand: Dez. 2011); er kann als US-amerikanisches Pendant zum deutschen Ethikrat bezeichnet werden vgl. Müller, in: ApuZ (2011), 3 (7).

72 Für den Ethikrat ist die zentrale Frage seines Berichtes diejenige, ob Menschen mit der Diagnose „Gesamthirntod" als tote Menschen angesehen werden können: „(...) the central question of this report is, are patients diagnosed with ‚whole brain death' dead as human beings?" vgl. http://bioethics.georgetown.edu/pcbe/reports/death/chapter1.html (Stand: Dez. 2011).

73 Vgl. Chapter One: Introduction: http://bioethics.georgetown.edu/pcbe/reports/death/chapter1.html (Stand: Dez. 2011).

74 „A. Educating the Public" http://bioethics.georgetown.edu/pcbe/reports/death/chapter1.html (Stand: Dez. 2011).

75 „B. Addressing Challenges to the Neurological Standard" http://bioethics.georgetown.edu/pcbe/reports/death/chapter1.html (Stand: Dez. 2011).

76 „C. Clarifying the Troubled Relationship Between Determining Death and Procuring Organs." http://bioethics.georgetown.edu/pcbe/reports/death/chapter1.html (Stand: Dez. 2011).

77 S. o. 3.

so der Ethikrat, aufgrund neuer Studien, welche zu der Erkenntnis gelangten, der Organismus verfalle nach dem Hirntod nicht in einen Zustand völliger Desorganisation, sondern sei in der Lage, auch ohne das Gehirn eine Vielzahl von Integrationsleistungen aufrechtzuerhalten, einer erneuten Überprüfung unterzogen werden.[78] So schildert der Ethikrat in Kapitel vier ausführlich eine Ansicht, welche die biologische Begründung des Hirntodeskonzeptes, mit dem Tod des Gehirns sei der Organismus als integrierendes Ganzes erloschen,[79] mit den verschiedensten Argumenten zu widerlegen versucht.[80] In diesem Zusammenhang werden in Anlehnung an D. A. SHEWMON[81] Fälle geschildert, bei denen die Beobachtung von Patienten, welche bereits hirntot waren und weiter intensivmedizinisch betreut wurden, ergeben hätte, dass die Zeitspanne zwischen Eintritt des Gesamthirntodes und Herzstillstand mehrere Jahre betragen könne.[82] Abschließend in Kapitel sieben betont der Ethikrat schließlich, dass es notwendig sei, bessere Antworten auf die Fragestellung, ob der Hirntod als Tod des Menschen angesehen werden könne, zu finden, als dies in der Vergangenheit geschehen sei.[83] Denn so stellt der Rat fest, die in der Vergangenheit angenommenen Tatsachen, wonach der Organismus eines Hirntoten kein integrierendes Ganzes mehr sei, und binnen kurzer Zeit nach dem Gesamthirntod auch der Kreislauf des Patienten

78 „And, perhaps most important, there are critics who have published evidence of ongoing integrated bodily activities in some persons meeting the criteria of 'whole brain death' and who have claimed that this evidence invalidates the rationale for today's consensus position. These challenges invite – indeed, they necessitate – a re-examination of the neurological standard (...)" http://bioethics.georgetown.edu/pcbe/reports/death/chapter1.html (Stand: Dez. 2011).

79 S. o. 3.

80 In Kapitel vier schildert der Ethikrat zwei konträre Ansichten, die erste ist jene, welche es ablehnt, den Hirntod als den Tod des Menschen anzusehen, die zweite setzt den Hirntod mit dem Tod des Menschen gleich, wird jedoch durch weitere philosophische Argumente durch den Rat untermauert (dieser zweiten Ansicht schließt sich der Ethikrat i. E. an) vgl.: http://bioethics.georgetown.edu/pcbe/reports/death/chapter4.html (Stand: Dez. 2011).

81 Zu der Person D. A. Shewmon und dessen Kritik an dem Hirntodeskonzept ausführlich Spittler, Gehirn, Tod, 91 f.; Spittler fasst Shewmons Thesen, die auch Grundlage der Beurteilung des Ethikrates sind, wie folgt zusammen: „Die Gleichsetzung des (...) Hirntodes mit dem Tod des Menschen kann nicht mit dem Argument eines unmittelbar auf den Hirntod folgenden Herzkreislaufstillstandes begründet werden – weil ein Überleben einzelner (...) hirntoter Körper bis zu 14 Jahren dokumentiert ist." „Die Gleichsetzung des (...) Hirntodes mit dem Tod des Menschen kann nicht mit dem Argument der erloschenen Organ-Interaktivität begründet werden – weil noch eine Vielzahl von Organinteraktionen im überlebenden übrigen Körper nachweisbar (...) ist und weil demgegenüber die Interaktion des Gehirns mit dem übrigen Körper deutlich weniger einzelne Funktionen umfasst und eher modulierende als integrierende Bedeutung hat." vgl. Spittler, Gehirn, Tod, 91; zu den Thesen Shewmons und seinen Untersuchungen in deutscher Übersetzung vgl. auch Shewmon, in: Schweidler/Neumann/Brysch (Hrsg.), Menschenleben – Menschenwürde (2003), 293 ff.

82 http://bioethics.georgetown.edu/pcbe/reports/death/chapter4.html (Stand: Dez. 2011).

83 http://bioethics.georgetown.edu/pcbe/reports/death/chapter7.html (Stand: Dez. 2011).

zum Erliegen komme, seien nunmehr aufgrund neuer empirischer Erkenntnisse zu Fragen geworden.[84] Diese durchaus kritischen, wenn auch zurückhaltenden Stellungnahmen des Ethikrates zu dem bisherigen biologischen Begründungsansatz in Bezug auf das Gesamthirntodeskonzept[85] können zumindest als eine Anregung dafür angesehen werden, die medizinische Debatte um den Hirntod wieder aufleben zu lassen. So sieht beispielsweise STOECKER in der Stellungnahme des Ethikrates einen der Gründe, die Debatte um den Hirntod (auch in Deutschland) weiterzuführen bzw. „wiederzubeleben".[86] Das Positionspapier des Ethikrates findet allerdings hierzulande gegenwärtig wenig Beachtung. [87]

---

84 „Until now, two facts about the diagnosis of total brain failure have been taken to provide fundamental support for a declaration of death: first, that the body of a patient with this diagnosis is no longer a ‚somatically integrated whole', and, second, that the ability of the patient to maintain circulation will cease within a definite span of time. Both of these supposed facts have been persuasively called into question in recent years." vgl.: http://bioethics.georgetown.edu/pcbe/reports/death/chapter7.html (Stand: Dez. 2011).

85 Der Ethikrat selbst bietet mit der zweiten Position, welche er in Kapitel vier schildert, eine Ergänzung der bisherigen biologischen Begründung des Gesamthirntodeskonzeptes an, indem er diese philosophisch untermauert; vgl.: http://bioethics.georgetown.edu/pcbe/reports/death/chapter4.html (Stand: Dez. 2011); der Ethikrat äußert, dass er sich bemüht habe, die bisherige biologische Begründung des Gesamthirntodeskonzeptes mit einer neuen und sicheren Begründung abzusichern: „(...) we sought to support this second position with a novel – and, we think, more secure – rationale" vgl.: http://bioethics.georgetown.edu/pcbe/reports/death/chapter5.html (Stand: Dez. 2011).

86 Stoecker, in: Preuß/Knoepffler/Kodalle (Hrsg.), Körperteile – Körper teilen?, (2009), 41 (44); neben Stoecker fordert auch Müller, in: Ethik in der Medizin 2010, 5 ff., ein „Revival der Hirntoddebatte" und stützt sich hier auf den Bericht des Council on Bioethics.

87 Die Physikerin und Medizinethikerin Müller setzt sich im Rahmen zweier Aufsätze mit dem Bericht des Council on Bioethics auseinander: siehe hierzu Müller, in: Ethik in der Medizin 2010, 10 f. und Müller, in: APuZ 2011, 5 ff.; die F.A.Z. befasste sich in einem Artikel v. 14.09.2010 unter der Überschrift „Ist die Organspende noch zu retten?" mit dem Dokument des Ethikrates vgl.: http://www.faz.net/aktuell/feuilleton/geisteswissenschaften/hirntod-ist-die-organspende-noch-zu-retten-1605259.html (Stand: Dez. 2011); die Ärztezeitung veröffentlichte am 24.06.2010 einen Beitrag mit dem Titel: „Anlass zu zweifeln: Wie sicher ist die derzeitige Diagnostik des Hirntodes?", in dem sie sich mit dem Bericht des Council on Bioethics beschäftigte vgl.: http://www.aerztezeitung.de/medizin/krankheiten/herzkreislauf/article/608610/sicher-derzeitige-diagnostik-des-hirntodes.html (Stand: Dez. 2011); am 4.04.2012 erschien in der Zeitung DIE ZEIT ein ausführlicher Beitrag mit dem Titel: „Wann ist ein Mensch tot?", in welchem sich der Autor u. a. mit dem Gesamthirntodeskonzept als menschlichem Tod auseinandersetzt. In diesem Zusammenhang wird das Dokument des Ethikrates als Anstoß für eine erneute Diskussion, wann der Tod des Menschen eingetreten ist, angesehen vgl. http://www.zeit.de/2012/15/M-Hirntod (Stand: April 2012); auch Duttge, in: ZfL 2011, 55 (55) weist auf das Dokument des Ethikrates hin; eine erneute ernsthafte medizinische Debatte um den Hirntod unter Fachleuten ist hierzulande (soweit ersichtlich) nicht zu erkennen: Im Rahmen der Beratungen um die Änderung des Transplantationsgesetzes im Sommer 2011 hatte Manzei (Prof. für Soziologie) geäußert, es sei notwendig, aufgrund neuer medizinischer Studien (es liegt nahe, dass sie sich auf Studien bezieht, die denen, welche auch dem Coun-

III. Der Teilhirntod als medizinischer Todesbegriff

In der Medizin gibt es Auffassungen, welche anstreben, den Tod des Menschen schon dann anzunehmen, wenn lediglich ein Teil seines Gehirns – daher die Bezeichnung Teilhirntod – abgestorben ist. Das Teilhirntodeskonzept gliedert sich in zwei Untergruppen, den Hirnstammtod (Stammhirntod)[88] und den Großhirntod (Kortikaltod).[89]

1. Der Hirnstammtod als medizinischer Todesbegriff

Hiernach ist der Tod des Menschen trotz möglicherweise noch erhaltener Funktionstüchtigkeit der Großhirnrinde bereits dann eingetreten, wenn der Hirnstamm vollständig ausgefallen ist.[90]

---

cil on Bioethics zugrundelagen, entsprechen) das Hirntodeskonzept erneut zu überdenken. Hierzu äußerte der Hirntodspezialist Angstwurm: „Es gibt keine neuen wissenschaftlichen Erkenntnisse" und der Bundesärztekammerpräsident Montgomery fügte hinzu: „Es ist unendlich schwer etwas zu beweisen, was es nicht gibt." vgl.: http://www.bundestag.de/dokumente/textarchiv/2011/34841558_kw26_pa_gesundheit/index.html (Stand: Dez. 2011).

88 Die Begriffe „Hirnstammtod" und „Stammhirntod" werden synonym verwendet, vgl. hierzu z. B. Bertels, Der Hirntod, 27; Lachenmeier, Der Tod im liberalen Staat. Die Definitionsmacht des Rechts über den Todeszeitpunkt (2008), 89 f.; dies ist allerdings, wie Bertels, Der Hirntod, 27, zutreffend feststellt „semantisch unscharf", da die Termini „Hirnstamm" und „Stammhirn" gerade keine Synonyme sind, sondern unterschiedliche Teile des Gehirns umfassen, s. o. I. Fn. 19.

89 In der Literatur wird teilweise missverständlich nur der Großhirntod mit der Bezeichnung Teilhirntod gleichgesetzt; vgl. hierzu: Bertels, Der Hirntod, 27 Fn. 3.

90 Oduncu, in: Roxin/Schroth (Hrsg.), Medizinstrafrecht, 199 (218); Bertels, Der Hirntod, 27; Schroth, in: Schroth/König/Gutmann/Oduncu, TPG Kommentar, vor §§ 3, 4 Rn. 26; Spittler, in: Ethik in der Medizin 1995, 128 (136); dieser Todesbegriff gilt beispielsweise in Großbritannien: Menschen mit „totalem Locked-in-Syndrom" (hierunter ist ein Krankheitsbild des Hirnstamms zu verstehen, bei dem alle Bewegungen im Bereich des Körpers einschließlich der senkrechten Augenbewegungen ausgefallen sind, woraus man schließt, dass der gesamte Hirnstamm erloschen ist und nicht nur Teile, wie beim „klassischen" Locked-in-Syndrom, bei dem noch die senkrechten Augenbewegungen möglich sind) sind hiernach tot; vgl. Spittler, Gehirn, Tod, 77 f.; zu betonen ist, dass das „klassische Locked-in-Syndrom" nicht unter den Hirnstammtodesbegriff fällt, da der Hirnstamm hier eben nur teilweise und nicht vollständig ausgefallen ist; vgl. näher zum Locked-in-Syndrom und der Kritik an dem Begriff „totales Locked-in-Syndrom" Oduncu, Hirntod und Organtransplantation, 85 f.; Schlake/Roosen, Der Hirntod als der Tod, 59 f.

2. Der Großhirntod als medizinischer Todesbegriff

Nach diesem Konzept ist der Mensch bereits dann tot, wenn das Großhirn, insbesondere die Großhirnrinde, unwiederbringlich zerstört ist.[91]

Eine solche Definition des Todes wird für diejenigen Patienten praktisch relevant, welche an Krankheiten oder Verletzungen leiden, bei denen das Großhirn fehlt bzw. erloschen ist. Daher sollen die betreffenden Krankheitsbilder[92] im Folgenden geschildert werden.

a) Anencephalie[93]

Ungefähr 0,5 bis 1 % der Neugeborenen leiden unter Anencephalie.[94] Anencephalie ist eine besonders schwere, weit vor der Geburt entstehende Missbildung des Gehirns mit etwas unterschiedlicher Ausprägung.[95] Typischerweise fehlen bei diesen Neugeborenen der knöcherne Gehirnschädel, die Hirnhäute und das Großhirn vollständig.[96] Außerdem können Teile des Hirnstamms und des Klein-

---

91 Spittler, in: Universitas 1995, 313 (321), der Vertreter dieser Theorie als „konsequent denkende Neurowissenschaftler" bezeichnet; Klinge, Todesbegriff, 157; zu dem Großhirntodeskonzept: Kurthen/Linke, in: Hoff/in der Schmitten (Hrsg.), Wann ist der Mensch tot?, 82 ff.; v. a. in den USA gibt es Bestrebungen, die fordern, den Tod des Menschen bereits mit dem Großhirntod anzunehmen: vgl. hierzu die Nachweise bei Merkel, in: Jura 1999, 113 (116 Fn. 23); in der Schmitten, in: Höfling, Kommentar zum Transplantationsgesetz (2003), Anhang zu § 3 Rn. 61; von deutscher medizinischer Seite ist der Neurochirurg Röttgen zu nennen, der im Jahre 1968 im Rahmen eines medizinischen Symposiums äußerte: „Nein, wir einigen uns nicht auf Hirn. Ich sage Cortex, und ich bin dagegen, daß man nur das, was nun wirklich mausetot ist, als tot feststellt. Damit ist dem Totengräber geholfen, aber nicht dem Chirurgen, wenn er wirklich transplantieren will (...).", vgl. Röttgen, in: Penin/Käufer (Hrsg.), Der Hirntod. Todeszeitbestimmung bei irreversiblem Funktionsverlust des Gehirns (1969), 54 f.; die Begründung des Großhirntodeskonzeptes wird hier bewusst außer Acht gelassen, da diese weniger eine medizinische als vielmehr eine anthropologische ist (vgl. Spittler, Gehirn, Tod, 80); zur Begründung des Großhirntodeskonzeptes s. u. C. III. 2. b).

92 Neben der Anencephalie und dem apallischen Syndrom wird diskutiert, inwiefern bei einer weit fortgeschrittenen Demenz von dem Zustand des Großhirntodes gesprochen werden kann, vgl. hierzu i. E. verneinend: Spittler, in: Universitas 1995, 313 (325); Oduncu, Hirntod und Organtransplantation, 90 f.

93 Spittler, Gehirn, Tod, 80, bezeichnet diese Krankheit als „Prototyp des Großhirntodeskonzeptes".

94 Oduncu, in: Schroth/König/Gutmann/Oduncu, TPG Kommentar, Einl. Rn. 97; Oduncu, in: Roxin/Schroth (Hrsg.), Medizinstrafrecht, 199 (220).

95 Spittler, in: Universitas 1995, 313 (324).

96 Oduncu, in: Schroth/König/Gutmann/Oduncu, TPG Kommentar, Einl. Rn. 97; Oduncu, in: Roxin/Schroth (Hrsg.), Medizinstrafrecht, 199 (220); Oduncu, Hirntod und Organtransplantation, 88.

hirns nicht vorhanden oder schwerstgradig fehlgebildet sein.[97] Der Hirnstamm ist allerdings in der Regel soweit entwickelt, dass eine Eigenatmung der Kinder wenigstens für kurze Zeit möglich ist.[98] Dies gewährleistet eine selbstständige Herzkreislauftätigkeit, sodass die übrigen Körperorgane mit Sauerstoff und anderen lebenswichtigen Stoffen versorgt werden können.[99] Ohne intensivmedizinische Hilfestellung sterben 95 % dieser anencephalen Neugeborenen innerhalb der ersten Woche durch stufenweises Versagen der Atmung und des Herzkreislaufsystems.[100]

b) Apallisches Syndrom

Das apallische Syndrom kann beispielsweise als Folge eines schweren Unfalls mit Schädel-Hirn-Trauma auftreten.[101] Bei Patienten mit diesem Syndrom fehlt vollständig jegliche Reaktion auf Zuwendungen von außen, sie liegen völlig teilnahmslos in ihrem Bett, „ihr Blick ist starr ins Leere gerichtet."[102] Gleichzeitig atmen Apalliker meist spontan, müssen aber künstlich ernährt werden.[103] Die Hirnschäden können bei dem apallischen Syndrom unterschiedlich ausgeprägt sein.[104] So kann die Großhirnrinde in seltenen Fällen so schwerstgradig geschädigt sein, dass diese unwiederbringlich erloschen ist, während andere Hirngebiete noch erhalten sind.[105]

---

97 Oduncu, in: Schroth/König/Gutmann/Oduncu, TPG Kommentar, Einl. Rn. 97; Oduncu, in: Roxin/Schroth (Hrsg.), Medizinstrafrecht, 199 (220); Oduncu, Hirntod und Organtransplantation, 88; Schlake/Roosen, Der Hirntod als der Tod, 62.

98 Oduncu, in: Schroth/König/Gutmann/Oduncu, TPG Kommentar, Einl. Rn. 97; Oduncu, in: Roxin/Schroth (Hrsg.), Medizinstrafrecht, 199 (220); Oduncu, Hirntod und Organtransplantation, 88.

99 Oduncu, in: Schroth/König/Gutmann/Oduncu, TPG Kommentar, Einl. Rn. 97; Oduncu, in: Roxin/Schroth (Hrsg.), Medizinstrafrecht, 199 (220); Oduncu, Hirntod und Organtransplantation, 88.

100 Oduncu, Hirntod und Organtransplantation, 88.

101 Spittler, in: Universitas 1995, 313 (322); Spittler, Gehirn, Tod, 60; zu weiteren Ursachen des apallischen Syndroms: Spittler, Gehirn, Tod, 63.

102 Oduncu, Hirntod und Organtransplantation, 82; Spittler, Universitas 1995, 313 (322); Spittler, Gehirn, Tod, 60; bei ihnen ist das sog. quantitative Bewusstsein erhalten (Wachheit), daher auch die Bezeichnung „Wach-Koma", während das qualitative Bewusstsein (bewusstes Erleben) irreversibel erloschen ist, vgl. Oduncu, Hirntod und Organtransplantation, 83; Oduncu, in: Schroth/König/Gutmann/Oduncu, TPG Kommentar, Einl. Rn. 94.

103 Oduncu, Hirntod und Organtransplantation, 82; Spittler, Gehirn, Tod, 60.

104 Spittler, Gehirn, Tod, 60: „Die Nervenzellausfälle betreffen teilweise mehr die Hirnrinde, teilweise mehr die Stammganglien, teilweise mehr das Mittelhirn."

105 Spittler, Gehirn, Tod, 62 f.; 80 f., der jedoch betont, dass eine solche Form des apallischen Syndroms nicht diagnostizierbar sei und es sich daher um ein rein theoretisches Diskussionsthema handle; hierzu auch in der Schmitten, in: Höfling, TPG Kommentar, Anhang zu § 3 Fn. 40, der

IV. Zusammenfassung

In der Medizin werden vier Todesbegriffe vertreten, nämlich neben dem „klassischen“ Herztod der Gesamthirntod, der Hirnstammtod und der Großhirntod. Während der Todesbegriff des Gesamthirntodes als absolut herrschend in der medizinischen Wissenschaft gilt,[106] konnten sich die beiden Teilhirntodeskonzepte (Hirnstammtod und Großhirntod) nicht durchsetzen; ihnen kommt daher nur eine untergeordnete Rolle in der (deutschen) wissenschaftlichen Diskussion um den medizinischen Todesbegriff des Menschen zu.[107] In der medizinischen Alltagspraxis, d. h. insbesondere außerhalb der Intensivmedizin, spielt der „klassische“ Herztodesbegriff weiterhin eine zentrale Rolle. So wird als Folge des irreversiblen Herzkreislaufstillstands der Tod in 99 % der Fälle medizinisch durch den Nachweis äußerer sicherer Todeszeichen (Totenflecken, Totenstarre) festgestellt; nur in 0,5 bis 1 % aller Todesfälle stirbt das Gehirn unter den intensivmedizinischen Bedingungen des Gesamthirntodes ab.[108]

---

jedoch im Gegensatz zu Spittler betont, dass die Diagnose eines solchen apallischen Syndroms an „Realisierbarkeit gewinne“.

106 S. o. II. 2. Fn. 65.

107 Hierzu auch Rixen, Lebensschutz am Lebensende, 202.

108 Vgl. Nickel, Die Entnahme von Organen und Geweben bei Verstorbenen, 87; Schlake/Roosen, Der Hirntod als der Tod, 15.

C. Rechtliche Grundlagen – Die juristische Diskussion um das richtige Todeskonzept

I. Terminologie: Unterscheidung verschiedener Problemebenen

In der rechtlichen Auseinandersetzung um den Problembereich „Tod" ist es erforderlich, zunächst folgende vier Ebenen zu bestimmen und auf das gründlichste voneinander zu unterscheiden.[109]

Die erste Ebene ist die attributive. Sie betrifft das Subjekt des Todes („Wer stirbt?").[110] Die zweite Ebene ist die definitorische. Hier geht es um den Begriff des Todes als solchen („Was ist Tod?").[111] Ihr folgt die dritte, die kriteriologische Ebene („Anhand welcher Kriterien lässt sich dieser Tod identifizieren?").[112] Auf dieser Stufe sind die Merkmale zu benennen, anhand derer sich der Eintritt des zuvor definierten Todes erkennen lässt.[113] Die letzte Ebene ist schließlich die der Todesfeststellung, welche sich der Frage widmet, wie sich der Tod nachweisen lässt, und deren Aufgabe es ist, Tests zu entwickeln, mit denen die Erfüllung der jeweiligen Kriterien bestätigt wird („Wie lässt sich dieser Tod feststellen?"). [114]

Bei der Festlegung der einzelnen Ebenen ist zu beachten, dass diese in einer engen Beziehung zueinander stehen. Die Determinierung der nachfolgenden Ebene hängt von der Bestimmung der jeweils vorhergehenden ab.[115] Denn der Suche nach dem richtigen Todesbegriff ist die Frage nach dem Subjekt des Todes vor-

---

109 Ingelfinger, Grundlagen und Grenzbereiche, 143; Höfling, in JZ 1995, 26 (30); Kaschubs-Saeedi, Menschliches Leben als Schutzgut des Strafrechts (2002), 12; Klinge, Todesbegriff, 100; Rixen, Lebensschutz am Lebensende, 254 ff.; Schroth, in: Schroth/König/Gutmann/Oduncu, TPG Kommentar, vor §§ 3, 4 Rn. 21.

110 Höfling, in: JZ 1995, 26 (30); Höfling, in: Universitas 1995, 357 (359); Beckmann, in: ZRP 1996, 219 (220); Ingelfinger, Grundlagen und Grenzbereiche, 143; Merkel, in: Jura 1999, 113 (114 f.).

111 Höfling, in: JZ 1995 26 (30); Ingelfinger, Grundlagen und Grenzbereiche, 143; Merkel, in: Jura 1999, 113 (114 f.).

112 Höfling, in: JZ 1995 26 (30); Ingelfinger, Grundlagen und Grenzbereiche, 143; Merkel, in: Jura 1999, 113 (114 f.).

113 Kaschubs-Saeedi, Menschliches Leben als Schutzgut des Strafrechts, 13; Höfling, in: JZ 1995, 26 (30); Ingelfinger, Grundlagen und Grenzbereiche, 144; Merkel, in: Jura 1999, 113 (114 f.).

114 Höfling, in: JZ 1995, 26 (30); Kaschubs-Saeedi, Menschliches Leben als Schutzgut des Strafrechts, 13; Rixen, Lebensschutz am Lebensende, 255.

115 Höfling, in: JZ 1995, 26 (30).

gelagert, nur wer festgelegt hat „Wer stirbt", kann bestimmen, unter welchen Bedingungen sein Tod eintritt.[116] Die Todesdefinition ist daher immer zugleich das Spiegelbild der Vorstellung über das Subjekt des Todes, auf das sie sich bezieht.[117] Weiter besteht zwischen der Definition des Todes und den Kriterien, anhand derer eben dieser Tod erkennbar wird, eine enge Verbindung.[118] So kommt den jeweiligen Kriterien nur dann entscheidende Relevanz zu, wenn sie genau den Zustand beschreiben, welchen die zugrunde liegende Todesdefinition mit dem Tod gleichsetzt.[119]Am Ende steht schließlich als vierte Ebene die Feststellung dieses definierten und anhand von bestimmten Kriterien beschriebenen Todes.[120]

Die beschriebene Beziehung der Ebenen zueinander zeigt, dass sich jene in zwei Gruppen gliedern lassen: Während die ersten drei Ebenen untrennbar miteinander verknüpft sind, die eine nicht hinweg gedacht werden kann, ohne dass zumindest eine der anderen entfiele, da sich nur aus ihrer Gesamtschau ein vollständiges Bild darüber ergibt, bei wem (1. Ebene) erkennbar (3. Ebene) der Tod (2. Ebene) eingetreten ist, steht die vierte Ebene den vorhergehenden drei (relativ) selbstständig gegenüber. Ihre Aufgabe ist es, den Tod, welchen die anderen Ebenen *festgelegt* haben, *festzustellen.* Aufgrund dieser unterschiedlichen Funktion der einzelnen Ebenen und ihrem Verhältnis zueinander, ist es unbedingt erforderlich, genauestens darauf zu achten, auf welcher Stufe man sich bei der jeweiligen Diskussion gerade befindet, denn nicht selten führt insbesondere eine Vermischung von Todesbegriff und Todesfeststellung zu einer problemverzerrenden Darstellung.[121]

---

116 Ingelfinger, Grundlagen und Grenzbereiche, 144; wegen dieser engen Beziehung zwischen Subjekt des Todes und Todesdefinition werden diese beiden Ebenen auch häufig zusammengezogen und als eine Ebene bezeichnet. Als Folge dieser Zusammenfassung wird dann nur zwischen drei Ebenen im Gesamten unterschieden; so z. B.: Kaschubs-Saeedi, Menschliches Leben als Schutzgut des Strafrechts, 12 ff.; Kloth, Rechtsprobleme der Todesbestimmung und der Organentnahme von Verstorbenen (1994), 10 ff.; Schroth, in: Schroth/König/Gutmann/Oduncu, TPG Kommentar, vor §§ 3, 4, Rn. 21 ff.; darauf Bezug nehmend auch Höfling, in: JZ 1995, 26 (30).

117 Ingelfinger, Grundlagen und Grenzbereiche, 144; so auch Merkel, in: Jura 1999, 113 (116).

118 Kaschubs-Saeedi, Menschliches Leben als Schutzgut des Strafrechts, 13; Beckmann, in: ZRP 1996, 219 (220), der die Verbindung von Todesdefinition und Todeskriterien als „derart eng" bezeichnet.

119 Kaschubs-Saeedi, Menschliches Leben als Schutzgut des Strafrechts, 13.

120 Merkel, in: Jura 1999, 113 (115); Kaschubs-Saeedi, Menschliches Leben als Schutzgut des Strafrechts, 13.

121 Eser, in: Schönke/Schröder, Kommentar zum Strafgesetzbuch, 28. Auflage, vor §§ 211 ff. Rn. 18; so auch Rixen, Lebensschutz am Lebensende, 254: „Bei näherem Hinsehen fällt indes auf, daß in der rechtswissenschaftlichen Behandlung des Todesproblems ‚Begriffswirrwarr' an der Tagesordnung ist."

Die vorliegende Arbeit befasst sich mit der zweiten Ebene – diese ist gewissermaßen ihr „Dreh- und Angelpunkt“.[122] Was (straf-) rechtlich als Tod des Menschen anzusehen ist, dies gilt es herauszufinden. Wie wird der Tod des Menschen (straf-) rechtlich definiert, was ist Tod im (Straf-) Rechtssinne, auf diese Fragestellung ist eine Antwort zu finden. Die Termini Todesbegriff, Todesdefinition und Todeskonzept werden bei dieser Untersuchung synonym verwendet.[123]

II. Der Todesbegriff als normative Konvention des Rechts?

Nachdem klargestellt wurde, dass man sich bei der Frage, was als Tod des Menschen anzusehen ist, auf der definitorischen Ebene befindet, soll nun untersucht werden, welche Wissenschaft die Kompetenz besitzt, den Todesbegriff im recht-

122 Mit dieser stark verknüpft ist freilich – wie ausgeführt – die erste und die dritte Ebene; vgl. Beckmann, in: ZRP 1996, 219 (220). Falls erforderlich, wird also auch auf diese beiden Ebenen Bezug genommen werden. Völlig ausgeklammert wird hingegen die vierte Ebene, die der Todesfeststellung. Zu beachten ist auch, dass vorliegend das Ebenen(umsetzungs)verständnis von Merkel zu Grunde gelegt wird; vgl. hierzu Merkel, in: Jura 1999, 113 (115 Fn. 15): „(1) *Todesbegriff bzw. -definition:* Was ist der Tod des Menschen? (Antwort z. B.: der Hirntod), (2) *Todeskriterium:* Wann liegt dieser Tod vor? (Antwort: mit dem irreversiblen Erlöschen aller Funktionen des Gesamthirns);“ Hervorh. im Original; d. h. sowohl Gesamthirntod als auch Herztod werden bewusst als Todesbegriffe (-konzepte) und nicht, wie teilweise, vorwiegend in philosophischen Werken (vgl. beispielsweise Beckmann, Jan P., in: Festschrift für Günter Bemmann (1997), 18 ff.), aber auch in rechtlichen (vgl. beispielsweise Anderheiden, in: KritV 2001, 353 ff.) zu finden, als Kriterium bezeichnet. Denn richtigerweise geht es bei der rechtlichen Frage nach dem Tode auch bei den Termini Herztod und Gesamthirntod um Todesbegriffe und nicht um bloße Kriterien eines zuvor definierten Todes. Beide beinhalten nämlich, wie sich noch zeigen wird, ein jeweils eigenes Verständnis vom menschlichen Tode, und daher ist es für eine rechtliche Untersuchung weder zielführend noch zweckmäßig, diese als „bloße“ Kriterien des menschlichen Todes zu bezeichnen. So stellt Zimmeck, Die Reichweite des Lebensrechts im technologischen Zeitalter (1. Auflage), 38, am Beispiel des Hirntodes als mögliche rechtliche Todesdefinition zutreffend fest: „Für eine Todesdefinition ist nicht erforderlich, dass sie in abstrakter Weise den Tod des Menschen beschreibt (…). Auch die konkrete Bestimmung, dass der Mensch [z. B.] mit Eintritt des Hirntods tot ist, stellt eine Todesdefinition dar.“ Mit anderen Worten: Stellt sich im Laufe der Untersuchung beispielsweise heraus, dass der Gesamthirntod der (straf-) rechtliche Tod des Menschen ist, so erfolgt die Umsetzung auf die Ebenen vorliegend genauso wie Merkel diese vornimmt: 1. Todesdefinition: Was ist der Tod des Menschen im (Straf-) Rechtssinne? Antwort: der Gesamthirntod, 2. Anhand welcher Kriterien lässt sich dieser Tod identifizieren? Antwort: mit dem irreversiblen Erlöschen der Gesamtfunktion des Großhirns, Kleinhirns und des Hirnstamms.

123 In diesem Sinne auch Ingelfinger, Grundlagen und Grenzbereiche, 143; Kaschubs-Saeedi, Menschliches Leben als Schutzgut des Strafrechts, 13.

lichen Sinne zu definieren. Zwei Wissenschaften stehen sich hierbei gegenüber: Die Medizin- und die Rechtswissenschaft. Daher soll im Folgenden herausgefunden werden, ob es alleinige Aufgabe der Medizin ist, den maßgeblichen Todesbegriff auch für das Recht zu bestimmen, oder, ob es bei der Frage nach dem Tod des Menschen im Rechtssinne vielmehr um eine rechtliche Begriffsbildung geht, deren Ausfüllung in die alleinige Kompetenz der Rechtswissenschaft fällt. Hierfür sollen zunächst die verschiedenen Ansichten dargestellt werden, um schließlich zu einer Beantwortung der Fragestellung zu gelangen.

1. Der medizinische Fortschritt – Schlussfolgerungen für die juristische Definition des Todes – Meinungsstand

In der Medizin führten die neuen medizinischen Möglichkeiten dazu, dass der Todesbegriff neu diskutiert und schließlich neu definiert wurde.[124] In der Rechtswissenschaft wurden vor diesem Hintergrund des medizinischen Fortschritts verschiedene Schlussfolgerungen für die Frage gezogen, ob es sich bei der Definition des Todes um eine rein medizinische Gegebenheit handelt, oder vielmehr um eine Wertungsfrage, die für die Rechtsordnung von der Jurisprudenz geklärt werden muss.

a) Verzicht auf eine eigene juristische Definition

Eine Ansicht[125] geht davon aus, dass eine objektive Definition des Todes für den Juristen vor dem Hintergrund des medizinischen Fortschritts nicht mehr möglich sei.[126] Das entscheidende Kriterium könne nur noch in der subjektiven Entschei-

---

124 S. o. B. II. 2.

125 Funck, in: MedR 1992 182 (184) meint, es sei ein Missverständnis, diese Ansicht unter der Kategorie „Verzicht auf eine eigene juristische Definition" einzuordnen, da ihre „Konvention", die Festlegung des Todesbegriffs den Ärzten zu überlassen, vielmehr ein juristischer Todesbegriff sei; dem kann nicht zugestimmt werden; wie kann man deutlicher auf eine juristische Definition verzichten als durch ausdrückliche Abgabe der zu definierenden Thematik an eine andere Wissenschaft; dass auch dieser Abgabe ein Denkprozess vorausgeht, hat nichts damit zu tun, dass in der Konsequenz sehr wohl auf eine juristische Definition des Todes verzichtet wird, sonst wäre nach dieser Logik alles eine juristische Wertungsfrage, auch wenn man bestimmt, dass eben andere werten sollen; dieser rein formalen Ansicht kann nicht gefolgt werden; daher zutreffend Saerbeck, Beginn und Ende des Lebens als Rechtsbegriffe (1974), 119, der diese Ansicht auch als „Verzicht auf eine eigene juristische Definition" einordnet; ebenso zutreffend Englert, Todesbegriff und Leichnam als Element des Totenrechts (1979), 60.

126 Schönig, in: NJW 1968, 189 (189).

dung des Arztes gesucht werden.[127] Der Tod solle demnach der Zeitpunkt sein, an welchem der Arzt oder ein Ärztegremium der Überzeugung sei, dass ein selbstständiges, d. h. von technischen Einrichtungen i. S. v. Wiederbelebungsgeräten unabhängiges Leben nicht mehr hergestellt werden könne.[128]

Eine weitere Auffassung ordnet die Definition des Todes in der Rechtslehre ausschließlich dem wissenschaftlichen Aufgabenbereich der Medizin zu.[129] Wandlungen der Anschauung, was der Tod des Menschen sei, müssten daher ausschließliche Angelegenheit der Medizin sein, der Todesbegriff in Rechtsnormen sei also ein medizinischer Blankettbegriff.[130] Ändere sich die Definition des Todes in der Medizin und werde dort zu der herrschenden Auffassung, so habe die Jurisprudenz diese von der medizinischen Wissenschaft zu übernehmen.[131] Normen, welche den Tod des Menschen in irgendeiner Form zum Gegenstand hätten,[132] müssten sich ausschließlich an der Begriffsbildung der Medizin orientieren, deren Ausarbeitung nicht im juristischen Aufgabenfeld liege.[133] Eine solche Zuständigkeitsabgrenzung zwischen Medizin und Rechtslehre sei unbedingt notwendig.[134]

Beide Ansichten teilen so auf unterschiedliche Art und Weise der Medizin die Aufgabe zu, festzulegen, wann der Mensch auch im rechtlichen Sinne tot ist. Während die erste Auffassung auf den einzelnen Arzt, als persönlichen Repräsentanten der „Wissenschaft Medizin", abstellt und diesem aufgibt, nach subjektiver Einschätzung zu entscheiden, wann sein Patient tot sei, schreibt die zweite Ansicht der medizinischen Wissenschaft als solcher, nicht dem einzelnen Arzt, eben diese Kompetenz zu.

b) Tod als unerlässlicher normativer Begriff des Rechts

Nach anderen Auffassungen reicht der Todesbegriff weit über eine solche schlicht medizinisch-biologische Feststellung hinaus. Bei der Frage nach dem Ende des

127 Schönig, in: NJW 1968, 189 (189); so Schönig für die Fälle des künstlich aufrechterhaltenden Kreislaufes, auch im Bereich der Organentnahme; außerhalb der „Krankenhausfälle" möchte er weiterhin am Herztod festhalten.

128 Schönig, in: NJW 1968, 189 (189).

129 Gerlach, in: ArztR 1982, 262 (262).

130 Diese Ansicht darstellend Geilen, in: Festschrift für E. Heinitz, 373 (379).

131 Diese Ansicht darstellend Geilen, in: Festschrift für E. Heinitz, 373 (379).

132 Strafrechtliche Normen, wie §§ 211, 212 ff. StGB; zivilrechtliche Normen wie §§ 1922, 833, 836, 844 BGB.

133 Gerlach, in: ArztR 1982, 262 (263).

134 Gerlach, in: ArztR 1982, 262 (263).

Lebens handele es sich um eine rechtliche Wertungsfrage.[135] Gerade der medizinische Fortschritt habe gezeigt, dass der Sterbevorgang kein punktuelles Ereignis sei, die moderne Medizin stelle verschiedenste Punkte zur Verfügung, an die der Tod eines Menschen geknüpft werden könnte;[136] der Tod sei ein Prozess, das Spektrum denkbarer Anknüpfungspunkte für den Tode reiche theoretisch von der unwiderruflichen Bewusstlosigkeit bis hin zum Absterben der letzten Körperzelle.[137] Jede Festlegung eines dieser möglichen Anknüpfungspunkte als Tod des Menschen sei eine normative.[138] Somit gehe es bei der Festlegung eines Todesbegriffs gerade nicht um eine „bloße" medizinische Vorgegebenheit, sondern um eine Konvention, welche nicht nur Domäne der Medizin sein könne und dürfe.[139] Die Rechtswissenschaft dürfe sich nicht in die rein passive Rolle des „kritiklosen Rezipienten" drängen lassen.[140]

2. Stellungnahme: Der medizinische Fortschritt – Schlussfolgerung: Der Todesbegriff als normative Konvention des Rechts

Die Frage, ob es Sache der Rechtswissenschaft sein muss, im Wege von Wertungen den Tod des Menschen im Rechtssinne zu definieren, lässt sich am ehesten beantworten, wenn man sich noch einmal die Entwicklung der Medizin und die Reaktion des Rechts auf eben diese Entwicklung vor Augen führt.

Vor Erfindung der Herz-Lungen-Maschine und damit einhergehend vor der medizinischen Möglichkeit von Organtransplantationen, insbesondere von Herztransplantationen, war mit dem Atmungs- und Kreislaufstillstand (Herztod) der Tod des Menschen eingetreten. Alternativen hierzu gab es schlicht nicht, der Arzt konnte ab diesem Zeitpunkt nicht mehr lebensrettend eingreifen, das zu rettende

135 Joerden, in: NStZ 1993, 268 (269); Eser, in: Schönke/Schröder, StGB Kommentar, vor §§ 211 ff. Rn. 19; Geilen, in: Eser (Hrsg.), Suizid und Euthanasie als human- und sozialwissenschaftliches Problem (1976), 301 (303); Klinge, Todesbegriff, 98; Sternberg-Lieben, in: JA 1997, 80 (82); Wolfslast, in: MedR 1989, 163 (167).

136 Steffen, in: NJW 1997, 1619 (1619); Eser, in: ZStW 1985, 1 (27 f.); Schuh, in: ArztR 1982, 260 (261).

137 Schuh, in: ArztR 1982, 260 (261); Steffen, in: NJW 1997, 1619 (1619).

138 Steffen, in: NJW 1997, 1619 (1619).

139 Schuh, in: ArztR 1982, 260 (261); Horndasch, in: Kaufmann (Hrsg.), Moderne Medizin und Strafrecht (1989), 87 (90); Schreiber, in: JZ 1983, 593 (593); Ulsenheimer, in: Der Anaesthesist 2009, 722 (724).

140 Höfling, in: JZ 1995, 26 (30).

Leben war erloschen, die Grenzen des medizinisch Machbaren waren erreicht.[141] Bis zu diesem Zeitpunkt fasste die Rechtswissenschaft, um es mit SAVIGNYs Worten auszudrücken, den Tod wie folgt auf: „Der Tod, als die Gränze der natürlichen Rechtsfähigkeit, ist ein so einfaches Naturereigniß, daß derselbe nicht, so wie die Geburt, eine genauere Feststellung seiner Elemente nöthig macht.“[142]. Man ging eben davon aus, dass der Herztod ein solch zwingendes Ereignis darstellte, dass es daran auch rechtlich nichts zu werten gab.[143] Hieraus kann der Rechtswissenschaft jedoch kein Vorwurf gemacht werden. Sie hatte keine andere Wahl, als die Todesdefinition der Medizin kritiklos zu übernehmen, der Tod musste für sie als ein unproblematisches, selbstverständliches Ereignis erscheinen.[144]

All dies änderte sich durch die Ausbildung von Reanimationsmaßnahmen, die neue medizinisch-technische Errungenschaft der Herz-Lungen-Maschine und durch die Möglichkeit der Entnahme von lebensnotwendigen Organen.[145] Man konnte nun unter anderem den Kreislauf eines Menschen, dessen Gehirn ohne jede Funktion war, durch künstliche Beatmung aufrechterhalten und diesem sogar lebensnotwendige Organe, wie das Herz, entnehmen.[146] Der Unterschied zu früher war, dass es durch diesen medizinischen Fortschritt nun mehrere Möglichkeiten gab, was als Tod des Menschen bestimmt werden konnte.[147] In der Medizin selbst verständigte man sich schnell darauf, den Gehirntod nun als Tod des Menschen anzusehen.[148] Der Rechtswissenschaft verdeutlichte all dies jedoch, dass der Tod des Menschen keineswegs ein unzweifelhaft vorgegebenes Ereig-

141 Geilen, in: FamRZ 1968, 121 (123), der bezogen auf den Herztod als Todesbegriff formuliert: „Es ist keineswegs eine beliebige Konvention, eine willkürliche Regelung, die man so oder anders genauso gut hätte treffen können, sondern es ist der haargenaue Ausdruck für einen bestimmten (...) Entwicklungsstand der Medizin.“; Geilen, in: Eser (Hrsg.), Suizid und Euthanasie als human- und sozialwissenschaftliches Problem, 301 (302); so auch Horn, in: Der Internist 1974, 557 (558).

142 Savigny v., System des heutigen Römischen Rechts, Zweiter Band (1840), 17.

143 Eser, in: ZStW 1985, 1 (27 f.); so auch Geilen, in: FamRZ 1968, 121 (123); Klinge, Todesbegriff, 91.

144 So wohl auch Geilen, in: FamRZ 1968, 121 (123); Geilen, in: Eser (Hrsg.), Suizid und Euthanasie als human- und sozialwissenschaftliches Problem, 301 (302 f.), der das Verhältnis zwischen Medizin und Rechtswissenschaft zu diesem Zeitpunkt als „interdisziplinäre Harmonie“ beschreibt; das Verhalten der Rechtswissenschaft zu dieser Zeit kann daher als „Begriffsimport“ oder „Definitionsabstinenz“ bezeichnet werden: so zutreffend Geilen, in: Festschrift für E. Heinitz, 373 (379); vgl. auch Klinge, Todesbegriff, 92.

145 Steffen, in: NJW 1997, 1619 (1619); Geilen, in: Eser (Hrsg.), Suizid und Euthanasie als human- und sozialwissenschaftliches Problem, 301 (303 f.); Horn, in: Der Internist 1974, 557 (558).

146 Ingelfinger, Grundlagen und Grenzbereiche, 146.

147 S. o. B. insbesondere II. 2., III.

148 Ingelfinger, Grundlagen und Grenzbereiche, 142; s. o. B. II. 2.; IV.

nis darstellte, das der rechtlichen Beurteilung entzogen war.[149] Gerade der medizinische Fortschritt stellte den Todesbegriff auch in der Rechtswissenschaft zur Diskussion.[150] Durch ihn wurde deutlich, dass die Frage nach dem Ende des Lebens eine Wertungsfrage ist, die, geht es um Anwendung von Rechtsnormen, die Jurisprudenz und nur diese zu treffen hat.[151] Allein ihr obliegt die Kompetenz zu entscheiden, wann der Tod des Menschen im Rechtssinne eingetreten ist.[152] Was medizinische Fakten im Kontext von Rechtsnomen bedeuten, darf nicht die Medizin bestimmen.[153] Der Tod ist gerade kein Blankettbegriff, der beliebig von der Medizin ausgefüllt wird.[154] Überspitzt formuliert: „Der Tod ist eine viel zu ernste Sache, als daß man ihn den Medizinern überlassen darf."[155]

---

149 Eser, in: ZStW 1997, 1 (27 f.); Heun, in: JZ 1996, 213 (213); Kaiser, in: Mergen (Hrsg.), Die juristische Problematik in der Medizin Band I (1971), 31 (33); Steffen, in: NJW 1997, 1619 (1619).

150 Steffen, in: NJW 1997, 1619 (1619); der Vorwurf Höflings, dass sich die Rechtswissenschaft mit einem „dynamischen Verweisungsautomatismus" an die Medizin begnüge (vgl. Höfling, in: JZ 1995, 26 (29)), geht fehl; schon Ende der 60-iger Jahre, Anfang der 70-iger Jahre setzte sich die Rechtswissenschaft intensiv mit dem Todesbegriff auseinander, vgl. hierzu nur: Bockelmann, in: Krösl/Scherzer (Hrsg.), Die Bestimmung des Todeszeitpunktes, 277 ff.; Engisch, in: Der Chirurg 1967, 252 ff.; Geilen, in: FamRZ 1968, 121 ff.; Roxin, in: Krösl/Scherzer (Hrsg.), Die Bestimmung des Todeszeitpunktes, 299 ff.; Saerbeck, Beginn und Ende des Lebens, 117 ff.; Stratenwerth, in: Festschrift für Karl Engisch (1969), 528 ff.. Dass diese Autoren fast überwiegend im Ergebnis den Gesamthirntod als den Todesbegriff im rechtlichen Sinne ansehen, zeigt nicht ein kritikloses Rezipieren oder eine dynamische Verweisung an die Medizin, sondern vielmehr eine *bewusste* Anerkennung des Gesamthirntodes als rechtlichen Todesbegriff; so auch Heun, in: JZ 1996, 213 (214). Schon Bockelmann formulierte Anfang der 70-iger Jahre: „Die Jurisprudenz ist nicht an die medizinischen Anschauungen darüber, wo die Grenze zwischen Leben und Tod verläuft, gebunden. Es wäre daher rechtlich sehr wohl möglich, daß die Jurisprudenz einen anderen Todesbegriff für maßgeblich erklärte als die Medizin."; vgl. Bockelmann, in: Krösl/Scherzer (Hrsg.), Die Bestimmung des Todeszeitpunktes, 277 (277). Spätestens bei den Diskussionen rund um das Transplantationsgesetz in den 90-igern ist diese Erkenntnis endgültig bei der gesamten Rechtswissenschaft angekommen; vgl. Steffen, in: NJW 1997, 1619 (1619).

151 Joerden, in: NStZ 1993, 268 (269); Eser, in: Schönke/Schröder, StGB Kommentar, vor §§ 211 ff. Rn. 19; Geilen, in: Eser (Hrsg.), Suizid und Euthanasie als human- und sozialwissenschaftliches Problem, 301 (303); Klinge, Todesbegriff, 98, 100 f., 122 f.; Sternberg-Lieben, in: JA 1997, 80 (82); Wolfslast, in: MedR 1989, 163 (167).

152 Rixen, Lebensschutz am Lebensende, 28; Bockelmann, in: Krösl/Scherzer (Hrsg.), Die Bestimmung des Todeszeitpunktes, 277 (277); Funck, in: MedR 1992, 182 (184); Horn, in: Der Internist 1974, 557 (557); Steffen, in: NJW 1997, 1619 (1619).

153 Rixen, Lebensschutz am Lebensende, 28; Rixen, in: ZRP 1995, 461 (462); Beckmann, in: ZRP 1996, 219 (220); Geilen, in: FamRZ 1968, 121 (123); Geilen, in: Festschrift für E. Heinitz, 373 (396); Klinge, Todesbegriff, 107f.

154 Heun, in: JZ 1996, 213 (214); so auch Di Fabio, in: Maunz/Dürig, Grundgesetz Kommentar, 2012, Art. 2 Abs. 2 Rn. 17; Geilen, in: FamRZ 1968, 121 (123); Isensee, Recht als Grenze – Grenze des Rechts (2009), 67.

155 Geilen, in: FamRZ 1968, 121 (125), der das Zitat von Clemenceau über den Krieg und die Generäle: „Krieg ist ein zu ernstes Geschäft, als daß man ihn den Generälen überlassen dürfte", so abwandelte.

Diese Selbstständigkeit des Rechts kann in diesem Bereich jedoch immer nur eine relative sein.[156] Bei der Wertung, was als Tod des Menschen anzusehen ist, kann das Recht nie vollkommen losgelöst von der Medizin agieren.[157] Die Medizin liefert der Rechtswissenschaft die Arbeitsgrundlage.[158] Diese Ausgangslage, auf deren Basis rechtliche Wertungen vorgenommen werden können, wird von dem Stand der medizinischen Wissenschaft bestimmt.[159] Um es mit anderen Worten zu formulieren: Die Medizin ist die gebende, die Jurisprudenz die nehmende Wissenschaft.[160]

Es gilt also: Auf der Basis medizinischer Fakten – dies ist das Nehmen – hat die Rechtswissenschaft im Wege von Wertungen selbstständig zu entscheiden, wer im Rechtssinne tot ist.[161]

Übertragen auf die verschiedenen Ebenen bedeutet dies: Die zweite Ebene fällt somit in die alleinige Kompetenz der Rechtswissenschaft. Mit ihr eng verknüpft sind, wie dargestellt, die erste und die dritte Ebene. Auch zu ihnen wird, falls erforderlich, rechtlich Stellung zu nehmen sein. Völlig ausgeklammert bleibt jedoch die vierte Ebene, die der Todesfeststellung. Sie fällt fraglos ausschließlich in den Kompetenzbereich der Medizin.[162]

---

156 Rixen, Lebensschutz am Lebensende, 44.

157 Kein Jurist könnte beispielsweise ernsthaft behaupten, ein Mensch im Rechtssinne sei tot, sobald er die Augen schließe, dies würde jeder empirischen Grundlage entbehren; vgl. hierzu Kaschubs-Saeedi, Menschliches Leben als Schutzgut des Strafrechts, 14 f.; Klinge, Todesbegriff, 122 f.; Lachenmeier, Der Tod im liberalen Staat, 160 f.; Rixen, Lebensschutz am Lebensende, 29, 44; Schreiber, in: JZ 1983, 593 (593 f.).

158 Sternberg-Lieben, in: JA 1997, 80 (82); Schreiber, in: Festschrift für Günter Schewe (1991), 120 (130).

159 Krösl/Scherzer, in: Krösl/Scherzer (Hrsg.), Die Bestimmung des Todeszeitpunktes, 11 (12).

160 In diesem Sinne auch, allerdings in Bezug auf die Todesfeststellung, der österreichische Bundesministers für Justiz Dr. C. Broda, in: Krösl/Scherzer (Hrsg.), Die Bestimmung des Todeszeitpunktes, 11 (12): „Bei der Lösung von Rechtsproblemen, die sich im Zusammenhang mit der genauen Feststellung des Todeszeitpunktes ergeben (…), werden wir die Nehmenden und sie die Gebenden sein."

161 Somit wird auch die Rechtswissenschaft in anderer Form zur Gebenden: Sie gibt der Medizin den Todesbegriff im Rechtssinne zurück, der auch für sie bzw. die handelnden Ärzte bindend ist.

162 Beckmann, in: ZRP 1996, 219 (220); Ingelfinger, Grundlagen und Grenzbereiche, 143; Kaschubs-Saeedi, Menschliches Leben als Schutzgut des Strafrechts, 14; Kloth, Rechtsprobleme der Todesbestimmung, 12; Schneider, in: Münchener Kommentar zum Strafgesetzbuch (2003), vor §§ 211 ff. Rn. 19.

III. Der Todesbegriff des Rechts

Nachdem geklärt wurde, dass es alleinige Aufgabe der Jurisprudenz ist, den Tod des Menschen im Rechtssinne zu definieren, sollen nun diejenigen Todeskonzepte, welche gleichermaßen für alle Rechtsgebiete als mögliche juristische Todesdefinitionen diskutiert werden, mit den jeweiligen ihnen zugrundeliegenden wesentlichen Begründungsansätzen dargestellt werden.[163]

1. Das Gesamthirntodeskonzept

a) Definition

Nach dem rechtlichen Gesamthirntodeskonzept ist der Tod des Menschen dann eingetreten, wenn die Gesamtfunktion des Großhirns, Kleinhirns und des Hirnstamms irreversibel erloschen ist (Gesamthirntod/Hirntod).[164]

---

163 Der vorliegende Abschnitt dient lediglich – im Sinne eines Überblicks – der Darstellung der verschiedenen Todeskonzepte, die in *allen* Rechtsgebieten als (mögliche) juristische Todesbegriffe vertreten werden; zu den einzelnen Argumenten der jeweiligen Ansichten wird hier (noch) nicht Stellung genommen; eine solche Auseinandersetzung mit den einzelnen Auffassungen wird in dem „Besonderen Teil" der Arbeit ab Gliederungspunkt D in Zusammenhang mit der jeweiligen rechtlichen Relevanz und den einzelnen Rechtsgebieten erfolgen.

164 Es wird hier absichtlich auf den Zusatz „Dabei wird durch kontrollierte Beatmung die Herz- und Kreislauffunktion noch künstlich aufrechterhalten." (s. o. B. II. 1.) verzichtet. Es ist die alleinige Sache des Rechts zu bestimmen, was als Tod des Menschen im Rechtssinne anzusehen ist (s. o. II. 2.); die Rechtswissenschaft arbeitet hierbei zwar (notwendigerweise) auf der Grundlage der Medizin (s. o. II. 2.), was hier schon dadurch ersichtlich wird, dass der Gesamthirntod auch in der Medizin als Tod des Menschen diskutiert wird, allerdings heißt dies nicht, dass das Recht die Definition der Medizin zu übernehmen hat; die Selbständigkeit der jur. Begriffsbildung bei der Frage nach der rechtlichen Todesdefinition zeichnet sich eben auch gerade dadurch aus, dass dem Gesamthirntod als rechtlicher Todesbegriff eine andere Bedeutung zukommen kann als im medizinischen Bereich; hier ist der Zusatz: „Dabei wird durch kontrollierte Beatmung die Herz- und Kreislauffunktion noch künstlich aufrechterhalten" wegzulassen, da die Möglichkeit offen gelassen werden soll, juristisch auch außerhalb der intensivmedizinischen Betreuung ausschließlich auf den Gesamthirntod als Todesbegriff abzustellen (hierzu näher s. u. D. IV. 7., D. V. Fn. 763). Es ist daher zu betonen: Medizinischer und rechtlicher Begriff des Gesamthirntodes sind im Rahmen der vorliegenden Arbeit *nicht* identisch. Für den rechtlichen Bereich gilt ausschließlich die hier vorgegebene Definition.

b) Die Begründung des Gesamthirntodeskonzeptes: anthropologische und biologisch-medizinische Grundlagen – die zwei Säulen des Gesamthirntodeskonzeptes[165]

Das Gesamthirntodeskonzept wird auf zwei Säulen gestützt: die erste ist anthropologischer Natur („Was macht den Menschen aus?“)[166], die zweite ist biologisch-medizinischer Natur („Leben als körperliches Dasein“)[167].[168]

aa) Die erste Säule: die anthropologische Begründung des Gesamthirntodeskonzeptes

Aus dem kaum fassbaren Spektrum an anthropologischen Abhandlungen darüber, was den Menschen in seinem Kern ausmache und welch wesentliche Rolle dem Gehirn diesbezüglich zukomme, sollen für die vorliegenden Zwecke einige repräsentative Zitate herausgestellt werden, mit welchen die anthropologische Auffassung, der Mensch sei ohne Gehirn nicht mehr das, was er einmal war, entsprechend verdeutlicht werden kann.[169] Mit den folgenden Äußerungen werden Antworten auf zwei anthropologische Fragen gegeben, nämlich zum einen, ob das Gehirn der Sitz der Geistigkeit des Menschen sei, und zum anderen, ob ein Mensch ohne jegliche geistige Fähigkeit noch als ein Mensch angesehen werden könne:[170]

„Das Gehirn als Sitz des Bewusstseins begründet individuelles Menschsein.“[171] „Es gewährleistet die geistigen Funktionen und verkörpert das (…) eigentlich Menschliche.“[172] „(…) Dem Gehirn kommt eine einzigartige Bedeutung für die Manifesta-

165 Für die juristische Diskussion des Gesamthirntodes als Tod des Menschen ist es notwendig, auch die außerrechtlichen Begründungsansätze nachzuvollziehen. Denn bei der rechtlichen Diskussion um die Frage, was als Tod des Menschen anzusehen ist, vermischen sich rechtliche und außerrechtliche Argumente zu einer Einheit; eine Trennung ist daher kaum möglich.

166 Sternberg-Lieben, in: JA 1997, 80 (83).

167 Sternberg-Lieben, in: JA 1997, 80 (83).

168 Heun, in: JZ 1996, 213 (215); Höfling, in: MedR 1996, 6 (7); Ingelfinger, Grundlagen und Grenzbereiche, 151 ff.; Klinge, Todesbegriff, 145 ff.; Kluth/Sander, in: DVBl 1996, 1285 (1286 f.); Merkel, in: Jura 1999, 113 (115 ff.); Schneider, in: MüKo StGB, vor §§ 211 ff. Rn. 16; Sternberg-Lieben, in: JA 1997, 80 (83).

169 Vgl. hierzu Englert, Todesbegriff und Leichnam, 41; ausführlich zur Bedeutung des Gehirns aus anthropologischer Sicht: Fritsche, Grenzbereich zwischen Leben und Tod, 13 f.

170 Spittler, in: JZ 1997, 747 (750).

171 Kubicki/Ibe/Piscol/Stölzel, in: Zeitschrift für ärztliche Fortbildung Nr. 18 v. 16.9.1969, zitiert nach Englert, Todesbegriff und Leichnam, 41 Fn. 2.

172 Maßhoff, in: MMW 1968, 2473 (2478).

tion des Geistes zu."[173] „(…) Dem Menschen, dessen Hirntätigkeit vollständig und endgültig ausgefallen ist, fehlt die in dieser Welt notwendige und unersetzliche körperliche Grundlage für alles Geistige. Ein solcher Mensch kann nie mehr eine von außen oder aus seinem Inneren kommende Wahrnehmung oder Beobachtung machen, verarbeiten und beantworten, nie mehr einen Gedanken fassen, verfolgen und äußern, nie mehr eine Überlegung anstellen und mitteilen, nie mehr eine Gemütsbewegung spüren und zeigen, nie mehr eine Entscheidung treffen."[174] „Mit dem Organtod des Gehirns [erlischt daher] die individuelle, menschliche Existenz (…)."[175] „Der Hirntod bewirkt das Ende der Existenz des Menschen als Person; nur die Person aber kann das Recht als lebendigen Menschen gelten lassen. Der Organtod des Gehirns ist gleichbedeutend mit dem Tode des Menschen."[176]

bb) Die zweite Säule: die biologisch-medizinische Begründung des Gesamthirntodeskonzeptes

Die zweite Säule, auf welche die Annahme, mit dem Gesamthirntod sei der Tod des Menschen eingetreten, gestützt wird, ist biologisch-medizinischer Natur.[177] Hiernach „ist der Organismus tot, wenn die Einzelfunktionen seiner Organe und Systeme sowie ihre Wechselbeziehungen unwiderruflich nicht mehr zur übergeordneten Einheit des Lebewesens in seiner funktionellen Ganzheit zusammengefasst und unwiderruflich nicht mehr von ihr gesteuert werden. Dieser Zustand ist mit dem Tod des gesamten Gehirns eingetreten."[178] Denn das Gehirn sei die unabdingbare Voraussetzung dafür, dass der Organismus als selbstständige, selbstbestimmende und selbsttätige Lebenseinheit und Lebensordnung funktioniere.[179] Mit dem Ausfall der gesamten Hirntätigkeit sei „das Lebewesen [Mensch] zu Ende gegangen"[180], es habe die Fähigkeit der zentralen Steuerung seiner Körperfunktionen unwiederbringlich verloren.[181]

---

173 Kautzky, in: Hochland 1960/61, 303 (314).

174 Angstwurm, in: Hoff/in der Schmitten (Hrsg.), Wann ist der Mensch tot?, 41 (45).

175 Wawersik, in: DÄBl. 1969, 1315 (1316); so auch Spann/Liebhardt, in: MMW 1966, 1410 (1412), die formulieren: „Mit Sicherheit ist der menschliche Geist, der die Einzigartigkeit der menschlichen Individualität bedingt, das Produkt des Gehirnes und nicht des Herzens."

176 So Bockelmann, Strafrecht des Arztes (1968), 109; Bockelmann, in: Langenbecks Archiv für klinische Chirurgie 1968, 44 (53 f.).

177 Diese Begründung wurde schon im medizinischen Teil dargestellt; da sie biologisch-medizinischer Natur ist, soll sie an dieser Stelle lediglich wiederholt werden; ausführlicher hierzu s. o. B. II. 3.

178 Stellungnahme des Wissenschaftlichen Beirates der Bundesärztekammer, in: DÄBl. 1993, B-2177 (B-2177).

179 Angstwurm, in: Hoff/in der Schmitten (Hrsg.), Wann ist der Mensch tot?, 41 (45).

180 Angstwurm, in: Hoff/in der Schmitten (Hrsg.), Wann ist der Mensch tot?, 41 (45).

181 Birnbacher, in: MedR 1994, 469 (469).

cc) Die Verknüpfung beider Säulen: die anthropologisch-biologisch-medizinische Begründung des Gesamthirntodeskonzeptes

Führt man nun beide Erklärungsmodelle der Gesamthirntodeskonzeption zusammen,[182] so erhält man eine doppelte Begründung dafür, warum mit dem gesamten Ausfall des Gehirns der Tod des Menschen eingetreten sei:

Der Tod des Menschen als seelisch/geistig-körperliche/leibliche Einheit[183] setze voraus, dass sowohl seine Bewusstseinsfähigkeit als auch die zentrale Steuerung seiner Körperfunktionen irreversibel verloren seien.[184] Der Verlust nur einer dieser Fähigkeiten begründe nicht den Tod des Menschen.[185] Gerade mit dem Gesamthirntod würden diese beiden Voraussetzungen des menschlichen Todes erfüllt, denn „mit dem Organtod des Gehirns sind [sowohl] die für jedes personale menschliche Leben unabdingbaren Voraussetzungen [als auch] (…) alle für das eigenständige körperliche Leben erforderlichen Steuerungsvorgänge (...) endgültig erloschen."[186] All dies zeige also: Das Gehirn stelle das unentbehrliche Zentrum für all das dar, was den Menschen in seinem „Menschsein" ausmache.[187] Mit seinem Tod entfalle das Regelzentrum für die Steuerung der körperlich-biologischen Vorgänge (biologisch-medizinisch) und mit ihm zugleich die unabdingbare Voraussetzung für die Geistigkeit des Individuums Mensch (anthropologisch).[188]

---

182 Zu dieser doppelten Begründung des Hirntodeskonzeptes vgl. nur: Angstwurm, in: Hoff/in der Schmitten (Hrsg.), Wann ist der Mensch tot?, 41 ff.; Angstwurm, in: Firnkorn (Hrsg.), Hirntod als Todeskriterium, 7 (8); Angstwurm, in: Oduncu/Schroth/Vossenbühl (Hrsg.), Transplantation, 28 (32 f.); Birnbacher/Angstwurm/Eigler/Wuermeling, in: DÄBl. 1993, B-2170; Birnbacher, in: Hoff/in der Schmitten (Hrsg.), Wann ist der Mensch tot?, 28 ff.; Birnbacher, in: MedR 1994, 469 ff.; Klinge, Todesbegriff, 145; Sternberg-Lieben, in; JA 1997, 80 (84).

183 Vgl. hierzu Angstwurm, in: Oduncu/Schroth/Vossenbühl (Hrsg.), Transplantation, 28 (32 f.): „Diese Einheit bedeutet, daß sich alles, was den Menschen nicht nur dem Grad, sondern dem Grund nach von den anderen Lebewesen unterscheidet, das Unkörperliche, das Geistig-Seelische nur zusammen mit dem vorfindet, was ihn mit den anderen Lebewesen verbindet, dem Körperlichen. Nur zusammen machen das Unstoffliche und das Stoffliche den lebenden Menschen aus. Er ist – nicht: er hat – Geist-Seele und Körper."

184 Birnbacher/Angstwurm/Eigler/Wuermeling, in: DÄBl. 1993, B-2170 (B-2170); Birnbacher, in: MedR 1994, 469 (469).

185 Birnbacher/Angstwurm/Eigler/Wuermeling, in: DÄBl. 1993, B-2170 (B-2170).

186 Schreiber, in: JZ 1983, 593 (595).

187 Sternberg-Lieben, in: JA 1997, 80 (84).

188 Sternberg-Lieben, in: JA 1997, 80 (84); Angstwurm, in: Hoff/in der Schmitten (Hrsg.), Wann ist der Mensch tot?, 41 (45); Angstwurm, in: Firnkorn (Hrsg.), Hirntod als Todeskriterium, 7 (8); Angstwurm, in: Oduncu/Schroth/Vossenbühl (Hrsg.), Transplantation, 28 (32 f.); Birnbacher/Angstwurm/Eigler/Wuermeling, in: DÄBl. 1993, B-2170 f.; Birnbacher, in: Hoff/in der Schmitten (Hrsg.), Wann ist der Mensch tot?, 28 (32 ff.); Birnbacher, in: MedR 1994, 469 f.; Klinge, Todesbegriff, 145; Schroth, in: Roxin/Schroth (Hrsg.), Handbuch des Medizinstrafrechts (3. Auflage), 357 (362).

GÜTGEMANN bringt diese Erkenntnis noch einmal im Zusammenhang mit der Definition des Hirntodes zum Ausdruck: „Hirntod [als Tod des Menschen] bedeutet (...), daß der Funktionsausfall in doppeltem Sinne definiert sein muß: Einmal im Erlöschen aller bewußtseinstragenden, persönlichkeitsbestimmenden und reflektierenden Hirnbereiche, insbesondere des Cortex; zum anderen im fehlenden Nachweis integrierender und nachgeordneter biologischer Steuerungsvorgänge auch seitens des Stammhirns."[189]

2. Das Großhirntodeskonzept

a) Definition

Nach dem Großhirntodeskonzept ist der Tod des Menschen im Rechtssinne bereits dann eingetreten, wenn das Großhirn, insbesondere die Großhirnrinde, unwiederbringlich zerstört ist (Großhirntod/Kortikaltod).[190]

---

189 Gütgemann, in: Penin/Käufer (Hrsg.), Der Hirntod, III.

190 Funck, Horn, Kaschubs-Saeedi und Ruscher sind insbesondere als Vertreter dieses Todesbegriffs aus dem Bereich der Jurisprudenz zu nennen: vgl. Funck, in: MedR 1992, 182 ff.; Horn, in: Der Internist 1974, 557 ff.; Kaschubs-Saeedi, Menschliches Leben als Schutzgut des Strafrechts, 41 ff., v. a. 131; Ruscher, Die Bestimmung des Todeszeitpunktes aus erbrechtlicher Sicht (1989), 117 ff.; auch Bockelmann war zunächst der Ansicht, dass der Tod des Menschen bereits mit dem Großhirntod eingetreten sei: vgl. hierzu Bockelmann, in: Langenbecks Archiv für klinische Chirurgie 1968, 44 ff., v. a. seine Äußerungen auf 53 f. machen dies deutlich: „Der Hirntod besteht im endgültigen Erlöschen des geistigen Seins, jedenfalls für diese Welt, bedeutet also das Ende der Existenz des Menschen als Person."; ebenso Bockelmann, Strafrecht des Arztes, 109 ff.; später revidiert Bockelmann seine Auffassung, dass bereits mit dem Großhirntod der Tod des Menschen eingetreten sei, und begründet den Wechsel seiner Ansicht mit folgenden Worten: „Ich habe mich früher auf den Standpunkt gestellt, daß der Ausfall derjenigen Gehirnpartien, auf deren Funktionieren das Bewußtsein beruht, für sich allein schon die Annahme des Organtodes des Hirns rechtfertige. Das muß ich korrigieren (...)." Denn „(...) von meinem früher vertretenen Standpunkt aus wäre der Anencephalus (...) als eine Totgeburt anzusehen. (...). Ich glaube daher, daß sich die Jurisprudenz der Auffassung von Gütgemann und Käufer u. a. anschließen sollte, wonach erst die feinstrukturelle oder grobmechanische Zerstörung des *gesamten* Gehirns die Annahme rechtfertigt, daß der Hirntod eingetreten sei." vgl. Bockelmann, in: Krösl/Scherzer (Hrsg.), Die Bestimmung des Todeszeitpunktes, 277 (280 f.); Hervorh. im Original; zu Bockelmann siehe näher auch unten D. IV. 6. c).

b) Die anthropologische Begründung des Großhirntodeskonzeptes[191]

Setzt man diesen Todesbegriff in Bezug zu dem des Gesamthirntodes, dann wird deutlich, dass dieses Konzept die anthropologische Säule des Gesamthirntodeskonzeptes zu seiner alleinigen Grundlage macht.[192] Denn das, was den Menschen wirklich ausmache, ihm gerade seine Individualität als Mensch verleihe, seien das Bewusstsein, der Geist,[193] nicht die bloßen vegetativen Steuerungsvorgänge des Hirnstamms.[194] Suche man daher nach dem Organ, das diese einzigartige Fähigkeit des Menschen in sich trage, so könne man nur zu dem Großhirn bzw. der Großhirnrinde gelangen;[195] denn „die Zentren, die für Wahrnehmung, Erinnerung und Motorik und damit für das zuständig sind, was Bewußtsein gerade ausmacht, sind auf ihr lokalisiert."[196] Dies bedeute also für den Tod des Menschen, um es mit den Worten RÖTTGENS zu formulieren: „Es [ist] ‚nicht der Tod des Hirnstamms von Herrn Schmitz, sondern der Tod des Menschen Schmitz'[197] entscheidend, der mit dem Tod des Kortex [Großhirnrinde] als der Bewußtseinsebene eingetreten [ist]."[198] Tod sei daher der irreversible Bewusstseinsverlust, mit dem Tod der Großhirnrinde sei mithin im rechtlichen Sinne der Tod des Menschen eingetreten.[199] Um es mit FUNCK zusammenzufassen: „(...) Ein Körper mit irreversibel zerstörter Großhirnrinde ist als Leiche zu betrachten."[200]

---

191 Ausführlich hierzu aus ethischer Sicht: Kurthen/Linke/Moskopp, in: Ethik in der Medizin 1989, 134 ff.; Kurthen/Linke, in: Hoff/in der Schmitten (Hrsg.), Wann ist der Mensch tot?, 82 ff., die das Großhirntodeskonzept als das konsequent zu Ende gedachte Hirntodeskonzept bezeichnen, vgl. ebd. 91.

192 Spittler, Gehirn, Tod, 80, bezeichnet das Großhirntodeskonzept als „das ‚eigentlichste anthropologische' Todes-Konzept des Menschen."

193 Subjekt des Todes ist im Rahmen des Großhirntodeskonzeptes der Mensch als Person: vgl. hierzu Kurthen/Linke/Moskopp, in: Ethik in der Medizin 1989, 134 (140): „Denn wenn die physiologischen Regulations- und Integrationsleistungen des Hirnstamms in die Todeskriterien eingehen, dann muß in irgendeiner Form auch der ‚Organismus' als Subjekt des Todes fungieren. Eine solche Attribution ist aber insofern uninteressant, als ja für alle ethisch relevanten Zusammenhänge vielmehr die Frage entscheidend ist, wann der Mensch (das Individuum, die Person) tot ist, also als *Mensch* aufhört zu existieren."

194 Funck, in: MedR 1992, 182 (185).

195 Funck, in: MedR 1992, 182 (185).

196 Funck, in: MedR 1992, 182 (185); zur Anatomie des Gehirns s. o. B. I.

197 Röttgen, in: Penin/Käufer (Hrsg.), Der Hirntod, 55.

198 Ruscher, Die Bestimmung des Todeszeitpunktes aus erbrechtlicher Sicht, 122.

199 Funck, in: MedR 1992, 182 (188).

200 Funck, in: MedR 1992, 182 (188); so wohl auch Horn, in: Der Internist 1974, 557 (560).

3. Das Herztodeskonzept

Inhalt und Begründung des Todesbegriffes, den die folgende Auffassung[201] zugrunde legt, werden am ehesten verständlich, wenn man sich die Kritik dieser Ansicht am Gesamthirntodeskonzept vor Augen führt; daher soll diese zunächst dargestellt werden, aus der sich sodann die eigentliche Definition des Todes ergibt.

a) Die Kritik am Gesamthirntodeskonzept – die Begründung des Herztodeskonzeptes

Die Vertreter dieses Todeskonzeptes wenden sich im Wesentlichen[202] gegen die beiden jeweiligen Begründungspfeiler der Gesamthirntodeskonzeption im Einzelnen sowie gegen deren kumulative Verknüpfung.

Die Kritik an der anthropologischen Begründung des Gesamthirntodeskonzeptes setzt an zwei Punkten an:[203] Zum einen nehme sie auf wissenschaftlich fehlerhafte Weise an, dass das Bewusstsein des Menschen ausschließlich einem Organ, dem Gehirn, zugeordnet werden könne, und zum anderen bewerte sie durch das Abstellen auf die Bewusstseinsfähigkeit des Menschen als entscheidende menschliche Eigenschaft das menschliche Leben unzutreffend.

So wird in Bezug auf den ersten Kritikpunkt angeführt, es sei wissenschaftlich (noch) nicht hinreichend geklärt, dass das Bewusstsein seinen alleinigen Sitz im

201 Als juristische Vertreter des Herztodeskonzeptes sind v. a. Beckmann, Höfling, Rixen und Tröndle zu nennen; insbesondere Höfling und Rixen begründen ihre Auffassung ausführlichst: vgl. hierzu nur: Höfling, in: MedR 1996, 6 ff.; Höfling, in: JZ 26 ff.; Höfling/Rixen, Verfassungsfragen der Transplantationsmedizin (1996), 59 ff.; Rixen, in: Hoff/in der Schmitten (Hrsg.), Wann ist der Mensch tot?, 434 ff.; Rixen, Lebensschutz am Lebensende, insbesondere 247 ff.

202 Es sollen an dieser Stelle lediglich die Haupteinwände gegen die Gesamthirntodeskonzeption dargestellt werden, die, wenn sie auch meist nicht juristischer Natur sind, dennoch für die juristische Diskussion insoweit von Bedeutung sind, als sie sich juristische Autoren in der rechtlichen Diskussion zu eigen machen (vgl. nur Beckmann, in: ZRP 1996, 219 ff.; Höfling, in: MedR 1996, 6 ff.; Höfling, in: JZ 1995, 26 ff.; Rixen, Lebensschutz am Lebensende, 297 ff.); weitere Argumente der Befürworter der Herztodeskonzeption werden in den besonderen Teilen ab Teil D in ihrem jeweiligen rechtlichen Zusammenhang aufgeführt und es wird sich mit ihnen entsprechend auseinandergesetzt werden.

203 Vgl. hierzu auch Heun, in: JZ 1996, 213 (215 f.); Ingelfinger, Grundlagen und Grenzbereiche, 151 f.

Gehirn habe.[204] Fest stehe lediglich, dass nach dem Ausfall des Gehirns keine Bewusstseinsäußerungen mehr beobachtet werden könnten.[205] Doch daraus lasse sich nicht zugleich schließen, dass keinerlei geistige Existenz mehr bei einem solchen Hirntoten vorhanden sei.[206] Über das Bewusstsein eines sich im irreversiblen Koma befindlichen Menschen könne man mangels empirischer Erfahrungen – schließlich gäbe es „keine ehemaligen Hirntoten" – keine gesicherten Aussagen treffen.[207] „Die Hirntoddiagnose garantiert daher nicht die Nicht-Existenz von Bewußtsein, sondern lediglich das Fehlen nachvollziehbarer Bewußtseinsäußerungen."[208] Oder wie es JONAS formulierte: „Wer kann wissen, wenn jetzt das Seziermesser zu schneiden beginnt, ob nicht ein Schock, ein letztes Trauma einem nichtzerebralen, diffus ausgebreiteten Empfinden zugefügt wird, das noch leidensfähig ist (...)?"[209] Denn wer könne schon mit Gewissheit ausschließen, dass in Reflexen, wie dem immensen Anstieg des Blutdrucks, der bei Hirntoten häufig vor der Organentnahme zu beobachten sei, oder vom Rückenmark gesteuerten Schmerzreaktionen nicht doch ein wie auch immer geartetes Bewusstsein zu Tage trete.[210]

Selbst wenn man jedoch akzeptieren würde, dass das Gehirn der alleinige Sitz des menschlichen Bewusstseins sei, nähme die Gesamthirntodeskonzeption durch das Abstellen auf eben dieses Bewusstsein als das entscheidende Kriterium für das menschliche Dasein eine unzutreffende Bewertung menschlichen Lebens vor.[211] Das Leben als Schutzgut des Art. 2 II 1 1. Alt. GG sei ein unteilbares Rechtsgut, das einschränkenden Wertungen unzugänglich sei.[212] Für die Gewährleistung des Schutzes aus Art. 2 II 1 1. Alt. GG komme es daher gerade nicht auf Kriterien wie den Grad der Lebensfähigkeit oder die geistige Verfassung an.[213] Art. 2 II 1 1. Alt.

---

204 Hoff/in der Schmitten, in: Universitas 1995, 328 (336 ff.); Hoff/in der Schmitten, in: Hoff/in der Schmitten (Hrsg.), Wann ist der Mensch tot?, 153 (202 f.).

205 Hoff/in der Schmitten, in: Universitas 1995, 328 (337); Hoff/in der Schmitten, in: Hoff/in der Schmitten (Hrsg.), Wann ist der Mensch tot?, 153 (203).

206 Hoff/in der Schmitten, in: Universitas 1995, 328 (337); Hoff/in der Schmitten, in: Hoff/in der Schmitten (Hrsg.), Wann ist der Mensch tot?, 153 (203).

207 Hoff/in der Schmitten, in: Universitas 1995, 328 (337 f.).

208 Hoff/in der Schmitten, in: Universitas 1995, 328 (338).

209 Jonas, Technik, Medizin und Ethik. Zur Praxis des Prinzips Verantwortung (1. Auflage), 222.

210 Hoff/in der Schmitten, in: Universitas 1995, 328 (336).

211 Höfling/Rixen, Verfassungsfragen der Transplantationsmedizin, 70; Höfling, in: MedR 1996, 6 (7); Rixen, Lebensschutz am Lebensende, 297 ff.

212 Hiermit setzt nun eine juristische Begründung ein; Höfling/Rixen, Verfassungsfragen der Transplantationsmedizin, 70; Höfling, in: JZ 1995, 26 (32); Höfling, in: MedR 1996 6 (7); siehe hierzu näher unten im verfassungsrechtlichen Teil f. II. 2.

213 Höfling/Rixen, Verfassungsfragen der Transplantationsmedizin, 70.

GG schütze die biologisch-physische Existenz des Menschen.[214] „Eine Definition menschlichen Lebens, die sich am Maßstab der ‚Geistigkeit' orientiert, ist deshalb von Grundrechts wegen unhaltbar."[215] „Das Grundgesetz verbietet jeden ‚Intellektualspeziesismus' "[216], welchen die Gesamthirntodeskonzeption durch das Abstellen auf das Bewusstsein des Menschen jedoch gerade vornähme.[217]

Die biologische Begründung des Gesamthirntodeskonzeptes sei deshalb nicht haltbar, da sie von dem Gehirn als Zentralorgan für den menschlichen Organismus ausgehe und so den Eindruck erwecke, das Gehirn steuere gegenüber anderen Organen etwas Außergewöhnliches zum Leben bei.[218] Dies sei jedoch nicht der Fall: Das Gehirn sei ein Organ wie jedes andere und daher im Grunde genommen austauschbar bzw. schlicht entbehrlich.[219] „Die (...) Frage, ob das Gehirn die entscheidende Instanz für die Aufrechterhaltung des biologischen Lebens des Menschen ist, ist eindeutig zu verneinen."[220] Die Integrationsfähigkeit des Organismus sei zwar ab dem Zustand des Gesamthirntodes stark eingeschränkt, aber der Organismus funktioniere dennoch weiterhin als integrierende Einheit, als integrierendes Ganzes.[221] Der dauerhaft erforderlichen intensivmedizinischen Betreuung eines Hirntoten käme diesbezüglich keine andere Bedeutung zu als etwa einem Dialysegerät oder einem Herzschrittmacher.[222] Denn es wäre nicht einzusehen, warum hormonelle Steuerungsfunktionen, Herz-, Nieren- und Atemtätigkeit durch Maschinen ersetzbar seien, der Hirntote, bei dem die Funktionen des Hirnstamms auf die gleiche Weise technisch übernommen würden, jedoch von einem Menschen zur Leiche werde.[223] Mit anderen Worten: „Es ist nicht zu begründen, warum ausgerechnet der Ausfall der zentralnervösen Steuerung unersetzlich für das menschliche Leben sein soll, während die Kompensation ande-

214 Höfling/Rixen, Verfassungsfragen der Transplantationsmedizin, 70.

215 Rixen, Lebensschutz am Lebensende, 297; Höfling, in: MedR 1996, 6 (7); Höfling/Rixen, Verfassungsfragen der Transplantationsmedizin, 70 f.

216 Rixen, Lebensschutz am Lebensende, 298.

217 Rixen, Lebensschutz am Lebensende, 297 f.; mit dieser Begründung lehnen die Vertreter der Herztodeskonzeption freilich auch das Großhirntodeskonzept ab: vgl. nur statt vieler Rixen, Lebensschutz am Lebensende, 297 ff.

218 Roth/Dicke, in: Hoff/in der Schmitten (Hrsg.), Wann ist der Mensch tot?, 51 (52); Höfling, in: MedR 1996, 6 (7).

219 Roth/Dicke, in: Hoff/in der Schmitten (Hrsg.), Wann ist der Mensch tot?, 51 (53); Hoff/in der Schmitten, in: Universitas 1995, 328 (334 f.).

220 Roth/Dicke, in: Hoff/in der Schmitten (Hrsg.), Wann ist der Mensch tot?, 51 (53).

221 Hoff/in der Schmitten, in: Universitas 1995, 328 (334).

222 Hoff/in der Schmitten, in: Universitas 1995, 328 (335); Rixen, Lebensschutz am Lebensende, 307 ff.

223 Hoff/in der Schmitten, in: Universitas 1995, 328 (335); ebenso Rixen, Lebensschutz am Lebensende, 307 f.

rer Ausfälle bis hin zum vollständigen Ersatz mehrerer lebensnotwendiger Organe (…) [beispielsweise das Dialysegerät als Ersatz für die Nierentätigkeit] als mit dem Leben vereinbar gilt."[224] Es gelte also, der hirntote Organismus befinde sich keinesfalls in einem Zustand völliger Desorganisation, sondern es ereigne sich weiterhin eine komplexe Interaktion zwischen den einzelnen Organen.[225] Dies zeige nicht zuletzt auch der empirische Befund: Das Herz eines Hirntoten schlage selbstständig weiter, man könne seinen Puls fühlen, Blutkreislauf, Stoffwechsel und Immunsystem wären weiterhin aktiv, er habe eine rosige Haut und einen warmen Körper, ja Hirntote wären sogar imstande, ein Kind auszutragen.[226] Abschließend kann daher festgestellt werden: „Der menschliche Organismus ist beim Hirntoten (…) ‚als Ganzer' – abzüglich des Gehirns, das ca. 2 Prozent des Körpergewichts ausmacht – erhalten."[227]

Gegen die kumulative Verknüpfung von anthropologischer und biologischer Begründung des Gesamthirntodeskonzeptes wird eingewandt, dass es inkonsistent sei, das Leben des Menschen von seinem Bewusstsein, seiner Geistigkeit abhängig zu machen, gleichzeitig jedoch, wenn die Großhirnrinde als Sitz des Bewusstseins abgestorben sei, für den Eintritt des Todes auf den Ausfall des Hirnstamms zu warten, obwohl diesem keinerlei Bedeutung für eben dieses Bewusstsein des Menschen zukomme.[228] Die Gesamthirntodeskonzeption greife daher auf zwei Todessubjekte zurück, einmal auf die Person (anthropologische Begründung) und einmal auf den Organismus als Ganzes (biologische Begründung).[229] „Ein stimmiges Todeskonzept kann [jedoch] nur *ein* Subjekt des Todes setzen."[230] Wenn also „das Menschsein dadurch gekennzeichnet ist, daß über die Existenz eines rein biologisch funktionierenden Organismus hinaus die Fähigkeit zu spezifisch geistig-personalen Lebensvollzügen gegeben sein muß, dann wäre der Tod des Menschen bereits dann anzunehmen, wenn *eine* dieser beiden Komponenten nicht mehr vorhanden ist."[231] Die Gesamthirntodeskonzeption stel-

224 Hoff/in der Schmitten, in: Hoff/in der Schmitten (Hrsg.), Wann ist der Mensch tot?, 153 (194); ebenso: Rixen, Lebensschutz am Lebensende, 307; Rixen, in: ZRP 1995, 461 (464).

225 Höfling/Rixen, Verfassungsfragen der Transplantationsmedizin, 73; Höfling, in: JZ 1995, 26 (32); Beckmann, in: ZRP 1996, 219 (224).

226 Beckmann, in: ZRP 1996, 219 (224); Beckmann, in: ZfL 2011, 122 (124); Grewel, in: ZRP 1995, 217 (218); Höfling/Rixen, Verfassungsfragen der Transplantationsmedizin, 73, dort v. a. Fn. 277; Höfling, in: MedR 1996, 6 (7); Höfling, in: JZ 1995, 26 (32); in der Schmitten, in: Höfling, TPG Kommentar, Anhang zu § 3 Rn. 3 ff., 53.

227 Beckmann, in: ZRP 1996, 219 (224); so auch Beckmann, in: ZfL 2011, 122 (124).

228 Rixen, Lebensschutz am Lebensende, 299; Beckmann, in: ZRP 1996, 219 (221).

229 Kurthen/Linke, in: Hoff/in der Schmitten (Hrsg.), Wann ist der Mensch tot?, 82 (86).

230 Kurthen/Linke, in: Hoff/in der Schmitten (Hrsg.), Wann ist der Mensch tot?, 82 (86); Hervorh. im Original.

231 Beckmann, in: ZRP 1996, 219 (221); Hervorh. im Original.

le Ansprüche an den Nachweis des Todes, die von ihrem gesetzten Subjekt aus nicht erforderlich seien.[232] All dies zeige, dass das Gesamthirntodeskonzept ein nicht zu Ende gedachtes Teilhirntodeskonzept sei.[233] Dieses sei jedoch aus denselben Gründen, die zu einer Ablehnung der anthropologischen Begründung des Gesamthirntodeskonzeptes führten, zu verwerfen.[234]

Nach alledem ist nach den Vertretern der Herztodeskonzeption mit dem irreversiblen Ausfall des gesamten Gehirns (Gesamthirntod) nicht der Tod des Menschen eingetreten, der Hirntote ist daher als lebender Mensch anzusehen.[235]

b) Definition

Nach den Vertretern der Herztodeskonzeption ist der Mensch vielmehr dann tot, wenn seine Atmung und sein Herz-Kreislauf irreversibel stillstehen[236] (irreversibler Atmungs- und Herzkreislaufstillstand/irreversibler Herz-Kreislaufstillstand/klassischer Todesbegriff/Herztod).[237]

IV. Der Todesbegriff und seine gesetzliche Festlegung

Soeben wurden die (drei) verschiedenen Todeskonzepte erläutert, die als (gesamt-) rechtlicher Todesbegriff diskutiert werden. Hieran schließt sich nun zugleich die Frage an, ob sich in einem Gesetz eine Festlegung auf eines dieser Todeskonzepte als rechtlicher Todesbegriff finden lässt. Dies soll im folgenden Abschnitt geklärt werden.

---

232 Beckmann, in: ZRP 1996, 219 (221).

233 Beckmann, in: ZRP 1996, 219 (221); Kurthen/Linke, in: Hoff/in der Schmitten (Hrsg.), Wann ist der Mensch tot?, 82 (91).

234 Rixen, Lebensschutz am Lebensende, 297 ff.; Beckmann, in: ZRP 1996, 219 (221) Fn. 35.

235 Vgl. nur Beckmann, in: ZRP 1996, 219 (225); Grewel, in: ZRP 1995, 217 (218); Höfling/Rixen, Verfassungsfragen der Transplantationsmedizin, 75; Höfling, in: JZ 1995, 26 (32); Höfling, in: MedR 1996, 6 (8).

236 Rixen, Lebensschutz am Lebensende, 344 ff., der betont, dass es sich hierbei um kein neues Todeskriterium handele, sondern um das traditionell verwendete Kriterium, vgl. hierzu B. II. 2.; häufig schweigen die Gegner derjenigen Todeskonzepte, die auf das Gehirn als Tod des Menschen abstellen (Gegner der Gesamthirntodeskonzeption und der Großhirntodeskonzeption), jedoch dazu, welcher Todesbegriff nach ihrer Auffassung vorzugswürdig wäre, vgl. Klinge, Todesbegriff, 164; Sternberg-Lieben, in: JA 1997, 80 (85).

237 Zu der synonymen Verwendung der Begriffe irreversibler Atmungs- und Herz-Kreislaufstillstand und irreversibler Herz-Kreislaufstillstand vgl. Rixen, Lebensschutz am Lebensende, 344.

1. Rechtslage vor Erlass des Transplantationsgesetzes

Ein Blick in das BGB, das StGB und das Grundgesetz, als zentrale gesetzliche Regelungen unserer Rechtsordnung, ist ernüchternd. Eine Definition, die festlegt, wann der Mensch im Rechtssinne tot ist, lässt sich hier an keiner Stelle finden.

Warum dies bei Erlass der jeweiligen Gesetzesbücher[238] der Fall sein musste, lässt sich wiederum vor dem Hintergrund der oben[239] geschilderten medizinischen Entwicklung ebenso leicht wie einleuchtend erklären. Der Tod war eben zu der damaligen Zeit, um wiederum SAVIGNY sprechen zu lassen, „(...) ein so einfaches Naturereigniß, daß derselbe nicht, so wie die Geburt, eine genauere Feststellung seiner Elemente nöthig macht[e].“[240] Eine gesetzliche Definition hielt man daher schlicht für entbehrlich.[241] Doch, auch nachdem man aufgrund des medizinischen Fortschritts erkannt hatte, dass der Tod keineswegs so unproblematisch war, wie ursprünglich angenommen,[242] wurde weder in das BGB noch in das StGB noch in das Grundgesetz nachträglich eine gesetzliche Definition des Todes aufgenommen. Auch in keinem anderen Gesetz ließ sich eine Festlegung des Todesbegriffs finden. Vielmehr galt weiterhin: „Eine zentrale Norm, die den Tod des Menschen definiert (...), findet sich an keiner Stelle der Rechtsordnung.“[243]

Diese Rechtslage könnte sich jedoch mit Inkrafttreten des Transplantationsgesetzes (TPG) am 1. Dezember 1997[244] möglicherweise geändert haben. Denn dieses „äußert sich (...) ausdrücklich zum Tod des Menschen und gibt Anweisungen für seine Feststellung.“[245] Daher gilt es im Folgenden zu untersuchen, ob das TPG den Tod des Menschen im Rechtssinne definiert.

---

238 Das BGB trat am 1. Januar 1900 in Kraft, die ursprüngliche Fassung des StGBs als Reichsstrafgesetzbuch trat am 1. Januar 1872 in Kraft, das Grundgesetz trat am 23. Mai 1949 in Kraft.

239 S. o. B. II. 2.

240 Savigny v., System des heutigen Römischen Rechts, Zweiter Band, 17.

241 Saerbeck, Beginn und Ende des Lebens, 118; Strätz, Zivilrechtliche Aspekte der Rechtsstellung des Toten unter besonderer Berücksichtigung der Transplantationen (1971), 8; in den Entwürfen des BGB war ausdrücklich zunächst in Zusammenhang mit § 1 BGB eine Bestimmung dahingehend vorgesehen, dass die Rechtsfähigkeit mit dem Tod ende; die Notwendigkeit einer solchen Regelung wurde jedoch dann aus den dargestellten Gründen verneint: vgl. hierzu Englert, Todesbegriff und Leichnam, 20 f.; Klinge, Todesbegriff, 26.

242 Vgl. oben Gliederungspunkt B. II. 2.

243 Klinge, Todesbegriff, 25.

244 Gesetz über die Spende, Entnahme und Übertragung von Organen und Geweben (Transplantationsgesetz-TPG) vom 5.11.1997; im Folgenden mit TPG abgekürzt; zur Gesetzgebungsgeschichte des TPGs: Höfling/Rixen, Verfassungsfragen der Transplantationsmedizin, 24 ff.; König, in: Schroth/König/Gutmann/Oduncu, TPG Kommentar, Einleitung Rn. 2 ff.

245 Ingelfinger, Grundlagen und Grenzbereiche, 138.

2. Rechtslage ab Erlass des TPG – Todesdefinition durch das TPG?

Zunächst sollen die Vorschriften des TPGs aufgezeigt werden, die bei der Diskussion, welche Aussagen dieses Gesetz über den Tod des Menschen trifft, im Zentrum stehen. Sodann wird die Reaktion des Bundesverfassungsgerichts auf die gegen eine dieser Vorschriften erhobenen Verfassungsbeschwerden erläutert werden. Anschließend erfolgt eine Darstellung der Argumente, welche bei dem Streit um den Gehalt der Regelungen des TPGs vorgebracht werden, um schließlich eine Antwort auf die Frage zu finden, ob das TPG den Tod des Menschen im Rechtssinne definiert.

a) Ausgangspunkt für die Diskussion

aa) Die entscheidenden Bestimmungen: § 3 I 1 Nr. 2, § 3 II Nr. 2 TPG

Hierbei handelt es sich um die Vorschriften, deren Auslegung für die Diskussion um den Aussagegehalt des TPGs zum Tod des Menschen entscheidend ist.[246] Mit § 3 beginnt der 2. Abschnitt des TPGs „Entnahme von Organen und Geweben bei toten Spendern". Nach § 3 I 1 Nr. 2 TPG ist diese Organentnahme unter anderem unter der Voraussetzung zulässig, dass „der Tod des Organspenders nach Regeln, die dem Stand der Erkenntnisse der medizinischen Wissenschaft entsprechen, festgestellt ist." § 3 II Nr. 2 TPG erklärt die Organentnahme ausdrücklich für unzulässig, „wenn nicht vor der Entnahme bei dem Organspender der endgültige, nicht behebbare Ausfall der Gesamtfunktion des Großhirns, des Kleinhirns und

246 Hierüber herrscht Einigkeit vgl. nur statt vieler: Ingelfinger, Grundlagen und Grenzbereiche, 138 ff.; Kaschubs-Saeedi, Menschliches Leben als Schutzgut des Strafrechts, 25 ff.; Merkel, Früheuthanasie (2001), 113 ff.; Merkel, in: Jura (1999), 113 (114 ff.); Rixen, Lebensschutz am Lebensende, 382 ff.; Saliger, in: KritV 2001, 382 (407); neben § 3 I 1 Nr. 2 TPG und § 3 II Nr. 2 TPG sind die Vorschriften des § 5 I TPG und des § 16 I Nr. 1 TPG zu beachten, da diese ausdrücklich auf § 3 I 1 Nr. 2 TPG und § 3 II Nr. 2 TPG Bezug nehmen: § 5 I TPG lautet: „Die Feststellungen nach § 3 Abs. 1 Satz 1 Nr. 2 und Abs. 2 Nr. 2 sind jeweils durch zwei dafür qualifizierte Ärzte zu treffen, die den Organ- oder Gewebespender unabhängig voneinander untersucht haben. Abweichend von Satz 1 genügt zur Feststellung nach § 3 Abs. 1 Satz 1 Nr. 2 die Untersuchung und Feststellung durch einen Arzt, wenn der endgültige, nicht behebbare Stillstand von Herz und Kreislauf eingetreten ist und seitdem mehr als drei Stunden vergangen sind."; § 16 I Nr. 1 TPG bestimmt: „Die Bundesärztekammer stellt den Stand der Erkenntnisse der medizinischen Wissenschaft in Richtlinien fest für die Regeln zur Feststellung des Todes nach § 3 Abs. 1 Satz 1 Nr. 2 und die Verfahrensregeln zur Feststellung des endgültigen, nicht behebbaren Ausfalls der Gesamtfunktion des Großhirns, des Kleinhirns und des Hirnstamms nach § 3 Abs. 2 Nr. 2 einschließlich der dazu jeweils erforderlichen ärztlichen Qualifikation."

des Hirnstamms nach Verfahrensregeln, die dem Stand der Erkenntnisse der medizinischen Wissenschaft entsprechen, festgestellt ist."

bb) Das Bundesverfassungsgericht zu § 3 II Nr. 2 TPG

Ende der 90-iger Jahre, nicht lange nach Inkrafttreten des TPGs, waren zwei Verfassungsbeschwerden[247] beim Bundesverfassungsgericht anhängig, welche sich unter anderem ausdrücklich gegen § 3 II Nr. 2 TPG wendeten.[248]

Als Begründung wurde in Bezug auf § 3 II Nr. 2 TPG von den jeweiligen Beschwerdeführern angeführt, „die im Transplantationsgesetz [durch diese Vorschrift] festgeschriebene Hirntodlösung verstoße gegen Art. 1 Abs. 1 und Art. 2 Abs. 1 GG."[249]

Das Bundesverfassungsgericht nahm jedoch beide Verfassungsbeschwerden jeweils durch Beschluss nicht zur Entscheidung an, da diese bereits unzulässig seien.[250] Voraussetzung der Zulässigkeit einer Verfassungsbeschwerde sei nämlich unter anderem, dass „der Beschwerdeführer selbst, gegenwärtig und unmittelbar durch die angegriffene Rechtsnorm in seinen Grundrechten betroffen ist."[251] Dies sei jedoch vorliegend gerade nicht der Fall.[252] Es fehle an der unmittelbaren Betroffenheit des jeweiligen Beschwerdeführers durch § 3 II Nr. 2 TPG.[253] Denn die Beschwerdeführer hätten nach § 3 II Nr. 1 TPG die Möglichkeit, der Organentnahme zu widersprechen.[254] Damit sei dann auch eine Organentnahme auf

247 BVerfG, NJW 1999, 858, Beschluss vom 14.10.1998; BVerfG, 1 BvR 2261/98 vom 28.1.1999, http://www.bverfg.de/entscheidungen/rk19990128lbvr226198.html.

248 Neben § 3 II Nr. 2 TPG wandte sich der Beschwerdeführer des Beschlusses vom 28.1.1999 noch gegen §§ 3 I, 7, 11 Abs. 4 und 16 TPG (vgl.: BVerfG, 1 BvR 2261/98 vom 28.1.1999, http://www.bverfg.de/entscheidungen/rk19990128 1bvr226198.html.) und der Beschwerdeführer des Beschlusses vom 14.10.1998 gegen § 4 TPG (vgl.: BVerfG, NJW 1999, 858). Weiter war noch eine Verfassungsbeschwerde, die ebenfalls die Organentnahme bei toten Spendern betraf, gegen § 4 TPG beim Bundesverfassungsgericht anhängig: vgl. BVerfG, NJW 1999, 3403 f., Beschluss vom 18.2.1999.

249 BVerfG, 1 BvR 2261/98 vom 28.1.1999, Absatz 1, http://www.bverfg.de/entscheidungen/rk19990128lbvr226198.html.

250 BVerfG, NJW 1999, 858 (858)., Beschluss vom 14.10.1998; BVerfG, 1 BvR 2261/98 vom 28.1.1999, Absatz 1, http://www.bverfg.de/entscheidungen/rk19990128lbvr226198.html.

251 BVerfG, 1 BvR 2261/98 vom 28.1.1999, Absatz 2, http://www.bverfg.de/entscheidungen/rk19990128lbvr226198.html.

252 BVerfG, NJW 1999, 858 (858), Beschluss vom 14.10.1998; BVerfG, 1 BvR 2261/98 vom 28.1.1999, Absatz 2, http://www.bverfg.de/entscheidungen/rk19990128 1bvr226198.html.

253 BVerfG, NJW 1999, 858 (858), Beschluss vom 14.10.1998.

254 BVerfG, NJW 1999, 858 (858), Beschluss vom 14.10.1998; BVerfG, 1 BvR 2261/98 vom 28.1.1999, Absatz 3, http://www.bverfg.de/entscheidungen/rk19990128lbvr226198.html.

der Grundlage des § 3 I TPG (und § 4 TPG) ausgeschlossen.[255] Der Beschwerdeführer habe es demnach „selbst in der Hand, der befürchteten Grundrechtsverletzung entgegenzuwirken.“[256]

Durch die mit der dargestellten Begründung erfolgte Nichtannahme dieser Verfassungsbeschwerden hat sich das Bundesverfassungsgericht mithin auch den Weg versperrt, § 3 II Nr. 2 TPG auf seine Verfassungsmäßigkeit hin zu überprüfen. Damit hat es sich auch die Möglichkeit genommen, sich in diesem Zusammenhang dazu zu äußern, welche Aussage das TPG zum Todesbegriff des Menschen enthält und was verfassungsrechtlich als Tod des Menschen anzusehen ist.[257] Es ist daher festzuhalten, dass sich das Bundesverfassungsgericht weder zu dem Streit, welcher Aussagegehalt dem TPG zum Tod des Menschen zu entnehmen, noch dazu, welcher Todesbegriff verfassungsrechtlich als der Maßgebliche anzusehen ist, (je) geäußert hat.[258]

Nachdem nun geklärt ist, welche Vorschriften des TPGs bei der vorliegenden Diskussion im Zentrum stehen und, dass das Bundesverfassungsgericht keine Aussage zum Todesbegriff dieser Vorschriften getroffen hat, ist nun auf dieser Grundlage eine Antwort auf die Frage zu finden, ob durch das TPG der Tod des

---

255 BVerfG, NJW 1999, 858 (858)., Beschluss vom 14.10.1998; BVerfG, 1 BvR 2261/98 vom 28.1.1999, Absatz 3, http://www.bverfg.de/entscheidungen/rk19990128lbvr226198.html.; mit derselben Begründung wurde auch die Verfassungsbeschwerde gegen § 4 TPG abgewiesen vgl. BVerfG, NJW 1999, 3403 (3403 f.), Beschluss vom 18.2.1999.

256 BVerfG, NJW 1999, 858 (858)., Beschluss vom 14.10.1998

257 Vgl. Ingelfinger, Grundlagen und Grenzbereiche, 139; Rixen, in: NJW 1999, 3389 (3390); Sachs, in: JuS 2000, 393 (393). Bei Annahme der Verfassungsbeschwerde wäre es außerdem im Rahmen der Prüfung, in welche Grundrechte der Beschwerdeführer die Vorschriften der §§ 3, 4 TPG möglicherweise eingreifen, erforderlich gewesen, sich zu dem verfassungsrechtlichen Todesbegriff zu äußern. Denn nur, wenn man im verfassungsrechtlichen Sinne die Organentnahme bei einem Hirntoten bereits als die Organentnahme von einem Toten ansieht, ist, wie von den Beschwerdeführern u. a. angeführt, Art. 2 I i. V. m. Art. 1 I GG der richtige Prüfungsmaßstab, sieht man den Hirntoten dagegen im verfassungsrechtlichen Sinne als Lebenden an, so ist für die Verfassungsmäßigkeit der angegriffenen Vorschriften des TPGs Art. 2 II GG der richtige Prüfungsmaßstab; vgl. auch: Wagner/Brocker, in: ZRP 1996, 226 (228 f.). Es spielt zum einen für die Verfassungsmäßigkeit des § 3 TPG eine große Rolle, welcher Todesbegriff im Verfassungsrecht als der Maßgebliche angesehen wird und, zum anderen, welcher Aussagegehalt dem TPG bezüglich des Todesbegriffs zu entnehmen ist. Äußert sich das TPG gar nicht zum Tod des Menschen, dann ist es, sollte dies erforderlich sein, der verfassungskonformen Auslegung zugänglich, legt es sich hingegen auf einen bestimmten Todesbegriff fest und stimmt dieser nicht mit der Verfassung überein, so ist die jeweilige Vorschrift als verfassungswidrig anzusehen (vgl. hierzu: Rixen, Lebensschutz am Lebensende, 385 ff.); siehe hierzu auch unten f. IV. 1. a) Fn. 951.

258 Vgl. Ingelfinger, Grundlagen und Grenzbereiche, 139; Rixen, in: NJW 1999, 3389 (3389).

Menschen im Rechtssinne definiert wird. Hierfür soll zunächst der Meinungsstand dargestellt werden, sodann wird zu diesem Stellung zu nehmen sein.

b) Der Streit um den Gehalt von § 3 I 1 Nr. 2, II Nr. 2 TPG

aa) Todesdefinition durch das TPG

Diejenigen, die der Auffassung sind, das TPG definiere den Tod des Menschen, lassen sich im Wesentlichen in zwei Gruppen teilen. Die einen[259] nehmen an, durch das TPG werde der Gesamthirntod mit dem rechtlichen Tod des Menschen gleichgesetzt, die anderen[260] sind der Auffassung, das TPG lege zwei gleichberechtigte Todesbegriffe zugrunde, nämlich den Gesamthirntod *und* den Herztod.

(1) Gesamthirntod als die Todesdefinition des TPG

Zunächst soll dargestellt werden, mit welchen Begründungen jeweils die Auffassungen, die darin übereinstimmen, dass das TPG den Gesamthirntod als Tod des Menschen festlege, zu diesem Ergebnis kommen.

Nach einer Auffassung[261] gelangt man durch eine Auslegung der für diese Frage entscheidenden Vorschriften der §§ 3 I 1 Nr. 2 und 3 II Nr. 2 TPG zu folgenden Erkenntnissen:

Das TPG enthalte keine ausdrückliche, formelle Legaldefinition, die festlege, was als Tod des Menschen im Rechtssinne anzusehen sei.[262] Ein Satz, der etwa so lauten könnte: „Der Tod des Menschen ist der..." sei im TPG nicht zu finden.[263] Denn

---

259 Vgl. Höfling/Rixen, in: Höfling, TPG Kommentar, § 3 Rn. 11; Jähnke, in: Leipziger Kommentar zum Strafgesetzbuch, 11. Auflage, vor § 211 Rn. 8 Fn. 37; Rixen, Lebensschutz am Lebensende, 382 ff.; Tröndle, in: Tröndle/Fischer, Strafgesetzbuch und Nebengesetze Kommentar, 49. Auflage, vor § 211 Rn. 3 b; unklar hingegen Fischer, in: Fischer, Strafgesetzbuch und Nebengesetze Kommentar, 59. Auflage, vor §§ 211-216 Rn. 16, der wohl davon ausgeht, dass im TPG der Gesamthirntod als Todesbegriff festgelegt wurde, allerdings gleichzeitig die Formulierung „durch Festlegung des Hirntodes als Mindestvoraussetzung" gebraucht, was ja gerade bedeuten würde, dass der Gesamthirntod durch das TPG nicht als Todesbegriff festgelegt wurde (Fischer zitiert auch Merkel in diesem Zusammenhang missverständlich).

260 Vgl. hierzu: Deutsch, in: NJW 1998, 777 (778); wohl auch Parzeller, in: KritV 2004, 397 (414).

261 Rixen, Lebensschutz am Lebensende, 382 ff.; Höfling/Rixen, in: Höfling, TPG Kommentar, § 3 Rn. 11.

262 Höfling/Rixen, in: Höfling, TPG Kommentar, § 3 Rn. 11.

263 Höfling/Rixen, in: Höfling, TPG Kommentar, § 3 Rn. 11.

§ 3 I 1 Nr. 2 TPG beziehe sich lediglich auf die Feststellung des Todes und § 3 II Nr. 2 TPG regele, dass vor Eintritt des Hirntodes[264] kein Organ entnommen werden dürfe, lege also nur eine Zulässigkeitsvoraussetzung für die Organentnahme fest.[265] Bis hierhin gelte also, der Tod werde durch das TPG nicht definiert.[266] Dies stelle sich jedoch bei näherer Betrachtung und Auslegung der beiden Vorschriften als Irrtum heraus.[267] „Bei näherem Hinsehen"[268] erkenne man, dass § 3 I 1 Nr. 2 TPG vielmehr implizit auf den Gesamthirntod verweise.[269] Nach § 3 I 1 Nr. 2 TPG solle der Tod nach dem Stand der Erkenntnisse der medizinischen Wissenschaft festgestellt werden.[270] Dieser Stand der medizinischen Wissenschaft zur Feststellung des Todes sei jedoch nichts anderes als der endgültige, nicht behebbare Ausfall der Gesamtfunktion des Großhirns, Kleinhirns und des Hirnstamms, also der Gesamthirntod.[271] Werde dieser Zustand bei einem Menschen diagnostiziert, dann sei der Tod nach naturwissenschaftlich-medizinischer Erkenntnis festgestellt.[272] Damit habe der Gesetzgeber jedoch akzeptiert, dass die Diagnose des Hirntodes gleichzeitig den Tod des Menschen umschreibe.[273] § 3 II Nr. 2 TPG fordere dann, dass selbiges, was schon bei § 3 I 1 Nr. 2 TPG zur Feststellung des Todes diagnostiziert wurde, nochmals festgestellt werde.[274] Dies zeige, dass § 3 I 1 Nr. 2 TPG und § 3 II Nr. 2 TPG tatbestandlich Identisches bestimmten und es lediglich in andere Worte fassten.[275] Auf diesen „gesetzestechnischen Taschenspielertrick"[276] dürfe man jedoch nicht hereinfallen.[277] Es sei daher festzuhalten: Die §§ 3 I 1 Nr. 2 und 3 II Nr. 2 TPG enthielten eine materielle

264 Das Gesetz nennt den Terminus „Gesamthirntod" nicht ausdrücklich, umschreibt ihn aber mit „endgültiger, nicht behebbarer Ausfall der Gesamtfunktion des Großhirns, des Kleinhirns und des Hirnstamms" vgl. § 3 II Nr. 2 TPG.

265 Rixen, Lebensschutz am Lebensende, 383; Höfling/Rixen, in: Höfling, TPG Kommentar, § 3 Rn. 11.

266 Rixen, Lebensschutz am Lebensende, 383.

267 So i. E.: Rixen, Lebensschutz am Lebensende, 383; Höfling/Rixen, in: Höfling, TPG Kommentar, § 3 Rn. 11.

268 Rixen, Lebensschutz am Lebensende, 383.

269 Rixen, Lebensschutz am Lebensende, 383.

270 Vgl. § 3 I 1 Nr. 2 TPG; Rixen, Lebensschutz am Lebensende, 383; Höfling/Rixen, in: Höfling, TPG Kommentar, § 3 Rn. 11.

271 Rixen, Lebensschutz am Lebensende, 383.

272 Rixen, Lebensschutz am Lebensende, 383; vgl. Richtlinien zur Feststellung des Hirntodes, Dritte Fortschreibung 1997 mit Ergänzungen gemäß Transplantationsgesetz (TPG), DÄBl. 1998, A-1861.

273 Höfling/Rixen, in: Höfling, TPG Kommentar, § 3 Rn. 11.

274 Höfling/Rixen, in: Höfling, TPG Kommentar, § 3 Rn. 11; Rixen, Lebensschutz am Lebensende, 383.

275 Rixen, Lebensschutz am Lebensende, 383.

276 Rixen, Lebensschutz am Lebensende, 383.

277 Rixen, Lebensschutz am Lebensende, 383.

Legaldefinition des Todes, das heiße, sie legten indirekt den Gesamthirntod als den rechtlichen Tod des Menschen fest.[278]

Auch weitere Stimmen in der Literatur entnehmen den §§ 3 I 1 Nr. 2, 3 II Nr. 2 TPG den Gehalt, dass diese den Hirntod als den rechtlichen Tod des Menschen festlegen.[279] Eine nähere Begründung für diese Annahme unterbleibt hier jedoch.[280]

(2) Zwei Todesbegriffe im TPG

Eine andere Auffassung zieht zu der Beantwortung der Frage, ob das TPG den Tod des Menschen definiert, nicht nur § 3 I 1 Nr. 2 TPG und § 3 II Nr. 2 TPG heran, sondern auch § 5 I 2 TPG.[281] § 5 TPG konkretisiert das Nachweisver-

278 Rixen, Lebensschutz am Lebensende, 385; Höfling/Rixen, in: Höfling, TPG Kommentar, § 3 Rn. 11; so i E. auch Saliger, in: KritV 2001, 382 (409 ff.), allerdings mit abweichender Begründung.

279 Deutsch, in: NJW 1998, 777 (778); Jähnke, in: LK, vor § 211 Rn. 8 Fn. 37; Tröndle, in: Tröndle/Fischer, StGB Kommentar, vor § 211 Rn. 3 b; Wallrabenstein, in: JA 1999, 128 (128); so wohl auch Ulsenheimer, Arztstrafrecht in der Praxis (4. Auflage), Rn. 306; auch Kühn, in: MedR 1998, 455 (456), geht wohl davon aus, dass bereits § 3 I 1 Nr. 2 TPG den Hirntod als Tod des Menschen normiere, denn nur so lässt sich folgende Aussage von ihm erklären: „In § 3 Abs. 2 TPG regelt der Gesetzgeber an sich Überflüssiges, wenn er feststellt, daß eine Entnahme nicht erfolgen dürfe, wenn der Tod nicht festgestellt ist (...).“ Diese Formulierung verfälscht den Gesetzestext in grenzwertiger Art und Weise; Saliger, in: KritV 2001, 383 (412) Fn. 148, ist der Auffassung, auch das OLG Frankfurt a. M. vertrete in seinem Urteil zum Todeszeitpunkt im Erbrecht, vgl. NJW 1997, 3099 (3100), die Ansicht, dass das TPG den Hirntod als den Tod des Menschen festlege. Dies geht jedoch aus der Formulierung des OLG Frankfurt a. M. in dem Urteil nicht deutlich hervor: „Das Hirntod-Kriterium ist im übrigen auch Grundlage des kürzlich im Bundestag verabschiedeten Transplantationsgesetzes.“; unklar auch Laufs, in: NJW 1998, 1750 (1754).

280 Vgl. Jähnke, in: LK, vor § 211 Rn. 8 Fn. 37; Kühn, in: MedR 1998, 455 (456); Tröndle, in: Tröndle/Fischer, StGB Kommentar, vor § 211 Rn. 3 b; Ulsenheimer, Arztstrafrecht, Rn. 306; Wallrabenstein, in: JA 1999, 128 (128).

281 Deutsch, in NJW 1998, 776 (778). Nickel, Die Entnahme von Organen und Geweben bei Verstorbenen, 102, zitiert Deutsch falsch, indem er behauptet, dieser sehe in § 3 II Nr. 2 TPG einen weiteren Todesbegriff verankert; dies ist nicht richtig: Deutsch leitet aus § 3 I 1 Nr. 2 TPG und aus § 5 I 2 TPG zwei Todesbegriffe her und kritisiert dann die Bestimmung des § 3 II Nr. 2 TPG, indem er formuliert: „Eher ungeschickt scheint der Wechsel von der Voraussetzung zur Einwendung, wenn in § 3 II TPG unter Verwendung der doppelten Verneinung gesagt wird, daß die Entnahme von Organen unzulässig ist, wenn nicht der Hirntod festgestellt ist.“ Diese Formulierung von Deutsch zeigt nicht, wie Nickel (unzutreffend) annimmt, dass dieser aus § 3 II Nr. 2 TPG einen zweiten Todesbegriff herleitet, sondern dass er der Auffassung ist, in § 3 I 1 Nr. 2 TPG werde ein Todesbegriff festgelegt, nämlich der Hirntod, und § 3 II Nr. 2 TPG normiere daher, wie auch Kühn, in: MedR 1998, 455 (456) meint, Überflüssiges/Ungeschicktes. Vgl. gegen diese Äußerung Deutsch‘s sehr zutreffend Merkel, in: Jura 1999, 113 (115).

fahren des Todes.[282] § 5 I 2 TPG bestimmt: „Abweichend von Satz 1 genügt zur Feststellung nach § 3 Abs. 1 Satz 1 Nr. 2 die Untersuchung und Feststellung durch einen Arzt, wenn der endgültige, nicht behebbare Stillstand von Herz und Kreislauf eingetreten ist und seitdem mehr als drei Stunden vergangen sind." Aus dem Zusammenspiel von § 3 I 1 Nr. 2 TPG und § 5 I 2 TPG ergebe sich nach dieser Ansicht, dass das TPG mit zwei Todesbegriffen hantiere;[283] nämlich zum einem mit dem Gesamthirntod, welcher der Vorschrift des § 3 I 1 Nr. 2 TPG als Todeskonzept entnommen werden könne, und zum anderen mit dem Herztod, auf den § 5 I 2 TPG durch die Formulierung „wenn der endgültige, nicht behebbare Stillstand von Herz und Kreislauf eingetreten ist" abstelle.[284] Gesamthirntod und Herztod seien daher die Todesbegriffe, welche das TPG nebeneinander festlege.[285]

bb) Keine Todesdefinition durch das TPG

Die folgende Auffassung kommt auf dem Wege der Auslegung der §§ 3 I 1 Nr. 2 und 3 II Nr. 2 TPG zu einem zu den vorstehenden Ansichten genau konträren Ergebnis. Hiernach spreche § 3 I 1 Nr. 2 TPG ausschließlich von der Feststellung des Todes, lege selbigen jedoch gerade nicht fest.[286] „(...) Zu der Frage, welchen Tod [die Vorschrift des § 3 I Nr. 2 TPG] meint, bleibt sie stumm."[287] Ziehe man nun ergänzend § 3 II Nr. 2 TPG heran, so erkenne man, dass das Gesetz hier auf den Hirntod Bezug nehme, wenn auch nicht ausdrücklich durch Nennung dieses Begriffes, sondern durch Umschreibung seiner Kriterien.[288] § 3 II Nr. 2 TPG stelle klar, dass eine Organentnahme „unzulässig ist, wenn nicht vor der Entnahme bei dem Organspender der endgültige, nicht behebbare Ausfall des Großhirns, des Kleinhirns und des Hirnstamms (...) festgestellt ist."[289] Diese Vorschrift regle daher ausschließlich, „*bis wann* [eine Organentnahme] sicher

---

282 Schroth, in: Schroth/König/Gutmann/Oduncu, TPG Kommentar, § 5 Rn. 1.

283 Deutsch, in: NJW 1998, 777 (778); so wohl auch Jauernig, in: Jauernig, Bürgerliches Gesetzbuch Kommentar, 14. Auflage, § 1 Rn. 3; so wohl auch Parzeller, in: KritV 2004, 397 (414).

284 Deutsch, in: NJW 1998, 777 (778).

285 Deutsch, in; NJW 1998, 777 (778); so wohl auch Jauernig, in: Jauernig, BGB Kommentar, § 1 Rn. 3; so wohl auch Parzeller, in: KritV 2004, 397 (414).

286 Merkel, in: Jura 1999, 113 (114); Merkel, Früheuthanasie, 113 f.; Ingelfinger, Grundlagen und Grenzbereiche, 140; Kaschubs-Saeedi, Menschliches Leben als Schutzgut des Strafrechts, 26 ff.

287 Merkel, in: Jura 1999, 113 (115); Merkel, Früheuthanasie, 114.

288 Merkel, in: Jura 1999, 113 (115); Ingelfinger, Grundlagen und Grenzbereiche, 140; Lilie, in: Orsi/Seelmann/Smid/Steinvorth (Hrsg.), Medizin-Recht-Ethik (1998), 89 (93), formuliert: „Der Begriff ‚Hirntod' wurde aus dem Gesetz regelrecht verbannt."

289 Merkel, in: Jura 1999, 113 (115); Ingelfinger, Grundlagen und Grenzbereiche, 140.

verboten ist.“[290] § 3 II Nr. 2 TPG könne keineswegs ein Bedeutungsgehalt dahingehend entnommen werden, dass er mit dem Hirntod eine nicht nur notwendige, sondern auch hinreichende Voraussetzung für die Organentnahme statuiere.[291] Denn *ab wann* die Organentnahme erlaubt sei, könne man § 3 II Nr. 2 TPG nicht entnehmen, sondern eben nur bis zu welchem Zeitpunkt, nämlich vor Eintritt des Hirntodes, sie sicher *nicht* erlaubt sei.[292] Zusammenfassend ergebe eine Auslegung der §§ 3 I 1 Nr. 2 und 3 II Nr. 2 TPG daher, dass § 3 II Nr. 2 TPG die Untergrenze für die Organentnahme festlege und § 3 I 1 Nr. 2 TPG bestimme, dass die Explantation erst ab dem Tod des Spenders vorgenommen werden dürfe, was auch immer unter diesem zu verstehen sei.[293] All dies zeige, dass dem TPG keine Aussage zur Todesdefinition entnommen werden könne, sie bleibe schlicht offen.[294]

c) Stellungnahme – keine Todesdefinition durch das TPG

Bei der Diskussion um die Frage, ob das TPG den rechtlichen Tod des Menschen definiert, sind folgende zwei Grundsätze, gleichsam als „Grundarbeitsgerüst“ unbedingt zu beachten.

Zum einen ist es auch bei Beantwortung der vorliegenden Fragestellung von entscheidender Bedeutung, die beschriebenen verschiedenen Ebenen[295] auf das schärfste voneinander zu unterscheiden und immer wieder zu kontrollieren, für welche Ebene man eine Antwort sucht, und zu prüfen, ob man sich bei (scheinbarem) Finden einer solchen Antwort hierbei tatsächlich noch auf der richtigen

290 Merkel, in: Jura 1999, 113 (115), Hervorh. d. Verf.; Merkel, Früheuthanasie, 116; so auch Ingelfinger, Grundlagen und Grenzbereiche, 140; Schmidt-Recla, in: MedR 2004, 672 (673); Schroth, in: Schroth/König/Gutmann/Oduncu, TPG Kommentar, vor §§ 3, 4 Rn. 39.

291 Merkel, in: Jura 1999, 113 (115), Merkel, Früheuthanasie, 116; Schroth, in: Schroth/König/Gutmann/Oduncu, TPG Kommentar, vor §§ 3, 4 Rn. 39; so aber Saliger, in: KritV 2001, 383 (409).

292 Merkel, in: Jura 1999, 113 (115); Merkel, Früheuthanasie, 116; dagegen Rixen, Lebensschutz am Lebensende, 383 ff.; Saliger, in: KritV 2001, 382 (409).

293 Merkel, in: Jura 1999, 113 (115); Merkel, Früheuthanasie, 116; Ingelfinger, Grundlagen und Grenzbereiche, 140; Schneider, in: MüKo StGB, vor §§ 211 Rn. 18 Fn. 62.

294 Merkel, in: Jura 1999, 113 (115); Merkel, Früheuthanasie, 116; Ingelfinger, Grundlagen und Grenzbereiche, 140; Forkel, in: Jura 2001, 73 (77); Gössel/Dölling, Strafrecht Besonderer Teil 1 (2. Auflage), § 2 Rn. 21; Kaschubs-Saeedi, Menschliches Leben als Schutzgut des Strafrechts, 26 ff.; Kühl, in: Lackner/Kühl, Strafgesetzbuch Kommentar, 27. Auflage, vor § 211 Rn. 4; Otto, Grundkurs Strafrecht. Die einzelnen Delikte (7. Auflage), § 2 Rn. 13; Schmidt-Recla, in: MedR 1994, 672 (673); Schneider, in: MüKo StGB, vor §§ 211 ff. Rn. 18; Ulsenheimer, in: Der Anaesthesist 2009, 722 (24); wohl auch Eser, in: Schönke/Schröder, StGB Kommentar, vor §§ 211 ff. Rn. 16, 20.

295 S. o. I.

Ebene befindet. Zum anderen ist es wesentlich, zwischen der faktischen Umsetzung der Normen in der Praxis und dem eigentlichen Regelungsgehalt eben dieser Normen zu unterscheiden.

Die Auffassung, die meint, das TPG arbeite mit zwei Todesbegriffen und lege durch § 5 I 2 TPG den Herztod – neben dem Hirntod in § 3 TPG – als Tod des Menschen fest,[296] wendet bei dieser Herleitung aus § 5 I 2 TPG den ersten Grundsatz nicht an. Sie verwechselt die zweite Ebene des Todesbegriffs mit der vierten Ebene der Todesfeststellung. Dies zeigt sich, betrachtet man, in welchem Verhältnis § 5 TPG zu § 3 TPG steht. § 5 I TPG nimmt auf § 3 TPG ausdrücklich Bezug. So lautet § 5 I 1 TPG: „Die Feststellungen nach § 3 Abs. 1 Satz 1 Nr. 2 und Abs. 2 Nr. 2 (...)“ und § 5 I S. 2 TPG: „Abweichend von Satz 1 genügt zur Feststellung nach § 3 Abs. 1 Satz 1 Nr. 2 (...)“. Hierdurch wird deutlich, dass § 5 TPG in einem engen Zusammenhang zu § 3 TPG steht.[297] Während § 3 I 1 Nr. 2 TPG bestimmt, dass der Tod des Organspenders festzustellen ist, und § 3 II Nr. 2 TPG, dass der Gesamthirntod vor der Entnahme festzustellen ist, konkretisiert § 5 I TPG das Verfahren zu diesen von § 3 TPG geforderten Feststellungen näher.[298] Mit anderen Worten: Sein Regelungszweck ist darin zu sehen, dass er Anforderungen an das Verfahren für die Feststellungen im Sinne von § 3 I und § 3 II TPG normiert.[299] Dies gilt sowohl für § 5 I S. 1 TPG als auch für S. 2, in dem der Herztod, also der endgültige, nicht behebbare Stillstand von Herz und Kreislauf, eine ausdrückliche Erwähnung gefunden hat. Die Vorschrift des § 5 I TPG ist daher eine rein verfahrensrechtliche Regelung für die Todesfeststellung, eine materielle Aussage zu dem Todesbegriff kann ihr in keiner Weise entnommen werden.[300]

Bis hierhin steht also fest, den Herztod hat das TPG als Todesbegriff jedenfalls nicht festgelegt. Daher ist nun noch zu untersuchen, ob das TPG den Gesamthirntod mit dem rechtlichen Tod des Menschen gleichgesetzt hat, oder, ob es vielmehr keinerlei Aussagegehalt über den Tod des Menschen enthält.

Die Antwort hierauf ergibt sich aus einem Zusammenspiel der Vorschriften des § 3 I 1 Nr. 2 TPG und § 3 II Nr. 2 TPG.[301]

---

296 So Deutsch, in: NJW 1999, 777 (778).

297 Schroth, in: Schroth/König/Gutmann/Oduncu, TPG Kommentar, § 5 Rn. 1.

298 Schroth, in: Schroth/König/Gutmann/Oduncu, TPG Kommentar, § 5 Rn. 1; Ingelfinger, Grundlagen und Grenzbereiche, 140.

299 Schroth, in: Schroth/König/Gutmann/Oduncu, TPG Kommentar, § 5 Rn. 1.

300 Ingelfinger, Grundlagen und Grenzbereiche, 140 Fn. 20; Kaschubs-Saeedi, Menschliches Leben als Schutzgut des Strafrechts, 38; Nickel, Die Entnahme von Organen und Geweben bei Verstorbenen, 107; Saliger, in: KritV 2001, 383 (409 ff.).

301 So Ingelfinger, Grundlagen und Grenzbereiche, 140; auch Schneider, in: MüKo StGB, vor §§ 211 ff. Rn. 18 Fn. 62.

§ 3 I 1 Nr. 2 TPG spricht ausschließlich von der Feststellung des Todes, nicht jedoch davon, was unter eben diesem Tod, der festgestellt werden soll, zu verstehen ist.[302] Dies ist auch nicht nur „auf den ersten Blick" der Fall, wie RIXEN meint.[303] Wenn nach den Richtlinien der Bundesärztekammer der Tod mit der Feststellung des Gesamthirntodes eingetreten ist,[304] so heißt dies nicht, dass das TPG den Begriff des Todes näher bestimmen möchte. Denn die Richtlinien der Bundesärztekammer treffen lediglich eine Aussage über die Todesfeststellung (4. Ebene). Was als Tod des Organspenders (2. Ebene) anzusehen ist, ist dieser Frage zwingend vorgelagert. Wer meint, mit der faktischen Feststellung des Todes im Wege des Gesamthirntodes sei gleichzeitig auch im TPG der Gesamthirntod als Todesbegriff „indirekt" normiert,[305] dem unterläuft ein Zirkelschluss. Die Feststellung hat dem Todesbegriff zu dienen, nicht umgekehrt. Ändert sich der Todesbegriff, so muss auch seine Feststellung ggf. abgewandelt werden, um diesem gerecht werden zu können.

Momentan wird zwar nach dem TPG durch Akzeptanz des Feststellungsverfahrens der Bundesärztekammer faktisch der Gesamthirntod als Tod des Menschen anerkannt;[306] diese Faktizität sagt, hier kommt der zweite Grundsatz zur Anwendung, aber nichts darüber aus, welcher Regelungsgehalt dem TPG zu dem Todesbegriff entnommen werden kann. Es gilt und zwar „bei jedem Blick", das TPG schweigt in § 3 I 1 Nr. 2 TPG zu der Todesdefinition.[307] So kann es meinen, sieht man den Herztod als den Tod des Menschen an, dass dieser eben dann nach den Regeln, die dem Stand der Erkenntnisse der medizinischen Wissenschaft entsprechen, festzustellen ist. Es kann aber auch den Gesamthirntod meinen, ja sogar den Kortikaltod. Aus dieser Weite des TPGs darf auch nicht geschlossen werden, dass es mit dem Feststellungsverfahren zugleich dessen Bezugspunkt, nämlich die Festlegung des Todesbegriffs, dem Stand der medizinischen Wissenschaft anvertraut habe.[308] Eine solche Kompetenzzuweisung an die Medizin wäre

---

302 Auch hier ist daher die Trennung der Ebenen essentiell; Merkel, in: Jura 1999, 113 (114); Ingelfinger, Grundlagen und Grenzbereiche, 140; Kaschubs-Saeedi, Menschliches Leben als Schutzgut des Strafrechts, 26; Schneider, in: MüKo StGB, vor §§ 211 Rn. 18 Fn. 62.

303 So Rixen, in: Lebensschutz am Lebensende, 383.

304 Vgl. Richtlinien zur Feststellung des Hirntodes, Dritte Fortschreibung 1997 mit Ergänzungen gemäß Transplantationsgesetz (TPG), DÄBl. 1998, A-1861.

305 So Rixen, in: Lebensschutz am Lebensende, 385.

306 So auch Ingelfinger, Grundlagen und Grenzbereiche, 141; dies hat dann freilich praktisch auch die Konsequenz, dass die Feststellungen in § 3 I 1 Nr. 2 TPG und § 3 II Nr. 2 TPG auf dasselbe hinauslaufen (so auch Ingelfinger, Grundlagen und Grenzbereiche, 141), was jedoch wiederum nichts über den Regelungsgehalt der §§ 3 I Nr. 2, 3 II Nr. 2 TPG aussagt.

307 So auch zutreffend Merkel, in: Jura 1999, 113 (115); Merkel, Früheuthanasie, 115; Ingelfinger, Grundlagen und Grenzbereiche, 140; Schmidt-Recla, in: MedR 2004, 672 (673).

308 So wird Deutsch, in: NJW 1998, 777 (778) von Merkel, in: Jura 1999, 113 (115) interpretiert.

vor dem Hintergrund, dass es alleinige Sache der Rechtswissenschaft sein muss, zu bestimmen, wann der Mensch im Rechtssinne als tot anzusehen ist,[309] sachlich verfehlt und kann der Regelung des § 3 I 1 Nr. 2 TPG auch nicht entnommen werden.[310]

Zieht man nun § 3 II Nr. 2 TPG, der, wie schon festgestellt, ausdrücklich von den Kriterien des Eintritts des Gesamthirntodes spricht, heran, so ergibt sich aus diesem lediglich, dass eine Organentnahme vor dem Eintritt des Hirntodes jedenfalls nicht zulässig ist. Hiermit ist jedoch nichts zu dem Hirntod als Todesbegriff gesagt, sondern tatsächlich lediglich die untere Grenze der Organentnahme markiert, vor welcher diese definitiv ausgeschlossen ist.[311] Dies bedeutet zwar eine Absage an den Kortikaltod als Entnahmekriterium.[312] Es wäre nach dem TPG aber möglich, den Kortikaltod als Tod anzunehmen[313], der dann eben nach medizinischem Stand festzustellen wäre, und dennoch die Organentnahme erst ab dem Gesamthirntod erfolgen zu lassen. Hielten sich die entnehmenden Ärzte nicht daran, sondern würden sie bereits dem Kortikaltoten die Organe entnehmen, dann hätten sie zwar nicht gegen § 3 I 1 Nr. 2 TPG, aber gegen § 3 II Nr. 2 TPG verstoßen und würden sich jedenfalls gem. § 19 II TPG strafbar machen.[314] Umgekehrt wäre es denkbar, dass zwar der Gesamthirntod eingetreten ist, § 3 II

309 S. o. II. 2.

310 Ingelfinger, Grundlagen und Grenzbereiche, 141; Merkel, in: Jura 1999, 113 (115); Merkel, Früheuthanasie, 114 f.

311 Merkel, in: Jura 1999, 113 (115); Merkel, Früheuthanasie, 116; Ingelfinger, Grundlagen und Grenzbereiche, 140; Schneider, in: MüKo StGB, vor §§ 211 ff. Rn. 18 Fn. 62.

312 So auch Merkel, in: Jura 1999, 113 (115).

313 Merkel, in: Jura 1999, 113 (115), geht daher zu weit, wenn er äußert, dass der Hirntod von Gesetzes wegen eine notwendige Bedingung des menschlichen Todes ist; dies würde den Kortikaltod als Todesbegriff ausschließen, was jedoch nach richtigem Verständnis durch das TPG nicht geschehen ist; er ist lediglich als Entnahmekriterium ausgeschlossen worden (dass es in der Praxis wg. § 3 II Nr. 2 TPG wenig Sinn machen würde, den Kortikaltod als Todesbegriff anzusehen, steht freilich auf einem anderen Blatt); vielmehr muss die Formulierung daher lauten: Der Gesamthirntod ist durch § 3 II Nr. 2 TPG zu einer notwendigen Bedingung *der Organentnahme* (*nicht* des Todes) geworden; unzutreffend insoweit daher auch Ingelfinger, Grundlagen und Grenzbereiche, 141, wenn er formuliert: „Zwar bleibt gemäß § 3 Abs. 1 Nr. 2 TPG theoretisch Raum für eine Auslegung des Merkmals ‚Tod' jenseits der Untergrenze ‚Gesamthirntod'." Richtig ist vielmehr: Gemäß § 3 I 1 Nr. 2 TPG bleibt Raum für *jeden* Todesbegriff; unzutreffend daher auch Schneider, in: MüKo StGB, vor §§ 211 ff. Rn. 18 Fn. 62; zutreffend wohl Heghmanns, Strafrecht für alle Semester. Besonderer Teil Grund- und Examenswissen kritisch vertieft Band 2 (2009), Rn. 73.

314 § 19 II TPG würde dann auch etwaige Strafbarkeitslücken schließen, die entstünden, wenn von der h. M. im Kernstrafrecht der Kortikaltod als Tod des Menschen i. R. d. §§ 211 ff. angesehen würde, so dass die Organentnahme von Kortikaltoten nicht mehr nach den §§ 211 ff. strafbar wäre; dies andeutend auch Heghmanns, Strafrecht für alle Semester BT, Rn. 73.

Nr. 2 TPG also erfüllt wäre, jedoch als Todesbegriff der Herztod angenommen wird und somit der Tod des Spenders als Voraussetzung der Organentnahme nach § 3 I 1 Nr. 2 TPG gerade noch nicht eingetreten wäre.[315] Diese Konstellationen zeigen jedoch, erstens, dass § 3 I 1 Nr. 2 TPG und § 3 II Nr. 2 TPG selbstständig nebeneinander stehen, also einen unterschiedlichen Regelungsgehalt haben,[316] und zweitens, dass das TPG (in beiden Vorschriften) nichts über den Todesbegriff als solchen aussagt, denn nur so macht das dargestellte Zusammenspiel dieser beiden Bestimmungen Sinn.

Dass § 3 I 1 Nr. 2 TPG und § 3 II Nr. 2 TPG selbstständig nebeneinander stehen, bestätigt zudem sowohl ein Blick in § 5 I TPG als auch in § 16 TPG.[317] Sowohl § 5 I TPG als auch § 16 TPG trennen in ihrem Wortlaut deutlich zwischen der Feststellung nach § 3 I 1 Nr. 2 TPG und der Feststellung nach § 3 II Nr. 2 TPG.[318] Das TPG unterscheidet also in zwei weiteren Vorschriften ausdrücklich zwischen der Feststellung des Todes und der Feststellung des Eintritts des Gesamthirntodes.[319] All dies verkennt RIXEN, wenn er formuliert, dass § 3 I 1 Nr. 2 TPG und § 3 II Nr. 2 TPG Identisches normierten, nämlich den Gesamthirntod als den Tod des Menschen.[320] RIXEN irrt hier gleich in zweierlei Weise. Denn beide Vorschriften sagen erstens nichts über den Tod des Menschen aus und normieren zweitens Verschiedenes, nämlich zwei voneinander zu trennende Feststellungen, die des Todes (§ 3 I 1 Nr. 2 TPG) und die des Gesamthirntodes (§ 3 II Nr. 2 TPG) als Untergrenze für die Organentnahme. Der „Taschenspielertrick“[321], den RIXEN vermutet, stellt sich bei nüchterner Betrachtung[322] der Vorschriften des TPGs als

315 Merkel, in: Jura 1999, 113 (115).

316 Vgl. Ingelfinger, Grundlagen und Grenzbereiche, 141; Kaschubs-Saeedi, Menschliches Leben als Schutzgut des Strafrechts, 37 f.; Lilie, in: Orsi/Seelmann/Smid/Steinvorth (Hrsg.), Medizin-Recht-Ethik, 89 (92); verfehlt zum Verhältnis von § 3 II Nr. 2 TPG zu § 3 I 1 Nr. 2 TPG allerdings Saliger, in: KritV 2001, 382 (409), der aus der Unabhängigkeit des § 3 II Nr. 2 TPG von § 3 I 1 Nr. 2 TPG die falsche Schlussfolgerung zieht, dass § 3 II Nr. 2 TPG eine notwendige und hinreichende Voraussetzung für die Organentnahme bezeichne.

317 Vgl. Ingelfinger, Grundlagen und Grenzbereiche, 141; Kaschubs-Saeedi, Menschliches Leben als Schutzgut des Strafrechts, 37 f.; Lilie, in: Orsi/Seelmann/Smid/Steinvorth (Hrsg.), Medizin-Recht-Ethik, 89 (92).

318 Vgl. Ingelfinger, Grundlagen und Grenzbereiche, 141; Kaschubs-Saeedi, Menschliches Leben als Schutzgut des Strafrechts, 37 f.; Lilie, in: Orsi/Seelmann/Smid/Steinvorth (Hrsg.), Medizin-Recht-Ethik, 89 (92).

319 Vgl. Ingelfinger, Grundlagen und Grenzbereiche, 141; Kaschubs-Saeedi, Menschliches Leben als Schutzgut des Strafrechts, 37 f.; Lilie, in: Orsi/Seelmann/Smid/Steinvorth (Hrsg.), Medizin-Recht-Ethik, 89 (92).

320 So aber Rixen, Lebensschutz am Lebensende, 383.

321 Rixen, Lebensschutz am Lebensende, 383.

322 Ingelfinger, Grundlagen und Grenzbereiche, 140, formuliert: „Blickt man unbefangen auf die gesetzlichen Bestimmungen (…).“

Irrtum heraus. Der einzige „Trick“ bei der Auslegung der Vorschriften des TPGs ist, die beiden Grundsätze zu befolgen, nämlich zum einen, die einzelnen Ebenen sorgfältig voneinander zu trennen, und zum anderen, Faktisches von dem Regelungsgehalt der Normen zu unterscheiden.[323]

Hätte der Gesetzgeber den Gesamthirntod als Todesbegriff festlegen wollen, hätte er nur einen § 3 I 1 Nr. 2 TPG geschaffen, der gelautet hätte: „(...), wenn der Tod des Organ- oder Gewebespenders, welcher mit dem Gesamthirntod (= mit dem endgültigen, nicht behebbaren Ausfall der Gesamtfunktion des Großhirns, des Kleinhirns und des Hirnstamms) eingetreten ist, nach Verfahrensregeln, die dem Stand der Erkenntnisse der medizinischen Wissenschaft entsprechen, festgestellt ist.“

Es ist daher abschließend festzuhalten: Der Todesbegriff bleibt im TPG undefiniert und damit offen.[324] So gilt weiterhin: „Eine zentrale Norm, die den Tod des Menschen definiert (…), findet sich an keiner Stelle der Rechtsordnung.“[325]

V. Zusammenfassung

Bei der Suche nach dem rechtlichen Todesbegriff sind daher folgende juristische Grundlagen stets zu beachten: Man befindet sich bei dieser Frage auf der 2. Ebene der Todesdefinition, die 4. Ebene der Todesfeststellung ist vollkommen außer Acht zu lassen. Weiter ist es ausschließlich Aufgabe der Jurisprudenz, zu bestimmen, wann rechtlich der Tod des Menschen eingetreten ist. Drei Todeskonzepte werden als juristische Todesbegriffe für alle Rechtsgebiete diskutiert: das Gesamthirntodeskonzept, das Großhirntodeskonzept und das Herztodeskonzept. Bis zum heutigen Zeitpunkt ist allerdings eine gesetzliche Definition des Todes in keinem Gesetz unserer Rechtsordnung zu finden. Diese vier Punkte sind für den weiteren Verlauf der Arbeit wichtig und gelten für alle nachfolgenden Abschnitte gleichermaßen, sind daher im Sinne eines allgemeinen Teils gewissermaßen „vor die Klammer gezogen“.

---

323 S. o. S. 49 f.

324 So auch Merkel, in: Jura 1999, 113 (115); Merkel, Früheuthanasie, 116; Ingelfinger, Grundlagen und Grenzbereiche, 140; Kaschubs-Saeedi, Menschliches Leben als Schutzgut des Strafrechts, 26 ff.; Kühl, in: Lackner/Kühl, StGB Kommentar, vor § 211 Rn. 4; Otto, Grundkurs Strafrecht, § 2 Rn. 13; Schmidt-Recla, in: MedR 1994, 672 (673); Schneider, in: MüKo StGB, vor §§ 211 ff. Rn. 18; Zimmeck, Die Reichweite des Lebensrechts, 49; wohl auch Eser, in: Schönke/Schröder, StGB Kommentar, vor §§ 211 ff. Rn. 16, 20.

325 Klinge, Todesbegriff, 25.

D. Der strafrechtliche Todesbegriff: Die Diskussion um das richtige Todeskonzept im Strafrecht

Die vorangehenden Abschnitte dienten dazu, diejenigen Grundlagen – medizinischer und juristischer Natur – zu vermitteln, welche für das Verständnis der gesamten Arbeit und so auch des vorliegenden Abschnittes unerlässlich sind. Im Folgenden soll nun herausgearbeitet werden, was als Todesbegriff im Strafrecht anzusehen ist. Zunächst sollen zu diesem Zwecke die Bedeutung des Todesbegriffs in strafrechtlichen Normen aufgezeigt, sodann die rechtlichen Grundlagen des Vorabschnitts (C) im Strafrecht gespiegelt und schließlich die Auslegung der §§ 211 ff. als Kerntatbestände des strafrechtlichen Lebensschutzes in klassischer Methode vorgenommen werden. Auf dieser Grundlage soll letztlich anhand von sechs Fallstudien der strafrechtliche Todesbegriff gesucht und bestimmt werden.

I. Die Bedeutung des Todesbegriffs in strafrechtlichen Vorschriften

Welche Bedeutung dem Todesbegriff im Strafrecht zukommt, soll im Bereich des materiellen Strafrechts zunächst an Vorschriften des Kernstrafrechts, des Strafgesetzbuches (StGB),[326] aufgezeigt werden, sodann werden einige Vorschriften des Nebenstrafrechts[327] herausgegriffen. Abschließend wird anhand der Strafprozessordnung (StPO), dem formellen Strafrecht, verdeutlicht, welche Auswirkungen der Tod eines Menschen in prozessualer Hinsicht haben kann.

326 „Das im Strafgesetzbuch geregelte Strafrecht wird traditionell ‚Kernstrafrecht' genannt, um es abzugrenzen vom ‚daneben' geregelten ‚Nebenstrafrecht'." vgl. Lagodny, in: Münchener Kommentar zum Strafgesetzbuch Nebenstrafrecht I (2007), Einl. Rn. 1.

327 Unter Nebenstrafrecht versteht man „den Teil des Kriminalstrafrechts, der nicht im StGB geregelt ist, ansonsten aber alle Merkmale des ‚StGB-Kriminalstrafrechts' aufweist." vgl. Lagodny, in: MüKo StGB Nebenstrafrecht I, Einl. Rn. 4.

1. Die Bedeutung des Todesbegriffs im materiellen Strafrecht

a) Die Bedeutung des Todesbegriffs in Vorschriften des Strafgesetzbuches als Kernstrafrecht

Zunächst sollen diejenigen Vorschriften des StGBs aufgezeigt werden, die den Tod (des jeweiligen Angriffsobjektes) als ausdrückliches Tatbestandsmerkmal benennen und an seinen Eintritt bzw. die Gefahr seines Eintritts eine strafbegründende oder auch eine strafschärfende Wirkung knüpfen.

Strafbegründende Wirkung kommt dem Eintritt des Todes bzw. der Gefahr seines Einritts bei folgenden Vorschriften zu: §§ 211 (Mord), 212 (Totschlag), 216 (Tötung auf Verlangen), als Kerntatbestände des strafrechtlichen Lebensschutzes,[328] §§ 221 I (Aussetzung)[329], 222 (fahrlässige Tötung)[330], § 231 (Beteiligung an einer Schlägerei)[331] und § 330 a I (Schwere Gefährdung durch das Freisetzen von Giften)[332].

Strafschärfende Wirkung hat der Eintritt des Todes bzw. die Gefahr seines Eintritts bei folgenden Vorschriften, die sich in zwei Gruppen gliedern lassen, nämlich die erfolgsqualifizierten Delikte[333] (erste Gruppe) und die Gefährdungsdelikte[334] (zweite Gruppe):

---

328 Im Wortlaut der §§ 211 ff. kommt der Begriff „Tod“ zwar nicht ausdrücklich vor, dennoch sollen diese Vorschriften in die vorliegende Gruppe eingeordnet werden; näher zu den §§ 211 ff. und ihrem Wortlaut s. u. III. 1.

329 Gefahr des Todes reicht aus: sog. konkretes Gefährdungsdelikt: Begriffsklärung s. u. Fn. 334.

330 Vorschriften des 16. Abschnitts. Straftaten gegen das Leben.

331 Vorschrift des 17. Abschnitts. Straftaten gegen die körperliche Unversehrtheit.

332 Vorschrift des 29. Abschnitts. Straftaten gegen die Umwelt; Gefahr des Todes reicht aus, zur Begriffsklärung s. u. Fn. 334.

333 Sternberg-Lieben, in: Schönke/Schröder, StGB Kommentar, § 18 Rn. 1: „Erfolgsqualifizierte Delikte sind solche, bei denen das in der Regel vorsätzlich begangene Grunddelikt (...) dann eine Qualifikation erfährt, wenn durch seine Begehung (oder durch eine während der Tat begangene Handlung, z. B. § 239 III) ein bestimmter Erfolg verursacht wird. Bei dieser strafschärfenden schweren Folge handelt es sich primär um den Tod des Opfers (...).“

334 Gefährdungsdelikte unterteilen sich in konkrete und abstrakte Gefährdungsdelikte: Bei den Erstgenannten reicht für die Vollendung bereits der Eintritt eines tatsächlich gegebenen Gefahrenzustands für das geschützte Rechtsgutobjekt als Erfolg aus, bei der zweiten Gruppe der abstrakten Gefährdungsdelikte sind Handlungen unabhängig vom Eintritt eines tatsächlichen Gefahrenerfolgs schon wegen ihrer generellen Gefährlichkeit verboten, vgl. hierzu Lenckner/Eisele, in: Schönke/Schröder, StGB Kommentar, vor §§ 13 ff. Rn. 129.

Vorschriften der **ersten** Gruppe sind: §§ 176 b (Sexueller Missbrauch von Kindern mit Todesfolge), 178 (Sexuelle Nötigung und Vergewaltigung mit Todesfolge), 179 VII i. V. m. 178 (Sexueller Missbrauch widerstandsunfähiger Personen),[335] § 221 III (Aussetzung), § 227 (Körperverletzung mit Todesfolge)[336], §§ 235 V (Entziehung Minderjähriger), 238 III (Nachstellung), 239 IV (Freiheitsberaubung), 239 a III (Erpresserischer Menschenraub),[337] § 251 (Raub mit Todesfolge)[338], §§ 306 c (Brandstiftung mit Todesfolge), 307 III (Herbeiführen einer Explosion durch Kernenergie), 308 III (Herbeiführen einer Sprengstoffexplosion), 309 IV (Missbrauch ionisierender Strahlen), 312 IV (Fehlerhafte Herstellung einer kerntechnischen Anlage), § 313 II i. V. m. § 308 III (Herbeiführen einer Überschwemmung), § 314 II i. V. m. § 308 III (Gemeingefährliche Vergiftung), 316 a III (Räuberischer Angriff auf Kraftfahrer), 316 c III (Angriffe auf den Luft- und Seeverkehr), 318 IV (Beschädigung wichtiger Anlagen),[339] §§ 330 II Nr. 2 (Besonders schwerer Fall einer Umweltstraftat), 330 a II (Schwere Gefährdung durch Freisetzen von Giften).[340]

Unter die **zweite** Gruppe fallen: §§ 113 II Nr. 2 (Widerstand gegen Vollstreckungsbeamte), 121 III Nr. 3 (Gefangenenmeuterei),[341] § 125 a Nr. 3 (Besonders schwerer Fall des Landfriedensbruchs)[342], §§ 176 a V (Schwerer sexueller Missbrauch von Kindern), 177 IV Nr. 2 b) (Sexuelle Nötigung; Vergewaltigung), 179 VII i. V. m. 177 IV Nr. 2 b) (Sexueller Missbrauch widerstandsunfähiger Personen),[343] § 218 II Nr. 2 (Schwangerschaftsabbruch)[344], § 225 III Nr. 1 (Misshandlung von Schutzbefohlenen)[345], §§ 232 III Nr. 2 (Menschenhandel zum Zweck der sexuellen Ausbeutung), 233 a II Nr. 2 (Förderung des Menschenhandels), 235 IV Nr. 1 (Entziehung Minderjähriger), 238 II (Nachstellung),[346] § 250 II Nr. 3 b) (Schwerer Raub)[347], § 306 b II Nr. 1 (Besonders schwere Brandstiftung)[348] und § 330 II Nr. 1 (Besonders schwerer Fall einer Umweltstraftat)[349].

335 Vorschriften des 13. Abschnitts. Straftaten gegen die sexuelle Selbstbestimmung.
336 Vorschrift des 17. Abschnitts. Straftaten gegen die körperliche Unversehrtheit.
337 Vorschriften des 18. Abschnitts. Straftaten gegen die persönliche Freiheit.
338 Vorschrift des 20. Abschnitts. Raub und Erpressung.
339 Vorschriften des 28. Abschnitts. Gemeingefährliche Straftaten.
340 Vorschrift des 29. Abschnitts. Straftaten gegen die Umwelt.
341 Vorschriften des 6. Abschnitts. Widerstand gegen die Staatsgewalt.
342 Vorschrift des 7. Abschnitts. Straftaten gegen die öffentliche Ordnung.
343 Vorschriften des 13. Abschnitts. Straftaten gegen die sexuelle Selbstbestimmung.
344 Vorschrift des 16. Abschnitts. Straftaten gegen das Leben.
345 Vorschrift des 17. Abschnitts. Straftaten gegen die körperliche Unversehrtheit.
346 Vorschriften des 18. Abschnitts. Straftaten gegen die persönliche Freiheit.
347 Vorschrift des 20. Abschnitts. Raub und Erpressung.
348 Vorschrift des 28. Abschnitts. Gemeingefährliche Straftaten.
349 Vorschrift des 29. Abschnitts. Straftaten gegen die Umwelt.

Der Todesbegriff in den genannten Delikten hat, dies zeigt ihre Betrachtung, zwei Auswirkungen:

Zum einen kommt *positiv* seinem Eintritt bzw. der Gefahr seines Eintritts bei dem Angriffsobjekt des jeweiligen Delikts eine strafbegründende oder strafschärfende Wirkung für den Täter zu.

Zum anderen setzen die genannten Vorschriften, damit die strafbegründende und strafschärfende Wirkung des Todes in ihnen (voll) zum Tragen kommen kann, *negativ* voraus, dass das Angriffsobjekt des jeweiligen Delikts nicht bereits tot ist. Es wird deutlich, der Tod markiert die Grenze der Anwendbarkeit dieser Delikte. Mit anderen Worten: Der Tod bildet „faktisch (...) die Demarkationslinie für den strafrechtlichen Schutz des Menschen.“[350] Hierin liegt die zentrale Bedeutung des Todesbegriffs für das Strafrecht.

Diese zentrale Bedeutung des Todesbegriffs wird auch an folgenden weiteren Tatbeständen sowie Rechtfertigungs- und Entschuldigungsgründen deutlich, die zwar nicht ausdrücklich den Begriff „Tod“ enthalten, diesen jedoch als negatives Tatbestandsmerkmal beinhalten, in dem Sinne, dass sie nur dann einschlägig sind, wenn das jeweilige Angriffsobjekt nicht bereits tot ist:

Zu nennen sind insbesondere die Tatbestände der §§ 102 I (Angriff gegen Organe und Vertreter ausländischer Staaten)[351], 223 ff. (Körperverletzung)[352], 234 a (Verschleppung), 238 I Nr. 4 (Nachstellung), 241 a I (Politische Verdächtigung),[353] 249 I (Raub)[354], 306 f II (Herbeiführen einer Brandgefahr), 307 I, II (Herbeiführen einer Explosion durch Kernenergie), 308 I (Herbeiführen einer Sprengstoffexplosion), 312 I (Fehlerhafte Herstellung einer kerntechnischen Anlage), 313 I (Herbeiführen einer Überschwemmung), 315 I (Gefährliche Eingriffe in den Bahn-, Schiffs- und Luftverkehr), 315 a I (Gefährdung des Bahn-, Schiffs- und Luftverkehrs), 315 b I (Gefährliche Eingriffe in den Straßenverkehr), 315 c I (Gefährdung des Straßenverkehrs), 316 a I (Räuberischer Angriff auf Kraftfahrer), 318 I (Beschädigung wichtiger Anlagen), 319 I, II (Baugefährdung), 323 a (Vollrausch), 323 c (Unterlassene Hilfeleistung)[355].[356]

350 Klinge, Todesbegriff, 36.

351 Vorschrift des 3. Abschnitts. Straftaten gegen ausländische Staaten.

352 Vorschrift des 17. Abschnitts. Straftaten gegen die körperliche Unversehrtheit.

353 Vorschriften des 18. Abschnitts. Straftaten gegen die persönliche Freiheit.

354 Vorschrift des 20. Abschnitts. Raub und Erpressung.

355 Vgl. hierzu RGSt 71, 200 (202 f.); BGHSt 1, 266 (269).

356 Ab § 306 f II bis § 323 c: Vorschriften des 28. Abschnitts. Gemeingefährliche Straftaten.

Auch der Anwendungsbereich der Rechtfertigungsgründe der §§ 32 (Notwehr), 34 (Rechtfertigender Notstand), 218 a II in Bezug auf das Rechtsgut Leben endet mit dem Tod des jeweiligen Rechtsgutsinhabers. Selbiges gilt für den Entschuldigungsgrund des § 35 (Entschuldigender Notstand).

b) Die Bedeutung des Todesbegriffs in Vorschriften ausgewählter Bereiche des Nebenstrafrechts

Auch im Nebenstrafrecht finden sich Vorschriften, die (positiv) an den Tod des Menschen bestimmte Rechtsfolgen knüpfen und (negativ) für ihre Anwendbarkeit voraussetzen, dass das Angriffsobjekt nicht bereits tot ist.

Zu nennen sind hier insbesondere aus dem Bereich des Betäubungsmittelstrafrechts § 30 I Nr. 3 BtMG, aus dem Bereich des Ausländerstrafrechts § 97 I i. V. m. § 96 I, 96 IV AufenthG (Einschleusen mit Todesfolge) und aus dem Bereich des Wehrstrafrechts § 19 III Nr. 2 WStG (Ungehorsam).[357]

c) Zusammenfassung

Die Auflistung der aufgezeigten Vorschriften führt zu folgender Erkenntnis: Im materiellen Strafrecht liegt „die fundamentale Bedeutung des Todesbegriffs (...) darin, dass der lebende Mensch bis zum Augenblick seines Hinschiedes Gegenstand der Tötungs-, der Körperverletzungs-, [Erfolgsqualifikations-] und der Gefährdungsdelikte sein kann. Sein Leben, seine körperliche Integrität und seine Gesundheit sind gesetzlich geschützte Rechtsgüter. Zum Schutz dieser Rechtsgüter können Rechtfertigungs- und Entschuldigungsgründe eingreifen. Mit seinem Tode fällt dieser [umfassende] Rechtsschutz dahin."[358] Zwar greift dann möglicherweise die Vorschrift des § 168 (Störung der Totenruhe) ein, dieser Schutz liegt jedoch, wie ROXIN treffend formuliert, „auf einer ganz anderen Ebene."[359]

---

357 Näheres zu den genannten Vorschriften vgl. MüKo StGB Nebenstrafrecht I und Nebenstrafrecht III.

358 Burkhard, in: Schweizerische Zeitschrift für Strafrecht 1968, 362 (364).

359 Roxin, Lebensschutz im Strafrecht. Einführung und Überblick, 11; vgl. www.kcla.net/download.red?fid=79 (Stand: März 2012).

2. Die Bedeutung des Todesbegriffs im formellen Strafrecht

Auch strafprozessual[360] kann sich der Tod verschiedentlich auswirken.

Durch den Tod des Beschuldigten wird eine Sachentscheidung ausgeschlossen, es liegt ein unbehebbares Verfahrenshindernis vor.[361] Nach inzwischen wohl herrschender Meinung wird das Verfahren jedoch nicht von selbst beendet[362], sondern bedarf eines ordnungsgemäßen Abschlusses in Form eines Einstellungsbeschlusses gem. § 206 a StPO.[363] Stirbt der Beschuldigte bereits im Laufe des Ermittlungsverfahrens, wird dieses nach § 170 II StPO eingestellt.[364] Ist gegen den Angeklagten ein Urteil ergangen und stirbt der Verurteilte nach Rechtskraft des Urteils[365],[366] so geht das Antragsrecht auf Wiederaufnahme des Verfahrens zugunsten des (verstorbenen) Verurteilten gem. § 361 II StPO auf seine Angehörigen über.[367] Der Tod des Verurteilten steht der Wiederaufnahme zum Zwecke seiner Rehabilitierung demnach nicht entgegen.[368]

Stirbt der Privatkläger, so ist das Verfahren gem. § 393 I StPO einzustellen und wird hierdurch beendet.[369] Der Tod des Nebenklägers beendet die Nebenklage

360 Auch im Rahmen der Vorschriften des StGBs über den Strafantrag, welcher prozessualer Natur ist (vgl. hierzu Sternberg-Lieben/Bosch, in: Schönke/Schröder, StGB Kommentar, § 77 Rn. 8/9: „seiner rechtlichen Natur nach ist der Strafantrag eine Prozessvoraussetzung"), spielt der Tod eine Rolle, indem das Antragsrecht bei Tod des Berechtigten auf andere Personen, wie Angehörige, übergeht: vgl. hierzu §§ 77 II, 194 I 5; 205 II 1.

361 Meyer-Goßner, in: Meyer-Goßner, Strafprozessordnung Kommentar, 54. Auflage, § 206 a Rn. 8.

362 So aber die – laut Meyer-Goßner, in: Meyer-Goßner, StPO Kommentar, § 206 a Rn. 8 überholte – Gegenmeinung: vgl. hierzu: BGH, NJW 1983, 463 (463); BGHSt 12, 273 (277); OLG Hamburg, NJW 1983, 464 (464 f), das diese Meinung noch als herrschend bezeichnet; Bloy, in: JR 1987, 346 (348 f.); so auch Kaiser, in: Mergen (Hrsg.), Die juristische Problematik in der Medizin Band I, 31 (56).

363 Vgl. hierzu Meyer-Goßner, in: Meyer Goßner, StPO Kommentar, § 206 a Rn. 8; BGHSt 45, 108 (110 ff.); Pflüger, in: NJW 1983, 1894 f.

364 Meyer-Goßner, in: Meyer-Goßner, StPO Kommentar, § 206 a Rn. 8.

365 Stirbt der Verurteilte vor Rechtskraft des Urteils, wird das Verfahren, wie ausgeführt, nach h. M. gem. § 206 a StPO eingestellt, vgl. Meyer-Goßner, in: Meyer-Goßner, StPO Kommentar, § 466 Rn. 12.

366 Zu der Kostentragungspflicht, wenn der Verurteilte vor bzw. nach Rechtskraft des Urteils verstirbt, vgl. Meyer-Goßner, in: Meyer-Goßner, StPO Kommentar, § 466 Rn. 12, § 464 Rn. 14.

367 Meyer-Goßner, in: Meyer-Goßner, StPO Kommentar, § 362 Rn. 2.

368 Meyer-Goßner, in: Meyer-Goßner, StPO Kommentar, § 362 Rn. 2.

369 Meyer-Goßner, in: Meyer-Goßner, StPO Kommentar, § 393 Rn. 1; Bloy, in: GA 1980, 161 (171); zu der abweichenden Meinung, welche wie bei dem Tod des Angeklagten auch hier davon aus-

(vgl. § 402 StPO), nicht jedoch das Verfahren.[370] Ist bereits ein Urteil ergangen, verliert dieses nicht seinen Bestand, selbst wenn ihm ein Rechtsmittel des Klägers vorausging.[371] Ein noch nicht beschiedenes Rechtsmittel des Nebenklägers wird mit seinem Tode hinfällig.[372]

II. Die rechtlichen Grundlagen im Spiegel des Strafrechts

Die voranstehenden Ausführungen haben verdeutlicht, in welch mannigfaltiger Weise der Todesbegriff in strafrechtlichen Vorschriften Relevanz erlangt. Nun sollen einige Aspekte der allgemeinen juristischen Grundlagen, welche im zweiten Abschnitt (C) für alle Rechtsgebiete erörtert wurden, neu aufgegriffen und speziell auf das Strafrecht und die strafrechtliche Suche nach dem Todesbegriff übertragen werden.

1. Der medizinische Fortschritt – Schlussfolgerung: Der Todesbegriff als normative Konvention des Rechts: Widerspiegelung dieser These in der Strafrechtsliteratur

In den juristischen Grundlagen wurde das durch den medizinischen Fortschritt hervorgerufene veränderte Verhältnis der Rechtswissenschaft zu dem Todesbegriff – von schlichter Gegebenheit zur rechtlichen Wertungsfrage – beschrieben.[373] Diese Entwicklung lässt sich anhand einiger ausgewählter Beispiele aus der Strafrechtsliteratur verdeutlichen.

Vor Erfindung der Herz-Lungen-Maschine und damit einhergehend vor der medizinischen Möglichkeit von Organtransplantationen, insbesondere von Herztransplantationen, fasste die Rechtswissenschaft den Tod als zwingendes Er-

---

geht, dass das Ende des Verfahrens von selbst eintritt und daher kein Einstellungsbeschluss erforderlich ist, der Beschluss im Rahmen des § 393 I StPO also rein deklaratorischen Charakter hat, vgl. die Literaturhinweise bei Meyer-Goßner, in: Meyer-Goßner, StPO Kommentar, § 393 Rn. 1.

370 Meyer-Goßner, in: Meyer-Goßner, StPO Kommentar, § 402 Rn. 4.

371 Meyer-Goßner, in: Meyer-Goßner, StPO Kommentar, § 402 Rn. 5.

372 Meyer-Goßner, in: Meyer-Goßner, StPO Kommentar, § 402 Rn. 5.

373 S. o. C. II. v. a. 2.

eignis auf, an dem es rechtlich nichts zu werten gab.[374] Mit dem Atmungs- und Kreislaufstillstand (Herztod) als Grenze des medizinisch Machbaren war auch für das Recht der Tod des Menschen eingetreten.[375] Ein Blick in einige Werke der strafrechtlichen Lehrbuch- und Kommentarliteratur bestätigt dies. Bis Ende der 60-iger Jahre lässt sich aus diesen entweder keinerlei Aussagegehalt zu der Frage, was strafrechtlich als Tod des Menschen anzusehen ist, entnehmen oder es findet sich eine schlichte Verweisung auf den Herztod als den Tod des Menschen. Eine Problematisierung des Todesbegriffs findet nicht statt.

So schreibt MAURACH „Der Schutz des menschlichen Lebens dauert bis zu dessen tatsächlichem Ende, ‚bis zum letzten Atemzuge'."[376]

Bei WELZEL heißt es: „Menschenqualität (...) endet mit dem Tode; auch der Sterbende und der Lebensunfähige kann noch gemordet werden."[377]

SCHWARZ formuliert in dem gleichnamigen „Beck'schen Kurz-Kommentar zum Strafgesetzbuch": „Gegenstand der Tat bei Mord und Totschlag ist eine lebende dritte Person. Ein Mensch muß es sein.(...). Ein Mensch ist nicht mehr vorhanden nach vollendetem Sterben."[378]

Später benennt DREHER, der nach dem Tode von SCHWARZ den Kommentar fortführt, diesen Punkt des vollendeten Sterbens ausdrücklich mit dem Herztod: „Ein Mensch muß es sein. Der Mensch ist nicht mehr vorhanden nach endgültigem Aufhören der Herztätigkeit."[379]

---

374 S. o. C. II. 2.; Eser, in: ZStW 1985, 1 (27); so auch Geilen, in: FamRZ 1968, 121 (123); Klinge, Todesbegriff, 91.

375 Geilen, in: FamRZ 1968, 121 (123), der bezogen auf den Herztod als Todesbegriff formuliert: „Es ist keineswegs eine beliebige Konvention, eine willkürliche Regelung, die man so oder anders genauso gut hätte treffen können, sondern es ist der haargenaue Ausdruck für einen bestimmten (...) Entwicklungsstand der Medizin"; Geilen, in: Eser (Hrsg.), Suizid und Euthanasie als human- und sozialwissenschaftliches Problem (1976), 301 (302).

376 Maurach, Deutsches Strafrecht Besonderer Teil (1. Auflage) 1952, 13; diese Formulierung wird bis einschließlich zur 4. Auflage v. 1964 beibehalten: vgl. Maurach, 2. Auflage, 13, 3. Auflage, 13, 4. Auflage, 13.

377 Welzel, Das Deutsche Strafrecht in seinen Grundzügen (1. Auflage) v. 1947, 135; so auch in allen weiteren Auflagen bis einschließlich Auflage 10 v. 1967, vgl. hierzu auch Rixen, Lebensschutz am Lebensende, 88 Fn. 182.

378 Schwarz, in: Schwarz, Kommentar zum Strafgesetzbuch, 20. Auflage, vor § 211 Anmerkung 2); zu den weiteren Auflagen vgl. Rixen, Lebensschutz am Lebensende, 77 Fn. 126.

379 Dreher, in: Schwarz/Dreher, Kommentar zum Strafgesetzbuch, 27./28. Auflage, vor §§ 211 Anmerkung A.

Diese passive Haltung des Rechts fand durch den medizinischen Fortschritt, die Ausbildung von Reanimationsmaßnahmen, die neue medizinisch-technische Errungenschaft der Herz-Lungen-Maschine und die Möglichkeit der Entnahme von lebensnotwendigen Organen ein jähes Ende.[380] Es gab nun mehrere Möglichkeiten, was als Tod des Menschen angesehen werden konnte. Durch diesen medizinischen Fortschritt wurde deutlich, dass die Frage nach dem Ende des Lebens eine Wertungsfrage ist, welche die Jurisprudenz zu treffen hat, sofern es um die Anwendung von Rechtsnormen geht.[381]

Diese Erkenntnis schlägt sich umgehend in der Strafrechtswissenschaft nieder. So wird ab Ende der 60-iger Jahre auch in der Strafrechtsliteratur problematisiert, was als Tod des Menschen im Strafrechtssinne angesehen werden sollte.

So ist bei MAURACH im Jahre 1969 nun zu lesen: „Der Schutz des menschlichen Lebens dauert bis zu dessen tatsächlichem Ende. Die Frage, wann dieser Zeitpunkt endet (die mit Rücksicht auf die homologe Organ-, insbesondere Herztransplantation von höchster Aktualität ist) ist dank den Fortschritten der modernen Medizin erneut zur Debatte gestellt. Die früher als richtig angenommene Meinung, das Leben dauere ‚bis zum letzten Atemzuge oder Herzschlage' ist wegen der Möglichkeit, den eingetretenen Herzstillstand auch nach Stunden zu überwinden, heute nicht mehr haltbar. Als Todeszeitpunkt wird in der Gegenwart das (...) radikale Aufhören der Gehirntätigkeit bestimmt."[382]

Auch bei WELZEL heißt es 1969 nun: „Es [Das Leben eines menschlichen Individuums] endet mit dem Tode; auch der Lebensunfähige und der Sterbende können noch getötet werden. Unter Todeseintritt ist nicht (wie früher) der Stillstand des Herzens und der Atmung, sondern das Erlöschen der Hirnfunktion zu verstehen."[383]

DREHER formuliert schon im Jahre 1967: „Ein Mensch muß es sein. (...). Das Menschsein endet mit dem Tode; er ist eingetreten, wenn Herzschlag und Atmung endgültig aufgehört haben, die Hirnströme versiegt sind und im Elektro-

---

380 S. o. C. II. 2.; Geilen, in: Eser (Hrsg.), Suizid und Euthanasie als human- und sozialwissenschaftliches Problem, 301 (303 f.); Steffen, in: NJW 1619 (1619).

381 Joerden, in NStZ 1993, 268 (269); Eser, in: Schönke/Schröder, StGB Kommentar, vor §§ 211 ff. Rn. 19; Geilen, in: Eser (Hrsg.), Suizid und Euthanasie als human- und sozialwissenschaftliches Problem, 301 (303); Klinge, Todesbegriff, 98; Sternberg-Lieben, in: JA 1997, 80 (82); Wolfslast, in: MedR 1989, 163 (167).

382 Maurach, Deutsches Strafrecht Besonderer Teil (5. Auflage) v. 1969, 13.

383 Welzel, Das Deutsche Strafrecht. Eine systematische Darstellung (11. Auflage) v. 1969, 280.

encephalogramm die Null-Linie aufgetreten ist."[384] Ein Jahr später, in der nächsten Auflage, fügt er folgenden (notwendigen) Zusatz hinzu: „Ist der Gehirntod endgültig eingetreten, bleibt ein künstliches Aufrechterhalten von Kreislauf und Atmung außer Betracht."[385]

ENGISCH äußert sich noch vor der ersten Herztransplantation in einem Beitrag „Über Rechtsfragen bei homologer Organtransplantation"[386] zu der (neuen) Problematik des Todesbegriffs: „Die Grenze zwischen Leben und Tod ist allerdings in neuerer Zeit unsicher geworden, da ‚die Überlebensdauer der einzelnen Gewebsarten verschieden ist'." Zurückhaltend fährt er weiter fort: „Die Frage der Bestimmung des rechtlich maßgeblichen Todeszeitpunktes getraue ich mich nicht sicher zu beantworten. (...). Dennoch glaube ich, daß für den Juristen das radikale Aufhören der Gehirntätigkeit ausschlaggebend ist."[387]

Es zeigt sich, seit Ende der 60-iger Jahre bis in die Gegenwart kann der Todesbegriff als ein strafrechtliches Problem „par excellence"[388] bezeichnet werden.[389] So formuliert beispielsweise KÜHL in der aktuellen Auflage seines Strafrechtskommentars: „Wann rechtlich das Leben als Mensch endet, ist (...) heftig umstritten."[390]

---

384 Dreher, in: Schwarz/Dreher, Kommentar zum Strafgesetzbuch, 29. Auflage v. 1967, vor §§ 211 Anm. 2) A., war wohl der erste, der sich im Rahmen eines StGB-Kommentars zu dem Hirntodeskonzept äußerte: vgl. Englert, Todesbegriff und Leichnam, 62; so auch Rixen, Lebensschutz am Lebensende, 82, der sich auf Englert beruft.

385 Dreher, in: Schwarz/Dreher, Kommentar zum Strafgesetzbuch, 30. Auflage v. 1968, vor §§ 211 Anm. 2) A.

386 Engisch, in: Der Chirurg 1967, 252 ff.

387 Engisch, in: Der Chirurg 1967, 252 (252).

388 Lüttger, in: JR 1971, 309 (309).

389 Es ist zu betonen, bereits Ende der 60-iger Jahre hat sich die Strafrechtswissenschaft kritisch mit dem Todesbegriff auseinander gesetzt und nicht bloß den Hirntod als Todesbegriff rezipiert oder dynamisch auf den Todesbegriff der Medizin verwiesen, wie Rixen, Lebensschutz am Lebensende, 72 ff. und Höfling, in: JZ 1995, 26 (29) unterstellen (siehe hierzu schon oben C. II. 2. Fn. 150 für die Rechtswissenschaft im Allgemeinen), vgl. hierzu nur die Veröffentlichungen v. Bockelmann, in: Krösl/Scherzer (Hrsg.), Die Bestimmung des Todeszeitpunktes, 277 ff.; Engisch, in: Der Chirurg 1967, 252 ff.; Geilen, in: FamRZ 1968, 121 ff.; Kallmann, in: FamRZ 1969, 572 (574 f.); Lüttger, in: JR 1971, 309 ff.; Roxin, in: Krösl/Scherzer (Hrsg.), Die Bestimmung des Todeszeitpunktes, 299 ff.; dass diese Autoren fast überwiegend im Ergebnis den Gesamthirntod als den Todesbegriff im (straf-) rechtlichen Sinne ansehen, zeigt nicht ein kritikloses Rezipieren oder eine dynamische Verweisung an die Medizin, sondern vielmehr eine bewusste Anerkennung des Gesamthirntodes als (straf-)rechtlichen Todesbegriff. So ist mit Englert, Todesbegriff und Leichnam, 64, festzuhalten: „Die Rechtswissenschaften *erarbeiteten* in den Jahren nach 1967 (...) erstmals einen eigenständigen, *im Ergebnis* mit den Begriffen der anderen Wissenschaften konformen Todesbegriff.", Hervorh. d. Verf.

390 Kühl, in: Lackner/Kühl, StGB Kommentar; vor § 211 Rn. 4.

Abschließend ist daher festzuhalten: Das Strafrecht hat im Wege von Wertungen zu bestimmen, wann der Mensch im Strafrechtssinne tot ist, mit der weitreichenden Konsequenz, dass mit diesem Todeseintritt auch der strafrechtliche Lebensschutz sein Ende findet. Als Ergebnis dieser durch den medizinischen Fortschritt gewonnenen Erkenntnis werden verschiedene Todeskonzepte als strafrechtlicher Todesbegriff diskutiert. Diese sollen im Folgenden dargestellt werden.

2. Die strafrechtlich diskutierten Todesbegriffe

Die strafrechtlich diskutierten Todesbegriffe setzen sich zum einen aus denjenigen Todeskonzepten zusammen, welche für das gesamte Recht als mögliche Todesdefinitionen behandelt werden,[391] zum anderen ist ein ausschließlich strafrechtsspezifischer Todesbegriff entwickelt worden. Diese für die strafrechtliche Diskussion um den Tod des Menschen relevanten Todesbegriffe sollen nun als Grundlage für die folgenden Abschnitte dargestellt werden. Hierbei unterbleibt bei den Todeskonzepten (Gesamthirntodeskonzept, Großhirntodeskonzept, Herztodeskonzept), die dem Strafrecht mit den anderen Rechtsgebieten gemein sind, eine Begründung; diesbezüglich ist auf die Ausführungen unter C. II. zu verweisen. Lediglich der Todesbegriff (Todeskonzept nach Dencker), der von seinem Vertreter speziell und ausschließlich für das Strafrecht entwickelt wurde, soll an dieser Stelle mit Erläuterung der ihm zugrundeliegenden Begründung dargestellt werden.

a) Das Gesamthirntodeskonzept

Nach dem (straf-) rechtlichen Gesamthirntodeskonzept ist der Tod des Menschen dann eingetreten, wenn die Gesamtfunktion des Großhirns, Kleinhirns und des Hirnstamms irreversibel erloschen ist (Gesamthirntod/Hirntod).[392]

391 S. o. C. III.

392 An dieser Stelle ist noch einmal zu betonen: Es wird absichtlich auf den Zusatz „Dabei wird durch kontrollierte Beatmung die Herz- und Kreislauffunktion noch künstlich aufrechterhalten.“ (s. o. B II. 1.) verzichtet. Es ist die alleinige Sache des Rechts zu bestimmen, was als Tod des Menschen im Rechtssinne anzusehen ist (s. o. C. II. 2.); die Rechtswissenschaft arbeitet hierbei zwar (notwendigerweise) auf der Grundlage der Medizin (s. o. C. II. 2.), was hier schon dadurch ersichtlich wird, dass der Gesamthirntod auch in der Medizin als Tod des Menschen diskutiert wird. Das heißt aber nicht, dass das Recht die Definition der Medizin zu übernehmen hat; die Selbständigkeit der jur. Begriffsbildung bei der Frage nach der rechtlichen Todesdefinition zeichnet sich eben auch gerade dadurch aus, dass dem Gesamthirntod als rechtlicher Todesbegriff eine andere Bedeutung zukommen kann als im medizinischen Bereich; hier ist

Ausgehend von dem Gesamthirntod als Todesbegriff lassen sich die Vertreter der folgenden Todeskonzepte in zwei entgegengesetzte Gruppen[393]unterteilen: Zum einen in diejenigen, welche jeweils einen weiteren Todesbegriff als den des Gesamthirntodes zugrunde legen, und zum anderen in diejenigen, welche einen nach ihrer Auffassung[394] engeren Todesbegriff als den des Gesamthirntodes befürworten.

b) Tendenzen der Extension[395]

Die folgenden Auffassungen knüpfen beide, wenn auch auf unterschiedliche Weise[396], den Eintritt des Todes an ein vor dem irreversiblen Erlöschen aller Hirnfunktionen (Gesamthirntodeskonzept) liegendes Ereignis.

aa) Das Großhirntodeskonzept

Nach dem Großhirntodeskonzept ist der Tod des Menschen im (Straf-) Rechtssinne bereits dann eingetreten, wenn das Großhirn, insbesondere die Großhirnrinde, unwiederbringlich zerstört ist (Großhirntod/Kortikaltod).[397]

---

der Zusatz: „Dabei wird durch kontrollierte Beatmung die Herz- und Kreislauffunktion noch künstlich aufrechterhalten" wegzulassen, da die Möglichkeit offen gelassen werden soll, juristisch auch außerhalb der intensivmedizinischen Betreuung ausschließlich auf den Gesamthirntod als Todesbegriff abzustellen (hierzu näher s. u. IV. 7. c) und V. Fn. 763). Es ist daher zu betonen: medizinischer und (straf-) rechtlicher Begriff des Gesamthirntodes sind im Rahmen der vorliegenden Arbeit nicht identisch. Für den (straf-) rechtlichen Bereich gilt ausschließlich die hier vorgegebene Definition.

393 Vgl. hierzu auch: Schneider, in: MüKo StGB, vor §§ 211 Rn. 21 ff.; Sternberg-Lieben, in: JA 1997, 80 (85).

394 Ob dies tatsächlich der Fall ist, gilt es noch zu überprüfen: s. u. F. IV. 2.

395 Vgl. hierzu auch Schneider, in: MüKo StGB, vor §§ 211 ff. Rn. 21.

396 Problematisch ist daher die Einteilung Klinges, in: Todesbegriff, 158, die das Todeskonzept nach Dencker unter das Großhirntodeskonzept fasst: Denckers Lösungsansatz ist zwar gegenüber dem Gesamthirntodeskonzept weiter, was jedoch nicht zugleich bedeutet, dass er mit dem Großhirntodeskonzept deckungsgleich wäre; zutreffend daher Schneider, in: MüKo StGB, vor §§ 211 ff. Rn. 20, der zwischen dem Kortikaltod und dem Todesbegriff nach Dencker ausdrücklich differenziert.

397 Funck, Horn, Kaschubs-Saeedi und Ruscher sind insbesondere als Vertreter dieses Todesbegriffs aus dem Bereich der Jurisprudenz zu nennen: vgl. Funck, in: MedR 1992, 182 ff.; Horn, in: Der Internist 1974, 557 ff.; Kaschubs-Saeedi, Menschliches Leben als Schutzgut des Strafrechts, 41 ff., v. a. 131; Ruscher, Die Bestimmung des Todeszeitpunktes aus erbrechtlicher Sicht, 117 ff.; auch Bockelmann war zunächst der Ansicht, dass der Tod des Menschen bereits mit dem Großhirntod eingetreten sei: vgl. hierzu Bockelmann, in: Langenbecks Archiv für klinische Chirurgie 1968, 44 ff., v. a. seine Äußerungen auf 53 f. machen dies deutlich: „Der Hirntod besteht im endgültigen Erlöschen des geistigen Seins, jedenfalls für diese Welt, be-

bb) Das Todeskonzept nach Dencker

(1) Definition

DENCKER beschreibt den Tod als „das endgültige Abschneiden einer Chance zu leben."[398] Nach diesem Todesverständnis ist der Mensch schon dann tot, wenn folgende drei Bedingungen erfüllt sind: „a) irreversible Bewusstseinslosigkeit aufgrund b) irreversibler schwerer Hirnschädigung, die c) zum ‚alsbaldigen' Stillstand aller Hirntätigkeit führt."[399]

(2) Begründung

Ausgangspunkt von DENCKERs Überlegungen ist sein (allgemeines) Verständnis vom strafrechtlichen Erfolgsbegriff.[400] Dieser könne in Gänze nicht als ein Ereignis, sondern als die Beschreibung einer negativen Wertdifferenz begriffen werden;[401] der Erfolgsbegriff sei daher ein „Differenzbegriff".[402] Mit anderen Worten: Erfolg stelle kein punktuelles Geschehnis dar, sondern eine „ ‚Verschlechterung' der ohne die Handlung gedachten Welt":[403] „Das Abschneiden von (je nach Tatbestand genau zu definierenden) Chancen."[404] Diese grundsätzlichen Ausführungen überträgt DENCKER sodann auf die Frage, wann der Tod des Menschen als Erfolg im Sinne der §§ 211 ff. eingetreten sei. Hierzu führt er aus: „Der Erfolg der §§ 211, 212, 222, 226 (...) ist nicht der (Hirn-) ‚Tod' eines Menschen, sondern eine ‚Lebensverkürzung'; nicht das Verursachen eines ‚konkreten' Todeserfolges (...) ist töten im Sinne dieser Tatbestände, sondern das Ab-

deutet also das Ende der Existenz des Menschen als Person."; ebenso Bockelmann, Strafrecht des Arztes, 109 ff. Später revidiert Bockelmann seine Auffassung, dass bereits mit dem Großhirntod der Tod des Menschen eingetreten sei, und begründet den Wechsel seiner Ansicht mit folgenden Worten: „Ich habe mich früher auf den Standpunkt gestellt, daß der Ausfall derjenigen Gehirnpartien, auf deren Funktionieren das Bewußtsein beruht, für sich allein schon die Annahme des Organtodes des Hirns rechtfertige. Das muß ich korrigieren (...)." Denn „(...) von meinem früher vertretenen Standpunkt aus wäre der Anencephalus (...) als eine Totgeburt anzusehen. (...). Ich glaube daher, daß sich die Jurisprudenz der Auffassung von Gütgemann und Käufer u. a. anschließen sollte, wonach erst die feinstrukturelle oder grobmechanische Zerstörung des *gesamten* Gehirns die Annahme rechtfertigt, daß der Hirntod eingetreten sei." vgl. Bockelmann, in: Krösl/Scherzer (Hrsg.), Die Bestimmung des Todeszeitpunktes, 277 (280 f.); Hervorh. im Original; näher zu Bockelmann s. u. IV. 6.

398 Dencker, in: NStZ 1992, 311 (315).
399 Dencker, in: NStZ 1992, 311 (315).
400 Dencker, in: NStZ 1992, 311 (314).
401 Dencker, in: NStZ 1992, 311 (314).
402 Dencker, in: NStZ 1992, 311 (314 f.).
403 Dencker, in: NStZ 1992, 311 (315).
404 Dencker, in: NStZ 1992, 311 (315).

schneiden einer Chance zu weiterem Leben."[405] Mit anderen Worten: „Auf den Todesbegriff des Strafrechts bezogen bedeutet das [Abschneiden von Chancen]: Tod ‚ist' nicht der ‚Hirntod', sondern das endgültige Abschneiden einer ‚Chance zu *leben*'."[406]

c) Tendenz der Restriktion[407] – das Herztodeskonzept

Die Vertreter des Herztodeskonzeptes lehnen aus den genannten Gründen[408] das Gesamthirntodeskonzept ab und fordern eine Rückkehr zu dem klassischen Todesbegriff. Nach ihnen ist der Mensch demnach tot, wenn seine Atmung und sein Herz-Kreislauf irreversibel stillstehen[409] (irreversibler Atmungs- und Herzkreislaufstillstand/irreversibler Herz-Kreislaufstillstand/klassischer Todesbegriff/ Herztod).[410]

3. Das Verhältnis von Strafrecht und Transplantationsgesetz bei der Suche nach dem strafrechtlichen Todesbegriff

Nachdem als Grundlage für das Verständnis der weiteren Untersuchung die gesamten für das Strafrecht relevanten Todeskonzepte zusammengestellt wurden, wird nun als letzter Aspekt im Rahmen der Spiegelung der rechtlichen Grundlagen in das Strafrecht das Transplantationsgesetz aufgegriffen werden, mit der Zielsetzung, seine spezielle Relevanz für die Suche nach dem *strafrechtlichen* Todesbegriff aufzuzeigen.

---

405 Dencker, in: NStZ 1992, 311 (314).

406 Dencker, in: NStZ 1992, 311 (315); Hervorh. d. Verf.

407 Vgl. hierzu auch Schneider, in: MüKo StGB, vor §§ 211 ff. Rn. 22.

408 S. o. C. III. 3. a).

409 Rixen, Lebensschutz am Lebensende, 344 ff., der betont, dass es sich hierbei um kein neues Todeskriterium handele, sondern um das traditionell verwendete Kriterium: vgl. hierzu B. II. 2.; häufig schweigen die Gegner derjenigen Todeskonzepte, die auf das Gehirn als Tod des Menschen abstellen (Gegner der Gesamthirntodeskonzeption und der Großhirntodeskonzeption), jedoch zu dem zu bevorzugenden Todesbegriff, vgl. Klinge, Todesbegriff, 164; Sternberg-Lieben, in: JA 1997, 80 (85).

410 Zu der synonymen Verwendung der Begriffe irreversibler Atmungs- und Herz-Kreislaufstillstand und irreversibler Herz-Kreislaufstillstand vgl. Rixen, Lebensschutz am Lebensende, 344.

a) Die Bedeutung des Transplantationsgesetzes für den strafrechtlichen Todesbegriff nach der hier vertretenen Auffassung

Nach der hier vertretenen Auffassung lässt sich dem TPG keinerlei Aussagegehalt zu dem rechtlichen Todesbegriff entnehmen.[411] Dies bedeutet zugleich, dass dem TPG auch keine Bedeutung für die Frage zukommt, was strafrechtlich als Tod des Menschen anzusehen ist. Eine weitere Befassung mit dem TPG erübrigt sich daher.

b) Eine hilfsweise Erörterung: Die Bedeutung des Transplantationsgesetzes für den strafrechtlichen Todesbegriff nach der abweichenden Auffassung

Zu einem anderen Ergebnis könnte man jedoch möglicherweise aus Sicht der Auffassung gelangen, welche von der hier vertretenen Ansicht abweicht und annimmt, dass das TPG den Gesamthirntod als rechtlichen Tod des Menschen festlege.[412] Im Folgenden gilt es daher herauszufinden, ob und inwiefern sich die danach getroffene Bestimmung des Todesbegriffs durch das TPG auf die Suche nach dem strafrechtlichen Todesbegriff auswirkt. Diese Fragestellung ist für die vorliegende Arbeit ausschließlich hilfsweiser Natur. Dennoch soll ihr an dieser Stelle nachgegangen werden, um die jeweils unterschiedlichen Einflussmöglichkeiten des TPGs auf den strafrechtlichen Todesbegriff umfassend klären zu können.

Nach der zugrunde gelegten Ansicht bestimmt das TPG im Rahmen seines Anwendungsbereiches den Gesamthirntod als Todesbegriff. Dies führt zwingend zu der Fragestellung, welche Konsequenzen sich daraus für das Strafrecht ergeben.

Zum einen könnten die nebenstrafrechtlichen Vorschriften des TPGs, insbesondere die Regelung des § 19 II TPG, eine Sperrwirkung gegenüber den §§ 211 ff. entfalten, mit der Folge, dass deren Anwendung im Fall der Organentnahme im Sinne des TPGs im Wege der Gesetzeskonkurrenz ausgeschlossen wäre. Jedoch zeigt der nur fragmentarische Schutz des § 19 II TPG mit seiner im Verhältnis zu den §§ 211 ff. sehr geringen und in Bezug auf die Höchstwertigkeit des Rechtsguts Leben *zu* geringen Strafdrohung, dass aus § 19 II TPG keine Sperrwirkung

---

411 S. o. C. IV. 2. b) cc).

412 S. o. C. IV. 2. b) aa) (1); diejenige Auffassung, welche annimmt, das TPG lege zwei Todesbegriffe fest (s. o. C. IV. 2. b) aa) (2)), soll hier bewusst außer Acht gelassen werden.

gegenüber den §§ 211 ff. abgeleitet werden kann.[413] Sinn und Zweck der Regelung des § 19 II TPG war vielmehr, für den Fall der postmortalen Organentnahme eine gegenüber § 168 spezielle Strafvorschrift zu schaffen.[414] Stehen sich im Rahmen der Strafbarkeit jedoch nicht § 19 II TPG und § 168, sondern § 19 II TPG und §§ 211 ff. gegenüber, so sind die Vorschriften der §§ 211 ff. im Falle der Entnahme lebensnotwendiger Organe neben den strafrechtlichen Vorschriften des TPGs[415] nach ihren eigenen Regeln anwendbar.[416]

Zum anderen könnte die angenommene gesetzliche Festlegung des Todesbegriffs durch das TPG bindende Wirkung für den strafrechtlichen Todesbegriff als solchen entfalten.

So könnte man aus der Todesdefinition des TPGs schließen, im Rahmen der Entnahme lebensnotwendiger Organe habe der Gesamthirntod auch als strafrechtlicher Todesbegriff zu gelten.[417] Mit anderen Worten: Sobald man sich im Anwendungsbereich der postmortalen Organentnahme im Sinne des TPGs befände, würde zugleich der Gesamthirntod als *straf*rechtlicher Todesbegriff gelten. Eine solche Regelung würde die Gefahr in sich bergen, einen gespaltenen Todesbegriff

---

413 Es ist auch zu bedenken, dass im Falle einer Sperrwirkung des § 19 II TPG gegenüber den §§ 211 ff. die Strafbarkeit eines Arztes, welcher mit der durch die Organentnahme begangenen Tötungshandlung zusätzlich ein Mordmerkmal des § 211 verwirklicht hat, gem. § 211 ausgeschlossen wäre; dies kann nicht der Fall sein.

414 Vgl. zu der spezielleren Wirkung des § 19 II TPG n. f. (§ 19 I TPG a. f.) in Bezug zu § 168: Tag, in: MüKo StGB Nebenstrafrecht I, § 1 Rn. 15.

415 Insbesondere § 19 II TPG.

416 So auch Tag, freilich für die Lebendspende und in Bezug auf § 19 I TPG n. F. (§ 19 II TPG a. F.), in: MüKo StGB Nebenstrafrecht I, TPG § 1 Rn. 17 f.; so irrt auch Schmidt-Recla, in: MedR 2005, 672 (676), wenn er annimmt, dass ein Arzt, der einem Großhirntoten ein Organ entnimmt (dieser also nach dem TPG noch lebt), ausschließlich wg. § 19 II TPG n. F. (§ 19 I TPG a. F.) zu bestrafen sei, da diese Regelung als privilegierende Spezialvorschrift zu den §§ 211 ff. anzusehen sei. Eine solche Sperrwirkung kann der Vorschrift des § 19 II TPG n. F. nicht entnommen werden: § 19 II TPG sollte vielmehr das Verhältnis zu § 168 klären; entsteht eine solche Berührung des § 19 II jedoch nicht mit § 168, sondern mit den §§ 211 ff., dann sind diese nebeneinander anwendbar. Zwischen § 19 II TPG und den §§ 211 ff. ist daher Tateinheit möglich.

417 Diese Rechtslage besteht in Japan: Nach der hier wohl herrschenden sog. zweispurigen Hirntodtheorie tritt der allgemeine Tod im strafrechtlichen Sinne mit dem Herztod ein, während der Hirntote (strafrechtlich) dann und wohl nur dann als Toter betrachtet wird, wenn es um die Transplantationsmedizin geht; vgl. zu dieser im Einzelnen sehr umstrittenen und mit schwierigen Folgeproblemen verbundenen Rechtslage in Japan Yamanaka, in: Festschrift für Claus Roxin Band 2 (2011), 1623 (1629 ff.); Makoto, in: Kawaguchi/Seelmann (Hrsg.), Rechtliche und ethische Fragen der Transplantationstechnologie in einem interkulturellen Vergleich (2003), 107 ff.; ausführlich zu der Rechtslage in Japan in Bezug auf den Todesbegriff und der Organentnahme vgl. Kawaguchi, Strafrechtliche Probleme der Organtransplantation in Japan (2000).

herbeizuführen, der dann entstünde, wenn außerhalb der Organentnahme strafrechtlich nicht der Hirntod, sondern beispielsweise der Herztod vertreten würde.[418] Eine solche Konstellation hätte ein erhebliches Maß an Rechtsunsicherheit zur Folge. So wäre der hirntote A, welcher von B vorsätzlich erstochen wird, dann nicht mehr von den §§ 211 ff. geschützt, wenn er in die Organentnahme eingewilligt hätte, während er noch von den §§ 211 ff. erfasst wäre, hätte er der Organentnahme widersprochen.[419] Diese weitreichenden Konsequenzen eines solchen etwaigen Aussagegehalts der Vorschriften des TPGs verdeutlichen, dass ein entsprechender gesetzgeberischer Wille eindeutigen Ausdruck in den Vorschriften des TPGs gefunden haben müsste, was vorliegend durch die vage Formulierung der §§ 3 I 1 Nr. 2, II Nr. 2 TPG keinesfalls geschehen ist. Somit lässt sich aus der unterstellten Todesdefinition des TPGs nicht ableiten, dass dieses im Rahmen seines Anwendungsbereiches zugleich den strafrechtlichen Todesbegriff festlege.

Aus dieser Erkenntnis folgt auch, dass sich aus den Regelungen des TPGs *erst recht* nicht ableiten lässt, es bestimme außerhalb seines Anwendungsbereiches für die gesamte Rechtsordnung und damit auch für das Strafrecht abschließend, dass der Mensch tot sei, wenn er gesamthirntot ist.[420] Ein solch weitreichender Aussagegehalt kann den Bestimmungen des TPGs schon gar nicht entnommen werden.

Für die Frage nach dem strafrechtlichen Todesbegriff kommt dem TPG (innerhalb und außerhalb seines Anwendungsbereiches) daher allenfalls eine Indizwirkung zu, es vermag jedoch in keiner Weise die strafrechtliche Diskussion, was als Tod des Menschen anzusehen ist, zu präjudizieren bzw. für entbehrlich zu erklären.[421] Vor dem Hintergrund des Grundsatzes der Einheit der Rechtsordnung bedürfte es lediglich möglicherweise eines erhöhten Begründungsaufwandes, entschlösse man sich dazu, dem Todesbegriff des TPGs im Rahmen des Strafrechts nicht zu folgen.[422]

418 So die Rechtslage in Japan: Yamanaka, in: Festschrift für C. Roxin Band 2, 1623 (1631).

419 Vgl. hierzu auch: Yamanaka, in: Festschrift für C. Roxin Band 2, 1623 (1631 f.); hätte A weder in die Organentnahme eingewilligt noch dieser widersprochen, so könnten die Angehörigen gem. § 4 I TPG darüber entscheiden, ob dem A Organe entnommen werden dürfen oder nicht. Geschieht dies zeitlich erst nach der Tötung des A durch B, so könnte erst durch die Entscheidung der Angehörigen festgestellt werden, ob A noch unter den Schutzbereich der §§ 211 ff. fällt oder nicht.

420 So aber Saliger, in: KritV 2001, 382 (411 ff.).

421 So auch Kaschubs-Saeedi, Menschliches Leben als Schutzgut des Strafrechts, 41.

422 Englert betont ausdrücklich – im Rahmen seiner Untersuchung, ob es sinnvoll wäre, den Todesbegriff in einem Transplantationsgesetz gesetzlich festzulegen – ‚dass „trotz des Grundsatzes von der Einheit der Rechtsordnung mit hoher Wahrscheinlichkeit Diskussionen über die Anwendbarkeit der jeweiligen Definition in einem anderen Fach entstehen würden.“ Genau

Mithin besteht auch nach dieser (hier nicht vertretenen) Ansicht, welche den Vorschriften des TPGs eine Todesdefinition entnimmt, für die Strafrechtswissenschaft grundsätzlich[423] die Möglichkeit und Notwendigkeit einer autonomen, vom TPG losgelösten Begriffsbildung in Bezug auf den strafrechtlichen Todesbegriff.

III. Die Auslegung der §§ 211 ff. als Kerntatbestände des strafrechtlichen Lebensschutzes

Die Tötungsdelikte i. e. S.[424] (§§ 211 bis 213, 216, 222) stellen den Kernbereich des 16. Abschnitts des Strafgesetzbuches (Straftaten gegen das Leben) und zugleich die Kerntatbestände des strafrechtlichen Lebensschutzes dar.[425] Sie zählen zu den „wichtigsten Bestimmungen des sogenannten Kernstrafrechts".[426] Ihnen gemein ist der Erfolgsunwert, die Tötung eines Menschen.[427] Das durch sie geschützte Rechtsgut ist das menschliche Leben, (taugliches) Angriffsobjekt ist der gebo-

dies ist hier der Fall und die Anwendbarkeit für das Strafrecht ist entschieden zu verneinen; aus diesem Grund lehnt auch Kloth, Rechtsprobleme der Todesbestimmung, 17 eine Festlegung des Todesbegriffs in einem Transplantationsgesetz ab.

423 Entsteht jedoch eine Diskrepanz zwischen dem Todesbegriff des TPGs und dem strafrechtlichen Todesbegriff, vertritt die h. M. in der Strafrechtsliteratur beispielsweise das Herztodeskonzept, so könnte die Autonomie der strafrechtlichen Todesbegriffsbildung jedoch insofern eine nicht unerhebliche Einschränkung erfahren, als hierdurch Brüche zwischen Strafrecht und TPG entstehen könnten. Entnimmt ein Arzt in einem solchen Fall auf der Grundlage des TPGs dem nach dem Strafrecht lebenden Spender ein Herz, so müsste man sich die Frage stellen, ob er sich durch diese Explantation gem. §§ 212, 216 strafbar gemacht hat. Wäre dies zu bejahen (zu den Versuchen trotz Herztodeskonzeptes die Straflosigkeit des entnehmenden Arztes anzunehmen ausführlich s. u. IV. 1. b)), so würde ein unter dem Aspekt der Einheit der Rechtsordnung erheblicher Bruch zwischen Strafrecht und Transplantationsrecht entstehen.

424 Durch die Bezeichnung „Tötungsdelikte i. e. S." soll zum Ausdruck gebracht werden, dass der Schwangerschaftsabbruch auch eine Straftat gegen das Leben ist und so ein Tötungsdelikt i. w. S. darstellt; der Unterschied zwischen den Tötungsdelikten i. e. S. und i. w. S. ist, dass erstere das geborene Leben schützen, während letztere (auch) das ungeborene Leben zum Gegenstand haben: vgl. zur Begrifflichkeit Eser, in: Schönke/Schröder, StGB Kommentar, vor §§ 211 ff. Rn. 1; Schneider, in: MüKo StGB, vor §§ 211 ff. Rn. 1 Fn. 1, der diese Unterscheidung jedoch ablehnt.

425 Heghmanns, Strafrecht für alle Semester BT, Rn. 25; Schneider, in: MüKo StGB, vor §§ 211 ff. Rn. 1.

426 Voß, Symbolische Gesetzgebung. Fragen zur Rationalität von Strafgesetzgebungsakten (1989), 47.

427 Eser, in: Schönke/Schröder, StGB Kommentar, vor §§ 211 ff. Rn. 2; Schneider, in: MüKo StGB, vor §§ 211 ff. Rn. 1.

rene, lebende Mensch.[428] Dies bedeutet im Umkehrschluss, wie bereits[429] festgestellt: Ist der Mensch tot, scheidet er als taugliches Angriffsobjekt im Rahmen der §§ 211 ff. aus – mit dem Tod endet daher der strafrechtliche Lebensschutz.[430] Die Frage, wann menschliches Leben im Sinne des Strafrechts endet, spielt sich daher zentral im Rahmen der §§ 211 ff. ab. Daher soll im Wege der traditionellen Auslegung[431] untersucht werden, ob sich unmittelbar aus dem objektiven Tatbestand des § 212 I (gegebenenfalls unter zu Hilfenahme der übrigen Tötungsdelikte i. e. S.) eine Erkenntnis in Bezug auf die Frage, was strafrechtlich als Tod des Menschen anzusehen ist, gewinnen lässt.

1. Die grammatische Auslegung des § 212 I[432]

Ziel der grammatischen Auslegung ist es, den Wortsinn einzelner Tatbestandsmerkmale einer Norm festzustellen.[433]

Fraglich ist vorliegend zunächst, welchem Tatbestandsmerkmal des § 212 I die Frage nach dem strafrechtlichen Todesbegriff zuzuordnen ist. Ausdrücklich findet sich der Begriff „Tod" im Tatbestand des § 212 I nicht.[434] Er ist jedoch in

---

428 Schneider, in: MüKo StGB, vor §§ 211 ff. Rn. 1, Rn. 5.

429 S. o. I. 1.

430 Statt vieler: Bockelmann, Strafrecht des Arztes, 104, 107 f., der formuliert: „(...) Der Tod ist ein negatives [Tatbestands]merkmal der Tötungs- und Körperverletzungstatbestände. Tötung und Körperverletzung können (...) [nur] an einem lebendigen Menschen begangen werden."; Burkhard, in: Schweizerische Zeitschrift für Strafrecht 1968, 362 (364 ff.); Eser, in: ZStW 1985, 1 (27); Hinderling, in: Schweizer JZ 1968, 65 (65); Kühl, in: JA 2009, 321 (323); Mitsch, in: JuS 1995, 787 (789); Schneider, in: MüKo StGB, vor §§ 211 ff. Rn. 14; Schreiber, in: Festschrift für Erich Steffen (1995), 451 (453); Schreiber, in: Festschrift für E. Müller, 685 (685); Sternberg-Lieben, in: JA 1997, 80 (81).

431 Vgl. zum traditionellen Auslegungskanon statt vieler Schmitz, in: MüKo StGB, § 1 Rn. 66 ff.: „Der traditionelle Auslegungskanon hält vier Formen der Auslegung bereit: die grammatische, die systematische, die subjektiv-historische und die objektiv-teleologische Auslegung."; vgl. hierzu auch beispielsweise Larenz/Canaris, Methodenlehre der Rechtswissenschaft (3. Auflage), 133 ff.

432 Zur besonderen Bedeutung der grammatischen Auslegung im Strafrecht: Schmitz, in: MüKo StGB, § 1 Rn. 67: „Obwohl häufig die prinzipielle Gleichrangigkeit aller Auslegungsregeln behauptet wird, trifft dies im Strafrecht nicht zu: An erster Stelle steht die grammatische Auslegung. Jede andere Auslegung muss sich innerhalb der Wortlautgrenze bewegen; ‚der mögliche Wortsinn einer Vorschrift [zieht]...der Auslegung eine Grenze, die unübersteigbar ist'. Vorrangig ist also die Bedeutung des Wortlauts zu ermitteln."

433 Schmitz, in: MüKo StGB, § 1 Rn. 68.

434 Vgl. hierzu auch Kühl, in: JA 2009, 321 (323), der mit Recht darauf hinweist, dass „der Tod (...) ausdrücklich nur bei der fahrlässigen Tötung gem. § 222 StGB als tatbestandsmäßiger Erfolg genannt wird."

der Tathandlung des § 212 I „töten“ enthalten, denn töten heißt nichts anderes, als den Tod herbeizuführen.[435] Das Tatobjekt Mensch erhält daher den Zusatz „lebend (nicht tot)“, denn nur bei einem lebenden (nicht toten) Menschen lässt sich der Tod herbeiführen. Aus einer Zusammenschau der Tatbestandsmerkmale „Mensch“ und „töten“ kann die gesetzliche Formulierung: „Wer einen Menschen tötet“ daher wie folgt umschrieben werden: „Wer bei einem lebenden (nicht toten) Menschen den Tod herbeiführt“. Den Tatbestandsmerkmalen „Mensch“ und „töten“ ist demnach die Frage, was strafrechtlich als Tod des Menschen anzusehen ist, zugeordnet.

Die weitere Erkenntnis ist jedoch ernüchternd: Aus dem Wortlaut der Begriffe „Mensch“ und „töten“ lässt sich keinerlei Aussagehalt hinsichtlich der Frage, wann ein Mensch im Sinne des Strafrechts (noch) lebt oder (schon) tot ist, entnehmen. Um es mit ROXINs Worten auszudrücken: „Ob jemand noch ein Mensch, oder schon ein Leichnam ist, wenn sein Hirn erloschen ist, der Kreislauf aber noch funktioniert (...), ist durch den Gesetzeswortlaut nicht exakt vorgezeichnet.“[436] Unabhängig von der grundsätzlichen Problematik, ob die Trennung zwischen deskriptiven und normativen[437] Tatbestandsmerkmalen überhaupt zu befürworten ist,[438]zeigt dies für die als deskriptiv[439] angesehenen Tatbestandsmerkmale „Mensch“ und „töten“,[440] dass diese jedenfalls bei der Frage nach dem Tod des Menschen auch einen normativen Bezug aufweisen, hier also wie die normativen Tatbestandsmerkmale eine rechtliche Wertung verlangen.[441] Es gilt

435 Vgl. auch Eser, in: Schönke/Schröder, StGB Kommentar, § 212 Rn. 3; Kühl, in: JA 2009, 321 (323); Kühl, in: Lackner/Kühl, StGB Kommentar, § 212 Rn. 2; Mitsch, in: JuS 1995, 787 (789).

436 Roxin, Strafrecht Allgemeiner Teil, Band I: Grundlagen Der Aufbau der Verbrechenslehre (2. Auflage), § 5 Rn. 27.

437 „Unter normativen Tatbestandsmerkmalen versteht man solche, deren Feststellung nur durch ein (Wert-) Urteil erfolgen kann.“ Sternberg-Lieben, in: Schönke/Schröder, StGB Kommentar, § 15 Rn. 19.

438 Gegen die Trennung beispielsweise: Freund, in: MüKo StGB, vor §§ 13 ff. Rn. 15 ff.

439 Tatbestandsmerkmale werden als deskriptiv bezeichnet, wenn „deren Feststellung im Allgemeinen durch sinnliche Wahrnehmung erfolgen kann.“ Sternberg-Lieben, in: Schönke/Schröder, StGB Kommentar, § 15 Rn. 18.

440 Lenckner/Eisele, in: Schönke/Schröder, StGB Kommentar, vor §§ 13 ff. Rn. 64 führt das Tatbestandsmerkmal „töten“ als Beispiel für ein deskriptives Tatbestandsmerkmal an, Sternberg-Lieben, in: Schönke/Schröder, StGB Kommentar, § 15 Rn. 18, nennt „Mensch“ als Beispiel für ein deskriptives Tatbestandsmerkmal; auch bei Liebhardt/Wuermeling, in: MMW 1968, 1661 (1662) wird der „Tod“ als Beispiel für ein deskriptives Tatbestandsmerkmal genannt; ebenso bei Weißauer/Opderbecke, in: BayÄB 1973, 12 (12).

441 Heghmanns, Strafrecht für alle Semester BT, Rn. 54; Lenckner/Eisele, in: Schönke/Schröder, StGB Kommentar, § 15 Rn. 64; Sternberg-Lieben, in: Schönke/Schröder, StGB Kommentar, § 15 Rn. 39; Sternberg-Lieben, in: JA 1997, 80 (82) Fn. 14, formuliert treffend: „Das scheinbar rein deskriptive Tatbestandsmerkmal ‚Mensch‘ verlangt mithin in Grenzbereichen eine rechtli-

daher, was bereits oben[442] festgestellt wurde: Im Wege von Wertungen muss ermittelt werden, wann menschliches Leben im Sinne des Strafrechts endet. Denn allein mit dem Wortsinn der Begriffe „ Mensch“ und „töten“ lässt sich dies nicht bestimmen.

2. Die systematische Auslegung des § 212 I

Sinn und Zweck der systematischen Auslegung ist es, den Zusammenhang zu verdeutlichen, in welchem die jeweilig auszulegende Vorschrift innerhalb des Normgefüges steht, um hieraus gegebenenfalls Rückschlüsse für den Bedeutungsgehalt der betreffenden Norm ziehen zu können.[443]

Betrachtet man die Stellung der §§ 211 ff. im Normgefüge des StGBs, so fällt in Abgrenzung zu diesen Vorschriften vor allem die Regelung des § 168 in den Blick. Denn eine (mögliche) Strafbarkeit nach § 168 I setzt dort ein, wo der Anwendungsbereich der §§ 211 ff. endet, nämlich dann, wenn der Mensch als (taugliches) Tatobjekt kein Lebender i. S. d. §§ 211 ff., sondern (bereits) ein Verstorbener i. S. d. § 168 I ist.[444] Eine Gegenüberstellung der §§ 211 ff. und des § 168 zeigt daher: Das StGB kennt den Schutz lebender und verstorbener Menschen, eine Zwischenphase zwischen Leben und Tod gibt es nicht: „Tertium non datur“[445]: Der Mensch i. S. d. Strafgesetzbuches ist *entweder* den Lebenden *oder* den Verstorbenen zuzuordnen. Allerdings lässt sich auch aus der systematischen Betrachtung kein Aussagegehalt[446] dahingehend entnehmen, wo die Grenze zwi-

---

che Wertung wie auch sonst die normativen [Tatbestands]merkmale.“; auch Freund, in: MüKo StGB, vor §§ 13 ff. Rn. 15 ff., äußert treffend: „Mit Recht wird darauf hingewiesen, dass auch vermeintlich rein deskriptive Begriffe jedenfalls dann, wenn sie in einem normativen Kontext stehen, nur unter Berücksichtigung dieses normativen Kontextes richtig zu verstehen sind: Beispielhaft: Ob von einem ‚Menschen‘ i. S. d. §§ 211 ff. gesprochen werden kann, ist jedenfalls in den Grenzbereichen des Anfangs und des Endes menschlichen Lebens nicht deskriptiv fixiert, sondern nur normativ bestimmbar.“

442 C. II. 2.

443 Schmitz, in: MüKo StGB, § 1 Rn. 70; Eser/Hecker, Schönke/Schröder, StGB Kommentar, § 1 Rn. 39.

444 Eser, in: Schönke/Schröder, StGB Kommentar, vor §§ 211 Rn. 16.

445 So für das Verfassungsrecht Isensee, Recht als Grenze, 74; Kloth, Rechtsprobleme der Todesbestimmung, 18.

446 Die durch das 6. StrRG erfolgte sprachliche Änderung des § 168 I von „Leiche“ in „Körper (...) eines verstorbenen Menschen“ macht das angeführte Argument der Hirntodgegner, es sei zumindest zweifelhaft, ob der Hirntote aufgrund seines Erscheinungsbildes mit warmem Körper etc. überhaupt unter den Leichenbegriff des § 168 gefasst werden könnte (so Beckmann, in: ZRP 1996, 219 (219); Beckmann, in: Lebensforum 2007, 17 (17)), hinfällig. Der Wortlaut

schen lebenden und verstorbenen Menschen zu ziehen ist, wann der Mensch tot im strafrechtlichen Sinne ist.

3. Die subjektiv-historische Auslegung des § 212 I

Bei der subjektiv-historischen Auslegung geht es darum, anhand von Gesetzesmaterialien sowie der Entstehungsgeschichte eines Gesetzes bzw. einer Vorschrift zu ergründen, welches Ziel der Gesetzgeber mit seiner Regelung verfolgte.[447] Nach den obigen Ausführungen[448] ist das Ergebnis der historischen Auslegung gewissermaßen schon vorgezeichnet. Da der Tod der Jurisprudenz lange Zeit als unproblematisch naturgegebenes Ereignis erschien,[449] überrascht es nicht, dass sich aus den Gesetzgebungsmaterialien zum RStGB in der Fassung v. 1871 bzw. zum Strafgesetzbuch für die Preußischen Staaten von 1851, an welches das RStGB vor allem anknüpft,[450] kein Aussagegehalt zum menschlichen Tod entnehmen lässt.[451]

---

des § 168 I steht keinem Todesbegriff entgegen. Man könnte aus der Gesetzesänderung sogar schließen, dass es auch ihr Sinn und Zweck war, zu signalisieren, dass der Begriff „Leiche" dem Todesbegriff des Hirntodes nicht entgegenstehen sollte, der Hirntote nach der Auffassung des Gesetzgebers also unter § 168 I zu fassen sei (in diese Richtung gehend wohl Nickel, Die Entnahme von Organen und Geweben bei Verstorbenen, 182). Allerdings lässt sich eine solche Intention des Gesetzgebers aus den Gesetzgebungsmaterialien nicht entnehmen (vgl.: Bundestag Drucksache 13/9064, 10 zu Nummer 18: Die Änderung der Formulierung diente dazu, den Sprachgebrauch innerhalb des Absatzes 1 zu vereinheitlichen), zumal festzuhalten ist, dass auch nach der alten sprachlichen Fassung der Begriff „Leiche" entgegen der Meinung der Hirntodgegner kein Argument dagegen war, den Hirntoten als tot anzusehen. Denn wie Engisch, in: Der Chirurg 1967, 252 (252) richtig formuliert: „Juristisch muß auch der ‚Frischverstorbene' als ‚Leiche' angesprochen werden." Festzuhalten ist: Aus dem Wortlaut des § 168 I kann und konnte jedenfalls kein Argument gegen das Hirntodeskonzept abgeleitet werden.

447 Schmitz, in: MüKo StGB, § 1 Rn. 72 ff. mit weiteren Voraussetzungen der historischen Auslegung.

448 S. o. C. II. 2. sowie II. 1.

449 S. o. C. II. 2.

450 Vgl. hierzu Rixen, Lebensschutz am Lebensende, 73 f.; Lenckner, in: Gernhuber (Hrsg.), Tradition und Fortschritt im Recht (1977), 239 (239), fasst die Geschichte unseres Strafgesetzbuches wie folgt zusammen: „Unser geltendes Strafgesetz führt die offizielle Bezeichnung (durch Verf. abgeändert/aktualisiert) ‚Strafgesetzbuch: Ausfertigungsdatum: 15.05.1871 in der Fassung der Bekanntmachung vom 13. November 1998'. Die Geschichte dieses Gesetzgebungswerks, das (...) die zentrale Kodifikation unseres Kriminalrechts geblieben ist, umfaßt inzwischen also die Zeitspanne eines Jahrhunderts. Seiner Substanz nach ist es sogar noch wesentlich älter. Denn bekanntlich führt das StGB v. 1871 eine gerade Linie zurück zum Preußischen Strafgesetzbuch v. 1851 (...)."

451 Vgl. hierzu nur Goltdammer, Die Materialien zum Straf-Gesetzbuche für die Preußischen Staaten, Teil II (1852), 362 ff.: 15. Titel. Verbrechen und Vergehen wider das Leben.; vgl. auch die Nachweise bei Rixen, Lebensschutz am Lebensende, 73 f.

Es wurde der Lehre überlassen, zu erläutern, wie sich der lebende Mensch im Sinne des Strafrechts von einer Leiche unterscheidet.[452] „[Diese] hielt [jedoch] das Tatbestandsmerkmal ‚töten' (und damit die Bestimmung dessen, was der Tod des Menschen bedeutet) für nicht erläuterungsbedürftig (...)."[453] Die Bedeutung der Begriffe „lebender Mensch", „töten" und „Tod" wird von ihr schlicht vorausgesetzt.[454] Mithin bestätigt die historische Auslegung lediglich das ursprüngliche Verständnis der Rechtswissenschaft vom Tod als einem unproblematischen Ereignis und kann somit nichts zu der Frage beitragen, was unter diesem Tod im strafrechtlichen Sinne zu verstehen ist.

4. Die objektiv-teleologische Auslegung des § 212 I

Mit der objektiv-teleologischen Auslegung soll der Sinn einer Norm in der Gegenwart ermittelt werden.[455] Sinn und Zweck der Tötungsdelikte ergeben sich aus der Höchstrangigkeit des durch sie geschützten Rechtsguts, dem menschlichen Leben.[456] Dieses ist grundsätzlich einer Abwägung mit anderen Gütern entzogen.[457] „Die Tötungsdelikte gewähren nicht nur umfassenden, sondern auch absoluten Lebensschutz."[458] Dies heißt, jedwede Ausprägung menschlichen Lebens im Sinne des Strafrechts ist schützenswert, unabhängig davon, ob es dem jeweiligen Menschen selbst oder seiner Umwelt als solches erscheint.[459] Lebensunwertes Leben sowie ein Leben, das beispielsweise aufgrund von geistigen oder körperlichen Mängeln geringer geschützt wird, „gibt es im Rechtsstaat des Grundgesetzes nicht."[460] In Bezug auf die hier interessierende Phase eines Menschen am Ende seines Lebens bedeutet dies, dass dem Aspekt der Lebensfähigkeit keine

452 Rixen, Lebensschutz am Lebensende, 73 f.
453 Rixen, Lebensschutz am Lebensende, 74.
454 Rixen, Lebensschutz am Lebensende, 74.
455 Schmitz, in: MüKo StGB, § 1 Rn. 76.
456 Schneider, in: MüKo StGB, vor §§ 211 ff. Rn. 27; Heghmanns, Strafrecht für alle Semester BT, Rn. 25.
457 Kühl, in: Lackner/Kühl, StGB Kommentar, vor § 211 Rn. 7; Schneider, in: MüKo StGB, vor §§ 211 ff. Rn. 27.
458 Schneider, in: MüKo StGB, vor §§ 211ff. Rn. 27, im Original Hervorh. v. „umfassenden" und „absoluten Lebensschutz"; zu möglichen Ausnahmen von diesem absoluten Lebensschutz vgl. statt vieler: Kaufmann, in: Festschrift für Claus Roxin (2001), 841 (843); Schneider, in: MüKo StGB, vor §§ 211 ff. Rn. 29 ff.
459 Schneider, in: MüKo StGB vor §§ 211 ff. Rn. 27; Heghmanns, Strafrecht für alle Semester BT, Rn. 25; Kühl, in: Lackner/Kühl, StGB Kommentar, vor § 211 Rn. 5.
460 Schneider, in: MüKo StGB, vor §§ 211 ff. Rn. 27; vgl. auch Heghmanns, Strafrecht für alle Semester BT, Rn. 25; Kaufmann, in: Festschrift für C. Roxin, 841 (841); Kühl, in: Lackner/Kühl, StGB Kommentar, vor § 211 Rn. 5.

Bedeutung zukommt.[461] Ein Mensch, welchem beispielsweise auf Grund einer Erkrankung nur noch geringe Lebenschancen bescheinigt werden, nimmt völlig unabhängig von seinem Alter vollumfänglich am strafrechtlichen Schutz der Tötungsdelikte teil.[462] Hieraus ergibt sich, dass der Mensch, sieht man ihn als lebend an, grundsätzlich vollumfänglich vom Schutzbereich der §§ 211 ff. erfasst ist. Für den strafrechtlichen Todesbegriff bedeutet dies: Bevor der Mensch i. S. d. Strafrechts tot ist, nimmt er umfassend am Lebensschutz der Tötungsdelikte teil. Abstufungen nach Lebensfähigkeit oder Lebenswertigkeit sind demnach grundsätzlich unzulässig. Dies gilt es bei der Suche nach dem Todesbegriff stets zu beachten. Weiter ergibt sich aus der Höchstwertigkeit des Rechtsguts Leben, dass ein strafrechtlicher Todesbegriff dem Grundsatz der Rechtssicherheit genügen muss.[463] Es muss eindeutig bestimmt sein, wann dem Einzelnen der strafrechtlich umfassende und absolute Lebensschutz der §§ 211 ff. nicht mehr zuteil wird.[464] Obwohl im Wege der teleologischen Auslegung wichtige Aspekte herausgearbeitet werden konnten, die bei der Suche nach dem strafrechtlichen Todesbegriff zu beachten sind, lässt sich auch aus ihr keine konkrete Aussage hinsichtlich dessen, was als Tod des Menschen anzusehen ist, ableiten.

IV. Die Suche nach dem strafrechtlichen Todesbegriff: eine juristische Folgenbetrachtung

Die Auslegung der §§ 211 ff. hat zum einen aufgezeigt, dass sich aus Historie und Systematik der §§ 211 ff. kein Aussagegehalt in Bezug auf den strafrechtlichen Todesbegriff entnehmen lässt. Zum anderen hat sie die Annahme[465] bestätigt, dass der Tod als Rechtsbegriff normativen Charakters ist und außerdem zu der Erkenntnis geführt, dass dieser in jedem Fall den durch die teleologische Auslegung gewonnenen Aspekten gerecht werden muss.

Im Folgenden gilt es daher herauszuarbeiten, mit welchem Todesbegriff man zum einen in der Lage ist, diese durch die teleologische Auslegung herausgearbeiteten Aspekte zu erfüllen, und zum anderen, befriedigende Lösungen für die verschie-

461 Schneider, in: MüKo StGB, vor §§ 211 ff. Rn. 28.

462 Schneider, in: MüKo StGB, vor §§ 211 ff. Rn. 28.

463 Zum Aspekt der Rechtssicherheit in Bezug auf den Todesbegriff vgl. Klinge, Todesbegriff, 151 f., 156; Kloth, Rechtsprobleme der Todesbestimmung, 13 ff.; auch den Aspekt der Rechtssicherheit bei der Problematik des Todesbegriffs betonend Spann, in: Deutsche Zeitschrift für die gesamte gerichtliche Medizin 1966, 26 (26); Sternberg-Lieben, in: JA 1997, 80 (87).

464 Vgl. hierzu auch Kloth, Rechtsprobleme der Todesbestimmung, 18 f.

465 S. o. C. II. 2.

densten strafrechtlichen Sachprobleme zu entwickeln.[466] Denn das entscheidende Prüfungskriterium einer juristischen Todesdefinition ist, ob man mit ihr befriedigende Antworten auf aufgeworfene rechtliche Sachfragen erhält.[467] Um es mit HORNs Worten zusammenzufassen: „(...) Der Inhalt des Todesbegriffes ist wie der jedes anderen Begriffs im Grunde nichts anderes als ein in Definitionsform gekleidetes Lösungsprogramm zu bestimmten (...) Sachproblemen."[468]

Daher sollen nun mehrere Fallkonstellationen vorgestellt werden, für deren Lösung die strafrechtliche Todesdefinition eine zentrale Rolle spielt, mit dem Ziel, denjenigen Todesbegriff zu finden, mit dem ein befriedigendes Lösungsprogramm für diese Konstellationen ermöglicht wird.

Zunächst werden fünf Fälle aus dem Bereich des Medizinstrafrechts vorgestellt, um sodann die hierdurch gewonnenen Erkenntnisse auf den „klassischen" Anwendungsbereich der Lebensschutztatbestände der §§ 211 ff. zu übertragen.

1. Die Organentnahme nach Gesamthirntod des Spenders – eine postmortale Organentnahme?

Im Folgenden ist zu klären, ob und in welcher Weise die Beurteilung der strafrechtlichen Zulässigkeit der Entnahme lebensnotwendiger Organe von Hirntoten im Sinne der §§ 211 ff. von der jeweiligen Todesdefinition abhängt. Zu diesem Zwecke soll zunächst folgender Sachverhalt dargestellt werden[469]:

Ein Mann M schießt seiner Frau F nach einem Eifersuchtsstreit in den Kopf. Das Opfer wird in die nächstgelegene Klinik gebracht, notärztlich versorgt und künstlich beatmet. Wenige Tage später wird bei ihr der Eintritt des Hirntodes festgestellt. Ihr Herzschlag und ihre Atmung werden aber weiterhin maschinell aufrecht erhalten. Die F hatte (zuvor) in die Entnahme lebensnotwendiger Organe

466 Vgl. hierzu auch Horn, in: Der Internist 1974, 557 (559); Schneider, in: MüKo StGB, vor §§ 211 ff. Rn. 25; Sternberg-Lieben, in: JA 1997, 80 (87).

467 Horn, in: Der Internist 1974, 557 (559); so formuliert Schreiber, in: Festschrift für E. Müller, 685 (685) sehr treffend: „Das Recht als das vorläufig wirklich Maßgebliche – wie es Hans Ryffel gesagt hat – kann aber nicht wie die Philosophie nur über den Tod reden. Es muss in vielfältiger Hinsicht an den Tod anknüpfen, vor ihm schützen, ihn verbieten und ihn zulassen. (...). Vor allem endet mit dem Tod der Schutz des Lebens durch das Recht."

468 Horn, in: Der Internist 1974, 557 (559).

469 Leichte Abwandlung des Mordfalls „John Eulo" in New York; aus Merkel, in: Jura 1999, 113 (113); Verweis auf ähnliche Fälle: siehe hierzu Merkel, in: Jura 1999, 113 (113 Fn. 3).

u. a. des Herzens eingewilligt und so wird ihr von den Ärzten das Herz explantiert. Dieses wird der 20-jährigen E eingepflanzt, die unter einem angeborenen Herzfehler litt und schon seit längerem auf ein Spenderherz wartete. Anschließend kommt es zu einem Prozess gegen M, den Mann der F. Die Anklage lautet auf vollendeten Totschlag. Hierzu trägt die Verteidigung des angeklagten Ehemannes M vor, dass allenfalls eine Verurteilung wegen versuchten Totschlags in Betracht komme, da nicht der Angeklagte M seine Frau getötet hätte, sondern die Ärzte durch ihre Organentnahme. Der Angeklagte habe zwar mit seinem Schuss den Hirntod der Frau verursacht, doch sei dieser nicht als Tod anzuerkennen, sondern alleinig der Herztod, welchen die Ärzte durch ihre Explantation des Herzens verursacht hätten.

Ist dieser Ansicht der Verteidigung zuzustimmen? Haben sich die *Ärzte* durch die Entnahme des Herzens von F tatsächlich gem. §§ 212 I, 216 I strafbar gemacht?[470]

a) Lösung nach dem Gesamthirntodeskonzept

Hiernach war F, nachdem bei ihr der Gesamthirntod festgestellt worden war, tot, und demnach ist eine Strafbarkeit der Ärzte gem. §§ 212 I, 216 I ausgeschlossen.

b) Die Lösung nach dem Herztodeskonzept

Zu untersuchen ist nun, ob man unter Anwendung des Herztodeskonzeptes zu demselben Ergebnis gelangt, oder, ob sich die Ärzte nach dieser Ansicht durch die Organentnahme gem. §§ 212 I, 216 I strafbar gemacht haben.

Nach dem Herztodeskonzept tritt der Tod des Menschen mit dem irreversiblen Stillstand der Atmungs- und Herzkreislauftätigkeit ein.[471] Bei F wurde zwar der Eintritt des Gesamthirntodes festgestellt, zum Zeitpunkt der Organentnahme

470 Die Strafbarkeit des Ehemannes wird bewusst außer Acht gelassen, da das Augenmerk für die vorliegenden Zwecke ausschließlich auf die Strafbarkeit der Ärzte gerichtet werden soll; ergänzend sei nur folgendes angemerkt: Nach dem Gesamthirntodeskonzept hätte sich der Ehemann gem. § 212 I (gegebenenfalls sogar wg. § 211) strafbar gemacht, da er durch seinen Schuss den Tod der Frau in ihm zurechenbarer Weise verursacht hätte; interessant wird die Beurteilung der Strafbarkeit des Ehemannes, wenn man nicht auf den Gesamthirntod, sondern auf den Herztod abstellt. Denn möglicherweise könnte ihm der Todeserfolg durch das vorsätzliche Dazwischentreten der Ärzte nicht mehr zuzurechnen sein; wäre dies der Fall, so hätte sich der Ehemann (wie die Verteidigung dann zutreffend vorträgt) nur wegen versuchten Totschlags strafbar gemacht; vgl. hierzu Merkel, in: Jura 1999, 113 (113 f.).

471 S. o. C. III. 3. b); II. 2. c).

durch die Ärzte schlug ihr Herz jedoch noch, ihr Atmungs- und Herzkreislauf stand mithin (noch) nicht irreversibel still.[472] Somit lebte F nach dieser Auffassung noch, als die Ärzte ihr das Herz entnahmen, und so führten die Ärzte durch die Organexplantation den Tod der F herbei.[473] Nach den allgemeinen Grundsätzen des strafrechtlichen Lebensschutzes[474] müsste man demnach zu dem Ergebnis kommen, dass sich die Ärzte durch die Explantation des Herzens bei F gem. §§ 212 I, 216 I strafbar gemacht haben.

Die Vertreter der Herztodeskonzeption begründen jedoch auf unterschiedliche Weise, dass sich die Ärzte, entnehmen sie einem (nach ihrer Auffassung) noch lebenden hirntoten Spender mit dessen Einwilligung[475] ein lebensnotwendiges Organ, nicht gem. §§ 212 I, 216 I strafbar machen.

---

472 Nach der klassischen Todesdefinition kommt es nicht auf die Selbstständigkeit (Spontaneität) von Atmungs- und Herzkreislauftätigkeit an, es reicht aus, dass diese maschinell, etwa wie hier durch die Beatmungsmaschine, aufrechterhalten wird; vgl. hierzu Geilen, in: JZ 1968, 145 (150); Lüttger, in: JR 1971, 309 (310); Rixen, Lebensschutz am Lebensende, 344 f.; Saerbeck, Beginn und Ende des Lebens, 130 f. Außerdem ist zu betonen, dass der klassische Todesbegriff nicht dadurch versagt, dass es durch die medizinischen Errungenschaften Möglichkeiten gibt, einen Menschen wiederzubeleben; wird ein Mensch erfolgreich wiederbelebt, dann war er nach dem Verständnis der Herztodeskonzeption nie herztot, denn sein Atmungs- und Kreislaufstillstand war offenkundig nicht irreversibel, sondern reversibel; vgl. hierzu zutreffend Lüttger, in: JR 1971, 309 (310), der betont: „Haben diese Maßnahmen [gemeint sind Reanimationsmaßnahmen] Erfolg, so könnte nur derjenige ‚von einem zum Leben erweckten Toten' sprechen, der das Merkmal der Irreversibilität in der klassischen Todesdefinition fälschlich außer Acht lassen würde. (…). [Denn] der klassische Todesbegriff versagt(e) hier keineswegs, nur die ‚Umkehrbarkeit' wurde um weitere Anwendungsfälle bereichert."; so auch Saerbeck, Beginn und Ende des Lebens, 130 f.; zu der Problematik des Kunstherzens vgl. Anderheiden, in: KritV 2001, 353 (369 f.). Allerdings ist anzunehmen, dass es nach der Herztodeskonzeption wohl ausreicht, wenn irgendein Herz im Körper des Einzelnen schlägt, auch der Mensch mit Kunstherz lebt demnach im Sinne der Herztodeskonzeption.

473 Vgl. zu den genauen medizinischen Abläufen im Rahmen einer Herztransplantation Rixen, Lebensschutz am Lebensende, 355 ff.

474 Vgl. hierzu statt vieler: Schneider, in: MüKo StGB, vor §§ 211 ff. Rn. 25: „Strafrechtlich wären derartige lebensverkürzende Eingriffe [gemeint ist die Entnahme lebenswichtiger Organe] selbst bei Vorliegen einer Einwilligung des Organspenders als Tötung auf Verlangen gem. § 216 zu beurteilen."

475 Die Vertreter des Herztodeskonzeptes kommen zur Straflosigkeit der Ärzte ausschließlich für den Fall der Organentnahme mit *Einwilligung* des hirntoten Spenders (grundsätzlich Beurteilung nach § 216 I, es sei denn, man sieht die Zustimmung zu einer Organentnahme nicht als ein ernsthaftes Verlangen an, sodass von vornherein § 212 Anwendung findet; so Sengler/ Schmidt, in: MedR 1997, 241 (242)). Für den Fall, dass dem hirntoten Spender *gegen* seinen Willen lebensnotwendige Organe entnommen werden, machen sich die entnehmenden Ärzte auch nach dieser Auffassung gem. § 212 (bei Vorliegen von Mordmerkmalen gem. § 211) strafbar.

Die Begründungsansätze der Vertreter des Herztodeskonzeptes lassen sich im Wesentlichen[476] in zwei Kategorien fassen, erstens in eine teleologische Reduktion des Tatbestandes des § 216 I und zweitens in einen Vergleich mit anerkannten, zulässigen Formen der Sterbehilfe.

Zum einen wird die Entnahme lebensnotwendiger Organe bei einem Hirntoten auf verschiedene Weise im Wege einer *teleologischen Reduktion*[477] aus dem Tatbestand des § 216 I ausgeklammert.

So sieht eine Ansicht den Sinn und Zweck des § 216 I darin, Menschen zu schützen, die sich in einer bestimmten, die Unfreiwilligkeit indizierenden Weise veranlasst sehen, über ihr Leben zu verfügen.[478] Mit anderen Worten: § 216 I schütze die Freiwilligkeit des Verzichts des Einzelnen auf den durch die §§ 211 ff. gewährten Lebensschutz.[479] All solche Verhaltensweisen seien daher nicht erlaubt,

---

476 Eine weitere Ansicht versucht für den Sonderfall, dass der Empfänger in akuter Lebensgefahr schwebt und nicht anders als durch die Entnahme des Organs aus dem Körper des hirntoten Spenders gerettet werden kann, eine Straflosigkeit des Arztes im Wege des (übergesetzlichen) entschuldigenden Notstands zu begründen; näher hierzu Geilen, in: FamRZ 1968, 121 (122 Fn. 1a); zu der Ablehnung dieses Lösungsansatzes zutreffend Stratenwerth, in: Festschrift für K. Engisch, 528 (541). Bockelmann, Strafrecht des Arztes, 112 f., der zunächst eine mögliche Rechtfertigung des entnehmenden Arztes gem. § 34 erörtert, äußert treffend: „Die Rechtfertigung des Arztes würde voraussetzen, daß man dem Leben des einen, nämlich dem des Spenders, geringeren Wert beilegen dürfte als dem des anderen, nämlich des Empfängers. Eine Wertdifferenzierung zwischen Spender und Empfänger ließe sich aber nur mit der Erwägung begründen, daß das Leben des einen ein relativ, d. h. mit Bezug auf den anderen, lebensunwertes Leben sei. (…). Dieser Gedanke (…), man dürfe ein Leben (…) deshalb preisgeben, weil es im Vergleich zu einem anderen, zu dessen Gunsten es geopfert werden soll, als das weniger wertvolle erscheint, ist schlechthin unerträglich.“ Selbiges gilt für eine Entschuldigung des Arztes, „denn auch diese ließe sich nur auf die Begründung stützen, daß dem Arzt aus seinem Verhalten deshalb kein Vorwurf gemacht werden könne, weil er das minderwertige Leben vernichtet habe, und diese Begründung trägt nicht.“

477 Vgl. zu der Verwendung der Begrifflichkeit „teleologische Reduktion“: Höfling/Rixen, Verfassungsfragen der Transplantationsmedizin, 97; Höfling, in: Universitas, 357 (363); Merkel, in: Jura 1999, 113 (121); dagegen betont Rixen, Lebensschutz am Lebensende, 379, es gehe bei seiner Vorgehensweise nicht um eine teleologische Reduktion, sondern vielmehr darum, „§ 216 I im Lichte des Grundgesetzes genauer zu konturieren.“; allerdings beruht sein Verständnis auf einer unzureichenden Anerkennung der Autonomie strafrechtlicher Normen gegenüber dem Grundgesetz, so dass er im Ergebnis dennoch eine teleologische Reduktion des § 216 I vornimmt (Wortlaut und Zielsetzung des § 216 I bestimmen sich in erster Linie nach § 216 I selbst und nicht, wie Rixen vorgibt, erst durch ein näheres Betrachten der jeweilig möglicherweise einschlägigen Grundrechte). Daher wird seine Vorgehensweise vorliegend dennoch als teleologische Reduktion bezeichnet; zur näheren Betrachtung seiner „grundrechtsorientierten Auslegung“ aus verfassungsrechtlicher Sicht s. u. F. III. 1. b) aa).

478 Rixen, Lebensschutz am Lebensende, 373 f.

479 Rixen, Lebensschutz am Lebensende, 373.

die auf den ersten Blick den Eindruck von freiwilligen Schutzverzichten erwecken, bei näherem Betrachten jedoch begründete Zweifel an dieser Freiwilligkeit nahelegen.[480] Damit zusammenhängend richte sich § 216 I insbesondere gegen die aktive Sterbehilfe, da in ihren Fällen grundsätzlich die begründete Vermutung bestehe, dass die von § 216 I geforderte Freiwilligkeit gerade nicht vorliege.[481] Eine Organspende mit Einwilligung des Hirntoten habe aber mit der aktiven Sterbehilfe nichts gemein und könne so in keiner Weise mit ihr verglichen werden.[482] Denn während das Verlangen nach jener ausschließlich auf „Sterbeerleichterung" abziele, nehme der Hirntote bei der Organentnahme, um das Leben eines Dritten retten zu können, eine „Sterbeerschwerung" in Kauf.[483] „Er verzichtet auf ein ungestörtes Zuendegehen seines Lebens namentlich durch das Absetzen der lebenserhaltenden Geräte (...) und er tut dies, um (...) das Leben eines anderen (des potentiellen Organempfängers) zu retten (...)."[484] So könne festgehalten werden: Habe sich der Hirntote freiwillig für eine Entnahme seiner (lebensnotwendigen) Organe entschieden, sei der Regelungszweck des § 216 I nicht berührt, die Organentnahme vom Tatbestand des § 216 I demnach nicht erfasst.[485]

Eine weitere Auffassung nimmt an, § 216 I bezwecke lediglich den Schutz vor Voreiligkeit.[486] Bei der Organentnahme mit Einwilligung des Hirntoten bestehe jedoch die Gefahr einer solchen Voreiligkeit per se schon nicht, und daher falle sie nicht unter den Normzweck des § 216 I.[487] Auch diese Ansicht klammert mithin die Organexplantation bei Hirntoten im Wege einer teleologischen Reduktion aus dem Tatbestand des § 216 I aus.

---

480 Rixen, Lebensschutz am Lebensende, 373 f.

481 Höfling/Rixen, Verfassungsfragen der Transplantationsmedizin, 97 f.; Rixen, Lebensschutz am Lebensende, 374, führt hierzu näher aus: „Ein schwerkranker Mensch, der sein Leiden nicht länger ertragen, aber zum Suizid nicht schreiten will, wünscht, daß ein anderer (...) seinem Leben ein Ende setzt. Die Einschaltung eines anderen zu keinem anderen Zweck als dem, dem eigenen Leben ein Ende zu setzen, wird man zumindest als starkes Indiz dafür werten dürfen, dass der Verlangende nicht ‚wirklich' gewillt ist, sein Leben zu beenden."

482 Höfling/Rixen, Verfassungsfragen der Transplantationsmedizin, 97; Höfling, in: Universitas 1995, 357 (363); Höfling, in: MedR 1996, 6 (8); Rixen, Lebensschutz am Lebensende, 374 ff.; Tröndle, in: Festschrift für Joachim Hirsch (1999), 779 (788 f.).

483 Höfling/Rixen, Verfassungsfragen der Transplantationsmedizin, 97; Höfling, in: Universitas 1995, 357 (363); Höfling, in: MedR 1996, 6 (8); Tröndle, in: Festschrift für J. Hirsch,779 (788 f.).

484 Rixen, Lebensschutz am Lebensende, 375.

485 Höfling, in: Universitas 1995, 357 (363); Höfling, in: MedR 1996, 6 (8); Rixen, Lebensschutz am Lebensende, 374 ff.; Tröndle, in: Festschrift für J. Hirsch, 779 (788 f.).

486 Höfling, in: Universitas 1995, 357 (363); Höfling, in: MedR 1996, 6 (8).

487 Höfling, in: Universitas 1995, 357 (363); Höfling, in: MedR 1996, 6 (8).

Zum anderen wird die Organentnahme beim Hirntoten als Lebenden im Wege eines Vergleiches mit den anerkannten Formen von *passiver*[488] und *indirekter*[489] *Sterbehilfe* für zulässig erklärt.

Der Vergleich mit der *passiven* Sterbehilfe wird wie folgt begründet: Aus dem Recht des Hirntoten auf Abbruch seiner intensivmedizinischen Behandlung mit der Folge des baldigen Todeseintritts leite sich zugleich ab, dass er für sich als Modus des Sterbens die Organexplantation wählen könne.[490] Demnach könne ein Tötungsdelikt in solchen Fällen nicht verwirklicht sein.[491] Es sei widersinnig, die Abschaltung der Geräte nicht als Tötung, die Organentnahme unter gleichen Voraussetzungen dagegen als Tötung zu qualifizieren.[492]

In Bezug auf den Vergleich mit der *indirekten* Sterbehilfe wird ausgeführt, die herrschende Lehre habe, indem sie „ungeachtet der dogmatisch-konstruktiven Verortung im einzelnen“[493] diese im Ergebnis für zulässig erkläre, eine Ausnahme vom Ausschluss der Verfügungsbefugnis über das eigene Leben und so eine Ausnahme von § 216 I anerkannt.[494] Zwischen der indirekten Sterbehilfe und der Organentnahme vom mit Einwilligung spendenden Hirntoten bestehe insofern eine vergleichbare Interessenlage, als in beiden Fällen ein legitimer Zweck verfolgt werde: bei ersterer die Leidens-/Schmerzlinderung des Patienten,

---

488 „Die Kategorie der *passiven* Sterbehilfe umfasst Konstellationen des Verzichts auf die Vornahme lebensverlängernder Maßnahmen durch einen Arzt oder durch andere zur Wahrung der Interessen des Kranken abgestellte Betreuungspersonen. Hierunter fallen sowohl Sachverhalte des Absehens von der Aufnahme lebensrettender Maßnahmen als auch solche der Einstellung lebenserhaltender Aktivitäten.“, Schneider, in: MüKo StGB, vor §§ 211 ff. Rn. 104, Hervorh. d. Verf.; näher zu der passiven Sterbehilfe s. u. c).

489 Bei der *indirekten* Sterbehilfe werden dem Patienten mit seiner (mutmaßlichen) Einwilligung Schmerzmittel oder bewusstseinsdämpfende Mittel verabreicht, die nach ihrer Art und Dosierung das Risiko lebensverkürzender Nebenwirkungen in sich bergen; vgl. Wessels/Hettinger, Strafrecht Besonderer Teil 1 (35. Auflage), Rn. 31 a; im Ergebnis besteht über deren Straflosigkeit ganz überwiegend Einigkeit, während die Begründung derselben umstritten ist: vgl. hierzu: Engländer, in: JZ 2011, 513 (514); Rissing-van Saan, in: ZIS 2011, 544 (551); Schneider, in: MüKo StGB, vor §§ 211 ff. Rn. 95 ff.; Wessels/Hettinger, Strafrecht BT 1, Rn. 32 ff.

490 Höfling, in: Universitas 1995, 357 (363); Höfling, in: MedR 1996, 6 (8); Tröndle, in: Festschrift für J. Hirsch, 779 (787).

491 Höfling, in: MedR 1996, 6 (8).

492 Schmidt-Jortzig, Wann ist der Mensch tot? (1999), 22; Tröndle, in: Festschrift für J. Hirsch, 779 (788 f.).

493 Höfling/Rixen, Verfassungsfragen der Transplantationsmedizin, 99.

494 Höfling/Rixen, Verfassungsfragen der Transplantationsmedizin, 99; auch Rixen, Lebensschutz am Lebensende, 377, vor allem Fn. 620, führt die indirekte Sterbehilfe als Beispiel für „situationsspezifische Sonderregeln für die komplexe Lage am Lebensende“ an.

bei letzterer die Lebensrettung und Leidensmilderung des Organempfängers.[495] Der hirntote, noch lebende Patient willige daher bei der Organentnahme nicht in die Tötung, sondern vielmehr in die künstliche Verlängerung seines Lebens zur Lebensrettung eines anderen ein.[496] Demnach müsse auch in Fällen der Organentnahme bei freiwillig spendenden Hirntoten wie bei der indirekten Sterbehilfe eine Ausnahme von § 216 I anerkannt werden.[497] „Daher ‚töten' Ärzte nicht, wenn sie mit Zustimmung des hirntoten Spenders Organe entnehmen."[498]

c) Stellungnahme

Zu untersuchen ist nun, ob die Versuche der Vertreter des Herztodeskonzeptes, die strafrechtliche Zulässigkeit der Entnahme lebensnotwendiger Organe bei den nach ihrer Auffassung (noch) lebenden Hirntoten zu begründen, strafrechtsdogmatisch vertretbar sind.

Zu den Versuchen, im Wege einer *teleologischen Reduktion* die Organentnahme bei Hirntoten als Lebenden vom Tatbestand des § 216 I[499] auszunehmen, ist folgendes anzumerken:

Die Ansicht, welche meint, § 216 I wolle nur vor unfreiwilligen Tötungen auf Verlangen schützen, verfehlt den Wortlaut der Vorschrift und reduziert ihren Anwendungsbereich massiv.[500] Denn gerade durch das Tatbestandsmerkmal „ernstlich" wird deutlich, dass das Tötungsverlangen im Rahmen des § 216 I seine gegenüber § 212 I unrechtsmindernde Wirkung[501] nur entfaltet, wenn sicher-

495 Höfling/Rixen, Verfassungsfragen der Transplantationsmedizin, 99 f.

496 Tröndle, in: Festschrift für J. Hirsch, 779 (787); Tröndle, in: ZfL 1997, 3 (5).

497 Höfling/Rixen, Verfassungsfragen der Transplantationsmedizin, 99 f.

498 Höfling/Rixen, Verfassungsfragen der Transplantationsmedizin, 100.

499 Zu der generellen Ungeeignetheit, im Wege einer teleologischen Reduktion des § 216 I die Straflosigkeit der Ärzte zu begründen, da eine solche lediglich zur Folge habe, dass die privilegierende Vorschrift des § 216 I (wohl unabhängig davon, ob man mit der Rechtsprechung annimmt, § 216 sei gegenüber §§ 211, 212 ein selbstständiger Spezialtatbestand, oder mit der wohl h. M. in der Literatur der Auffassung ist, § 216 sei eine unselbstständige tatbestandliche Abwandlung gegenüber § 212; vgl. m. w. N. Schneider, in: MüKo StGB, § 216 Rn. 1) wegfalle und damit eine Strafbarkeit nach §§ 211, 212 im Raum stünde, überzeugend: Seewald, in: VerwArch 1997, 199 (208); Wagner/Brocker, in: ZRP 1996, 226 (229); im Zusammenhang mit dem BGH-Urteil v. 25.6.2010 Az.: 2 StR 454/09: Engländer, in: JZ 2011, 513 (518); Rissing-van Saan, in: ZIS 2011, 544 (547).

500 Ingelfinger, Grundlagen und Grenzbereiche, 163 Fn. 158; Zimmeck, Die Reichweite des Lebensrechts, 182.

501 Näher hierzu vgl. Eser, in: Schönke/Schröder, StGB Kommentar, § 216 Rn. 1; Schneider, in: MüKo StGB, § 216 Rn. 1.

gestellt ist, dass jenes auf einem frei verantwortlichen Willensentschluss (freiwillig) des Opfers beruht.[502] Mit anderen Worten: Die Freiwilligkeit ist durch das Tatbestandsmerkmal der „Ernstlichkeit“ eine der Voraussetzungen des § 216 I, liegt diese nicht vor, kommt § 212 I zur Anwendung.[503] Demnach stellt sich die durch diese Ansicht vorgenommene teleologische Reduktion in Widerspruch zu dem Schutzzweck des § 216 I, der gerade auch solche Tötungen durch Dritte unter Strafe stellt, die auf einem freiwilligen Entschluss des Opfers beruhen. Denn den Schutzzweck des § 216 I auf *un*freiwillige Tötungen auf Verlangen zu beschränken, hieße, die Vorschrift für ihre typischen Anwendungsfälle zu sperren.[504] Dass dies nicht sein kann, verdeutlicht folgendes Beispiel: Angenommen ein Patient bittet seinen Arzt, ihm ein lebensnotwendiges Organ zur Rettung eines anderen Menschen zu entnehmen, auch wenn er selbst als Folge dessen sterben wird. Würde man nun die teleologische Reduktion der vorliegenden Ansicht konsequent zu Ende denken, wäre eine Strafbarkeit aus § 216 I zu verneinen, wenn nur gewährleistet wäre, dass die Spende von dem Patienten freiwillig gewünscht wurde.[505]

Durch § 216 I kommen die Höchstwertigkeit des Rechtsguts Leben und das Verbot aktiver Fremdtötung zum Ausdruck,[506] die sogar dann unter Strafe gestellt ist, wenn das Opfer ernsthaft und ausdrücklich, nach strengsten Regeln der Sicherstellung seiner Selbstbestimmung, seine Tötung verlangt.[507]

502 Vgl. hierzu Eser, in: Schönke/Schröder, StGB Kommentar, § 216 Rn. 8; Schneider, in: MüKo StGB, § 216 Rn. 19 ff.; so äußert Rixen, Lebensschutz am Lebensende, 374, die Organentnahme wäre dann freiwillig, wenn sichergestellt sei, dass die Einwilligung in diese frei von Zwang, Drohung etc. sei; dies sind jedoch zugleich die Voraussetzungen der Ernstlichkeit, welche eben gerade dann zu verneinen ist, wenn das Opfer unter Zwang, Täuschung, Drohung sein Verlangen erklärt hat, vgl. Schneider, in: MüKo StGB, § 216 Rn. 22; erfolgte die Einwilligung in die Organentnahme mit Zwang, so ist nicht der Tatbestand des § 216 I, sondern derjenige des § 212 I einschlägig.

503 Wenn im Einzelfall, was nahezu auszuschließen ist, ein ernstliches Tötungsverlangen kein freiwilliges wäre, so wäre dieses dann tatsächlich von § 216 I erfasst, was jedoch nicht seinen Schutzzweck begründet.

504 Vgl. Ingelfinger, Grundlagen und Grenzbereiche, 163 Fn. 158, der betont, dass diese Vorgehensweise „von der Vorschrift praktisch nichts mehr übrig lässt.“

505 Ingelfinger, Grundlagen und Grenzbereiche, 163 Fn. 158.

506 Vgl. hierzu Merkel, in: Jura 1999, 113 (120); Schneider, in: MüKo StGB, § 216 Rn. 3; Dölling, in: Festschrift für Adolf Laufs (2006), 767 (771); Sternberg-Lieben, Die objektiven Schranken der Einwilligung im Strafrecht (1997), 112; Rissing-van Saan, in: ZIS 2011, 544 (547): „Die Verfügungsfreiheit des Einzelnen endet dort, wo er die Entscheidung über den Bestand seines Lebens aus der Hand gibt und dessen Beendigung in die Hand eines Dritten legt.“; BGHSt 32, 367 (379): „§ 216 will die Unantastbarkeit fremden Lebens gewährleisten (...).“

507 Die eindeutig gefasste Regelung des § 216 I verbietet daher grundsätzlich jede Form einschränkender Auslegung, vgl. hierzu Joerden, in: Festschrift für Claus Roxin (2011) Band 1, 593 (594);

Selbst wenn man mit der vorgenannten Ansicht die Unfreiwilligkeit als alleinigen Schutzzweck des § 216 I annimmt, lässt sich im Wege einer Gegenüberstellung mit der aktiven Euthanasie[508] die Freiwilligkeit der Organentnahme nicht begründen. Was nämlich wäre als Folge des Selbstbestimmungsrechts des Einzelnen eher zu befürworten? Ihm zu gestatten, dem eigenen Leiden durch einen Dritten ein Ende zu bereiten, oder sein Leiden[509] erst zu verlängern, um sein Leben dann durch einen anderen im Interesse eines Dritten beenden zu lassen. Die Antwort dürfte eindeutig ausfallen: die erste Alternative; nur in ihrem Rahmen ist gewährleistet, dass der Einzelne in der Lage ist, frei von drittnützigen Interessen in seinem Sinne eine Entscheidung zu treffen.[510] Dies zeigt: Selbst wenn man mit der vorliegenden Auffassung annimmt, § 216 I schütze nur vor unfreiwilligen Tötungen auf Verlangen, so ist das Vorliegen einer solchermaßen geforderten Unfreiwilligkeit gerade bei der Organentnahme von einem lebenden Hirntoten im fremdnützigen Interesse eines Dritten indiziert.[511]

Auch derjenigen Auffassung, welche meint, § 216 I schütze ausschließlich vor Voreiligkeit, kann nicht zugestimmt werden. Es ist freilich nicht von der Hand zu weisen, dass ein Zweck des § 216 I darin liegen könnte, den Einzelnen vor übereilten Entscheidungen in Bezug auf den Umgang mit seinem Leben zu bewah-

---

Kaschubs-Saeedi, Menschliches Leben als Schutzgut des Strafrechts, 156; Kühl, in: Lackner/Kühl, StGB Kommentar, § 216 Rn. 1.

508 Nach dieser Ansicht ist bei der aktiven Euthanasie die Unfreiwilligkeit gewissermaßen indiziert: Denn daraus, dass derjenige, welcher seine Tötung i. S. d. § 216 I verlange, sich nicht eigenhändig töte, könne man zugleich schließen, dass dieser nicht autonom/freiwillig handle, vgl. beispielsweise Rixen, Lebensschutz am Lebensende, 374; diese Ansicht verkennt jedoch, dass es Fälle gibt, in denen ein Mensch tatsächlich nicht mehr in der Lage ist, sich selbst zu töten, er also seinen suizidalen Willen und seine Freiwilligkeit nicht mehr unter Beweis stellen kann; vgl. hierzu Schneider, in: MüKo StGB, § 216 Rn. 6; Schroeder, in: Festschrift für Erwin Deutsch (2009), 505 (506).

509 So betonen die Vertreter der Herztodeskonzeption, der Spender willige in eine „Sterbeerschwerung", in einen „schlechten Tod" ein, um Leben zu retten; vgl. Höfling/Rixen, Verfassungsfragen der Transplantationsmedizin, 97; Rixen, Lebensschutz am Lebensende, 375; Tröndle, in: Festschrift für J. Hirsch, 779 (788).

510 So auch Sengler/Schmidt, in: MedR 1997, 241 (242).

511 So auch Sengler/Schmidt, in: MedR 1997, 241 (242), welche die Ernstlichkeit und damit die von den Vertretern des Herztodeskonzeptes geforderte Freiwilligkeit bei der Organentnahme gerade ablehnen, während sie betonen, dass diese bei der aktiven Sterbehilfe wohl häufig vorliegen würde; der von den Vertretern des Herztodeskonzeptes betonte Unterschied zwischen aktiver Sterbehilfe und Organentnahme muss daher zu dem Ergebnis führen, dass auch nach ihrer Ansicht für letztere gerade § 216 I einschlägig ist; vgl. zum Unterschied der aktiven Sterbehilfe gegenüber der Organentnahme überzeugend auch Kaschubs-Saeedi, Menschliches Leben als Schutzgut des Strafrechts, 156 f.

ren;[512] die Vorschrift des § 216 I hierauf zu reduzieren, wäre allerdings verfehlt.[513] Sähe man nämlich den Schutz vor Voreiligkeit als einzigen Zweck des § 216 I an, so müsste ein wohl überlegtes und demnach nicht voreiliges Tötungsverlangen konsequenterweise straffrei sein.[514] Eine solche Reduzierung des § 216 I, mit dem Ergebnis einer Straffreiheit für die Fälle nicht voreiliger Tötungen auf Verlangen, „würde jedoch die Grenze zulässiger Gesetzesauslegung überschreiten."[515] Die Fassung des § 216 I macht unmissverständlich deutlich, *jede* Form aktiver Fremdtötung ist verboten, unabhängig davon, ob sich der Getötete die Herbeiführung seines Todes durch den Dritten wohl überlegt und freiwillig gewünscht hat.[516]

Zu untersuchen ist nun, ob die Organentnahme mit Einwilligung von einem lebenden Hirntoten im Wege der *passiven Sterbehilfe* als strafrechtlich zulässig angesehen werden kann.

Nach (bisher)[517] herrschender Meinung[518] in Literatur und Rechtsprechung setzte eine zulässige passive Sterbehilfe ein Unterlassen[519] im rechtlichen Sinne (§ 13)

---

512 So auch Merkel, in: Jura 1999, 113 (120); Dölling, in: Festschrift für A. Laufs, 767 (771 f.); Schneider, in: MüKo StGB, § 216 Rn. 7. Sternberg-Lieben, Die objektiven Schranken der Einwilligung, 112, betont, dass die Erklärung des Normzwecks des § 216 I im Wege der Voreiligkeit der Vorschrift zwar eine gewisse Plausibilität, aber keine hinreichende Legitimation verleihe.

513 Merkel, in: Jura 1999, 113 (120 f.); Sternberg-Lieben, Die objektiven Schranken der Einwilligung, 112 f.: „Eine Erklärung der Strafvorschrift des § 216 allein aus dem Gedanken eines Schutzes des Rechtsgutsinhabers vor Voreiligkeiten ist (…) keineswegs schlüssig."; ausführlich zu den möglichen Schutzzwecken des § 216 vgl. nur Schroeder, in: ZStW 1994, 565 ff.; Schroeder, in: Festschrift für E. Deutsch, 505 (505 ff.).

514 Merkel, in: Jura 1999, 113 (120 f.), der den in Amerika prominenten Fall der Elizabeth Bouvia als Beispiel für ein wohl durchdachtes Tötungsverlangen schildert; Sternberg-Lieben, Die objektiven Schranken der Einwilligung, 112.

515 Sternberg-Lieben, Die objektiven Schranken der Einwilligung, 113; so auch Kaschubs-Saeedi, Menschliches Leben als Schutzgut des Strafrechts, 156; Merkel, in: Jura 1999, 113 (120 f.).

516 Merkel, in: Jura 1999, 113 (120 f.); Rissing-van Saan, in: ZIS 2011, 544 (544); Sternberg-Lieben, Die objektiven Schranken der Einwilligung, 112 f.; außerdem ist für die vorliegende Konstellation zu bedenken, dass es, selbst wenn man als alleinigen Zweck des § 216 I den Schutz vor Voreiligkeit ansehen würde, keineswegs ausgeschlossen wäre, dass § 216 I bei der Organentnahme von lebenden Hirntoten trotzdem zur Anwendung käme. Denn die von Höfling, in: MedR 1996, 6 (8) und in: Universitas 1995, 357 (363) ohne nähere Erläuterung geäußerte Annahme, die Organentnahme mit Einwilligung erfolge nie voreilig, ist keineswegs zwingend, jedenfalls nicht in dieser Form apodiktisch feststellbar.

517 Rechtslage vor dem BGH-Urteil v. 25.6.2010 Az.: 2 StR 454/09.

518 Vgl. statt vieler Eser, in: Schönke/Schröder, StGB Kommentar, vor §§ 211 ff. Rn. 27 ff.; Helgerth, in: JR 1995, 338 (339); Schneider, in: MüKo StGB, vor §§ 211 ff. Rn. 104; BGH, NJW 2010, 2963 (2966).

519 Zum Sonderfall des technischen Behandlungsabbruchs (durch Ärzte und durch Dritte): vgl. statt vieler: Eser, in: Schönke/Schröder, StGB Kommentar, vor §§ 211 ff. Rn. 32; Rosenau,

voraus, während aktives Handeln als rechtswidriges Tötungsdelikt grundsätzlich[520] im Sinne der §§ 212, 216 strafbar war.[521] Hiernach scheiterte eine Straflosigkeit der Organentnahme im Wege der passiven Sterbehilfe bereits daran, dass die Entnahme eines lebenswichtigen Organs unzweifelhaft kein Unterlassen (§13) darstellt, sondern eine aktive Handlung, die trotz Einwilligung des Spenders gem. §§ 212, 216[522] strafbar ist.

Zu dieser an dem Kriterium von Unterlassen und Tun erfolgten Abgrenzung zwischen gerechtfertigter und rechtswidriger Tötung mit (mutmaßlicher) Einwilligung des Patienten führt der Bundesgerichtshof[523] nun aus: „Die Grenze zwischen erlaubter Sterbehilfe und einer nach §§ 212, 216 StGB strafbaren Tötung kann nicht sinnvoll nach Maßgabe einer naturalistischen Unterscheidung von aktivem und passivem Handeln bestimmt werden."[524] Allein die Einordnung eines Handelns als aktiv, mache jenes daher noch nicht zu einer rechtswidrigen, strafbaren Tötung.[525]

Vielmehr müssten andere Kriterien gelten, mit denen man in der Lage sei, die Grenze zwischen erlaubter Sterbehilfe und einer strafbaren Tötung angemessen zu bestimmen.[526] „Diese ergeben sich aus den Begriffen der ‚Sterbehilfe' und des ‚Behandlungsabbruchs' selbst und aus der Abwägung der betroffenen Rechts-

in: Festschrift für Ruth Rissing-van Saan (2011), 547 (554 ff.); Schneider, in: MüKo StGB, vor §§ 211 ff. Rn. 108 ff.; Ulsenheimer, Arztstrafrecht in der Praxis (4. Auflage), 340 ff.

520 Zum Sonderfall der indirekten Sterbehilfe: vgl. Eser, in: Schönke/Schröder, StGB Kommentar, vor §§ 211 ff. Rn. 26; Schneider, in: MüKo StGB, vor §§ 211 ff. Rn. 95.

521 Vgl. nur BGH, NJW 2010, 2963 (2966); Joerden, in: Festschrift für C. Roxin Band 1, 593 (594); Rosenau, in: Festschrift für R. Rissing-van Saan, 547 (554) ff.; Schneider, in: MitBayNot 2011, 102 (103).

522 Da selbst das ausdrückliche und ernsthafte Verlangen des Opfers im Rahmen des § 216 I nur strafmildernde Wirkung entfaltet, „enthält § 216 zugleich eine für die gesamte Rechtsordnung verbindliche Einwilligungssperre gegenüber aktiver Fremdtötung. Daher ist auch für einen Rechtfertigungsgrund ‚Euthanasie' kein Raum mehr." Schneider, in: MüKo StGB, § 216 Rn. 13; vgl. auch Joerden, in: Festschrift für C. Roxin Band 1, 593 (594).

523 BGH-Urteil v. 25.6.2010 Az.: 2 StR 454/09; vgl. hierzu: Dölling, in: ZIS 2011, 345 ff.; Engländer, in: JZ 2011, 513 ff.; Gaede, in: NJW 2010, 2925 ff.; Hecker, in: JuS 2010, 1027 ff.; Hirsch, in: JR 2011, 37 ff.; Joerden, in: Festschrift für C. Roxin Band 1, 593 ff.; Kubiciel, in: ZJS 2010, 656 ff.; Mandla, in: NStZ 2010, 698 ff.; Rosenau, in: Festschrift für R. Rissing-van Saan, 547 ff.; Schneider, in: MittBayNot 2011, 102 ff.; Verrel, in: NStZ 2010, 671 ff.

524 BGH, NJW 2010, 2963 (2966); dennoch ist u. a. wg. § 13 II die Unterscheidung zwischen Tun und Unterlassen auf Tatbestandsebene auch weiterhin erforderlich; vgl. hierzu Dölling, in: ZIS 2011, 345 (346); Verell, in: NStZ 2010, 671 (673).

525 BGH, NJW 2010, 2963 (2966 ff.).

526 BGH, NJW 2010, 2963 (2967).

güter vor dem Hintergrund der verfassungsrechtlichen Ordnung."[527] Im Folgenden legt der Bundesgerichtshof genauestens fest, unter welchen Voraussetzungen „der Begriff der ‚Sterbehilfe' einen (...) strafrechtlich legitimierenden Sinn hat: Der Begriff der Sterbehilfe durch Behandlungsunterlassung, -begrenzung oder -abbruch setzt voraus, dass die betroffene Person lebensbedrohlich erkrankt ist und die betreffende Maßnahme medizinisch zur Erhaltung oder Verlängerung des Lebens geeignet ist."[528]

Übertragen auf die hier infrage stehende Zulässigkeit einer Organentnahme mit Einwilligung bei lebenden Hirntoten im Wege der (passiven) Sterbehilfe bedeutet dies: Alleine das Vorliegen einer aktiven Handlung in Form der Entnahme eines Organs vermag eine gerechtfertigte Tötung im Wege der (zulässigen) Sterbehilfe (wie nach ursprünglich herrschender Meinung) nicht (mehr) auszuschließen.

Die Straflosigkeit einer Organentnahme im Wege der Sterbehilfe durch Behandlungsabbruch scheitert vielmehr daran, dass es bei der Organentnahme nicht um den Abbruch einer medizinischen Behandlung, sondern um einen gezielten lebensverkürzenden Eingriff geht; durch diesen wird die Beendigung des Lebens vom Krankheitsprozess abgekoppelt und wird jenem gerade nicht, wie im erlaubten Fall der Sterbehilfe durch Behandlungsabbruch, sein natürlicher Lauf gelassen.[529] Der Patient wird bei der Organentnahme gerade nicht „nur" dem Sterben überlassen, sondern der Arzt greift durch die Entnahme des lebensnotwendigen Organs vielmehr gezielt und ohne Zusammenhang mit der medizinischen Behandlung in das Leben des Patienten ein.[530] In einem solchen Fall kommt eine Rechtfertigung durch Einwilligung jedoch nicht in Betracht. Denn alleiniger Grund der Straflosigkeit der Sterbehilfe durch Behandlungsabbruch (und damit der rechtfertigenden Wirkung der Einwilligung in diesen Fällen) ist die durch sie gewahrte Autonomie des Patienten.[531] Dieses Selbstbestimmungsrecht erlaubt dem Einzelnen, ungewollte Eingriffe in die körperliche Unversehrtheit (so auch nicht gewollte medizinische Behandlungen) abzuwehren und ohne diese zu leben

527 BGH, NJW 2010, 2963 (2967).

528 BGH, NJW 2010, 2963 (2967).

529 Allgemein hierzu: BGH, NJW 2010, 2963 (2967); speziell für den Fall der Organentnahme Duttge, in: ZfL 2011, 55 (56).

530 Allgemein hierzu: BGH, NJW 2010, 2963 (2967); Schneider, in: MüKo vor §§ 211 ff. Rn. 25; so schon Stratenwerth, in: Festschrift für K. Engisch, 528 (539 f.).

531 BGH, NJW 2010, 2963 (2967); Rosenau, in: Festschrift für R. Rissing-van Saan, 547 (557 f.), der allerdings wegen § 216 die Straflosigkeit der Sterbehilfe durch Behandlungsabbruch nicht im Wege der Einwilligung, sondern im Wege einer analogen Anwendung des § 34 (vergleichbar den Fällen der indirekten Sterbehilfe) begründen möchte: Rosenau, in: Festschrift für R. Rissing-van Saan, 547 (559 ff.).

und auch zu sterben.[532] Dieses durch die erlaubte Sterbehilfe durch Behandlungsabbruch gewahrte Selbstbestimmungsrecht des Patienten findet seinen Ausdruck in dem Kriterium des Behandlungszusammenhangs.[533] Eingriffe, wie die Organentnahme, die in keinem Zusammenhang mit dem Abbruch einer medizinischen Behandlung stehen, können daher per se nicht Ausdruck des Selbstbestimmungsrechtes des Patienten sein und sind mithin einer Rechtfertigung im Wege der Einwilligung nicht zugänglich.[534]

Es gilt daher festzuhalten: Die Organentnahme ist wie das Verabreichen einer Giftspritze keine Behandlungsmaßnahme, sondern eine Tötung des Patienten, die nach §§ 212 I, 216 I strafbar ist.[535] Mit passiver Sterbehilfe (im bisher herrschenden Verständnis) sowie mit Sterbehilfe durch Behandlungsabbruch (nach neuem Verständnis im Sinne des Bundesgerichtshofs) hat sie nichts gemein.[536]

Eine Straflosigkeit der Organentnahme im Wege eines Vergleichs mit der *indirekten Sterbehilfe*[537] scheidet ebenfalls aus. Hintergrund der indirekten Sterbehilfe ist, dass die Rechtsordnung die Entscheidung eines Patienten für ein menschenwürdiges, schmerzfreies, kürzeres Leben gegenüber einem qualvollen, schmerzerfüllten, längeren Leben zu respektieren hat.[538] Würde man dem Patienten die

---

532 BGH, NJW 2010, 2963 (2967).

533 Verrel, in: NStZ 2010, 671 (673); der vorzunehmende gerechtfertigte Behandlungsabbruch muss daher gewissermaßen Spiegelbild der erfolgten Behandlung sein; durch diesen geforderten Behandlungszusammenhang ist, selbst wenn man in der Vorgehensweise des BGH in der Sache eine teleologische Reduktion des § 216 I erblickt (so Joerden, in: Festschrift für C. Roxin Band 1, 593 (595), nicht zu befürchten, dass hierdurch weiteren Schutzbereichsbegrenzungen des § 216 Tür und Tor geöffnet wird (so aber Joerden, in: Festschrift für C. Roxin Band 1, 593 (606)).

534 BGH, NJW 2010, 2963 (2967); Schneider, in: MittBayNot 2011, 102 (105).

535 Vgl. Verrel, in: NStZ 2010, 671 (673), der den Anwendungsbereich des § 216 I im Wege einer Negativdefinition „als vom Patienten gewünschte Tötungen, die weder aus der Beachtung seines Rechts auf Behandlungsfreiheit resultieren noch Nebenfolge einer Behandlung seiner Leiden sind", treffend umschreibt.

536 Hieran vermag auch das Argument nichts zu ändern, das Leben des Hirntoten werde durch die Organentnahme verlängert, da er ohne diese bereits früher durch das Abschalten der Geräte sterben würde (so aber Höfling, in: Universitas 1995, 357 (363); Tröndle, in: Festschrift für J. Hirsch, 797 (788)); denn eine zuvor erfolgte Verlängerung des Lebens lässt nicht das Tötungsverbot entfallen (so auch Ingelfinger, Grundlagen und Grenzbereiche, 163); „konsequent zu Ende gedacht", würde dies, wie Wagner/Brocker, in: ZRP 1996, 226 (229) zutreffend feststellen, bedeuten, dass „jede Einwilligung in die Tötung durch einen ‚Lebensretter' zulässig wäre."

537 Zur Bedeutung des BGH-Urteils v. 25.6.2010 Az.: 2 StR 454/09 für die indirekte Sterbehilfe vgl. Gaede, in: NJW 2010, 2925 (2928); Rissing-van Saan, in: ZIS 2011, 544 (551).

538 Rissing-van Saan, in: ZIS 2011, 544 (551).

Möglichkeit einer solchen Entscheidung für ein kürzeres, schmerzfreies Leben versperren, bedeutete dies zugleich, ihm ein kaum erträgliches Leben bis hin zu seinem Tod zuzumuten.[539] Es wird deutlich: Der indirekten Sterbehilfe liegt, unabhängig von der Begründung ihrer Straflosigkeit im Einzelnen,[540] ein Konfliktfall zu Grunde, der sich in keiner Weise auf die Organentnahme übertragen lässt:[541] Denn im Gegensatz zu der Organentnahme willigt der Patient in Fällen der indirekten Sterbehilfe nicht in seine Tötung[542] (und zwar im Interesse Dritter), sondern in eine Schmerzlinderung ein, bei der eine Verkürzung der Lebensdauer nicht beabsichtigt, sondern in Kauf genommen wird.[543]

Zusammenfassend lässt sich daher festhalten: Die Bemühungen der Vertreter des Herztodeskonzeptes, die Entnahme lebensnotwendiger Organe bei Hirntoten als Lebenden im Rahmen der §§ 211 ff. strafrechtlich zuzulassen, müssen als verfehlt und strafrechtsdogmatisch in keiner Weise haltbar angesehen werden. Wer Hirntote zu Lebenden erklärt, muss daher als unausweichliche Konsequenz in Kauf nehmen, dass die Entnahme lebensnotwendiger Organe von diesen die Tötung eines lebenden Menschen i. S. d. §§ 212, 216 bedeutet.[544] Soweit die Vertreter des

---

539 Schneider, in: MüKo StGB, vor §§ 211ff. Rn. 96, der betont: „Die Straflosigkeit der indirekten Sterbehilfe leuchtet ohne weiteres ein.“

540 Ausführlich zu den verschiedenen Lösungsansätzen auf Tatbestandsebene und Rechtfertigungsebene: Rissing-van Saan, in: ZIS 2011, 544 (551); Schneider, in: MüKo StGB, vor §§ 211 ff. Rn. 95 ff.

541 Sengler/Schmidt, in: MedR 1997, 241 (243); so auch Pawlowski, Die strafrechtliche Bewertung der Organtransplantation (2007), 75.

542 Der Spender willigt in seine Tötung und nicht, wie teilweise vertreten wird, ausschließlich darin ein, dass durch die Organentnahme das Leben eines anderen gerettet werde. Tötung und Organentnahme sind untrennbar miteinander verbunden, die Organentnahme ist die Tötung und in diese willigt der lebende Hirntote ein; welches Motiv er hierbei verfolgt, ist unerheblich. Ob altruistisch oder egoistisch motiviert, ein aktiv lebensverkürzender Eingriff (ohne Behandlungszusammenhang), wie er durch die Organentnahme erfolgt, ist gem. § 216 strafbar, so auch Otto, in: ZfL 1997, 7 (7).

543 Roxin, Lebensschutz im Strafrecht Einführung und Überblick, 9; vgl. www.kcla.net/download.red?fid=79 (Stand: März 2012); vgl. zur indirekten Sterbehilfe: BGHSt 42, 301 (305): „(...) Die Ermöglichung eines Todes in Würde und Schmerzfreiheit (...) ist ein höherwertigeres Rechtsgut als die Aussicht, unter schwersten, insbesondere sog. Vernichtungsschmerzen noch kurze Zeit länger leben zu müssen.“

544 So die ganz überwiegende Meinung vgl.: Bockelmann, Strafrecht des Arztes, 103; Borowy, Die postmortale Organentnahme und ihre zivilrechtlichen Folgen, 112 f.; v. Bubnoff, in: GA 1968, 65 (75 ff.); Burkhard, in: Schweizerische Zeitschrift für Strafrecht 1968, 362 (364 ff.); Eser, in: Schönke/Schröder, StGB Kommentar, vor §§ 211 ff. Rn. 19; Hanack, in: Studium Generale 1970, 428 (431 ff.); Heun, in: JZ 1996, 213 (218); Horn, in: Der Internist, 557 (558); Klinge, Todesbegriff, 178; Lüttger, in: JR 1971, 309 (310 f.); Merkel, in: Jura 1999, 113 (120); Schmidt-Recla, in: MedR 2004, 672 (676); Schneider, in: MüKo StGB, vor §§ 211 Rn. 25; Schreiber, in: Festschrift für E. Steffen, 458 ff.; Schreiber, in: Der Internist 1974, 551 (552); Seewald, in:

Herztodeskonzeptes dennoch dafür einstehen, Organtransplantationen bei Hirntoten als Lebenden zuzulassen, setzen sie sich in einen eklatanten Widerspruch zu ihrer eigenen Auffassung und schaffen in letzter Konsequenz „eine Kategorie geringerwertigen Lebens".[545] Dies ist jedoch mit den Grundpfeilern des umfassenden und absoluten strafrechtlichen Lebensschutzes nicht zu vereinbaren.[546]

2. Passive Sterbehilfe: der Tod als hintere Grenze der Sterbehilfe

Auf der Grundlage des folgenden Sachverhalts[547] soll nun untersucht werden, in welcher Weise die Vertreter des Gesamthirntodeskonzeptes sowie die Vertreter des Herztodeskonzeptes einen Behandlungsabbruch bei einem hirntoten Patienten strafrechtlich im Rahmen der §§ 211 ff. beurteilen:

Nach einem Unfall wird die Patientin F mit schweren Schädelverletzungen in das nächstgelegene Krankenhaus eingeliefert. Dort wird sie an eine Beatmungsmaschine angeschlossen, die Kreislauf und Atmung der F künstlich aufrecht erhält. Einige Zeit später stellen die Ärzte bei F den Eintritt des Gesamthirntodes fest. Einer der behandelnden Ärzte, A, schaltet daraufhin das Beatmungsgerät ab, in Folge dessen es nach wenigen Minuten bei F zu einem Atmungs- und Herzkreislaufstillstand kommt. Als der Ehemann E der F noch am selben Tag in das Krankenhaus kommt, um seine Frau F zu besuchen, erfährt er von den Geschehnissen. Daraufhin beschimpft er den A als „Mörder" und versichert ihm, dass sein Vorgehen nicht ohne Folgen für ihn bleiben werde.

Die zentrale Frage ist daher, ob sich A durch das Abschalten des Beatmungsgerätes gem. §§ 212 I, 216 I strafbar gemacht hat.

VerwArch 1997, 199 (208); Sengler/Schmidt, in: MedR 1997, 241 (242); Sternberg-Lieben, in: JA 1997, 80 (86); Wagner/Brocker, in: ZRP 1996, 226 (229).

545 Sternberg-Lieben, in: JA 1997, 80 (86); Heun, in: JZ 1996, 213 (218 f.).

546 Siehe hierzu schon oben die im Wege der teleologischen Auslegung herausgearbeiteten Aspekte III. 4.

547 Sachverhalt angelehnt, jedoch mit deutlicher Abänderung, an Wessels/Hettinger, Strafrecht BT 1, Rn. 20.

a) Lösung nach dem Gesamthirntodeskonzept

Hiernach war F, nachdem bei ihr der Eintritt des Gesamthirntodes festgestellt worden war, tot, so dass sich A durch das Abschalten des Beatmungsgerätes nicht mehr gem. §§ 212 I, 216 I strafbar machen konnte.

Für die Beurteilung der strafrechtlichen Zulässigkeit der Sterbehilfe durch Behandlungsabbruch zeigt dies: Der Tod markiert die hintere Grenze ihres Anwendungsbereiches.[548]

b) Lösung nach dem Herztodeskonzept

Nach den Vertretern des Herztodeskonzeptes könnte sich A möglicherweise gem. §§ 212 I, 216 I strafbar gemacht haben.

Nach dem Herztodeskonzept tritt der Tod des Menschen mit dem irreversiblen Stillstand der Atmungs- und Herzkreislauftätigkeit ein.[549] Bei F wurde zwar der Eintritt des Gesamthirntodes festgestellt, zum Zeitpunkt des Abstellens der Beatmungsmaschine schlug ihr Herz jedoch noch, ihr Atmungs- und Herzkreislauf standen mithin (noch) nicht irreversibel still.[550] Somit lebte F nach dieser Auffassung noch, als A bei ihr die Maschine abstellte und so den Tod der F hierdurch herbeiführte.

Zu untersuchen ist nun, ob und unter welchen Voraussetzungen die Vertreter des Herztodeskonzeptes den Behandlungsabbruch bei Hirntoten im Rahmen der §§ 211 ff. dennoch als zulässig ansehen.

Die Frage, ob der Behandlungsabbruch bei Hirntoten zulässig sei, beantwortet HÖFLING mit folgenden Worten: „(...) Die Ablehnung der Hirntodkonzeption hat keinen Einfluß auf die Beantwortung der Frage, ob die medizinische Behandlung eines sog. Hirntoten abgebrochen werden darf. (...). Der Arzt hat jeden Schritt seiner Behandlung vor dem Grundsatz zu verantworten, ‚mehr zu nützen

548 Saliger, in: KritV 2001, 382 (405); Linke, Grundrechtliche Spannungslagen am Lebensende (2001), 29.

549 S. o. C. III. 3. b); II. 2. c).

550 Nach der klassischen Todesdefinition kommt es nicht auf die Selbstständigkeit (Spontaneität) von Atmungs- und Herzkreislauftätigkeit an, es reicht aus, dass diese maschinell, etwa wie hier durch die Beatmungsmaschine, aufrechterhalten wird; vgl. hierzu Geilen, in: JZ 1968, 145 (150); Lüttger, in: JR 1971, 309 (310); Rixen, Lebensschutz am Lebensende, 344 f.; Saerbeck, Beginn und Ende des Lebens, 130 f.

als zu schaden'. Was dem Patienten aber nützt, bemißt sich nach seinem Wohl, nicht etwa nach seinem nackten Überleben. Wo die Hirntoddiagnose den Grund liefert, den Patienten nicht länger im Prozeß des Sterbens festzuhalten, wird gerade der letzte Lebensvollzug ermöglicht. Der Arzt gibt [durch den Behandlungsabbruch] einem natürlichen Geschehen Raum (…).“[551]

An anderer Stelle äußern die Vertreter des Herztodeskonzeptes: „Der Zustand des Hirntods erlaubt einen Behandlungsabbruch, da ein sinnvolles Therapieziel nicht mehr gegeben ist. Deshalb gilt, daß bei einem hirntoten Menschen die Beatmung (...) nicht nur abgestellt werden darf, sondern (…) muß. Eine Behandlung, die nur das bloße Überleben zum Ziel hätte, während das Patientenwohl damit in keiner Weise mehr gefördert werden kann, ist (…) nicht zu rechtfertigen.“[552]

Diese Aussagen der Vertreter des Herztodeskonzeptes führen zu folgender Erkenntnis: Ungeachtet der strafrechtsdogmatischen Begründung im Einzelnen,[553] sehen sie in dem Behandlungsabbruch durch Abschalten der Beatmungsmaschine beim hirntoten Patienten nicht nur ein Recht, sondern vielmehr eine Pflicht des Arztes.[554] Der Behandlungsabbruch bei einem Hirntoten sei demnach in jedem Falle, das heißt wohl auch unabhängig von dem Willen des jeweiligen Patienten, allein aus dem Grund zulässig, dass eine Behandlung ab Eintritt des Hirntodes therapeutisch nicht mehr sinnvoll sein könne.[555]

Mithin hat sich A auch nach den Vertretern des Herztodeskonzeptes durch das Abschalten des Beatmungsgerätes bei F *nicht* gem. §§ 212 I, 216 I strafbar gemacht, und zwar unabhängig davon, ob A in Bezug auf den Behandlungsabbruch *mit* oder *gegen* den (mutmaßlichen) Willen der F gehandelt hat.

c) Stellungnahme

Der vorliegende Fall verdeutlicht: Die Frage, welche Handlungen strafrechtlich als erlaubte Form der Sterbehilfe angesehen werden können, stellt sich notwen-

551 Höfling, in: JZ 1995, 26 (33).
552 Gallwas/Höfling u. a., in: Hoff/in der Schmitten (Hrsg.), Wann ist der Mensch tot?, 513 (518).
553 Hierzu näher s. u. c).
554 Gallwas/Höfling u. a., in: Hoff/in der Schmitten (Hrsg.), Wann ist der Mensch tot?, 513 (518); Höfling, in: MedR 1996, 6 (8); Höfling, in: JZ 1995, 26 (33).
555 Beckmann, in: ZRP 1996, 221 (222); Gallwas/Höfling u. a., in: Hoff/in der Schmitten (Hrsg.), Wann ist der Mensch tot?, 513 (518); Hoff/in der Schmitten, in: Hoff/in der Schmitten (Hrsg.), Wann ist der Mensch tot?, 153 (188); Höfling, in: JZ 1995, 26 (33); Höfling, in: MedR 1996, 6 (8); zur Begründung näher s. u. c).

digerweise nur bis zum Eintritt des Todes.[556] Sieht man daher nicht den Gesamthirntod als den Tod des Menschen an, sondern den Herztod, so verlängert sich, bildlich gesprochen, der Anwendungsbereich der Sterbehilfe über den Hirntod hinaus bis hin zum irreversiblen Stillstand von Atmungs- und Herzkreislauftätigkeit.

Versucht man daher die undifferenzierten Aussagen der Vertreter des Herztodeskonzeptes im Lichte der gängigen Kriterien zur Beurteilung der strafrechtlichen Zulässigkeit der Sterbehilfe durch Behandlungsabbruch zu deuten,[557] so ergibt sich folgendes:

Bisher war es für die Beurteilung der strafrechtlichen Zulässigkeit des technischen Behandlungsabbruchs[558] (durch Ärzte)[559], insbesondere in Form des Abschaltens einer Beatmungsmaschine, im Wege der passiven Sterbehilfe entscheidend, ob dieser als Unterlassen[560] oder aktives Tun[561] eingeordnet wurde.[562]

---

556 So auch Eser, in: Schönke/Schröder, StGB Kommentar, vor §§ 211 ff. Rn. 22; Saliger, in: KritV 2001, 382 (405).

557 Stratenwerth, in: Festschrift für K. Engisch, 528 (539), ist der Auffassung, eine Anwendung der Grundsätze über die passive Sterbehilfe auf Hirntote scheitere schon deshalb, weil sich diese nur dadurch rechtfertigen lasse, dem Patienten zu helfen, indem man ihn von seinen Qualen/seinem Leiden erlöse, was bei Hirntoten schon von vornherein ausgeschlossen sei, da diese in ihrem Zustand kein Leiden mehr empfinden könnten. Dieser Ansicht kann nicht zugestimmt werden. Sie verkennt, dass Sinn und Zweck der Sterbehilfe insbesondere ist, dem Selbstbestimmungsrecht des Patienten Ausdruck zu verleihen, welches diesen eben auch davor bewahrt, nicht gewollte medizinische Behandlungsmaßnahmen dulden zu müssen; vgl. hierzu nur BGH, NJW 2010, 2963 (2967); Saerbeck, Beginn und Ende des Lebens, 133 f.

558 Unter den technischen Behandlungsabbruch „zählen Sachverhalte, in denen der behandelnde Arzt oder ein Dritter Geräte abstellt, die ausgefallene oder defekte Körperfunktionen des Kranken technisch ersetzen bzw. unterstützen.“; vgl. Schneider, in: MüKo StGB, vor §§ 211 ff. Rn. 108.

559 Zu dem weiteren Sonderfall der Beurteilung des technischen Behandlungsabbruchs durch Dritte vgl. Schneider, in: MüKo StGB, vor §§ 211 ff. Rn. 110.

560 So wohl die (bisher) überwiegende Auffassung in der Literatur, vgl. hierzu statt vieler Eser, in: Schönke/Schröder, StGB Kommentar, vor §§ 211 ff. Rn. 32; Roxin, in: Roxin/Schroth (Hrsg.), Handbuch des Medizinstrafrechts (3. Auflage), 313 (331 f.); ausführliche Begründung vgl. Roxin, in: Festschrift für Karl Engisch (1969), 380 ff; Schneider, in: MüKo StGB, vor §§ 211 ff. Rn. 108 f. m. w. N.

561 Vgl. hierzu Jähnke, in: LK, vor § 211 Rn. 18, der die Einordnung des „tätigen Behandlungsabbruchs“ als Unterlassen für verfehlt hält; Schneider, in: MüKo StGB, vor §§ 211 Rn. 108 f. m. w. N.

562 S. o. 1. c); auch wenn diejenigen, die den technischen Behandlungsabbruch als aktives Tun und nicht als Unterlassen einordnen, mit unterschiedlichen Begründungen im Ergebnis zur Straflosigkeit des behandelnden Arztes (vorausgesetzt immer, dass dieser im mutmaßlichen Willen des Patienten handelte) gelangen, ist die Unterscheidung zwischen Unterlassen und aktivem

Mit dem Urteil vom 25.6.2010[563] betont der Bundesgerichtshof, technische Behandlungsabbrüche, wie das Abschalten eines Beatmungsgerätes (Respirator), stellen aktives Tun und kein Unterlassen dar.[564] Gleichzeitig hindert eine solche Einordnung des Abschaltens des Beatmungsgerätes als aktives Tun und nicht als Unterlassen nach seiner Auffassung dennoch nicht daran, dieses aktive Tun im Wege der Sterbehilfe durch Behandlungsabbruch strafrechtlich für zulässig anzusehen.[565] So führt der Bundesgerichtshof aus: „Die Grenze zwischen erlaubter Sterbehilfe und einer nach §§ 212, 216 StGB strafbaren Tötung kann nicht sinnvoll nach Maßgabe einer naturalistischen Unterscheidung von aktivem und passivem Handeln bestimmt werden."[566] Allein die Einordnung eines Handelns als aktiv mache jenes daher noch nicht zu einer rechtswidrigen, strafbaren Tötung.[567]

Nach der Rechtsprechung des Bundesgerichtshofs setzt die strafrechtlich zulässige Form der Sterbehilfe durch Behandlungsabbruch u. a. zum einen voraus, dass die betroffene Person lebensbedrohlich erkrankt ist, und zum anderen, dass die durch den Behandlungsabbruch betroffene Maßnahme medizinisch zur Erhaltung oder Verlängerung des Lebens geeignet ist.[568] Diese beiden Voraussetzungen sind in Bezug auf das Abschalten der Beatmungsmaschine bei einem Hirntoten, wie vorliegend der F, gegeben. Der Hirntote befindet sich, vorausgesetzt, man hält ihn noch für lebend, in einem lebensbedrohlichen Zustand, und die abgebrochene Maßnahme, die Aufrechterhaltung der Atmungs- und Herzkreislauftätigkeit, war zur Erhaltung bzw. Verlängerung des Lebens medizinisch geeignet.

Desweiteren ist innerhalb der erlaubten Sterbehilfe durch Behandlungsabbruch zwischen der Sterbehilfe im engeren Sinn und der Sterbehilfe im weiteren Sinn

---

Tun (bisher), unabhängig von § 13 II, deswegen entscheidend, da bei ersterem die Straflosigkeit im Rahmen des § 13 unschwer zu begründen ist, während bei letzterem ein „erheblicher konstruktiver Aufwand" von Nöten ist, um dennoch zur Straflosigkeit des abbrechenden behandelnden Arztes zu gelangen; vgl. Schneider, in: MüKo StGB, vor §§ 211 ff. Rn. 108; vgl. hierzu auch Roxin, in: Roxin/Schroth (Hrsg.), Handbuch des Medizinstrafrechts, 313 (331 f.), der betont: „Mit Recht sagt *Eser*, es könne jedenfalls im Ergebnis kein Zweifel sein, dass dort, wo ein medikamentös-therapeutischer Behandlungsabbruch zulässig wäre, auch der technische Behandlungsabbruch zulässig sein muss'."; Hervorh. im Original.

563 Az.: 2 StR 454/09.

564 BGH, NJW 2010, 2963 (2966 f.).

565 BGH, NJW 2010, 2963 (2966 f.).

566 BGH, NJW 2010, 2963 (2966); dennoch ist insbesondere wg. § 13 II die Unterscheidung zwischen Tun und Unterlassen auf Tatbestandsebene auch weiterhin erforderlich; vgl. hierzu Dölling, in: ZIS 2011, 345 (346); Verell, in: NStZ 2010, 671 (673).

567 BGH, NJW 2010, 2963 (2966 ff.).

568 BGH, NJW 2010, 2963 (2967).

zu unterscheiden.[569] Während bei ersterer der Sterbevorgang bereits begonnen hat, ist dies bei letzterer gerade noch nicht der Fall.[570] Der Sterbevorgang hat dann eingesetzt, wenn das Grundleiden des Patienten nach ärztlicher Einschätzung unumkehrbar ist, einen tödlichen Verlauf genommen hat und der Tod in kurzer Zeit eintreten wird.[571] Bei einem Hirntoten liegen all diese drei Voraussetzungen unzweifelhaft vor, weshalb es sich bei der Beurteilung eines Behandlungsabbruchs bei diesem um Sterbehilfe im engeren Sinne handelt.

In Bezug auf die Beurteilung der strafrechtlichen Zulässigkeit des Abschaltens des Beatmungsgerätes bei einem Hirntoten im Wege der erlaubten Sterbehilfe im engeren Sinne durch Behandlungsabbruch sind wiederum zwei wesentliche Konstellationen zu unterscheiden.

Entspricht der Behandlungsabbruch durch den Arzt in Form des Abschaltens der Beatmungsmaschine dem (mutmaßlichen) Willen des Hirntoten, so ist der Arzt vor dem Hintergrund des Selbstbestimmungsrechtes des Hirntoten, das ihn gerade auch vor nicht gewollten medizinischen Behandlungen schützt, gerechtfertigt und so nicht gem. §§ 212 I, 216 I strafbar.[572] Insofern ist den Vertretern des Herztodeskonzeptes uneingeschränkt i. E. zuzustimmen, wenn sie so zutreffend wie selbstverständlich[573] äußern: „Der hirntote Mensch hat einen (…) Anspruch darauf, nicht gegen seinen Willen am Leben erhalten zu werden."[574]

Die zweite Konstellation[575] ist diejenige, bei welcher der Patient (vor Eintritt der Bewusstlosigkeit) ausdrücklich seinen Willen dahingehend geäußert hat, im Falle des Eintritts des Hirntodes weiter behandelt zu werden und so auch bis zum Eintritt seines Herztodes an der Beatmungsmaschine angeschlossen zu

---

569 Vgl. zu dieser Unterscheidung BGHSt 40, 257 (259 f.); Otto, in: Jura 1999, 434 (437); Otto, in: ZfL 2002, 42 (42 f.); Schneider, in: MüKo StGB, vor §§ 211 ff. Rn. 93, Rn. 115 ff; diese Differenzierung zwischen Sterbehilfe im engeren und weiteren Sinn kann auch nicht dahin stehen, da ihre Zulässigkeit (v. a. in Bezug auf den einseitigen Behandlungsabbruch) an unterschiedliche Kriterien geknüpft wird: vgl. hierzu Schneider, in: MüKo StGB, vor §§ 211 ff. Rn. 115 ff.

570 Schneider, in: MüKo StGB, vor §§ 211 ff. Rn. 93.

571 Schneider, in: MüKo StGB, vor §§ 211 ff. Rn. 93.

572 Dies gilt auch bei der Sterbehilfe im weiteren Sinne und ist daher erst recht auf die Sterbehilfe im engeren Sinne anwendbar; statt vieler Schneider, in: MüKo StGB, §§ 211 ff. Rn. 116.

573 Vgl. hierzu Merkel, in: Jura 1999, 113 (119), der zu dieser Feststellung der Vertreter der Herztodeskonzeption anmerkt: „Das ist so wahr wie trivial (…)."

574 Höfling, in: Hoff/in der Schmitten (Hrsg.), Wann ist der Mensch tot?, 449 (452); Höfling, in: MedR 1996, 6 (8).

575 Und, wie Merkel, in: Jura 1999, 113 (119) richtig feststellt, für die vorliegende Problematik entscheidende Konstellation.

bleiben.[576] Bricht der Arzt hier die Behandlung des Patienten ab, so handelt er gerade nicht *in*, sondern *gegen* dessen (mutmaßlichen) Willen. Fraglich ist, ob die Vertreter des Herztodeskonzeptes auch in diesem Falle den Behandlungsabbruch bei einem Hirntoten gegen seinen Willen für zulässig halten. Dies legt ihre ohne jede weitere Differenzierung getroffene Aussage: „Der Zustand des Hirntods erlaubt einen Behandlungsabbruch, da ein sinnvolles Therapieziel nicht mehr gegeben ist. Deshalb gilt, daß bei einem hirntoten Menschen die Beatmung grundsätzlich nicht nur abgestellt werden darf, sondern abgestellt werden muß."[577] mehr als nahe.[578] Es ist daher davon auszugehen, dass die Vertreter der Herztodeskonzeption einen Behandlungsabbruch beim Hirntoten auch *gegen* den Willen des Hirntoten für zulässig erachten.[579]

Ungeachtet dessen, ob man nach den allgemeinen Grundsätzen in Bezug auf die erlaubte Sterbehilfe einen solchen Behandlungsabbruch gegen den (mutmaßlichen) Willen des Hirntoten strafrechtlich für zulässig ansieht,[580] dürften die

---

576 Ausführlich zu der strafrechtlichen Zulässigkeit des sog. einseitigen Behandlungsabbruchs (unter diesem versteht man „die weder von einer tatsächlichen noch von einer mutmaßlichen Einwilligung des Betroffenen gedeckte Nichtaufnahme bzw. Nichtfortführung einer Behandlung" vgl. Eser, in: Schönke/Schröder, StGB Kommentar, vor §§ 211 ff. Rn. 29.) im Allgemeinen: Eser, in: Schönke/Schröder, StGB Kommentar, vor §§ 211 ff. Rn. 29 ff.; Otto, in: Jura 1999, 434 (437, 439); Schneider, in: MüKo StGB, vor §§ 211 ff. Rn. 113; Schreiber, in: NStZ 1986, 337 (342); Sternberg-Lieben, in: Festschrift für Manfred Seebode (2008), 401 (401 ff.); zu der vorliegenden Fallkonstellation vgl. Merkel, in: Jura 1999, 113 (119).

577 Gallwas/Höfling u. a., in: Hoff/in der Schmitten (Hrsg.), Wann ist der Mensch tot?, 513 (518).

578 So schon s. o. b); vgl. hierzu auch Heun, in: JZ 1996, 213 (219); Schreiber, in: Festschrift für Walter Remmers (1995), 593 (597); Chatzikostas, Die Disponibilität des Rechtsgutes Leben in ihrer Bedeutung für die Probleme von Suizid und Euthanasie (2001), 316, äußert als Vertreter des Herztodeskonzeptes ausdrücklich: „Die Behandlung dürfte sogar gegen den Willen des Individuums abgebrochen werden, solange die Erhaltung seiner biologischen Funktionen nicht mehr erreicht werden kann." Zu der Frage, wann dies der Fall sei, führt Chatzikostas dann aus: „Die Behandlung dürfte (...) spätestens beim Eintreten des Hirntodes abgebrochen werden, da ab diesem Moment der Sterbeprozeß irreversibel wird und eine dauernde Stabilisierung der biologischen Funktionen nicht mehr zu erwarten ist. Dies bedeutet (...), daß der Hirntote einerseits nicht für tot gehalten werden darf, andererseits aber auch nicht weiter behandelt werden muß."

579 Zur damit zusammenhängenden Straflosigkeit des A in Bezug auf den vorliegenden Fall s. o. b).

580 Die Verpflichtung zur Weiterbehandlung eines Patienten findet nach wohl h. M. dort ihre Grenzen, wo sie entweder faktisch unmöglich oder für den Arzt normativ unzumutbar ist (vgl. hierzu Detering, in: JuS 1983, 418 (419); Dölling, in: MedR 1987, 6 (9 f.); Eser, in: Schönke/Schröder, StGB Kommentar, vor §§ 211 ff. Rn. 29). Bei der vorliegenden Konstellation kommt ein zulässiger Behandlungsabbruch gegen den Willen des Patienten (vorausgesetzt man lehnt einen solchen nicht generell ab vgl. hierzu die Nachweise bei Otto, in: Jura 1999, 434 (437) Fn. 26; Sternberg-Lieben, in: Festschrift für M. Seebode, 401 (410)) nach dem Kriterium der Unzumutbarkeit in Betracht. Umstritten ist allerdings, was als Kriterium für das Vorliegen

Vertreter des Herztodeskonzeptes einen Behandlungsabbruch *gegen* den Willen des Hirntoten jedenfalls konsequenterweise nicht für zulässig erklären.[581] Denn welch größeren Dienst könnte man als Vertreter des Herztodeskonzeptes einem Hirntoten, den man nach der eigenen Auffassung als lebenden Menschen ansieht, erweisen, als sich dafür einzusetzen, seinem Dasein Sinn und Wert in der Weise zuzubilligen, dass man seinem Willen zum Weiterleben über den Hirntod hinaus Geltung verschafft. Doch genau diesen Schritt zu gehen, sind die Vertreter der Herztodeskonzeption nicht bereit. Sie unternehmen noch nicht einmal den Versuch, sich dafür einzusetzen, dass ein Behandlungsabbruch gegen den Willen des Hirntoten als (strafrechtlich) unzulässig beurteilt wird. Im Gegenteil, indem sie den Behandlungsabbruch bei einem Hirntoten gegen seinen Willen für zulässig ansehen, schieben sie die Qualität seines menschlichen Lebens beiseite, verweigern dem Hirntoten die Realisierung seines (nach ihrer Ansicht noch bestehenden) Lebens. Mit anderen Worten: Der Vorwurf an die Vertreter des Herztodeskonzeptes lautet nicht, dass sie nicht begründen *können*, warum ein Behandlungsabbruch beim Hirntoten auch gegen seinen Willen zulässig sein sollte,[582] sondern, dass sie nicht begründen *wollen*, warum dieser gerade *nicht* zulässig sein kann. Wie schon bei der Entnahme lebensnotwendiger Organe vom Hirntoten wird auch hier deutlich: „(...) In der Sache betrachten sie das hirntote

einer solchen Unzumutbarkeit herangezogen werden soll: Teilweise wird auf die Sinnlosigkeit weiterer Behandlung, teilweise auf die „Schicksalhaftigkeit" und „Natürlichkeit des Todes" abgestellt; vgl. hierzu ausführlich m. w. N. Eser, in: Schönke/Schröder, StGB Kommentar, vor §§ 211 ff. Rn. 29; Eser, in: Jens/Küng (Hrsg.), Menschenwürdig sterben, 137 (144 ff.); im Ergebnis ist jedenfalls mit Roxin, in: Roxin/Schroth (Hrsg.), Handbuch des Medizinstrafrechts, 313 (333) festzuhalten: „(...) Für die künstliche Lebensverlängerung muss es irgendwo eine Grenze geben, jenseits derer auch der (...) Wille des Patienten nicht mehr entscheidend sein kann. (...). Vor allem entspricht es auch nicht unseren Vorstellungen von einem menschenwürdigen Tod, den unaufhaltsamen Sterbevorgang mit Hilfe der modernen Apparatemedizin immer weiter hinauszuziehen." Als Leitlinie hierfür kann das Diktum des BGH, BGHSt 32, 367 (379 f.), herangezogen werden, in dem es heißt: „(...) Es gibt keine Rechtsverpflichtung zur Erhaltung eines erlöschenden Lebens um jeden Preis. Maßnahmen zur Lebensverlängerung sind nicht schon deswegen unerlässlich, weil sie technisch möglich sind. Angesichts des bisherige Grenzen überschreitenden Fortschritts medizinischer Technologie bestimmt nicht die Effizienz der Apparatur, sondern die an der Achtung des Lebens *und* der Menschenwürde ausgerichtete Einzelfallentscheidung die Grenze ärztlicher Behandlungspflicht." Für den vorliegenden Fall ist festzuhalten: Das Abschalten einer Beatmungsmaschine bei einem hirntoten Patienten auch gegen seinen Willen wäre wohl im Wege der Unzumutbarkeit, unabhängig auf welches Kriterium man im Einzelnen abstellt, nach allen Auffassungen richtigerweise zulässig und damit straflos.

581 In diesem Sinne auch Eser, in: Schönke/Schröder, StGB Kommentar, vor §§ 211 ff. Rn. 19; Heun, in: JZ 1996, 213 (219); Merkel, in: Jura 1999, 113 (120).

582 So aber Koppernock, Das Grundrecht auf bioethische Selbstbestimmung (1997), 223.

Leben nicht mehr als Rechtsgut."[583] Das (angeblich) reduzierte Menschenbild, das sie anderen vorwerfen,[584] machen sie sich selbst zu Eigen.[585]

3. Der „Erlanger-Baby-Fall" – die Schwangerschaft einer Toten?

Der „Erlanger-Fall" einer hirntoten schwangeren Frau erregte großes Aufsehen in der Öffentlichkeit, beherrschte über mehrere Monate die Schlagzeilen der Presse[586] sowie öffentliche und private Diskussionen.[587] Die Zahl der juristischen Stellungnahmen zu dem „Erlanger-Baby-Fall" fiel im Verhältnis zu den Äußerungen anderer Berufsgruppen, insbesondere Medizinern, Philosophen und Theologen,[588] vergleichsweise gering aus, was verdeutlicht, die Rechtswissenschaft hielt sich bei der Diskussion um den „Erlanger-Baby-Fall" weitestgehend im Hintergrund.[589]

Für die hier interessierende Frage des strafrechtlichen Todesbegriffs ist der „Erlanger-Baby-Fall" insofern von nicht zu unterschätzender Bedeutung, als die Vertreter des Herztodeskonzeptes in der Schwangerschaft einer Hirntoten gerade einen Beleg für ihre Ansicht sehen, dass ein Hirntoter kein Leichnam, sondern ein lebender Mensch sei.[590] Denn ein Mensch, der sogar in der Lage sei, eine Schwangerschaft zu Ende zu bringen, könne doch nicht im gleichen Atemzug für tot erklärt werden.[591] Diese Aussage, nur der Körper einer lebenden Frau (und

583 Ingelfinger, Grundlagen und Grenzbereiche, 163.

584 So beispielsweise Höfling, in: JZ 1995, 26 (33).

585 So auch Merkel, in: Jura 1999, 113 (118 Fn. 33).

586 Vgl. zu Hinweisen auf die Tagespresse Beckmann, in: MedR 1993, 121 (121 Fn. 1-3); Hilgendorf, in: JuS 1993, 97 (97 Fn. 5).

587 Vgl. hierzu Kiesecker, Die Schwangerschaft einer Toten (1996), 21; Beckmann, in: MedR 1993, 121 (121); Coester-Waltjen, in: Festschrift für Joachim Gernhuber (1993), 836 (836); Heuermann, in: JZ 1994, 133 (133); Hilgendorf, in: JuS 1993, 97 (97); Wellmer, in: Bockenheimer-Lucius/Seidler (Hrsg.), Hirntod und Schwangerschaft (1993), 8 (9), der ausführt: „Selten hat ein Thema (der „Erlanger-Baby-Fall") so viel Nachrichten, Berichte, Talk-Shows, Statements, Für und Wider sowie Leserbriefe verursacht.".

588 Ausführliche Darstellung der nicht-juristischen Stellungnahmen zum „Erlanger-Baby-Fall": Kiesecker, Die Schwangerschaft einer Toten, 39 ff.; Bockenheimer-Lucius/Seidler (Hrsg.), Hirntod und Schwangerschaft, 11 ff.

589 Kiesecker, Die Schwangerschaft einer Toten, 21 f.; Rixen, Lebensschutz am Lebensende, 146; ausführliche Darstellung der juristischen Stellungnahmen zum „Erlanger-Baby-Fall": Kiesecker, Die Schwangerschaft einer Toten, 47 ff.

590 S. o. C. III. 3. a); vgl. auch Kiesecker, Die Schwangerschaft einer Toten, 197 m. w. N.

591 Vgl. Schroth, in: Roxin/Schroth (Hrsg.), Handbuch des Medizinstrafrechts, 357 (361); Beckmann, in: ZfL 2011, 122 (124).

nicht der einer Leiche) könne einen solch komplexen Vorgang, wie den einer Schwangerschaft, bewerkstelligen,[592] wird zu einem Grundpfeiler der Argumentation der Vertreter des Herztodeskonzeptes.[593] Auch der Jurist KOCH äußert in Bezug auf den „Erlanger-Baby-Fall": „Inwieweit gibt ‚Erlangen' Anlass über unser rechtliches Verständnis des Todes nachzudenken?"[594] Im Folgenden gilt es daher herauszufinden, ob aus dem „Erlanger-Baby-Fall" tatsächlich Rückschlüsse auf den strafrechtlichen Todesbegriff zu ziehen sind. Zu diesem Zwecke soll zunächst der Sachverhalt des „Erlanger-Falls"[595] in seinen wesentlichen Zügen[596] geschildert werden:

Bei einem Verkehrsunfall erleidet die in der 15. Woche schwangere M schwere Kopfverletzungen. Bewusstlos wird sie in die Universitätsklinik Erlangen eingeliefert. Während M schwer verletzt ist, stellen die Ärzte fest, dass der Fötus den Unfall ohne erkennbare Schäden überlebt hat. Einige Tage nach ihrer Einlieferung wird bei M der Gesamthirntod diagnostiziert. Mit dem Ziel, die Schwangerschaft aufrechtzuerhalten und auf diese Weise das Leben des ungeborenen Kindes zu retten, entscheiden sich die behandelnden Ärzte dafür, die intensiv-medizinische Behandlung bei M fortzuführen. Etwa fünf Wochen gelingt den Ärzten diese Weiterbehandlung der hirntoten M ohne Komplikationen bis zu dem Zeitpunkt, als sie bei ihr einen plötzlich aufkommenden starken Fieberanstieg sowie die Anzeichen einer Lungeninfektion beobachten. Kurze Zeit nach dieser Entdeckung kommt es zu einem Spontanabort des Fötus.

Die für die vorliegenden Zwecke entscheidende Frage ist, ob sich die Ärzte durch die Behandlungsfortsetzung bei der hirntoten M gem. §§ 223 ff. strafbar gemacht haben.[597]

---

592 Rixen, Lebensschutz am Lebensende, 147 m. w. N.

593 ausführlich zu der Argumentation der Vertreter des Herztodeskonzeptes s. o. C. III. 3. a).

594 Koch, in: Bockenheimer-Lucius/Seidler (Hrsg.), Hirntod und Schwangerschaft, 72 (72); so wohl auch Kern, in: MedR 1993, 112 (113).

595 Vgl. hierzu auch: Beckmann, in: MedR 1993, 121 (121); Hilgendorf, in: JuS 1993, 97 (97); Oduncu, in: Roxin/Schroth (Hrsg.), Medizinstrafrecht, 199 (212); Oduncu, Hirntod und Organtransplantation, 94 f.; Rixen, Lebensschutz am Lebensende, 145.

596 Für die vorliegenden Zwecke kann der „Erlanger-Fall" nicht in allen Einzelheiten dargestellt werden; eine ausführliche Schilderung der Geschehnisse rund um den „Erlanger-Baby-Fall" findet sich bei Kiesecker, Die Schwangerschaft einer Toten, 27 ff. sowie bei Scheele, in: Bockenheimer-Lucius/Seidler (Hrsg.), Hirntod und Schwangerschaft, 11 (11 ff.).

597 Es soll vorliegend nur auf diese Strafbarkeit eingegangen werden, da hier v. a. die Relevanz des strafrechtlichen Todesbegriffs deutlich wird; zur weiteren möglichen Strafbarkeit der Ärzte zum Nachteil der Mutter durch Fortsetzung der Intensivbehandlung u. a. gem. §§ 168 I, 189 I, 203 I, IV und zum Nachteil des Kindes u. a. gem. §§ 218, 203 I ausführlich: Beckmann, in: MedR 1993, 121 ff.; Hilgendorf, in: JuS 1993, 97 ff.; Kiesecker, Die Schwangerschaft einer To-

a) Lösung nach dem Gesamthirntodeskonzept

Hiernach war M, nachdem bei ihr der Eintritt des Gesamthirntodes festgestellt worden war, tot. Die §§ 223 ff. setzen jedoch als Tatobjekt einen lebenden Menschen voraus, sodass eine Strafbarkeit der Ärzte wegen der Weiterbehandlung der hirntoten M gem. §§ 223 ff. ausscheidet.

b) Lösung nach dem Herztodeskonzept

Nach dem Herztodeskonzept tritt der Tod des Menschen mit dem irreversiblen Stillstand der Atmungs- und Herzkreislauftätigkeit ein.[598] Bei M wurde zwar der Eintritt des Gesamthirntodes festgestellt, zum Zeitpunkt der Behandlungsfortsetzung durch die Ärzte schlug ihr Herz jedoch noch, ihr Atmungs- und Herzkreislauf standen mithin (noch) nicht irreversibel still.[599] Somit lebte M nach dieser Auffassung noch, als die Ärzte bei ihr die intensivmedizinische Betreuung aufrechterhielten.

Mithin erfüllen die Ärzte durch das Aufrechterhalten der intensivmedizinischen Betreuung bei M den Tatbestand der §§ 223 ff.[600] Zu untersuchen ist daher, ob ihr Handeln – die Weiterbehandlung der M – gerechtfertigt ist.

Hierzu führt BECKMANN[601] aus: „Hinsichtlich der Weiterbehandlung einer hirntoten [lebenden] Schwangeren kommen die Lebensinteressen des ungeborenen Kindes als Rechtfertigung in Betracht. Eine Abwägung der konfligierenden Interessen fällt eindeutig zugunsten des ungeborenen Kindes aus. Denn das

---

ten, 193 ff.; Koch, in: Bockenheimer-Lucius/Seidler (Hrsg.); Hirntod und Schwangerschaft, 72 (74 ff.); zu einer möglichen Strafbarkeit der Ärzte, hätten sie die Behandlung der Mutter nicht fortgesetzt, sondern abgebrochen vgl.: Beckmann, in: MedR 1993, 122 ff.; Hilgendorf, in: JuS 1993, 97 (98 ff.); Kiesecker, Die Schwangerschaft einer Toten, 223 ff.

598 S. o. C. III. 3. b), II. 2. c).

599 Nach der klassischen Todesdefinition kommt es nicht auf die Selbstständigkeit (Spontaneität) von Atmungs- und Herzkreislauftätigkeit an, es reicht aus, dass diese maschinell, etwa wie hier durch die Beatmungsmaschine, aufrechterhalten wird; vgl. hierzu Geilen, in: JZ 1968, 145 (150); Lüttger, in: JR 1971, 309 (310); Rixen, Lebensschutz am Lebensende, 344 f.; Saerbeck, Beginn und Ende des Lebens, 130 f.

600 Ausführlich zu ärztlichen Heileingriffen als tatbestandsmäßige Körperverletzung vgl. Hirsch, in: LK, § 228 Rn. 14 ff.; Lilie, in: LK, vor § 223 vor Rn. 3.

601 Beckmann, in: MedR 1993, 121 (122), äußerte sich, soweit ersichtlich, als einziger (juristischer) Vertreter des Herztodeskonzeptes dazu, wie vor dem Hintergrund dieses Konzeptes der „Erlanger Fall" in Bezug auf eine Strafbarkeit der Ärzte nach §§ 223 ff. zu lösen sei; daher soll seine Lösung hier (stellvertretend für die Gesamtheit der Vertreter der Herztodeskonzeption) dargestellt werden.

Recht auf Leben des Kindes (Art. 2 Abs. 2 S. 1 GG) ist von höherem Gewicht als das möglicherweise bestehende Interesse der bewußtlosen, aller Empfindungs- und Mitteilungsfähigkeiten beraubten Mutter ‚in Ruhe sterben zu dürfen' – zumal diesem Interesse nur für eine begrenzte Zeit nicht entsprochen wird."[602] Mithin war das Handeln der Ärzte nach der Auffassung BECKMANNs gem. § 34[603] gerechtfertigt. Demnach haben sich die Ärzte durch die Weiterbehandlung der M nicht gem. §§ 223 ff. strafbar gemacht.

c) Stellungnahme

aa) Rechtfertigung der Weiterbehandlung der M durch die Ärzte?

Zu untersuchen ist, ob der Auffassung BECKMANNs, die Fortsetzung der Behandlung bei der hirntoten lebenden M durch die Ärzte sei gem. § 34 gerechtfertigt, zuzustimmen ist.

Bevor zu diesem Zwecke auf den Rechtfertigungsgrund des § 34 eingegangen wird, ist zunächst zu fragen, ob die Weiterbehandlung der Ärzte vorliegend (bereits) dadurch gerechtfertigt gewesen sein könnte, dass diese mit mutmaßlicher Einwilligung[604] der M erfolgte. Denn handelten die Ärzte mit mutmaßlichem Willen der M, so wäre lediglich hilfsweise zu erörtern, ob das Handeln der Ärzte auch gem. § 34 gerechtfertigt sein könnte.

Vorliegend sprechen mehrere aussagekräftige Anhaltspunkte[605] dafür, dass es dem Willen der M entsprach, ihre Behandlung weiter aufrechtzuerhalten, wenn nicht mehr sie selbst, aber möglicherweise ihr Kind gerettet werden kann. Denn die Äußerungen der Eltern zur Lebenseinstellung und Lebensführung der M legen eine solche Annahme nahe,[606] außerdem ist des Weiteren zu berücksichtigen,

602 Beckmann, in: MedR 1993, 121 (122).

603 Beckmann äußert sich ohne konkreten Normbezug zu der Rechtfertigung der Handlung der Ärzte; es ist jedoch anzunehmen, dass seine Ausführungen strafrechtlich in den Rahmen des § 34 einzuordnen sind.

604 Eine ausdrückliche Einwilligung kommt vorliegend nicht mehr in Betracht, da M sich (spätestens) mit Eintritt des Hirntodes in einem Zustand dauernder Einwilligungsunfähigkeit befindet; daher ist vorliegend der mutmaßliche Wille der M zu erforschen; vgl. Rönnau, in: LK, vor §§ 32 ff. Rn. 214.

605 Als Anhaltspunkte für den wahren Willen des Einwilligungsberechtigten kommen insbesondere von ihm zu einem früheren Zeitpunkt getroffene Äußerungen sowie sonstige Verhaltensweisen, die in einem sachlichen Zusammenhang zu der zu beurteilenden Tat stehen, in Betracht, vgl. Rönnau, in: LK, vor §§ 32 ff. Rn. 223.

606 Vgl. hierzu AG Hersbruck, NJW 1992, 3245 (3245).

dass die Schwangerschaft bis zu dem Unfall schon fast vier Monate andauerte,[607] der Eingriff, die Weiterbehandlung der M, keine besondere Belastung für sie darstellt und das Kind aller Voraussicht nach gesund ist.[608] Demnach ist anzunehmen, dass die Weiterbehandlung der Ärzte mit mutmaßlicher Einwilligung der M erfolgte[609] und daher gerechtfertigt war. Mithin haben sich die Ärzte nicht gem. §§ 223 ff. strafbar gemacht.

Daher ist nur noch hilfsweise[610] zu untersuchen, ob die Fortsetzung der Behandlung bei M auch gem. § 34 gerechtfertigt sein könnte.

Dies setzt zunächst voraus, dass eine gegenwärtige Gefahr[611] für ein Rechtsgut, hier das Leben des ungeborenen Kindes, vorliegt, die nicht anders als durch einen Eingriff in ein anderes Rechtsgut abwendbar[612] ist, hier in die körperliche Unversehrtheit und das Selbstbestimmungsrecht der M. Eine Beendigung der intensivmedizinischen Behandlung bei M, die ab Eintritt des Hirntodes jederzeit möglich und damit zu befürchten gewesen wäre,[613] hätte unzweifelhaft ein sofortiges Ab-

---

607 Die Frist des § 218 I a war daher abgelaufen; da keine gegenteiligen Informationen bekannt sind, kann angenommen werden, dass sich M bewusst für ihr Kind entschieden hat; vgl. hierzu auch AG Hersbruck, NJW 1992, 3245 (3245).

608 Vgl. hierzu auch AG Hersbruck, NJW 1992, 3245 (3245); auch lässt sich daraus, dass M einer Organentnahme negativ gegenüberstand, nicht zugleich schließen, dass sie auch eine Weiterbehandlung nach Hirntod zugunsten ihres Kindes ausschloss, da die vorliegende Konstellation mit der einer Weiterbehandlung zum Zwecke einer Organentnahme nicht zu vergleichen ist; vgl. hierzu zutreffend die Einschätzung Wuermelings, in: Bockenheimer-Lucius/Seidler (Hrsg.), Hirntod und Schwangerschaft, 22 (23).

609 So auch Hilgendorf, in: JuS 1993, 97(102); a. A. Kiesecker, Die Schwangerschaft einer Toten, 261; beide jedoch in einem von der vorliegenden Prüfung abweichenden anderen Kontext.

610 Eine mögliche Rechtfertigung gem. § 34 wird (nur) dann relevant, wenn der mutmaßliche Wille der M nicht zu ermitteln gewesen wäre oder einer Weiterbehandlung zur Rettung ihres Kindes entgegengestanden hätte, was hier nicht angenommen wurde; dennoch soll vorliegend auf § 34 eingegangen werden, um die Auffassung Beckmanns überprüfen zu können.

611 Unter den Gefahrbegriff des § 34 fällt „ein Sachverhalt, in dem aufgrund tatsächlicher Umstände die Wahrscheinlichkeit des Eintritts eines schädigenden Ereignisses besteht." vgl. Zieschang, in: LK, § 34 Rn. 26; „gegenwärtig ist die Gefahr, wenn sich nach sachkundigem umfassenden ex-Ante-Urteil die Wahrscheinlichkeit des Schadenseintritts so verdichtet hat, dass die zum Schutz des bedrohten Rechtsguts notwendigen Maßnahmen sofort einzuleiten sind." vgl. Zieschang, in: LK, § 34 Rn. 36.

612 Nicht anders abwendbar ist die Gefahr dann, wenn die tatbestandsmäßige Handlung ein geeignetes und gleichzeitig das relativ mildeste Mittel in Bezug auf die Gefahrabwendung darstellt; vgl. Zieschang, in: LK, § 34 Rn. 50.

613 Auch nach dem Herztodeskonzept wäre das Abschalten des Beatmungsgerätes im Wege des erlaubten Behandlungsabbruchs jederzeit zu befürchten gewesen (nach Auffassung der Vertreter des Herztodeskonzeptes auch gegen den Willen der M); s. o. 2. b), c).

sterben der Leibesfrucht zur Folge gehabt.[614] Eine gegenwärtige Gefahr für das Leben des ungeborenen Kindes lag demnach vor. Diese war auch nicht anders abwendbar, als durch ein Fortsetzen der medizinischen Behandlung bei M. Denn die Weiterbehandlung der M stellte eine Chance zur Rettung des Kindes dar, und in einem solch frühen Entwicklungsstadium des Fötus (15. Woche) gab es keine Möglichkeit, diesen außerhalb des Mutterleibes aufzuziehen.[615]

Weiter setzt eine Rechtfertigung nach § 34 voraus, dass das geschützte Interesse (das Leben der Leibesfrucht) das beeinträchtigte Interesse (die körperliche Unversehrtheit/das Selbstbestimmungsrecht der Mutter) wesentlich überwiegt. Mit anderen Worten: Eine Abwägung zwischen dem Lebensrecht des ungeborenen Kindes und den Rechten der hirntoten Frau auf körperliche Unversehrtheit und Selbstbestimmung[616] müsste ergeben, dass ersteres letztere wesentlich überwiegt.

Um dies beurteilen zu können, sind folgende Umstände in den Abwägungsprozess mit einzubeziehen: Der Fötus befindet sich einerseits noch in einem sehr frühen Entwicklungsstadium, die Behandlung der M müsste daher bei äußerst ungewisser Erfolgsaussicht über Monate[617] hinweg aufrechterhalten werden; andererseits wird die Beeinträchtigung der körperlichen Unversehrtheit der Frau auf das Notwendigste beschränkt, da lediglich das für ein Aufrechterhalten der Schwangerschaft erforderliche Minimum an intensivmedizinischer Betreuung durchgeführt wird.[618] Außerdem stellt die Behandlung keine besondere Belastung für die hirntote Frau dar und sie erfolgt ausschließlich mit dem Ziel, das Leben des Kindes zu retten, nicht um etwaigen medizinischen Forschungsinteressen zu dienen.[619]

Vor dem Hintergrund dieser Umstände ist angesichts der Höchstrangigkeit des Rechtsguts Leben anzunehmen, dass das Lebensrecht des Kindes die Rechte der M überwiegt. Allerdings fehlt es bei der vorliegenden Konstellation an der

---

614 Vgl. hierzu Kiesecker, Die Schwangerschaft einer Toten, 203; Wuermeling, in: Bockenheimer-Lucius/Seidler, Hirntod und Schwangerschaft, 22 (23).

615 Vgl. hierzu Kiesecker, Die Schwangerschaft einer Toten, 203.

616 Das Recht auf ein friedvolles Sterben der M soll vorliegend ausgeklammert werden.

617 Geplant war, die Behandlung der Mutter mindestens vier Monate aufrechtzuerhalten; vgl. Hilgendorf, in: JuS 1993, 97 (97).

618 Vgl. hierzu Scheele, in: Bockenheimer-Lucius/Seidler, Hirntod und Schwangerschaft, 11 (16 f.).

619 Dies betont Scheele, in: Bockenheimer-Lucius/Seidler, Hirntod und Schwangerschaft, 11 (16 f.): „Alle Untersuchungen werden auf das Maß begrenzt, das für die klinische Führung (...) der Hirntoten mit Schwangerschaft notwendig ist. Irgendwelche Blutabnahmen oder Gewebeasservierungen für spätere experimentelle oder wissenschaftliche Analysen werden nicht durchgeführt."

Wesentlichkeit des Überwiegens. Denn allein die auf eine weitgehend unsichere Tatsachenbasis[620] gestützte Hoffnung, der noch nicht weit entwickelte Fötus überstehe unter schwierigsten Bedingungen die Schwangerschaft, kann nicht in rechtfertigender Weise begründen, sich über den (mutmaßlichen) Willen der M hinwegzusetzen und für eine nicht zu unterschätzende Dauer in ihre körperliche Integrität, ihr Selbstbestimmungsrecht einzugreifen.[621]

Dies verdeutlicht: Die entscheidenden Kriterien für die Wesentlichkeit des Überwiegens des Lebensrechtes der Leibesfrucht gegenüber den Rechten der Mutter sind bei Fallkonstellationen wie der vorliegenden[622] einerseits, wie weit der Fötus bereits entwickelt ist, und damit zusammenhängend andererseits, wie lange eine Weiterbehandlung bei der Mutter fortgeführt werden müsste. Angenommen der Fötus wäre nicht wie vorliegend 15 Wochen alt, sondern fast so weit entwickelt, dass er außerhalb des Mutterleibes überleben könnte, dann würde das Lebensrecht des Ungeborenen die Rechte der Mutter *wesentlich* überwiegen.[623] Vorliegend ist jedoch vor dem Hintergrund des Alters des Fötus, der damit zusammenhängend geringen Erfolgsaussicht seiner Rettung sowie der langen Dauer der Weiterbehandlung eine Rechtfertigung der Behandlungsfortsetzung der Ärzte gem. § 34[624] ausgeschlossen. BECKMANNs undifferenziert getroffener Aussa-

620 Vgl. hierzu Hilgendorf, in: JuS 1993, 97 (101); Scheele, in; Bockenheimer-Lucius/Seidler, Hirntod und Schwangerschaft, 11 (15).

621 Allgemein zu medizinischen Eingriffen zur Rettung des Kindes gegen den Willen der Schwangeren: Kröger, in: LK, § 218 Rn. 21, 28, die darauf hinweist, dass ein medizinischer Eingriff gegen den Willen der Schwangeren diese zum bloßen Objekt zur Rettung der Leibesfrucht machen und so gegen die Menschenwürde verstoßen würde.

622 Mit der sog sectio in moribunda ist die vorliegende Fallkonstellation aus mehreren Gründen nicht zu vergleichen: Zum einen ist das Kind bei dieser gerade soweit entwickelt, dass es außerhalb des Mutterleibes überleben kann, zum anderen erschöpft sich der Eingriff in die Körperintegrität der Mutter bei der vorliegenden Fallkonstellation nicht wie bei der sectio in moribunda in einer einmaligen medizinischen Maßnahme (Vornahme des Kaiserschnitts), sondern stellt eine intensive Beanspruchung des Körpers der lebenden Mutter über einen langen Zeitraum hinweg dar (so Hilgendorf, in: JuS 1993, 97 (97), der aufgrund seiner Annahme, dass die hirntote Frau tot sei, den vorliegenden Fall mit der sectio in mortua vergleicht); zudem ist die besondere Gefahr, welche der sectio in moribunda inne wohnt, diejenige, dass nicht ausgeschlossen werden kann, durch die Vornahme des Kaiserschnitts werde das Leben der Mutter verkürzt; dies ist bei der vorliegenden Weiterbehandlung der hirntoten M hingegen nahezu ausgeschlossen; vgl. zur sectio in moribunda Kiesecker, Die Schwangerschaft einer Toten, 191 f.; Kröger, in: LK, § 218 Rn. 27.

623 Vgl. zu diesem Beispiel auch Wuermeling, in: Bockenheimer-Lucius/Seidler (Hrsg.), Hirntod und Schwangerschaft, 22 (25).

624 Weiter wäre im Rahmen des § 34, würde man (entgegen der hier vertretenen Auffassung) die Wesentlichkeit des Überwiegens des Lebensrechtes des Kindes bejahen, zu überlegen, ob die Weiterbehandlung der M auch ein angemessenes Mittel zur Gefahrenabwehr darstellt; dies wäre unter dem Aspekt der lebenden Mutter als „Brutkasten“ wohl schwerlich anzunehmen.

ge, „Eine Abwägung der konfligierenden Interessen fällt *eindeutig*[625] zugunsten des ungeborenen Kindes aus",[626] kann daher nicht zugestimmt werden. Läge also keine mutmaßliche Einwilligung der M vor, hätten sich die Ärzte durch die Weiterbehandlung bei der hirntoten lebenden M gem. §§ 223 ff. strafbar gemacht.

bb) Der „Erlanger-Baby-Fall": ein Beleg für das Herztodeskonzept?

Die (auszugsweise) juristische Betrachtung des „Erlanger-Baby-Falls" hat verdeutlicht: Zum einen wirft jedes Todeskonzept unterschiedlich gewichtige Folgeprobleme auf[627]; zum anderen bewegt man sich hier, dies macht insbesondere die Lösung nach dem Herztodeskonzept deutlich, im Bereich schwierigster Abwägungsfragen und an der Grenze (straf-) rechtlicher Lösungsmöglichkeiten.[628] Diese Erkenntnisse sprechen jedoch weder für noch gegen das eine oder das andere Todeskonzept als strafrechtlichen Todesbegriff. Denn keine Todesdefinition wäre in der Lage, die Strafrechtswissenschaft gänzlich vor schwierigen Abgrenzungsfragen, mit welchen sie gerade am Ende des menschlichen Lebens nicht zuletzt

---

625 Hervorh. d. Verf.

626 Beckmann, in: MedR 1993, 121 (122); Beckmanns undifferenziert getroffene Aussage erfolgt in einer für die Vertreter des Herztodeskonzeptes typischen Art und Weise, die vermuten lässt, dass auch hier dem Leben der Hirntoten ein geringerer Wert als dem Leben einer Nicht-Hirntoten beigemessen wird, zumal Beckmann nicht auf das Selbstbestimmungsrecht/die körperliche Integrität der lebenden Hirntoten abstellt, sondern „nur" auf ihr Recht zu Sterben.

627 Nach dem Gesamthirntodeskonzept scheidet zwar eine Strafbarkeit der Ärzte gem. §§ 223 ff. aus; jedoch könnten sich diese hiernach durch die Weiterbehandlung der M gem. § 168 I strafbar gemacht haben; allerdings ist die Beurteilung einer Strafbarkeit der Ärzte im Rahmen des § 168 I wohl weniger problematisch, als die im Rahmen der §§ 223 ff.: Zum einen spricht einiges dafür, bereits den Tatbestand des § 168 als nicht eröffnet anzusehen (so Hilgendorf, in: JuS 1993, 97 (98)); sieht man hingegen die Weiterbehandlung der M durch die Ärzte als tatbestandsmäßige Handlung i. S. d. § 168 I an, so ist ihr Handeln zum anderen jedenfalls gem. § 34 gerechtfertigt; denn im Gegensatz zu der Lösung nach der Herztodeskonzeption steht hier dem Lebensrecht des Kindes nur das postmortale Persönlichkeitsrecht/die Menschenwürde der M gegenüber; hier fällt eine Abwägung zu Gunsten des Lebensrechts des Kindes aus, denn eine Aufrechterhaltung der Versorgung des Leichnams der M, mit dem Ziel das Leben des Kindes zu retten, verletzt diese nicht in einer solchen Weise in ihrem Achtungsanspruch, dass das Lebensrecht des Kindes dahinter zurücktreten müsste; ausführlich hierzu Kiesecker, Die Schwangerschaft einer Toten, 204 ff.; Beckmann, in: MedR 1993, 121 (122); ebenso mit ausführlicher Erörterung auch für das Verfassungsrecht und Zivilrecht Coester-Waltjen, in: Festschrift für J. Gernhuber, 836 (852 ff.); a. A. Deutsch, in: Deutsch/Spickhoff, Medizinrecht (6. Auflage), Rn. 668; ebenso Ulsenheimer, in: Der Anaesthesist 2009, 722 (727); aus verfassungsrechtlicher Sicht Giesen/Poll, in: JR 1993, 177 ff.; Heuermann, in: JZ 1994 (133 ff.).

628 Giesen/Poll, in: JR 1993, 177 (178), weisen daraufhin, dass der Fall nach bestehender Gesetzeslage strafrechtlich nicht zu lösen sei; auch Merkel, in: Die Zeit vom 30.10.1992, zitiert nach Kiesecker, Die Schwangerschaft einer Toten, 56, ist der Auffassung, dass der Fall juristisch nicht zu erfassen sei.

durch die Möglichkeiten der modernen Intensivmedizin konfrontiert wird, zu bewahren; dies kann im Übrigen auch nicht ihre Aufgabe sein.

Allerdings sehen die Vertreter des Herztodeskonzeptes in dem „Erlanger-Baby-Fall“ einen Beleg für ihre Ansicht, dass ein hirntoter Mensch nicht tot, sondern lebend sein müsse.[629] Denn allein die hochkomplexe Fähigkeit des hirntoten Körpers, eine Schwangerschaft auszutragen, zeige doch in anschaulicher Weise, dass sich der hirntote Organismus keinesfalls in einem Zustand völliger Desorganisation befinde, wie die Vertreter der Gesamthirntodeskonzeption behaupteten.[630] Im Gegenteil, er funktioniere weiterhin als integrierende Einheit, als integrierendes Ganzes.[631]

Im Folgenden gilt es nun, zu untersuchen, ob dieser Auffassung der Vertreter des Herztodeskonzeptes zuzustimmen ist, mit der (möglichen) Konsequenz, dass der Gesamthirntod nicht als angemessener Todesbegriff für das Strafrecht angesehen werden kann.[632]

Zunächst ist festzuhalten: Die Schwangerschaft einer hirntoten Frau verdeutlicht ebenso wie andere empirische Beobachtungen bei einem Hirntoten, wie sein schlagendes Herz, seine rosige Haut, sein warmer Körper, unzweifelhaft die nicht zu leugnende Unanschaulichkeit des Gesamthirntodeskonzeptes.[633] Doch zwei Aspekte sind bei den etwaigen Schlussfolgerungen, welche man aus dieser Unanschaulichkeit zu ziehen gedenkt, zu beachten: Zum einen sollte man sich, wie BIRNBACHER zutreffend feststellt, „bei einer so wichtigen Frage wie der

---

629 Ausführlich zu dieser Argumentation der Vertreter des Herztodeskonzeptes s. o. C. III. 3. a).

630 S. o. C. III. 3. a).

631 S. o. C. III. 3. a); zu der Auffassung der Vertreter der Gesamthirntodeskonzeption s. o. C. III. 1. b) bb).

632 Für Schick, in: Bernat (Hrsg.), Ethik und Recht an der Grenze zwischen Leben und Tod (1993), 121 (127 ff.), beispielsweise verdeutlicht der „Erlanger Fall“ „die ‚Relativierbarkeit‘ des Hirntodes“; er folgert aus diesem (u. a. unter Berufung auf den Beschluss des AGs Hersbruck, NJW 1992, 3245), dass der Gesamthirntod nicht als allgemeiner Todesbegriff im Strafrecht gelten könne; denn „die ‚einzig mögliche lebenserhaltende Schutzhülle‘, der ein mutmaßlicher Wille zum Austragen des Kindes zugesonnen wird, kann nicht ‚tot‘ im Sinne des Gesetzes sein.“; auch Koch, in: Bockenheimer-Lucius/Seidler (Hrsg.), Hirntod und Schwangerschaft, 72 (74) äußert die Überlegung, ob es nicht als unangemessen erscheine, eine Schwangere als tot zu betrachten, solange in ihr ein Fötus heranreife. So stellt er die Frage: „Bedarf also der Todesbegriff für den Fall der Schwangerschaft einer einschränkenden Modifikation?“

633 Vgl. hierzu: Bonelli, in: Schwarz/Bonelli (Hrsg.), Der Status des Hirntoten, 83 (106); Ingelfinger, Grundlagen und Grenzbereiche, 161; Koch, in: Bockenheimer-Lucius/Seidler, in: Hirntod und Schwangerschaft, 72 (73); Oduncu, in: Roxin/Schroth (Hrsg.), Medizinstrafrecht, 199 (224 f.).

nach Leben und Tod (...) nicht von dem leiten lassen, was man sieht",[634] zum anderen resultiert das Erfassen eines Geschehens als „unanschaulich" häufig daraus, dass das notwendige Hintergrundwissen nicht vorhanden ist, um das Beobachtete richtig einordnen und verarbeiten zu können.[635] Mit anderen Worten: Für die Beurteilung, ob ein Mensch schon tot ist oder noch lebt, ist nicht entscheidend, was man *sieht,* sondern einzig und allein, was man *weiß.*[636]

Doch was *weiß* man in Bezug auf den Gesamthirntod? Mit ihm ist das Ende des Organismus als übergeordnete Einheit eingetreten.[637] All diejenigen Körperfunktionen, welche ab diesem Zeitpunkt von außen am Leben erhalten werden, können ohne das Gehirn als zentrales Steuerungsorgan nicht mehr als selbsttätige und selbstständige Einheit zusammenwirken.[638] Der Schein des Lebendigseins bei einem Hirntoten trügt.[639] Die Zeichen des Lebens,[640] welche bei ihm zu beobachten sind, erfüllen ihren Dienst nicht in Form „einer integrativen Selbstgestaltung [im Sinne] eines einheitlichen Gestaltungsganzen [dem Gehirn]"[641], sondern stellen „ungeordnete Lebensvorgänge ohne Selbstgestaltungscharakter"[642] dar. Hierin liegt auch der wesentliche Unterschied zu den

---

634 Birnbacher, in: Ach/Quante (Hrsg.), Hirntod und Organverpflanzung (1997), 49 (74).

635 Oduncu, in: Roxin/Schroth (Hrsg.), Medizinstrafrecht, 199 (225); so auch Beckmann, Jan P., in: Festschrift für G. Bemmann, 18 (24), der in Bezug auf das „Unanschaulichkeitsargument" der Vertreter des Herztodeskonzeptes treffend äußert: „Mit ihm [gemeint ist dieses Argument] wird behauptet, die äußere Wahrnehmung könne sich über wissenschaftlich überprüfbare Sachverhalte hinwegsetzen. Daß der Mensch in den Wissenschaften, aber auch im Alltag ständig Wahrnehmungen durch Wissen korrigieren muß, wird hierbei völlig außer acht gelassen."

636 Birnbacher, in: Hoff/in der Schmitten (Hrsg.), Wann ist der Mensch tot? 28 (38), der zutreffend feststellt, ließe man sich nicht davon leiten, was man weiß, sondern was man sieht, „dann müßte man (...) wohl auch einen Lebenden, der lediglich tot *wirkt*, für tot erklären dürfen."; Hervorh. im Original; daher irrt Grewel, in: ZRP 1995, 217 (217), wenn er als Voraussetzung des Todesbegriffs dessen Anschaulichkeit fordert.

637 Vgl. nur Angstwurm, in: Hoff/in der Schmitten (Hrsg.), Wann ist der Mensch tot?, 41 (46); Angstwurm, in: Firnkorn (Hrsg.), Hirntod als Todeskriterium, 7 (8); Bonelli, in: Schwarz/Bonelli (Hrsg.), Der Status des Hirntoten, 83 (99 ff.); Oduncu, in: Roxin/Schroth (Hrsg.), Medizinstrafrecht, 199 (241 ff.).

638 Angstwurm, in: Hoff/in der Schmitten (Hrsg.), Wann ist der Mensch tot?, 41 (46); Bonelli, in: Schwarz/Bonelli (Hrsg.), Der Status des Hirntoten, 83 (99 ff.).

639 Bonelli, in: Schwarz/Bonelli (Hrsg.), Der Status des Hirntoten, 83 (106 f.); Ingelfinger, Grundlagen und Grenzbereiche, 161.

640 Zu der medizinischen Erklärung einzelner vitaler Restfunktionen bei einem Hirntoten wie Reflexen („Lazarus-Syndrom"), Anstieg von Blutdruck und Puls im Verlaufe einer Organentnahme, Hormonregulation etc. vgl. Oduncu, in: Roxin/Schroth (Hrsg.), Medizinstrafrecht, 199 (214 ff.); Oduncu, Hirntod und Organtransplantation, 98 ff.; Schlake/Roosen, Der Hirntod als der Tod, 52 ff.

641 Bonelli, in: Schwarz/Bonelli (Hrsg.), Der Status des Hirntoten, 83 (104).

642 Bonelli, in: Schwarz/Bonelli (Hrsg.), Der Status des Hirntoten, 83 (104).

Patienten, die auf maschinelle Hilfe zur Unterstützung einzelner Organfunktionen, beispielsweise auf ein Dialysegerät als Ersatz für die Nierentätigkeit, angewiesen sind.[643] Denn während die Hilfsmittel bei diesen lediglich einzelne notwendige Voraussetzungen des Weiterlebens erfüllen, ist bei dem Hirntoten mit dem Ausfall des Gehirns die konstitutive Bedingung menschlichen Lebens, der Organismus als selbstständige, selbsttätige und selbstbestimmende Einheit, weggefallen.[644] Mit anderen Worten: Der Hirntote ist nicht mehr als eine von außen zusammengehaltene Teilsumme von Organen,[645] bildlich gesprochen ein „innerlich Geköpfter", der intensivmedizinisch betreut wird, mit der Konsequenz, dass die Folgen seiner Enthauptung nach außen hin verschleiert werden.[646]

Übertragen auf die Schwangerschaft einer hirntoten Frau bedeutet all dies: Ihre Schwangerschaft ist entgegen der Auffassung der Vertreter des Herztodeskonzeptes kein Beleg dafür, dass die hirntote Frau noch lebt, sondern lediglich dafür, dass „in Wahrheit und Wirklichkeit unter intensivmedizinischen Bedingungen das Reifen des neuen Lebens im Mutterleib nicht mehr entscheidend vom Leben

643 Die Vertreter des Herztodeskonzeptes führen an, der intensivmedizinischen Betreuung eines Hirntoten komme keine andere Bedeutung zu als einem Dialysegerät oder einem Herzschrittmacher; s. o. C. III. 3. a).

644 Birnbacher, in: Universitas 1995, 343 (353 f.); Heun, in: JZ 1996, 213 (216); Ingelfinger, Grundlagen und Grenzbereiche, 157.

645 So auch Müller-Terpitz, in: Isensee/Kirchhof (Hrsg.), Handbuch des Staatsrechts Band VII, § 147 Rn. 32.

646 So auch Angstwurm, in: Hoff/in der Schmitten (Hrsg.), Wann ist der Mensch tot?, 41 (46); Klinge, Todesbegriff, 141, 146, 172 ff.; Schreiber, in: Festschrift für E. Steffen, 451 (459); Oduncu, in: Roxin/Schroth (Hrsg.), Medizinstrafrecht, 199 (240 f.) bezeichnet den Zustand des Hirntodes äußerst treffend als Zustand „innerer Enthauptung."; auch Bonelli, in: Schwarz/Bonelli (Hrsg.), Der Status des Hirntoten, 83 (99), führt treffend aus: „ (…) Im Grunde genommen besteht kein Unterschied zwischen einem Hirntoten und einem eben Geköpften. (Auch er könnte im Nachhinein noch an eine Beatmungsmaschine angeschlossen werden)."; so auch Merkel, in: Jura 1999, 113 (117); der Körper eines Hirntoten kann auch mit einer Maschine (=Körper des Hirntoten) verglichen werden, deren Motor (=Gehirn) vollständig ausgefallen ist, die aber dennoch von außen mit starkem Wind etc. gelenkt werden kann (=intensivmedizinische Betreuung). Von außen ist kein wesentlicher Unterschied zu beobachten: Die Maschine bewegt sich durch die Steuerung von außen genauso wie mit funktionstüchtigem Motor, mit einem entscheidenden Unterschied: mit Motor war sie aus sich heraus zum Antrieb fähig, ohne Motor findet eine willkürliche Lenkung von außen statt, die nur den Anschein einer selbsttätigen Steuerung erweckt; Bonelli, in: Schwarz/Bonelli (Hrsg.), Der Status des Hirntoten, 83 (97), äußert so mit Recht: „Die physiologischen Reaktionen und Wirkkräfte im Hirntoten werden nicht mehr von innen heraus gesteuert, aufeinander abgestimmt und in eine übergeordnete Einheit integriert, sondern sie werden künstlich *von außen* zusammengehalten."; Hervorh. im Original.

der Mutter abhängt."[647] Mit anderen Worten: „Der hirntote, künstlich ernährte und beatmete Leichnam (...) [der hirntoten Frau] war nicht mehr und nicht weniger als ein lebensnotwendiger (...) ‚Brutkasten' für das heranreifende Kind."[648] An dem Faktum, dass der Mensch mit dem Ausfall seines Gehirns die Fähigkeit der zentralen Steuerung seiner Körperfunktionen als unabdingbare Voraussetzung menschlichen Lebens unwiederbringlich verloren hat, vermag auch die Schwangerschaft einer Hirntoten nichts zu ändern.[649]

4. Dizephale siamesische Zwillinge: zwei Menschen mit einem Körper?

„Das Gehirn ist (...) ein Organ wie jedes andere und deshalb (...) ersetzbar und entbehrlich,"[650] so lautet eine der Aussagen der Vertreter des Herztodeskonzeptes. Dass dieser Sichtweise in biologischer Hinsicht keineswegs zugestimmt werden kann, wurde bereits anhand des „Erlanger-Baby-Falls" eindringlich verdeutlicht. Die folgende Fallkonstellation dient nun dazu, die immense Bedeutung des Gehirns für das menschliche Individuum noch intensiver zu veranschaulichen und hervorzuheben, um so das Bild vom Gehirn als „Zentralorgan des Menschen" abrunden zu können. Zu diesem Zwecke soll zunächst der Sachverhalt[651] geschildert werden:

---

647 Angstwurm, in: Hoff/in der Schmitten (Hrsg.), Wann ist der Mensch tot?, 41 (47); Klinge, Todesbegriff, 144 m. w. N. Fn. 156; zu der medizinischen Erläuterung der einzelnen Vorgänge im Körper einer schwangeren Hirntoten vgl. nur Oduncu, in: Roxin/Schroth (Hrsg.), Medizinstrafrecht, 212 ff.; Oduncu, Hirntod und Organtransplantation, 94 ff.; Schlake/Rossen, Der Hirntod als der Tod, 66 ff.

648 Schlake/Roosen, Der Hirntod als der Tod, 69.

649 Aufs Kochs Frage ist daher zu antworten: Der „Erlanger-Baby-Fall" gibt jedenfalls keinen Anlass, über das rechtliche Verständnis des Todes (genauer über den Gesamthirntod) nachzudenken. Damit wird seine Überlegung, den Todesbegriff (gemeint ist der Gesamthirntod) im Falle der Schwangerschaft einer Hirntoten abzuändern, hinfällig. Wer dies fordert, verwechselt, wie ausgeführt, das Leben des Ungeborenen mit dem (Nicht-) Leben der Mutter. Außerdem würde eine Modifikation des Todesbegriffs nur für den Fall der Schwangerschaft einer Hirntoten bedeuten, zwei Todesbegriffe im Strafrecht nebeneinander zu praktizieren, was zu einer unerträglichen Rechtsunsicherheit führen würde und demnach mit dem strafrechtlichen Lebensschutz nicht zu vereinbaren wäre (s. o. Aspekte der teleologischen Auslegung III. 4.); in diesem Sinne vgl. zutreffend gegen den Ansatz Kochs Kiesecker, Die Schwangerschaft einer Toten, 197; (näher zu den sog. gespaltenen Todesbegriffen s. u. E. III. 1. b), insbesondere (4) und bb)).

650 Roth/Dicke, in: Hoff/in der Schmitten (Hrsg.), Wann ist der Mensch tot?, 51 (53).

651 Der folgende Sachverhalt ist vage an einen Fall angelehnt, der sich im Jahre 2000 in Großbritannien abspielte (die Trennung der Zwillinge „Jodie und Mary"); vgl. hierzu Joerden, Menschenleben (2003), 120; Merkel, in: Roxin/Schroth (Hrsg.), Handbuch des Medizinstrafrechts (4. Auflage), 603 (635 f.); zu Berichtserstattungen zu diesem Fall aus der Presse vgl. beispielsweise Spiegel v. 18.09.2000; zur ethischen Diskussion dieses Falls vgl. beispielsweise Gillon,

In einem englischen Krankenhaus kommen die weiblichen siamesischen Zwillinge A und B zur Welt. Sie sind am Unterleib zusammengewachsen, haben jedoch zwei Köpfe („Dizephalus“) mit ausgebildeten Gehirnen. Die genaue medizinische Untersuchung zeigt, dass B kein Herz und damit kein eigenes Kreislaufsystem besitzt, sondern von A mitversorgt werden muss. Von diesem Zeitpunkt an sind die behandelnden Ärzte vor dem Hintergrund bisheriger Erfahrungen überzeugt davon, dass die Zwillinge, würde man sie nicht trennen, nur eine Lebenserwartung von höchstens einem Jahr hätten. So beschließen sie, A und B zu trennen, in dem Wissen, dass B infolge dieses Eingriffs sterben wird. In einer mehrstündigen Operation werden A und B erfolgreich voneinander getrennt. Während A den Umständen entsprechend bei guter Gesundheit ist, stirbt B, wie vorhergesagt, noch während der Operation.

Haben sich die Ärzte, indem sie B von A trennten, gem. § 212 I strafbar gemacht?

a) Lösung nach dem Gesamthirntodeskonzept

Eine Strafbarkeit der Ärzte nach § 212 I setzt zunächst voraus, dass es sich bei B um ein taugliches Tatobjekt, mithin um einen lebenden Menschen handelte. Nach dem Gesamthirntodeskonzept ist ein Mensch tot, wenn die Gesamtfunktion des Großhirns, Kleinhirns und des Hirnstamms irreversibel erloschen ist.[652] Zum Zeitpunkt der Vornahme der Trennungsoperation durch die Ärzte war das Gehirn der B jedoch noch funktionstüchtig,[653] sodass es sich bei B um einen lebenden Menschen i. S. d. § 212 I handelte. Mithin haben die Ärzte durch die Operation vorsätzlich den Tod der B herbeigeführt.

Es stellt sich nun die Frage, ob die Tötung der B durch die Ärzte möglicherweise gerechtfertigt oder entschuldigt sein könnte.

---

in: Tolmein/Schweidler (Hrsg.), Was den Menschen zum Menschen macht (2003), 99 (100 ff.); zu weiteren Fällen der Trennung siamesischer Zwillinge mit medizinischen Hintergrundinformationen vgl.: Merkel, in: Roxin/Schroth (Hrsg.), Handbuch des Medizinstrafrechts, 603 (605 ff.); Merkel, in: Joerden (Hrsg.), Der Mensch und seine Behandlung in der Medizin (1999), 175 ff.

652 S. o. C. III. 1. a); II. 2. a).

653 Im Originalfall der Zwillinge „Jodie und Mary“ aus Großbritannien war das Gehirn der Mary (=B) nur unvollständig ausgebildet, was nichts daran ändert, dass Mary nach dem Gesamthirntodeskonzept ein lebender Mensch war; so ausdrücklich auch Merkel, in: Joerden (Hrsg.), Der Mensch und seine Behandlung in der Medizin, 175 (177), der feststellt: „Solange ein menschliches Gehirn (wenigstens in Teilen) funktionsfähig ist, existiert ein lebendes menschliches Individuum.“

Als Rechtfertigungsgrund kommt ausschließlich[654] § 34 in Betracht. Dieser scheitert jedoch, vorausgesetzt man sieht in dem Zustand der Koppelung der B an A überhaupt eine gegenwärtige nicht anders abwendbare Gefahr für das Leben der A,[655] in jedem Fall an der Abwägung zwischen dem geschützten Interesse, dem

---

654 Eine Rechtfertigung der Tötung der B durch die Ärzte im Wege der Nothilfe gem. § 32 kommt vorliegend aus mehreren Gründen nicht in Betracht: Zum einen kann in der bloßen Existenz der B, ihrer fehlerhaften Körperbeschaffenheit und der daraus resultierenden Belastung für das Organsystem der A kein Angriff auf das Leben der A gesehen werden, da dieser ein willensgesteuertes Verhalten voraussetzt (vgl. hierzu Rönnau, in: LK, § 32 Rn. 100), was bei B gerade nicht vorliegt; zum anderen würde, selbst wenn man das Vorliegen eines Angriffs bejahte, dieser hier an der Gegenwärtigkeit scheitern; denn diese erfordert, dass der Angriff unmittelbar bevorsteht (vgl. hierzu Kühl, in: Lackner/Kühl, StGB Kommentar, § 32 Rn. 4), was hier nicht der Fall ist, da A im von B ungetrennten Zustand möglicherweise noch ein Jahr leben könnte; schließlich scheitert eine Rechtfertigung gem. § 32 vorliegend außerdem an der Rechtswidrigkeit des Angriffs; vgl. hierzu auch Joerden, Menschenleben, 126, der für die vorliegende Fallkonstellation knapp feststellt: „Notwehr kommt offenbar nicht in Betracht."; auch eine Rechtfertigung im Wege des Defensivnotstands scheidet vorliegend aus; zwar ist ein von einem Menschen ausgelöster Defensivnotstand grundsätzlich anerkannt (umstritten ist lediglich, ob er dogmatisch direkt unter § 34 zu fassen oder aus einer analogen Anwendung des § 228 BGB herzuleiten ist; vgl. hierzu Joerden, Menschenleben, 127; Kühl, in: Lackner/Kühl, StGB Kommentar, § 34 Rn. 9 m. w. N.; Rönnau, in: LK, § 34 Rn. 72 m. w. N.) mit der Folge, dass es für eine Rechtfertigung im Ergebnis (entweder bei analoger Anwendung des § 228 BGB über dessen Voraussetzungen oder bei Anwendung des § 34 über eine Abänderung der Interessenabwägung) ausreicht, dass der durch den Eingriff angerichtete Schaden nicht außer Verhältnis zur drohenden Gefahr steht (vgl. hierzu Joerden, Menschenleben, 127, der treffend feststellt: Der Unterschied zwischen der „gewöhnlichen" Interessenabwägungsklausel des § 34 und der Interessenabwägung im Rahmen des Defensivnotstands besteht darin, dass bei ersterer „das geschützte das beeinträchtigte Interesse wesentlich überwiegen muss", während es bei letzterer „genügt, dass das beeinträchtigte Interesse das geschützte Interesse nicht wesentlich überwiegt."); allerdings scheitert eine Rechtfertigung im Wege des Defensivnotstands, vorausgesetzt man ist überhaupt der Auffassung, dass im Wege des Defensivnotstands grundsätzlich auch eine Tötungshandlung gerechtfertigt sein kann (dies verneinend beispielsweise Rönnau, in: LK, § 34 Rn. 74 m. w. N.), in Fällen wie diesem bereits daran, dass man wohl kaum annehmen können wird, die (hier für das Leben des A) entstandene Gefahrenlage stamme einseitig aus der alleinigen Sphäre eines Zwillings, hier der B; durch die untrennbare Verknüpfung beider Zwillinge kann von getrennten Rechtssphären per se keine Rede sein. Die besondere Situation des medizinischen Phänomens der siamesischen Zwillinge macht daher eine Identifizierung des kausalen Ursprungs einer mit ihrer Verknüpfung zusammenhängenden Gefahr schlicht unmöglich; vgl. hierzu zutreffend Joerden, Menschenleben, 128; a. A. wohl Merkel, in: Joerden (Hrsg.), Der Mensch und seine Behandlung in der Medizin (1999), 175 (197 f.) und in: Roxin/Schroth (Hrsg.), Handbuch des Medizinstrafrechts, 603 (637 f.), der es grundsätzlich für möglich hält, auch im Falle der siamesischen Zwillinge im Wege des Defensivnotstands die Ursache der Gefahrenlage der Sphäre eines Zwillings zuzuschreiben.

655 Kritisch hierzu, aber i. E. dennoch bejahend Joerden, Menschenleben, 128; das Vorliegen einer gegenwärtigen Gefahr für das Leben der A wird hier wohl anzunehmen sein; denn durch die körperliche Beschaffenheit der B ist der Körper der A gezwungen, diese mitzuversorgen; hierdurch entsteht eine Überbelastung der Organe, insbesondere des Herzens der A, die wiederum

Leben der A, und dem beeinträchtigtem Interesse, dem Leben der B. Denn das Leben als absoluter Wert ist weder in qualitativer noch in quantitativer Hinsicht einer Abwägung zugänglich.[656] Mit anderen Worten: Ein menschliches Leben kann nie und nimmer ein anderes menschliches Leben überwiegen.[657] Hieran vermag auch der Umstand nichts zu ändern, dass A und B, würden sie nicht getrennt, beide sterben werden. Denn die Tötung der B zur Rettung der A bedeutet trotzdem, das Leben der B durch aktiven Eingriff zu verkürzen, was einer Rechtfertigung im Wege des § 34 gerade nicht zugänglich ist.[658] Eine Rechtfertigung

---

zur Folge hat, dass der Körper der A nicht lange in der Lage sein wird, die Mitversorgung der B zu leisten (zu klinischen Hintergrundinformationen in Bezug auf den Originalfall der Zwillinge „Jodie" und „Mary" vgl. Merkel, in: Roxin/Schroth (Hrsg.), Handbuch des Medizinstrafrechts, 603 (636)), d. h. die Koppelung der B an A stellt die Gefahr für das Leben der A dar. Diese Gefahr ist unter Einbeziehung des Umstandes, dass A möglicherweise noch ein Jahr in diesem Zustand leben könnte, eine Dauergefahr; diese Dauergefahr ist jedoch gegenwärtig, denn sie kann jederzeit und so auch alsbald in einen Schaden für das Leben der A umschlagen; man weiß vorliegend nicht genau, wie lange der Körper der A die Doppelbelastung aushält; somit ist es grundsätzlich möglich, dass schon innerhalb kürzester Zeit das Organsystem der A zusammenbricht; die grundsätzliche Möglichkeit, dass der Eintritt des Schadens noch länger (max. ein Jahr) auf sich warten lässt, schadet der Gegenwärtigkeit der Dauergefahr nicht; näher zu der Dauergefahr (und ihrer Gegenwärtigkeit) im Rahmen des § 34: Zieschang, in: LK, § 34 Rn. 36 f.; zudem ist zu beachten, dass eine Dauergefahr auch dann gegenwärtig sein kann, wenn „der Eintritt des drohenden Schadens zwar erst nach Ablauf einer gewissen Zeit zu erwarten steht, aber sofortiges Handeln angezeigt ist, um ihm wirksam begegnen zu können."; vgl. Zieschang, in: LK, § 34 Rn. 37; auch von dieser Fallgruppe wäre die vorliegende Konstellation erfasst, da ein Abwarten der unmittelbar akuten Lebensgefahr die Operations- und damit die Rettungschancen für A erheblich verschlechtern, wenn nicht unmöglich machen würde.

656 Vgl. hierzu nur Krey, Deutsches Strafrecht Allgemeiner Teil Band 1 (3. Auflage), Rn. 572; Kühl, in: Lackner/Kühl, StGB Kommentar, § 34 Rn. 7; Zieschang, in: LK, § 34 Rn. 56.

657 Vgl. hierzu Joerden, Menschenleben, 128; der vorliegende Fall kann auch mit folgender Konstellation verglichen werden: Angenommen ein (zweieiiges) Zwillingspaar, ein Junge und ein Mädchen, sind Patienten des Arztes A; der Junge leidet an einer unheilbaren tödlichen Krankheit und seine Lebenszeit bemisst sich nur noch auf höchstens ein Jahr; das Mädchen leidet an einem Herzfehler, der für sie, findet sich kein Spenderherz, in wenigen Wochen tödlich enden wird; sonst ist sie körperlich gesund; der Arzt erwägt nun, dem Jungen, der als (einziger) Spender für seine Schwester in Frage kommt, im lebenden Zustand das gesunde Herz zu entnehmen und dieses der Schwester zu implantieren; hierbei leitet ihn der Gedanke, dass die Schwester mit dem gesunden Herzen dauerhaft überleben wird, während der Junge sowieso in nächster Zeit seiner Krankheit erliegen würde; würde der Arzt dem Jungen tatsächlich das Herz explantieren, um das Leben seiner Schwester zu retten, so könnte er nicht gem. § 34 gerechtfertigt sein, denn das Leben des Jungen gegen das Leben der Schwester abzuwägen, ist im Rahmen des § 34 nicht möglich; nichts anderes kann für unseren Fall der Trennung siamesischer Zwillinge gelten.

658 So auch Joerden, Menschenleben, 129; damit kommt vorliegend auch eine Rechtfertigung der Tötung der B im Wege der rechtfertigenden Pflichtenkollision nicht in Betracht. Unabhängig davon, ob man diese als Unterfall des § 34 oder als selbstständigen, übergesetzlichen Rechtfertigungsgrund ansieht (vgl. hierzu im Einzelnen Kühl, in: Lackner/Kühl, StGB Kommentar,

der Tötung der B durch die Ärzte scheidet demnach (nach allen in Betracht kommenden Gesichtspunkten)[659] aus.[660]

Zu untersuchen ist nun noch, ob das Handeln der Ärzte entschuldigt sein könnte. Eine Entschuldigung im Rahmen des § 35 scheitert schon daran, dass die Ärzte vorliegend die Gefahr nicht „von sich, einem Angehörigen oder einer anderen [ihnen] nahestehenden Person abwenden."[661] Demnach bleibt vorliegend als letzte Möglichkeit, um das Handeln der Ärzte entschuldigen zu können, nur der Rückgriff auf den übergesetzlichen entschuldigenden Notstand.[662] Die Ärzte sehen sich hier der tragischen Situation ausgesetzt, entweder dem Unheil seinen Lauf zu lassen mit der sicheren Gewissheit, dass beide Kinder sterben werden, oder mithilfe ihrer ärztlichen Heilmöglichkeiten dergestalt einzugreifen, dass wenigstens eines der beiden Kinder gerettet werden kann.[663] Vor dem Hintergrund dieses Entscheidungskonfliktes ist es in Situationen wie der vorliegenden, welche

---

§ 34 Rn. 15; Rönnau, in: LK, vor §§ 32 ff. Rn. 112, 118, m. w. N. in Fn. 15, 16), scheitert eine Rechtfertigung im Wege der Pflichtenkollision vorliegend bereits daran, dass eine Handlungspflicht (den behandelnden Arzt trifft als Garant für das gesundheitliche Wohlergehen der Zwillinge die Pflicht, deren Situation nach Möglichkeit zu verbessern) mit einer Unterlassungspflicht (keinen der Zwillinge aktiv zu töten) kollidiert; denn ein derartiges Zusammentreffen von Handlungsgebot und Handlungsverbot führt vor dem Hintergrund der zutreffenden Wertung der h. M., wonach grundsätzlich die Pflicht, andere Rechtsgüter nicht zu verletzen, Vorrang hat, gerade zu § 34 zurück, so dass sich die Handlungspflicht gegenüber der Unterlassungspflicht nur unter den Voraussetzungen des § 34 durchsetzen kann, was hier jedoch gerade ausscheidet; vgl. hierzu ausführlich in Bezug auf den vorliegenden Fall Joerden, Menschenleben, 129 f.; allgemein zu der Kollision zwischen Handlungs- und Unterlassungspflichten im Rahmen der rechtfertigenden Pflichtenkollision: Kühl, in: Lackner/Kühl, StGB Kommentar, § 34 Rn. 15; Rönnau, in: LK, vor §§ 32 ff. Rn. 120.

659 Vgl. hierzu v. a. auch die Ausführungen in Fn. 654 und Fn. 658.

660 So auch Joerden, Menschenleben, 131; Merkel, in: Roxin/Schroth (Hrsg.), Handbuch des Medizinstrafrechts, 603 (631 ff.); Merkel, in: Joerden (Hrsg.), Der Mensch und seine Behandlung in der Medizin, 175 (194 ff.); Merkel, Früheuthanasie, 631 ff.

661 Vgl. hierzu den Wortlaut des § 35; so auch Joerden, Menschenleben, 131.

662 Vgl. allgemein zum übergesetzlichen entschuldigenden Notstand und seinen Voraussetzungen Krey/Esser, Deutsches Strafrecht Allgemeiner Teil (5. Auflage), Rn. 772 ff.; Kühl, in: Lackner/Kühl, StGB Kommentar, vor § 32 Rn. 31; Zieschang, in: LK, § 35 Rn. 80.

663 In Fällen wie diesem sollte die persönliche Konfliktlage, in welcher sich der Arzt vor dem Hintergrund seines ärztlichen Heilauftrages befindet, nicht unterschätzt werden; zumindest, wenn die Eltern den Arzt darum bitten, das Leben (wenigstens) eines ihrer Kinder zu retten, befindet sich der Arzt, der die Möglichkeiten hat, die Gefahr für das Leben des Kindes anstelle der Eltern, die nach § 35 entschuldigt wären, denen jedoch die Gefahrabwendung unmöglich ist, abzuwenden, in einer Situation, die durchaus mit der hinter der Vorschrift des § 35 stehenden Konfliktsituation vergleichbar ist; a. A. Merkel, in: Joerden (Hrsg.), Der Mensch und seine Behandlung in der Medizin, 175 (197), der betont, die Trennung siamesischer Zwillinge habe mit der persönlichen Lage des die Operation durchführenden Arztes nichts zu tun.

durch die untrennbare Verknüpfung zweier Leben besonders tragisch und in dieser Form nahezu einzigartig ist, zumindest vertretbar, eine Entschuldigung der Ärzte im Wege des übergesetzlichen Notstandes anzunehmen,[664] mag dies auch keine abschließend befriedigende Lösung sein.[665] Mithin hätten sich die Ärzte durch die Tötung der B *nicht* gem. § 212 I strafbar gemacht.

b) Lösung nach dem Herztodeskonzept

Zu untersuchen ist nun, ob die von den Ärzten durchgeführte Trennungsoperation auch nach dem Herztodeskonzept als tatbestandliche Tötung der B gem. § 212 I einzuordnen ist. Nach Auffassung der Vertreter des Herztodeskonzeptes ist die Existenz eines Herzkreislaufsystems notwendige und hinreichende Voraussetzung für ein menschliches Dasein.[666] A und B besitzen ein Kreislaufsystem mit einem Herzen, das beide versorgt. Wendet man vor dem Hintergrund dieser Erkenntnis das Herztodeskonzept konsequent[667] an, so wird deutlich, bei A und B handelt es sich nur um *einen* Menschen (mit zwei Köpfen), da sie lediglich ein Herzkreislaufsystem besitzen.[668] Dieses Herzkreislaufsystem bleibt auch durch

---

664 A. A. Joerden, Menschenleben, 131 f.; Merkel, in: Roxin/Schroth (Hrsg.), Handbuch des Medizinstrafrechts, 603 (635); Merkel, in: Joerden (Hrsg.), Der Mensch und seine Behandlung in der Medizin, 175 (197); Merkel, Früheuthanasie, 636.

665 Merkel, in: Joerden (Hrsg.), Der Mensch und seine Behandlung in der Medizin, 175 (197), stellt in Bezug auf die strafrechtliche Beurteilung der Trennung siamesischer Zwillinge treffend fest: „Daß es hier eine solche [gemeint ist eine befriedigende Lösung] überhaupt geben könnte, ist freilich wenig wahrscheinlich."

666 S. o. C. III. 3. b).

667 Soweit ersichtlich äußert sich die Mehrheit der Vertreter des Herztodeskonzeptes nicht dazu, wie sie den vorliegenden Fall lösen würde; lediglich Chatzikostas, Die Disponibilität des Rechtsgutes Leben in ihrer Bedeutung für die Probleme von Suizid und Euthanasie, 206 Fn. 125, unternimmt, soweit ersichtlich, als einziger Verfechter des Herztodeskonzeptes den Versuch, zu begründen, dass es sich bei dizephalen siamesischen Zwillingen mit nur einem Kreislaufsystem auch nach dem Herztodeskonzept um zwei Menschen handele. So äußert er: „Die Tatsache, dass die körperliche Integration vom Hirntod unabhängig ist, schließt nicht die Möglichkeit aus, dass tatsächlich in einem so extremen Fall zwei menschliche Organismen vom selben Blutkreislauf unterstützt werden." Chatzikostas unterläuft hierbei jedoch ein gravierender Fehler: Indem er auf zwei Organismen abstellt, hebt er zugleich indirekt die Bedeutung des Gehirns für den menschlichen Organismus hervor; denn nur vor dem Hintergrund des Wissens um die Existenz zweier Gehirne bei den Zwillingen lässt sich seine Formulierung „zwei Organismen" erklären; damit setzt er sich jedoch in Widerspruch zu der eigenen Auffassung, dass dem Gehirn keine entscheidende Funktion für den Organismus zukomme; setzt man diese nämlich konsequent um, so handelt es sich bei den dizephalen siamesischen Zwillingen tatsächlich nur um einen „Gesamtorganismus"; vgl. hierzu Ingelfinger, Grundlagen und Grenzbereiche, 157.

668 So auch Bonelli, in: Schwarz/Bonelli (Hrsg.), Der Status des Hirntoten, 83 (107 f.); Klinge, Todesbegriff, 173.

die Trennung der B von A vollkommen unberührt. Genau *das* Herzkreislaufsystem, das vor der Operation bereits existierte, besteht nach dem Eingriff in unveränderter Weise fort.[669] Mit anderen Worten: Durch die Trennung der B von A stirbt nach dem Herztodeskonzept nicht der Mensch B, sondern es wird lediglich ein doppelt angelegter und daher überflüssiger Körperteil, der Kopf „B", entfernt.[670] Für die Strafbarkeit der Ärzte bedeutet das: Sie haben sich nach dieser Auffassung durch die Vornahme der Trennungsoperation nicht wegen einer Tötung des abgetrennten Zwillings B gem. § 212 I strafbar gemacht.

Zusammenfassend lässt sich daher festhalten: Nach dem Herztodeskonzept kann das medizinische Phänomen der dizephalen siamesischen Zwillinge nicht als zwei Menschen mit einem Körper, sondern nur als ein Mensch mit zwei Köpfen (und so auch zwei Gehirnen) erfasst werden;[671] die von den Ärzten in solchen Fällen durchgeführten Trennungsoperationen stellen daher jeweils nicht mehr dar als die Amputation des einen (überflüssigen) Kopfes.[672]

c) Stellungnahme

Der vorliegende Fall verdeutlicht in noch drastischerer Art und Weise als der Vorhergehende die Grenzen strafrechtlicher Lösungsmöglichkeiten, und so ist mit MERKEL die ernüchternde und doch zutreffende Schlussfolgerung zu ziehen, dass sich eine befriedigende Lösung für derartige Fälle wohl kaum finden lässt.[673]

Doch darüber hinaus gelangt man durch die vorliegende Konstellation zu einer grundlegenden und im besonderen Maße gewichtigen Einsicht: Es wäre geradezu

669 So auch Bonelli, in: Schwarz/Bonelli (Hrsg.), Der Status des Hirntoten, 83 (107 f.); Ingelfinger, Grundlagen und Grenzbereiche, 157.

670 So auch Bonelli, in: Schwarz/Bonelli (Hrsg.), Der Status des Hirntoten, 83 (107 f.); Ingelfinger, Grundlagen und Grenzbereiche, 157; Klinge, Todesbegriff, 173; Merkel, in: Jura 1999, 113 (117).

671 So auch Bonelli, in: Schwarz/Bonelli (Hrsg.), Der Status des Hirntoten, 83 (107 f.); Klinge, Todesbegriff, 173.

672 So auch Merkel, in: Jura 1999. 113 (117); Bonelli, in: Schwarz/Bonelli (Hrsg.), Der Status des Hirntoten, 83 (107 f.); Ingelfinger, Grundlagen und Grenzbereiche, 157; tatsächlich scheinen Ärzte, führen sie bei dizepahlen Zwillingen eine Trennungsoperation durch, ihre Vorgehensweise als „Amputation eines der beiden Köpfe" zu bezeichnen; vgl. zu dieser nach Merkel „begrifflichen (...) Entlastungs- oder Verdrängungsstrategie" der Ärzte Merkel, Früheuthanasie, 632 f.

673 Merkel, in: Joerden (Hrsg.), Der Mensch und seine Behandlung in der Medizin, 175 (197 ff.), der auch von „einer gewissen Ratlosigkeit" spricht; Merkel, in: Roxin/Schroth (Hrsg.), Handbuch des Medizinstrafrechts, 603 (635), (638); Merkel, Früheuthanasie, 636.

absurd, mit den Vertretern des Herztodeskonzeptes anzunehmen, die dizephalen Zwillinge seien nur *ein* Mensch mit zwei Köpfen und damit gleichbedeutend ein Mensch mit zwei Gehirnen. Führt man sich die einzigartige Bedeutung des Gehirns für das menschliche Wesen vor Augen, so verbietet sich eine solche Betrachtungsweise.[674]

Das Gehirn ist der Sitz des menschlichen Bewusstseins.[675] Es bildet die unerlässliche körperliche (biologische) Voraussetzung „für alles Geistige".[676] Hiergegen kann auch nicht der Einwand vorgebracht werden, es sei wissenschaftlich nicht gesichert, dass das Bewusstsein seinen alleinigen Sitz im Gehirn habe.[677] Denn vor dem Hintergrund des derzeitigen wissenschaftlichen Kenntnisstands kann es als fundiert angesehen werden, dass mit dem vollständigen Absterben des Gehirns auch jede Form menschlichen Bewusstseins ihr Ende findet.[678] Absolute Gewissheit unter Ausschluss jedes noch so geringen Zweifels wird bei einer solch äußerst schwierigen Thematik wohl niemals erreicht werden können.[679] Dies aus rechtlicher Perspektive zu verlangen, wäre jedoch auch weder weiterführend[680],

674 So auch Bonelli, in: Schwarz/Bonelli (Hrsg.), Der Status des Hirntoten, 83 (107 f.); Ingelfinger, Grundlagen und Grenzbereiche, 157; Klinge, Todesbegriff, 142; Lang, in: ZRP 1995, 457 (459); Merkel, in: Jura 1999, 113 (117); die folgenden Ausführungen dienen dazu, die beiden Säulen der überzeugenden doppelten Begründung des Gesamthirntodeskonzeptes (die anthropologische und die biologisch-medizinische Begründung) darzulegen; hierzu auch s. o. C. III. 1. b).

675 S. o. C. III. 1. b) aa).

676 Angstwurm, in: Hoff/in der Schmitten (Hrsg.), Wann ist der Mensch tot?, 41 (45); so auch statt vieler: Bockelmann, Strafrecht des Arztes, 109; Engisch, in: Der Grenzbereich zwischen Leben und Tod (1976), 87 (88); Heun, in: JZ 1996, 213 (215 f.); Klinge, Todesbegriff, 145; Schreiber, in: Festschrift für E. Steffen, 451 (459); Steffen, in: NJW 1997, 1619 (1619); Sternberg-Lieben, in: JA 1997, 80 (83); Stratenwerth, in: Festschrift für K. Engisch, 528 (543).

677 So jedoch ein Einwand der Vertreter des Herztodeskonzeptes; s. o. C. III. 3. a); ausführlich aus medizinischer Sicht gegen die Vermutung der Vertreter des Herztodeskonzeptes, in Reaktionen des Hirntoten, wie dem immensen Blutdruckanstieg vor einer Transplantation, trete dessen Bewusstsein zu Tage (s. o. C. III. 3. a)) vgl. Oduncu, in: Roxin/Schroth (Hrsg.), Medizinstrafrecht, 199 (214 ff.); Oduncu, Hirntod und Organtransplantation, 98 ff.; Schlake /Roosen, Der Hirntod als der Tod, 52 ff.

678 Vgl. hierzu Ingelfinger, Grundlagen und Grenzbereiche, 152, der treffend feststellt: „Die Annahme, auch ein Hirntoter habe möglicherweise noch eine Form von Bewusstsein, ist (...) nach dem derzeitigen Stand der medizinischen Forschung hochgradig spekulativ."; Heun, in: JZ 1996, 213 (216); Schreiber, in: Festschrift für E. Steffen, 451 (459), bringt dies auf den Punkt: „Der Mensch kann (...) in diesem Zustand [des Gesamthirntodes] nicht irgend etwas empfinden."

679 Heun, in: JZ 1996, 213 (216); Ingelfinger, Grundlagen und Grenzbereiche, 152.

680 Heun, in: JZ 1996, 213 (216), führt hierzu treffend aus: „Mit dieser Berufung auf Ungewißheiten müßte bis zum Absterben der letzten Zelle abgewartet werden – und vielleicht noch darüber hinaus." Mit anderen Worten: Der Einwand der Ungewissheit lässt sich ebenso gegen die Vertreter des Herztodeskonzeptes richten, mit der Folge, dass es unmöglich würde, den Tod

noch notwendig. Denn das Recht fordert, wie HEUN zutreffend feststellt, „keine völlige Sicherheit der Erkenntnisse", sondern bloß „praktische Gewißheit."[681]

Darüber hinaus ist das Gehirn, dies wurde insbesondere anhand des „Erlanger-Falls" deutlich, die unabdingbare Voraussetzung dafür, dass der Organismus als selbsttätige, selbstbestimmende und selbstständige Einheit in Gestalt eines integrierenden Ganzen funktioniert.[682] Mit dem Ausfall des Gehirns verliert der menschliche Organismus unwiederbringlich die Fähigkeit der zentralen Regulierung seiner Körperfunktionen.[683]

All dies zeigt: Das Gehirn stellt das unentbehrliche Zentrum für all das dar, was den Menschen auszeichnet.[684] Es ist die Regelungszentrale für die Steuerung der körperlich-biologischen Prozesse und zugleich die unabdingbare Voraussetzung für die Geistigkeit des Individuums Mensch.[685] In dem Gehirn spiegelt sich das menschliche Wesen in einzigartiger Weise als körperlich-geistige Einheit wieder.[686] Aufgrund seiner herausragenden Bedeutung für den Menschen kann das Gehirn mit Recht als das „Zentralorgan" des menschlichen Körpers bezeichnet werden.[687] Mit seinem Ausfall ist das, was den Menschen gerade in seinem Menschsein ausmacht, unersetzlich weggefallen; übrig bleibt eine jedes Bewusstsein entbehrende Teilsumme von Organen.[688]

---

des Menschen festzulegen, was rechtlich, dies leuchtet selbstredend ein, kein hinnehmbarer Zustand wäre; vgl. hierzu auch Ingelfinger, Grundlagen und Grenzbereiche, 152; Kaschubs-Saeedi, Menschliches Leben als Schutzgut des Strafrechts, 120.

681 Heun, in: JZ 1996, 213 (216).

682 S. o. 3. c) bb).

683 Birnbacher, in: MedR 1994, 469 (469); s. o. IV. 3. c) bb).

684 Sternberg-Lieben, in: JA 1997, 80 (84).

685 Sternberg-Lieben, in: JA 1997, 80 (84); so auch Angstwurm, in: Hoff/in der Schmitten (Hrsg.), Wann ist der Mensch tot?, 41 (45); Angstwurm, in: Firnkorn (Hrsg.), Hirntod als Todeskriterium, 7 (8); Angstwurm, in: Oduncu/Schroth/Vossenbühl (Hrsg.), Transplantation, 28 (32 f.); Birnbacher/Angstwurm/Eigler/Wuermeling, in: DÄBl. 1993, B-2170 f.; Birnbacher, in: Hoff/in der Schmitten (Hrsg.), Wann ist der Mensch tot?, 28 (32 ff.); Birnbacher, in: MedR 1994, 469 f; Klinge, Todesbegriff, 145; Schroth, in: Roxin/Schroth (Hrsg.), Handbuch des Medizinstrafrechts, 357 (362).

686 Birnbacher/Angstwurm/Eigler/Wuermeling, in: DÄBl. 1993, B-2170 (2171); Ingelfinger, Grundlagen und Grenzbereiche, 156 f.; Steffen, in: NJW 1997, 1619 (1619); Sternberg-Lieben, in: JA 1997, 80 (83 f.).

687 Bonelli, in: Schwarz/Bonelli (Hrsg.), Der Satus des Hirntoten, 83 (103); Ingelfinger, Grundlagen und Grenzbereiche, 157; Lang, in: ZRP 1995, 457 (459); Spittler, in: Universitas 1995, 313 (320); Steffen, in: NJW 1997, 1619 (1619).

688 Müller-Terpitz, in: Isensee/Kirchhof (Hrsg.), Handbuch des Staatsrechts Band VII, § 147 Rn. 32.

Die Auffassung der Vertreter des Herztodeskonzeptes, das Gehirn sei ein Organ wie jedes andere, mit der Konsequenz, dass ein menschliches Wesen wie im Fall der doppelköpfigen siamesischen Zwillinge dem Schutz der §§ 211 ff. entzogen wird,[689] ist daher abzulehnen. Dizephale siamesische Zwillinge sind *zwei* Menschen mit einem Körper. Als solche müssen sie daher von dem Unrechtstatbestand der §§ 211 ff. erfasst sein; mit Hilfe des übergesetzlichen entschuldigenden Notstandes besteht die Möglichkeit, unbillige Härten für die handelnden Ärzte zu vermeiden und so der Einzelfallgerechtigkeit Rechnung tragen zu können.[690]

5. Zwischenergebnis

Die Betrachtung der vier dargestellten Fallkonstellationen ermöglichte es, sich mit den beiden Todeskonzepten, Gesamthirntodes- und Herztodeskonzept, im Kontext verschiedenster medizinstrafrechtlicher Problematiken intensiv auseinanderzusetzen. Dies hat zu folgenden Erkenntnissen geführt:

Nach der Herztodeskonzeption sind Hirntote lebende Menschen. Dennoch soll bei diesen sowohl die Entnahme lebensnotwendiger Organe (mit Einwilligung) als auch der Behandlungsabbruch gegen ihren Willen strafrechtlich zulässig sein.[691] Diese Ansicht der Vertreter des Herztodeskonzeptes führt zu unerträglichen Konsequenzen, die vor dem Hintergrund eines umfassenden sowie absoluten strafrechtlichen Lebensschutzes mit der gebotenen Deutlichkeit zurückzuweisen sind. Die Vertreter des Herztodeskonzeptes schaffen, indem sie dem Hirntoten im Ergebnis nicht denselben strafrechtlichen Schutz zukommen lassen wie dem Nicht-Hirntoten, eine Kategorie geringwertigeren Lebens und machen so das Leben des Hirntoten bildlich gesprochen zum Spielball ihrer mehr als be-

689 Merkel, in: Jura 1999, 113 (118), stellt zutreffend fest: Die Auffassung der Vertreter des Herztodeskonzeptes „produziert [indem sie den Menschen auf seinen biologischen Organismus reduziert] nämlich eine Verkürzung des Lebensschutzes." Dies zeigt sich aus folgender Beobachtung: „Wenn das irreversible Erlöschen sämtlicher Gehirnfunktionen noch nicht den Tod des Menschen bedeutet, dann bedeutet das *Zerstören* nur dieser Funktionen auch nicht seine Tötung, wird also vom stärksten Instrument des Lebensschutzes, dem strafrechtlichen Tötungsverbot, nicht erfaßt. Das Beispiel der dizephalen siamesischen Zwillinge, deren einer bei der Trennung dann eben nicht getötet, sondern bloß ‚amputiert' wird, demonstriert diesen Effekt (...)."

690 S. o. 4. a).

691 Siehe hierzu ausführlich oben IV. 1. b); IV. 2. b).

fremdlichen Konstruktionen[692].[693] Mit anderen Worten: „In der Sache wird (...) das ‚angebliche Leben' des Hirntoten (...) [von den Vertretern des Herztodeskonzeptes] als ein Leben geringerer Qualität angesehen."[694] Damit stellen sich die Vertreter des Herztodeskonzeptes in einen ausdrücklichen Widerspruch, nicht nur zu ihrer eigenen Ansicht,[695] sondern vor allem zu dem Sinn und Zweck der strafrechtlichen Lebensschutztatbestände.[696]

Weiter ist kein nachvollziehbarer Grund dafür ersichtlich, den Vertretern des Herztodeskonzeptes in ihren Einwänden, die sie anführen, um zu verdeutlichen, dass dem Gehirn keine entscheidende Bedeutung für das menschliche Dasein zukommen könne,[697] beizupflichten. Sowohl der Fall des „Erlanger-Babys" als auch der des dizephalen siamesischen Zwillingspaares haben eindringlich verdeutlicht, welch herausragende Funktion dem Gehirn für das menschliche Individuum zukommt.[698]

All dies zeigt: Das Herztodeskonzept stellt keinen angemessenen strafrechtlichen Todesbegriff dar, während das Gesamthirntodeskonzept anhand der vier dargelegten Fälle seine Tauglich- und Schlüssigkeit unter Beweis stellen konnte. An dieser Stelle kann daher festgehalten werden: Es erscheint gerechtfertigt, den strafrechtlichen Tod des Menschen mit dem Funktionsausfall seines Gehirns gleichzusetzen.[699]

---

692 Zu den Konstruktionen der Vertreter des Herztodeskonzeptes im Rahmen der Organentnahme siehe ausführlich oben IV. 1. b).

693 Sternberg-Lieben, in: JA 1997, 80 (86); Eser, in: Schönke/Schröder, StGB Kommentar, vor §§ 211 ff. Rn. 19; Heun, in: JZ 1996, 213 (219); Ingelfinger, Grundlagen und Grenzbereiche, 163; Merkel, in: Jura 1999, 113 (118 ff.); Schneider, in: MüKo StGB, vor §§ 211 ff. Rn. 25; Wagner/Brocker, in: ZRP 1996, 226 (229).

694 Schreiber, in: Festschrift für E. Steffen, 451 (459).

695 Vgl. hierzu Heun, in: JZ 1996, 213 (216 f.); Ingelfinger, Grundlagen und Grenzbereiche, 163; Merkel, in: Jura 1999, 113 (118 ff.); Wagner/Brocker, in: ZRP 1996, 226 (229).

696 Das Herztodeskonzept ist bereits mit dem im Wege der teleologischen Auslegung erarbeiteten Grundsatz, dass jeder *lebende* Mensch vollumfänglich vom Schutzbereich der §§ 211 ff. erfasst ist, nicht zu vereinbaren; s. o. III. 4.

697 Siehe hierzu insbesondere oben C. III. 3. a).

698 S. o. IV. 3. c) bb); IV. 4. c).

699 Statt vieler: Engisch, in: Der Grenzbereich zwischen Leben und Tod, 87 (88 f.); Eser, in: Schönke/Schröder, StGB Kommentar, vor §§ 211 ff. Rn. 19; Funck, in: MedR 1992, 182 ff.; Heun, in: JZ 1996, 213 (216 f.); Ingelfinger, Grundlagen und Grenzbereiche, 156 ff., v. a. 158; Klinge, Todesbegriff, 141 ff.; Schneider, in: MüKo StGB, vor §§ 211 ff. Rn. 24; Schreiber, in: Festschrift für E. Steffen, 451 (459 f.); Steffen, in: NJW 1997, 1619 (1619 f.); Sternberg-Lieben, in: JA 1997, 80 (83 f.); mit dieser Formulierung, dies gilt es zu betonen, ist noch nicht gesagt, ob der strafrechtliche Tod des Menschen mit dem *vollständigen* Ausfall seiner Gehirnfunktionen (Gesamthirntodeskonzept) gleichzusetzen ist, oder, ob möglicherweise bereits ein *Teil*ausfall

6. Die Organentnahme bei anencephalen Neugeborenen und Patienten mit apallischem Syndrom: eine postmortale Organentnahme?

An diese Feststellung schließt sich nun zugleich die Frage an, ob der strafrechtliche Tod des Menschen mit dem Funktionsausfall der *Gesamtheit aller* Bereiche oder nur *eines* bestimmten *Teil*bereiches seines Gehirns gleichzusetzen ist.

Letzteres bejahen die Vertreter des Großhirntodeskonzeptes.[700] Sie sind der Auffassung, das entscheidende Charakteristikum des Menschen sei allein seine Geistigkeit.[701] Daher sei der Tod des Menschen bereits mit dem Erlöschen der Großhirnrinde eingetreten, denn „die Zentren, die für die Wahrnehmung, Erinnerung und Motorik und damit für das zuständig sind, was Bewußtsein gerade ausmacht, sind auf ihr lokalisiert."[702] RÖTTGEN bringt die Ansicht der Vertreter des Großhirntodeskonzeptes treffend auf den Punkt, indem er äußert: „Es [ist] ‚nicht der Tod des Hirnstamms von Herrn Schmitz, sondern der Tod des Menschen Schmitz'[703] entscheidend, der mit dem Tod des Kortex [Großhirnrinde] als der Bewußtseinsebene eingetreten [ist]."[704]

Mit der folgenden Fallkonstellation soll nun zum einen untersucht werden, zu welchen strafrechtlichen Konsequenzen die Auffassung der Vertreter des Großhirntodeskonzeptes führt, und zum anderen, ob es vor diesem Hintergrund angemessen sein kann, den strafrechtlichen Tod des Menschen schon dann anzunehmen, wenn ein Teilbereich seines Gehirns, das Großhirn bzw. die Großhirnrinde, irreversibel erloschen ist. Zu diesem Zwecke soll zunächst der Sachverhalt[705] geschildert werden:

---

des Gehirns ausreicht, um den Tod des Menschen im Strafrechtssinne anzunehmen; diese Frage wird erst im Folgenden behandelt, hierzu siehe den 6. Fall: die Organentnahme bei anencephalen Neugeborenen und Patienten mit apallischem Syndrom.

700 Ausführlich zu der Argumentation der Vertreter des Großhirntodeskonzeptes s. o. C. III. 2. b); als juristische Vertreter des Großhirntodeskonzeptes (auch für das Strafrecht) sind insbesondere Funck, Horn, Kaschubs-Saeedi und Ruscher zu nennen; vgl. hierzu Funck, in: MedR 1992, 182 ff.; Horn, in: Der Internist 1974, 557 ff.; Kaschubs-Saeedi, Menschliches Leben als Schutzgut des Strafrechts, 73 ff., insbesondere 131; Ruscher, Die Bestimmung des Todeszeitpunktes aus erbrechtlicher Sicht, 117 ff., für das Strafrecht insbesondere 129 ff.

701 S. o. C. III. 2. b).

702 Funck, in: MedR 1992, 182 (185).; zur Anatomie des Gehirns s. o. B. I.

703 Röttgen, in: Penin/Käufer (Hrsg.), Der Hirntod, 55.

704 Ruscher, Die Bestimmung des Todeszeitpunktes aus erbrechtlicher Sicht, 122.

705 In Deutschland gab es in den Jahren 1984 und 1987 in Münster zwei Fälle, bei denen ein Ärzteteam unter Leitung der bekannten Gynäkologen Beller und Holzgreve nach dem Gesamthirntodeskonzept (wohl nachweislich) noch lebenden anencephalen Neugeborenen lebensnotwendige

In einem Krankenhaus wird der Arzt A innerhalb weniger Stunden mit zwei Geschehnissen konfrontiert:

Die schwangere Frau M bringt ein Mädchen N zur Welt. Im Wege der medizinischen Untersuchung stellt A fest, dass N unter der sog. Anencephalie[706] leidet, was bedeutet, dass ihr Gehirn in großem Maße fehlerhaft ausgebildet ist. Der knöcherne Gehirnschädel, die Hirnhäute sowie das Großhirn des Neugeborenen fehlen vollständig. Lediglich der Hirnstamm ist soweit funktionstüchtig, dass Atmungs-, Herz- und Kreislauffunktion der N aktiv sind.

Nach einem Unfall wird die schwerverletzte bewusstlose S in die Notaufnahme eingeliefert. Nachdem A sie an die notwendigen intensivmedizinischen Geräte angeschlossen und mehrere Untersuchungen bei ihr durchgeführt hat, ist er überzeugt davon, dass bei S die Großhirnrinde vollständig erloschen ist.[707] Ihr Hirnstamm hat seine Funktion allerdings noch nicht eingestellt, so dass S u. a. in der Lage ist, spontan zu atmen.

A fragt sich nun, ob er sich jeweils gem. § 212 I strafbar machen würde, wenn er sowohl dem anencephalen Neugeborenen N als auch der unter dem apallischem Syndrom leidenden S lebensnotwendige Organe entnehmen würde.

a) Lösung nach dem Gesamthirntodeskonzept

Eine Strafbarkeit des A jeweils nach § 212 I setzt zunächst voraus, dass es sich bei N und S um taugliche Tatobjekte, mithin um lebende Menschen handelt. Nach dem Gesamthirntodeskonzept ist ein Mensch tot, wenn die Gesamtfunktion des Großhirns, Kleinhirns und des Hirnstamms irreversibel erloschen ist.[708] Sowohl

Organe entnahm; vgl. hierzu ausführlich DÄBl. 1988, A-130; Isemer/Lilie, in: MedR 1988, 66 (66 Fn. 4) mit Verweisen auf Presseberichte; (auch zu den Ermittlungen der Staatsanwaltschaft) Merkel, Früheuthanasie, 624 ff.; Zimmeck, Die Reichweite des Lebensrechts, 109 f.; allgemein zur Problematik der Organentnahme bei Anencephalen vgl. beispielsweise Isemer/Lilie, in: MedR 1988, 66 ff.; Kaschubs-Saeedi, Menschliches Leben als Schutzgut des Strafrechts, 132 ff.; Kloth mit einer rechtsvergleichenden Darstellung, in: MedR 1994, 181 ff.; Ruscher, Die Bestimmung des Todeszeitpunktes aus erbrechtlicher Sicht, 134; Wolfslast, in: MedR 1989, 163 ff.

706 Zum Krankheitsbild der Anencephalie s. o. B. III. 2. a).

707 S leidet hier unter einer starken Form des sog. apallischen Syndroms; s. o. B. III. 2. b); für die vorliegenden Zwecke soll unterstellt werden, dass es medizinisch möglich ist, diese zu diagnostizieren; vgl. hierzu Spittler, Gehirn, Tod, 62 f.; 80 f., der betont, dass eine solche Form des apallischen Syndroms nicht feststellbar sei.

708 S. o. C. III. 1. a); II. 2. a).

bei N als auch bei S ist zwar ein Teil des Gehirns, das Großhirn, nicht vorhanden bzw. nicht mehr aktiv. Es sind aber das Kleinhirn sowie der Hirnstamm bei beiden noch funktionstüchtig, so dass der Gesamthirntod bei ihnen gerade (noch) nicht eingetreten ist. Mithin leben N und S nach dieser Auffassung und stellen daher taugliche Tatobjekte im Rahmen des § 212 I dar. Würde A ihnen daher lebensnotwendige Organe entnehmen, führte er hierdurch den Tod von N und S herbei und würde sich daher jeweils gem. § 212 I strafbar machen.[709]

709 In Bezug auf N spielt es auch keine Rolle, dass Neugeborene mit einer solchen anencephalen Fehlbildung meist innerhalb weniger Wochen nach der Geburt sterben. Denn, wie Schneider, in: MüKo StGB, vor §§ 211 ff. Rn. 28 treffend feststellt, hat „die Lebensfähigkeit auf den strafrechtlichen Schutz des Menschen keinen Einfluss. Ein Kind, das lebend zur Welt kommt, ist ab dem Zeitpunkt des Geburtsanfangs taugliches Objekt der Tötungs- und Körperverletzungsdelikte, sofern es – wenn auch nur für kurze Zeit – unabhängig von der Mutter in menschlicher Weise lebt." Daher fallen auch missgebildete Kinder wie die Anencephalen unabhängig von der Dauer ihrer Überlebenschancen im Einzelnen vor dem Hintergrund des Gesamthirntodeskonzeptes als lebende Menschen unter den Schutzbereich der §§ 211 ff.; vgl. hierzu auch: BGHSt 10, 291 (292 ff.); Isemer/Lilie, in: MedR 1988, 66 (68); Jähnke, in: LK, vor § 211 Rn. 5 f., der in Bezug auf die Anencephalen ausdrücklich feststellt: „Der Anencephalus ist (…) kein Wesen ohne Gehirn, sondern besitzt funktionstüchtige Hirnteile. Seine Gleichsetzung mit einem Hirntoten ist deshalb nicht gerechtfertigt; es gilt das Tötungsverbot."; Jähnke hatte in einer früheren Auflage des LKs, vgl. Jähnke, in: LK, 10. Auflage, § 218 Rn. 4, die Auffassung vertreten, dass der Anencephale keine Leibesfrucht (und so erst recht kein Mensch i. S. d. §§ 211 ff). sei; zu diesem Schluss zutreffend Ruscher, Die Bestimmung des Todeszeitpunktes aus erbrechtlicher Sicht, 131. Diese (vor dem Hintergrund des Gesamthirntodeskonzeptes nicht haltbare) Ansicht gibt Jähnke nun ausdrücklich auf; vgl. Jähnke, in: LK, vor § 211 Rn. 6 Fn. 27; Kühl, in: Lackner/Kühl, StGB Kommentar, vor § 211 Rn. 3; im Ausland (überwiegend in den USA) vorzufindende Bestrebungen, den Anencephalen einen „Sonderstatus" einzuräumen, um sie auf diese Weise von dem Anwendungsbereich des Gesamthirntodeskonzeptes ausnehmen zu können, sollen hier aus zwei Gründen bewusst außer Acht gelassen werden: Zum einen werden, soweit ersichtlich, solche Bestrebungen in Deutschland, nachdem Jähnke, der als wohl einziger deutscher Rechtswissenschaftler einen solchen Ansatz ernsthaft in Erwägung zog, diesen zu Recht aufgegeben hat, nicht mehr vertreten; zum anderen setzen sich solche Ansätze, und dies zeigt, es hat seinen guten Grund, dass sie von der deutschen Rechtswissenschaft nicht mehr ernsthaft erwogen werden, in einen unerträglichen Widerspruch zu dem Gesamthirntodeskonzept (insoweit zutreffend Ruscher, Die Bestimmung des Todeszeitpunktes aus erbrechtlicher Sicht, 134), stellen ferner eine unzulässige Relativierung des strafrechtlichen Lebensschutzes dar und sind daher als verfehlt zurückzuweisen; vgl. hierzu auch mit zutreffender Kritik gegen diese Bestrebungen: Klinge, Todesbegriff, 182 Fn. 194 m. w. N.; Kloth, in: MedR 1994, 180 (182 ff.); Kühl, in: Lackner/Kühl, StGB Kommentar, vor § 211 Rn. 4; Merkel, Früheuthanasie, 626 ff.; Wolfslast, in: MedR 1989, 163 (164 ff.).

b) Lösung nach dem Großhirntodeskonzept

Nach dem Großhirntodeskonzept ist ein Mensch bereits dann tot, wenn sein Großhirn, insbesondere die Großhirnrinde, unwiederbringlich zerstört ist.[710] Nach dieser Ansicht sind N, bei der das Großhirn nie vorhanden war, und S, bei der jenes irreversibel erloschen ist,[711] tot.[712] Mithin würde sich A durch die Entnahme lebensnotwendiger Organe von N und S jeweils nicht gem. § 212 I strafbar machen.

c) Stellungnahme

Durch die vorliegende Fallkonstellation wird deutlich: Anencephale Kinder und Patienten, die unter einer bestimmten Ausprägung des apallischen Syndroms leiden,[713] sind nach den Vertretern des Großhirntodeskonzeptes keine lebenden, sondern tote Menschen; dies zieht die strafrechtlich gewichtige Konsequenz nach sich, dass diese nicht (mehr) vom Schutzbereich der §§ 211 ff. erfasst sind.

Vor dem Hintergrund einer solch weitreichenden Folge müsste die Argumentation der Vertreter des Großhirntodeskonzeptes in einer solchen Weise stichhaltig sein, dass sie in der Lage ist, angemessen zu begründen, warum die strafrechtliche Notwendigkeit besteht, Menschen vom Schutzbereich der §§ 211 ff. auszuklammern, bei denen zwar ein Bereich des Gehirns ausgefallen ist, andere Teilbereiche jedoch noch funktionstüchtig sind. Genau diesen Anspruch vermögen die Vertreter des Großhirntodeskonzeptes nicht in ausreichendem Maße zu erfüllen.

Selbst wenn man unterstellte, es sei neurologisch erwiesen, dass ausschließlich das Großhirn, insbesondere die Großhirnrinde, dafür verantwortlich sei, menschliche

---

710 S. o. II. 2. b) aa); C. III. 2. a).

711 Ruscher, Die Bestimmung des Todeszeitpunktes aus erbrechtlicher Sicht, 132, beschreibt das Verhältnis von Anencephalen und Apallikern treffend mit folgenden Worten: „Bei dem Apalliker ist das tot, was der Anencephalus nicht hat [gemeint ist das Großhirn], oder umgekehrt, was der Anencephalus nicht hat, ist bei dem Apalliker tot."

712 So ausdrücklich Kaschubs-Saeedi, Menschliches Leben als Schutzgut des Strafrechts, 139 f.; Funck, in: MedR 1992, 182 (188), formuliert: „Ein Anencephalus ist als Totgeburt und ein Körper mit irreversibel zerstörter Großhirnrinde als Leiche zu betrachten."; Ruscher, Die Bestimmung des Todeszeitpunktes aus erbrechtlicher Sicht, 129 ff.

713 Das apallische Syndrom kann von Patient zu Patient völlig verschieden ausgeprägt sein; in Bezug auf das Großhirntodeskonzept sind nur solche Patienten von Bedeutung, bei denen das apallische Syndrom so stark ausgeprägt ist, dass die Großhirnrinde vollständig abgestorben ist; s. o. Fn. 707 und B. III. 2. b).

Bewusstseinsleistungen hervorzubringen,[714] so wird das alleinige Abstellen auf die Existenz des Bewusstseins dem menschlichen Wesen in seiner Komplexität gerade nicht gerecht. Denn der Mensch ist „weder identisch mit seinem biologischen Organismus, noch mit seinem personalen Bewußtsein (…).“[715] Er ist vielmehr eine untrennbare Einheit von Körper und Geist.[716] Auf den menschlichen Tod übertragen bedeutet dies: Der Mensch als körperlich-geistige Einheit ist erst dann tot, wenn sowohl sein biologischer Organismus als auch sein Geist irreversibel abgestorben sind. Dies ist aber erst mit dem Ausfall des Gehirns in seiner Gesamtheit der Fall. Denn „mit dem Organtod des Gehirns sind [sowohl] die für jedes personale menschliche Leben unabdingbaren Voraussetzungen [als auch] (…) alle für das eigenständige körperliche Leben erforderlichen Steuerungsvorgänge (...) endgültig erloschen.“[717]

Gegen diese doppelte Begründung des Gesamthirntodeskonzeptes kann auch nicht eingewendet werden, es greife auf zwei Todessubjekte zurück, einmal auf die Person und einmal auf den Organismus als Ganzes und setze sich hierdurch dem Vorwurf der Inkonsistenz aus, da ein „stimmiges Todeskonzept nur ein Subjekt des Todes setzen“[718] könne.[719] Denn Subjekt des Todes ist einzig und allein der Mensch als körperlich-geistiges Wesen.[720] Der Mensch ist nicht *entweder* Körper

714 Nach dem heutigen Stand der medizinischen Wissenschaft kann es nicht als gesichert angesehen werden, dass mit dem Funktionsausfall des Großhirns zugleich jegliche Form von menschlichem Bewusstsein erlischt; vgl. hierzu Bock, Rechtliche Voraussetzungen der Organentnahme bei Lebenden und Verstorbenen (1999), 180; Bockelmann, in: Krösl/Scherzer (Hrsg.), Die Bestimmung des Todeszeitpunktes, 277 (281); Karl, Todesbegriff und Organtransplantation gezeigt am Beispiel der Bundesrepublik Deutschland, der ehemaligen DDR und Österreich (1995), 40; Klinge, Todesbegriff, 160; Kloth, Rechtsprobleme der Todesbestimmung, 31; Marktl, in: Schwarz/Bonelli (Hrsg.), Der Status des Hirntoten, 35 (37 ff.); Roth/Dicke, in: Hoff/in der Schmitten (Hrsg.), Wann ist der Mensch tot?, 51 (54 ff.), die betonen, dass „für das Entstehen von Bewußtsein eine spezifische Interaktion corticaler mit subcorticalen Zentren nötig ist.“ Mit anderen Worten: Nur ein Zusammenspiel verschiedener Bereiche des Gehirns ermöglicht nach derzeitigem Kenntnisstand das Entstehen von Bewusstsein; Saliger, in: KritV 2001, 382 (414); Schlake/Roosen, Der Hirntod als der Tod, 18; Schneider, in: MüKo StGB, vor §§ 211 ff. Rn. 21; Schöne-Seifert, in: Hoff/in der Schmitten (Hrsg.), Wann ist der Mensch tot?, 477 (481); Sternberg-Lieben, in: JA 1997, 80 (84); Vogel/Hocke, in: Jura 2005, 709 (710).

715 Merkel, in: Jura 1999, 113 (118).

716 Klinge, Todesbegriff, 162; Angstwurm, in: Hoff/in der Schmitten (Hrsg.), 41 (47); Birnbacher/Angstwurm/Eigler/Wuermeling, in: DÄBl. 1993, B-2170 (2171); Bock, Rechtliche Voraussetzungen der Organentnahme, 181.

717 Schreiber, in: JZ 1983, 593 (595); zu der doppelten Bedeutung des Gehirns für Geist und Organismus des Menschen s. o. 3. c) bb) und 4. c).

718 Kurthen/Linke, in: Hoff/in der Schmitten (Hrsg.), Wann ist der Mensch tot?, 82 (86).

719 So aber Kurthen/Linke, in: Hoff/in der Schmitten (Hrsg.), Wann ist der Mensch tot?, 82 (86); s. o. C. III. 3. a).

720 Klinge, Todesbegriff, 162; Angstwurm, in: Hoff/in der Schmitten (Hrsg.), 41 (47); Birnbacher/Angstwurm/Eigler/Wuermeling, in: DÄBl. 1993, B-2170 (2171).

oder Geist, sondern zugleich Körper *und* Geist.[721] Genau dieses Verständnis von der menschlichen Natur spiegelt sich in dem Gesamthirntodeskonzept treffend wieder. Der Tod des Menschen als körperlich-geistige Ganzheit kann nämlich nur bedeuten, dass kumulativ sowohl seine Fähigkeit zur Ausprägung jeglicher Form von Bewusstsein als auch zur zentralen Steuerung seiner Körperfunktionen weggefallen ist.[722] Die Stärke des Gesamthirntodeskonzeptes liegt gerade darin, den Menschen nicht auf bloße „Teilaspekte" seines Daseins zu reduzieren, sondern Bewusstsein *und* integrierenden Organismus als die beiden Grundelemente des Menschseins miteinander untrennbar zu verknüpfen.[723]

Indem das Großhirntodeskonzept allein auf die Geistigkeit als das entscheidende menschliche Charakteristikum abstellt, schränkt es das menschliche Wesen unzutreffend in nicht begründbarer Weise ein und nimmt so eine qualitative Bewertung menschlichen Lebens vor.[724] Dies ist jedoch mit dem absoluten Lebensschutz des Strafrechts nicht zu vereinbaren.[725] Gerade bei Wesen wie den Anencephalen

---

721 Ingelfinger, Grundlagen und Grenzbereiche, 156 f.; Klinge, Todesbegriff, 162; das Großhirntodeskonzept führt zu einem Dualismus von Körper und Geist, während nach dem Gesamthirntodeskonzept der Mensch eine geschlossene Einheit mit zwei Aspekten, bestehend aus körperlichen und geistigen Funktionen, darstellt und sich so dem Vorwurf des Dualismus gerade nicht aussetzt; vgl. hierzu Ingelfinger, Grundlagen und Grenzbereiche, 156 f.; Klinge, Todesbegriff, 162.

722 Klinge, Todesbegriff, 162; Birnbacher/Angstwurm/Eigler/Wuermeling, in: DÄBl. 1993, B-2170 (2171 f.); Merkel, in: Jura 1999, 113 (118).

723 Merkel, in: Jura 1999. 113 (118); Ingelfinger, Grundlagen und Grenzbereiche, 157; Kloth, Rechtsprobleme der Todesbestimmung, 31; Saliger, in: KritV 2001, 382 (414 f.); damit ist auch der Vorwurf entkräftet, dass das Gesamthirntodeskonzept ein nicht zu Ende gedachtes Teilhirntodeskonzept sei (so aber Beckmann, in: ZRP 1996, 219 (221); Kurthen/Linke, in: Hoff/in der Schmitten (Hrsg.), Wann ist der Mensch tot?, 82 (91); so wohl auch Schweidler, in: ZfL 2011, 2 ff., insbesondere 6 f.; Schweidler, in: ZfL 2011, 53 ff.); denn ein Mensch, dessen Großhirn erloschen ist, ist danach eben gerade noch nicht tot, da durch die funktionstüchtigen Teile seines Gehirns sein Organismus als integrierendes Ganzes noch aufrechterhalten wird, so dass ein Grundelement des menschlichen Daseins noch erhalten ist; vgl. hierzu auch Birnbacher/Angstwurm/Eigler/Wuermeling, in: DÄBl. 1993, B-2170 (2172); Ingelfinger, Grundlagen und Grenzbereiche, 156 f.; Merkel, in: Jura 1999, 113 (118); Saliger, in: KritV 2001, 382 (414 f.); wer behauptet, hinter dem Gesamthirntodeskonzept verberge sich in Wahrheit ein Teilhirntodeskonzept, verkennt gerade die Besonderheit der doppelten Begründung des Gesamthirntodeskonzeptes; so auch Saliger, in: KritV 2001, 382 (414).

724 Merkel, in: Jura 1999, 113 (118); Ingelfinger, Grundlagen und Grenzbereiche, 150; so auch Bock, Rechtliche Voraussetzungen der Organentnahme, 181; Saliger, in: KritV 2001, 382 (414 f.); Sternberg-Lieben, in: JA 1997, 80 (84).

725 Sternberg-Lieben, in: JA 1997, 80 (84); Klinge, Todesbegriff, 164; Saliger, in: KritV 2001, 382 (415), der in Bezug auf das Verfassungsrecht äußert, dass das Großhirntodeskonzept mit dem absoluten Lebensschutz des Art. 2 II 1 GG nicht zu vereinbaren sei, was sich ausnahmslos auf das Strafrecht und die Lebensschutztatbestände der §§ 211 ff. übertragen lässt; damit wird

und den Apallikern zeigt sich die Unangemessenheit des Großhirntodeskonzeptes.[726] Um es mit den treffenden Worten BOCKELMANNs, der ursprünglich selbst ein Vertreter des Großhirntodeskonzeptes war, auszudrücken: „Ich habe mich früher auf den Standpunkt gestellt, daß der Ausfall derjenigen Gehirnpartien, auf deren Funktionieren das Bewußtsein beruht, für sich allein schon die Annahme des Organtodes des Hirns rechtfertige. Das muß ich korrigieren (...). (...) Von meinem früher vertretenen Standpunkt aus wäre der Anenzephalus, der (...) gänzlich außerstande ist, ein Bewußtsein zu bilden (...) als eine Totgeburt anzusehen. Daraus würde folgen, daß man ein solches Wesen umbringen dürfte, ohne damit den Tatbestand eines Tötungsdeliktes zu verwirklichen. Diese Konsequenz anzunehmen, weigert sich mein Rechtsgefühl."[727]

Zusammenfassend ist daher festzuhalten: Das Großhirntodeskonzept stellt keinen angemessenen strafrechtlichen Todesbegriff dar.[728] Denn es stützt sich zum einen auf eine wissenschaftlich nicht fundierte Tatsachenbasis, zum anderen reduziert es den Menschen in unbegründeter Weise auf seine Geistigkeit, wird so der Komplexität seines Daseins nicht gerecht und schafft zudem eine Kategorie „lebensunwerten Lebens"[729]. Mithin kann der strafrechtliche Tod des Menschen nicht bereits mit dem Ausfall seines Großhirns angenommen werden. Der Tod des Menschen im Strafrechtssinne ist vielmehr erst mit dem Gesamthirntod eingetreten, d. h., wenn *alle* Teilbereiche des menschlichen Gehirns irreversibel erloschen sind. Anencephale und Apalliker sind daher lebende Menschen und werden demnach vollumfänglich von dem Schutzbereich der §§ 211 ff. umfasst.[730]

---

das Großhirntodeskonzept den Ansprüchen, die vor dem Hintergrund der teleologischen Auslegung der §§ 211 ff. unbedingt an einen strafrechtlichen Todesbegriff zu stellen sind, nicht gerecht; s. c. III. 4.

726 Heun, in: JZ 1996, 213 (216); Klinge, Todesbegriff, 157 ff.; Kloth, Rechtsprobleme der Todesbestimmung, 32; Saliger, in: KritV 2001, 382 (414 f.); Schneider, in: MüKo StGB, vor §§ 211 ff., Rn. 21; Sternberg-Lieben, in: JA 1997, 80 (84).

727 Bockelmann, in: Krösl/Scherzer (Hrsg.), Die Bestimmung des Todeszeitpunktes, 277 (280).

728 So auch statt vieler Ingelfinger, Grundlagen und Grenzbereiche, 150; Klinge, Todesbegriff, 164; Lüttger, in: JR 1971, 309 (312); Merkel, in: Jura 1999, 113 (118); Saliger, in: KritV 2001, 382 (414 f.); Schneider, in: MüKo StGB, vor §§ 211 ff. Rn. 21; Sternberg-Lieben, in: JA 1997, 80 (84); Röttgen, s. o. 6. (S. 123), ist daher zu antworten: Der Mensch „Herr Schmitz" ist nicht nur Großhirn, sondern eben auch Hirnstamm. Daher ist „Herr Schmitz" mit funktionstüchtigem Hirnstamm kein toter, sondern ein lebender Mensch.

729 So ausdrücklich Sternberg-Lieben, in: JA 1997, 80 (84); Kloth, Rechtsprobleme der Todesbestimmung, 32.

730 So ausdrücklich beispielsweise Heun, in: JZ 1996, 213 (216); Ingelfinger, Grundlagen und Grenzbereiche, 150; Isemer/Lilie, in: MedR 1988, 66 (68); Jähnke, in: LK, vor § 211 Rn. 6; Klinge, Todesbegriff, 181 f.; Kloth, in: MedR 1994, 180 (188); Kühl, in: Lackner/Kühl, StGB Kommentar, vor §§ 211 ff. Rn. 4; Laufs, in: Festschrift für Paul Mikat (1989), 145 (161); Merkel, Früheuthanasie, 628 f.; Schneider, in: Müko StGB, vor §§ 211 ff. Rn. 21; Sternberg-Lieben, in:

7. Der „Hartgummihammerfall“ – BGH-Urteil v. 12.2.1992-3 StR 481/91: „Tod schon bei ‚alsbaldigem Eintritt‘ des Hirntodes?“[731]

Die Besprechung des Urteils des BGH v. 12.2.1992-3 StR 481/91[732] nahm DENCKER zum Anlass, eine vom Gesamthirntodeskonzept abweichende, eigene Definition des strafrechtlichen Todes vorzuschlagen.[733] Abschließend soll daher nun noch anhand dieses BGH-Falls (in abgewandelter Form)[734], der im Gegensatz zu

---

JA 1997, 80 (84); Wolfslast, in: MedR 1989, 163 (164, 168); dies hat zur Konsequenz, dass die Entnahme lebensnotwendiger Organe von Anencephalen und Apallikern als lebende Menschen unter den Tatbestand der §§ 211 ff. fällt und strafbar ist (so ausdrücklich auch Isemer/Lilie, in: MedR 1988, 66 (68 f.); Klinge, Todesbegriff, 182; Kloth, in: MedR 1994, 180 (188); Laufs, in: Festschrift für P. Mikat, 145 (161); Merkel, Früheuthanasie, 628 f.; Wolfslast, in: MedR 1989, 163 (164)); außerdem kann ein etwaiger Behandlungsabbruch bei diesen nur im Rahmen enger Kriterien als strafrechtlich zulässig angesehen werden: vgl. zu den komplexen Problemen der sog. Früheuthanasie bei schwerst geschädigten Neugeborenen, unter welche auch die Anencephalen fallen, beispielsweise Eser, in: Schönke/Schröder, StGB Kommentar, vor §§ 211 ff. Rn. 32 a; Jähnke, in: LK, vor § 211 Rn. 20 d; Kaufmann, in: JZ 1982, 481 ff.; Laber, in: MedR 1990, 182 ff.; Merkel, in: JZ 1996, 1145 ff.; Merkel, Früheuthanasie, 1 ff.; Schneider, in: MüKo StGB, vor §§ 211 ff. Rn. 130 ff.; Ulsenheimer, in: MedR 1994, 425 ff.; zu Behandlungsabbrüchen bei Apallikern vgl. die allgemeinen Ausführungen zur erlaubten (passiven) Sterbehilfe durch Behandlungsabbruch: statt vieler Eser, in: Schönke/Schröder, StGB Kommentar, vor §§ 211 ff. Rn. 27 ff.; Schneider, in: MüKo StGB, vor §§ 211 ff. Rn. 104 ff.; zu dem amerikanischen Fall der Wachkomapatientin „Theresa Marie Schiavo“, der in der Öffentlichkeit (überwiegend in den USA, aber auch in Deutschland) großes Aufsehen erregte, vgl. beispielsweise Vogel/Hocke, in: Jura 2005, 709 ff.; speziell zum „tödlichen Behandlungsabbruch bei Patienten im apallischen Syndrom“ vgl. beispielsweise Merkel, in: ZStW 1995, 545 ff.; Weimer, Der tödliche Behandlungsabbruch bei Patienten im apallischen Syndrom (2004).

731 Nach Joerden, in: NStZ 1993, 268 (268).

732 BGH, NStZ 1992, 333 ff.

733 Vgl. ausführlich hierzu Dencker, in: NStZ 1992, 311 ff.; Dencker, in: NStZ 1992, 311 (315), betont in Bezug auf dieses BGH-Urteil, „die Entscheidung ist dann und nur dann richtig, wenn man sie versteht als eine Entscheidung zum strafrechtlichen Todesbegriff.“; ein solcher Gehalt kann der Entscheidung des BGHs jedoch in keiner Weise entnommen werden, denn es ist nicht ersichtlich, dass der BGH sich in diesem Rahmen überhaupt zu dem strafrechtlichen Todesbegriff äußern wollte; vgl. hierzu BGH, NStZ 1992, 333 ff.; Joerden, in: NStZ 1993, 268 ff.; Kaschubs-Saeedi, Menschliches Leben als Schutzgut des Strafrechts, 126 ff.; Otto, Grundkurs Strafrecht, § 2 Rn. 11 Fn. 8; Puppe, in: JR 1992, 510 (511 ff.); Saliger, in: KritV 2001, 381 (417); daher soll im Folgenden keine Auseinandersetzung mit der Entscheidung des BGH v. 12.2.1992-3 StR 481/91 erfolgen (hierzu ausführlich insbesondere Puppe, in: JR 1992, 510 ff.), sondern vielmehr vor einem (abgewandelten) Hintergrund des Sachverhalts, der auch der BGH-Entscheidung zu Grunde lag, das Todeskonzept nach Dencker, das nach diesem allgemeinverbindlich über den Einzelfall (der BGH-Entscheidung) hinaus Geltung erlangen soll, intensiv betrachtet werden.

734 S. u. Fn. 736.

den vorhergehenden Fallkonstellationen nicht aus dem medizinstrafrechtlichen, sondern aus dem „klassischen“ Anwendungsbereich der §§ 211 ff. stammt, mit dem Todeskonzept nach DENCKER eine Auseinandersetzung stattfinden, um zu untersuchen, ob dieses an der hier vertretenen Auffassung, Gesamthirntod als strafrechtlicher Todesbegriff, etwas zu ändern vermag.[735] Zu diesem Zwecke soll zunächst der Sachverhalt[736] geschildert werden:

A schlägt dem O, um diesen zu töten, mit einem schweren Hartgummihammer mehrfach heftig auf den Kopf. In Folge dessen stürzt O zu Boden und bleibt bewusstlos liegen. Die schweren Hirnverletzungen, die A dem O durch die Hammerschläge zugefügt hatte, hätten nach wenigen Stunden zu einem Erlöschen der gesamten Hirnaktivität des O geführt. Auch ein ärztliches Eingreifen hätte hieran nichts mehr ändern können. Nachdem A sich in dem Glauben, O sei tot, entfernt hat, wird dieser von B gefunden. B in der Meinung, O lebe noch, sieht seine Gelegenheit gekommen, seinen Erzfeind aus dem Weg zu räumen, und hängt diesen mit einem Strick an einer Türklinke auf. Die Strangulationsverletzungen führen umgehend den Ausfall der gesamten Hirnaktivität bei O herbei.

Hat sich B[737] gem. § 212 I strafbar gemacht?

---

735 Zur Zielsetzung des folgenden Abschnittes siehe auch Fn. 733.

736 Der vorliegende Sachverhalt, angelehnt an Mitsch, in: JuS 1995, 787 (789), stellt eine abgeänderte, stark vereinfachte Version des Sachverhalts dar, der dem BGH-Urteil v. 12.2.1992-3 StR 481/91 zu Grunde lag; im Originalfall konnte dem Angeklagten (hier A) kein Tötungsvorsatz nachgewiesen werden; problematisch war in Bezug auf eine Strafbarkeit des A gem. § 226 a. F. (§ 227 n. F.) daher insbesondere, ob der im Rahmen der Körperverletzung mit Todesfolge geforderte Unmittelbarkeitszusammenhang gegeben war; vgl. hierzu Dencker, in: NStZ 1992, 311 (312 f.); Puppe, in: JR 1992, 510 (511 ff.); diese Problematik wird vor dem Hintergrund des vorliegenden Zweckes, den Todesbegriff Denckers zu betrachten, bewusst ausgespart; s. o. Fn. 733.

737 Für die vorliegenden Zwecke soll lediglich auf die Strafbarkeit des B eingegangen werden; in Bezug auf die Strafbarkeit des A durch die Hammerschläge gem. § 212 I ist nach dem Gesamthirntodeskonzept fraglich, ob das vorsätzliche Dazwischentreten des B einer objektiven Zurechnung des (konkreten) Todeserfolgs in Bezug auf A entgegensteht, so dass nur eine Strafbarkeit des A wegen versuchten Totschlags gem. §§ 212 I, 22, 23 in Betracht käme; tatsächlich sprechen die Umstände des vorliegenden Falls dafür, dem Handeln des A den Todeserfolg nicht objektiv zuzurechnen (vgl. hierzu auch in Bezug auf den Originalfall Kaschubs-Saeedi, Menschliches Leben als Schutzgut des Strafrechts, 127; Mitsch, in: JuS 1995, 787 (790)); eine Vollendungsstrafbarkeit des A würde demnach ausscheiden; nach dem Todeskonzept nach Dencker s. u. b) stellt sich das Problem der objektiven Erfolgszurechnung in Bezug auf die Strafbarkeit des A nicht; denn hiernach war O, als B dazwischentrat, bereits tot, so dass der tatbestandsmäßige Erfolg bereits durch die Hammerschläge des A eingetreten und so dem A ohne Zweifel zurechenbar war; vgl. hierzu auch Mitsch, in: JuS 1995, 787 (790); zur Strafbarkeit des B nach dem Todeskonzept nach Dencker s. u. b).

a) Lösung nach dem Gesamthirntodeskonzept

Eine Strafbarkeit des B nach § 212 I setzt zunächst voraus, dass es sich bei O um ein taugliches Tatobjekt, mithin um einen lebenden Menschen handelte. Nach dem Gesamthirntodeskonzept ist ein Mensch tot, wenn die Gesamtfunktion des Großhirns, Kleinhirns und des Hirnstamms irreversibel erloschen ist.[738] Zum Zeitpunkt, als O von B aufgehängt wurde, hatte dieser zwar schwere irreversible Hirnschädigungen, der Gesamthirntod war bei ihm jedoch noch nicht eingetreten. Mithin lebte O noch, und B hat sich durch das Aufhängen des O gem. § 212 I strafbar gemacht.[739]

b) Lösung nach dem Todeskonzept nach Dencker

DENCKER beschreibt den menschlichen Tod als „das endgültige Abschneiden einer Chance zu leben."[740] Dies bedeutet: Der Mensch ist nach dieser Ansicht schon dann tot, wenn folgende drei Bedingungen erfüllt sind: „a) irreversible Bewusstseinslosigkeit aufgrund b) irreversibler schwerer Hirnschädigung, die c) zum ‚alsbaldigen' Stillstand aller Hirntätigkeit führt."[741] Als B den O auffand, war dieser durch A bereits so zugerichtet, dass er sich aufgrund irreparabler Hirnschäden in einem Zustand unumkehrbarer Bewusstseinslosigkeit befand, der innerhalb weniger Stunden zu einem Totalausfall seines gesamten Gehirns geführt hätte. O war daher nach dieser Ansicht zu dem Zeitpunkt, als B ihn entdeckte, bereits tot und stellte so kein taugliches Tatobjekt i. S. d. § 212 I (mehr) dar. Mithin hat sich B, indem er O an der Türklinke aufhängte, nicht gem. § 212 I (in vollendeter Form)[742] strafbar gemacht.

---

738 S. o. C. III. 1. a); . II. 2. a).

739 Dass O aufgrund seiner durch A zugefügten Verletzungen ohnehin nur noch wenige Stunden zu leben hatte, ändert vor dem Hintergrund des absoluten Lebensschutzes des Strafrechts nichts daran, dass sein (wenn auch nur noch kurzes) Leben vollumfänglich von den §§ 211 ff. geschützt wird; vgl. hierzu beispielsweise Eser, in: Schönke/Schröder, StGB Kommentar, § 212 Rn. 3: „(...) [es] ist gleichgültig, ob das Leben durch Beschleunigung des Todeseintritts nur um eine *geringe Zeitspanne* verkürzt wird."; Hervorh. im Original; siehe hierzu auch schon oben III. 4.

740 Dencker, in: NStZ 1992, 311 (315); s. o. II. 2. b) bb) (1).

741 Dencker, in: NStZ 1992, 311 (315); s. o. II. 2. b) bb) (1). Eine Parallele zu Denckers Vorschlag könnte man im Rahmen des Herztodeskonzeptes in Anlehnung an den „Jauchegrubenfall" des BGH, BGHSt 14, 193 f., wie folgt bilden: Tod des Menschen durch a) irreversiblen Atemstillstand – hier infolge von Sandzufuhr – einhergehend mit b) irreversibler Schädigung von Herz und Lunge, die c) alsbald – hier durch Versenken in die Jauchegrube – zum endgültigen Herz-Kreislaufstillstand führen.

742 In Betracht käme hier nur eine Strafbarkeit des B wegen eines (untauglichen) Versuchs gem. §§ 212 I, 22, 23, da B in der irrigen Auffassung handelte, O lebe noch; zur Strafbarkeit des A nach dem Todeskonzept nach Dencker s. o. Fn. 737.

c) Stellungnahme

Das Todeskonzept nach DENCKER ist aus mehreren Gründen abzulehnen.

Die Voraussetzungen, an welche DENCKER den Todeseintritt des Menschen im Strafrechtssinne knüpfen möchte, sind zum einen zu unbestimmt,[743] zum anderen auch medizinisch nicht ausreichend fundiert[744].

So ist ungeklärt, was unter dem „ ‚alsbaldigen' Stillstand aller Hirntätigkeit"[745] zu verstehen ist. Sind hierunter Minuten, Stunden, Tage oder möglicherweise sogar Wochen zu fassen?[746] An dieser Unbestimmtheit vermag auch der von DENCKER hinter dem Merkmal „alsbaldig" in Anlehnung an die BGH-Entscheidung angefügte Klammerzusatz („spätestens in wenigen Stunden")[747] nichts zu ändern. Denn auch dieses Kriterium bedarf der näheren Konkretisierung und ist in hohem Maße auslegungsbedürftig.[748] Selbst wenn man eine Bestimmung des Begriffes „alsbaldig" vornähme, beispielsweise indem man danach einen Zeitraum von bis zu fünf Stunden als erfasst ansähe, scheint es fast unmöglich zu sein, frei von Willkür anhand materieller Maßstäbe zu begründen, warum ein Mensch, dessen Gehirn in beispielsweise drei Stunden vollständig erlischt, nicht mehr vom Schutzbereich der §§ 211 ff. erfasst werden soll, während ein anderer Mensch, dessen Gehirn in beispielsweise sieben Stunden seine Funktion einstellt, noch unter die §§ 211 ff. fallen soll.[749]

Außerdem ist es medizinisch durchaus problematisch, zum einen sicher zu prognostizieren, innerhalb welchen Zeitraums die teilweise Hirnschädigung in einen

743 So auch Joerden, in: NStZ 1993, 268 (269); Klinge, Todesbegriff, 164; Neumann, in: Nomos-Kommentar zum Strafgesetzbuch (3. Auflage), vor § 211 Rn. 33; Saliger, in: KritV 2001, 382 (417).

744 Vgl. hierzu Joerden, in: NStZ 1993, 268 (269).

745 Dencker, in: NStZ 1992, 311 (315).

746 So auch Joerden, in: NStZ 1993, 268 (269); Saliger, in: KritV 2001, 381 (417).

747 Vgl. Dencker, in: NStZ 1992, 311 (315).

748 Saliger, in: KritV 2001, 381 (417); ebenso Joerden, in: NStZ 1993, 268 (269), der zu Recht betont: „Klarheit sollte Aufgabe und Ziel der Auslegung von Normen sein."; Weimer, Der tödliche Behandlungsabbruch beim Patienten im apallischen Syndrom, 24; die Bezeichnung „alsbald(ig)" wird vom BGH im Rahmen des § 218 zur Abgrenzung des Schwangerschaftsabbruchs von einem Tötungsdelikt gem. §§ 211 ff. verwendet, vgl. hierzu BGHSt 10, 5 f., 291 ff., BGHSt 13, 21 ff. und BGHSt 31, 348 ff.; zu dem Begriff „alsbald(ig)" nun neuerdings wohl kritisch BGH, NStZ 2008, 393 (395); siehe hierzu auch Eser, in: Schönke/Schröder, StGB Kommentar, § 218 Rn. 23.

749 Vgl. hierzu auch Joerden, in: NStZ 1993, 268 (269); Weimer, Der tödliche Behandlungsabbruch beim Patienten im apallischen Syndrom, 24.

totalen Hirnausfall übergeht, und zum anderen mit Gewissheit vorherzusagen, wann ein Zustand der Bewusstseinslosigkeit (vor Ausfall des gesamten Gehirns) tatsächlich unumkehrbar ist.[750] Denn je länger die Zeitspanne ist, die eine Prognose zu erfassen hat, desto größer ist meist auch das Risiko einer Fehleinschätzung der jeweiligen Situation.[751]

All dies zeigt: Das Todeskonzept nach DENCKER würde zu einer massiven Rechtsunsicherheit, ausgelöst durch begriffliche Unschärfe und nicht fundierter medizinischer Tatsachengrundlage, führen, die bei einer solch gewichtigen Frage, wie der nach dem Ende des menschlichen Lebens im strafrechtlichen Sinne, in keiner Weise hinnehmbar ist.[752] Die Höchstwertigkeit des Rechtsguts Leben verlangt, dass eindeutig bestimmt ist, wann dem Einzelnen der strafrechtlich umfassende und absolute Lebensschutz der §§ 211 ff. nicht mehr zuteil wird.[753] Mit anderen Worten: „(...) Es kann nicht Aufgabe des Strafrechts sein, (…) [den] Prozeß [des Todes] als Prozeß zu erfassen, sondern es muß möglichst deutlich gemacht werden, bis zu welchem Zeitpunkt, Strafrechtsschutz qua Tötungsdeliktsvorschriften gelten soll und wann dies nicht mehr der Fall ist."[754] Diesem Anspruch wird das Todeskonzept nach DENCKER nicht gerecht, während das Gesamthirntodeskonzept ihn vollends zu erfüllen vermag.

Doch auch in normativer Hinsicht stellt das Todeskonzept nach DENCKER keinen angemessenen strafrechtlichen Todesbegriff dar. Wie das Großhirntodes-

---

750 Joerden, in: NStZ 1993, 268 (269).

751 Joerden, in: NStZ 1993, 268 (269).

752 Saliger, in: KritV 2001, 381 (417); Sternberg-Lieben, in: JA 1997, 80 (85); Bock, Rechtliche Voraussetzungen der Organentnahme, 179. Joerden, in: NStZ 1993, 268 (269) und Klinge, Todesbegriff, 164 betonen beide zutreffend, dass der Rechtssicherheit bei „einem so hochrangigen Rechtsgut wie dem Leben" vor der Einzelfallgerechtigkeit eindeutig der Vorzug zu geben ist. Zwei Punkte sind in Bezug auf die Einzelfallgerechtigkeit außerdem zu beachten: Zum einen ist fraglich, ob Dencker mit seiner Lösung des BGH-Falls v. 12.2.1992-3 StR 481/91 diesem Einzelfall tatsächlich gerecht wird. Zum anderen gilt es, für die vorliegende Abwandlung des BGH-Falls jedenfalls zu beachten, dass Denckers Lösungsansatz hier nicht deswegen der gerechtere ist, weil nach ihm die Vollendungsstrafbarkeit des A unproblematisch zu begründen ist. Denn die Problematik der Strafbarkeit von A und B dreht sich nach Dencker im Vergleich zum Gesamthirntodeskonzept nur um; während nach dem Gesamthirntodeskonzept A (vorausgesetzt man schließt, was naheliegt, die objektive Zurechnung aus) „nur" wegen Versuchs gem. §§ 212 I, 22, 23 zu bestrafen wäre und B wegen Vollendung gem. § 212 I, ist nach Dencker zwar A gem. § 212 I zu bestrafen, B jedoch „nur" wegen Versuchs gem. §§ 212 I, 22, 23.

753 Sternberg-Lieben, in: JA 1997, 80 (85); Joerden, in: NStZ 1993, 268 (269); Klinge, Todesbegriff, 164; Saliger, in: KritV 2001, 381 (417); hiermit genügt das Todeskonzept nach Dencker bereits dem durch die teleologische Auslegung der §§ 211 ff. gewonnenen Aspekt der Rechtssicherheit nicht; s. o. III. 4.

754 Joerden, in: NStZ 1993, 268 (269).

konzept schafft es, indem es *sterbende* Menschen, bei welchen das Gehirn seine Funktion noch nicht vollständig eingestellt hat, von dem Schutzbereich der §§ 211 ff. ausklammert, eine Kategorie „lebensunwerten Lebens".[755] Dass dies mit dem absoluten (nicht an Lebensqualität orientierten) Lebensschutz des Strafrechts nicht zu vereinbaren ist, wurde bereits ausführlich erläutert.[756] Um mit den Worten LÜTTGERs zu schließen: „Ein sterbendes Gehirn ist kein totes Gehirn, wie ein sterbender Mensch kein Leichnam ist."[757]

Es bleibt daher dabei: Erst mit dem irreversiblen Ausfall der Funktion des *gesamten* Gehirns (Gesamthirntod) ist der Tod des Menschen im Strafrechtssinne eingetreten. Hieran vermag auch der Vorschlag DENCKERs, den Tod des Menschen schon bei „alsbaldigem Eintritt des Hirntodes"[758] anzunehmen, nichts zu ändern.

V. Ergebnis

Der vorliegende Abschnitt hat insbesondere zu folgenden Erkenntnissen geführt:

Der Todesbegriff erlangt auf mannigfaltige Weise in strafrechtlichen Vorschriften Relevanz. Dabei ist die fundamentale Bedeutung herauszustellen, welche dem Todesbegriff für das *materielle* Strafrecht zukommt. Mit dem menschlichen Tod endet der umfassende Rechtsgüterschutz des Strafrechts insbesondere für Leben, Gesundheit und körperliche Unversehrtheit des Menschen.[759] Gerade auch wegen dieser immensen Konsequenz, welche der Tod des Menschen im Strafrechtssinne nach sich zieht, sind an den Todesbegriff, insbesondere vor dem Hintergrund der §§ 211 ff. als Kerntatbestände des strafrechtlichen Lebensschutzes, besondere Anforderungen zu stellen. Im Hinblick auf die Höchstwertigkeit des Rechtsguts

755 So ausdrücklich Mitsch, in: JuS 1995, 787 (790) und Sternberg-Lieben, in: JA 1997, 80 (85); ebenso Heghmanns, Strafrecht für alle Semester BT, Rn. 76; Joerden, in: NStZ 1993, 268 (269 ff.); Klinge, Todesbegriff, 164; Puppe, in: JR 1992, 510 (513), die betont: „Vor einer (...) Ausgrenzung des Sterbenden aus dem Lebens- und Gesundheitsschutz muss nachdrücklich gewarnt werden."; Saliger, in: KritV 2001, 381 (418).

756 Siehe hierzu v. a. oben 6. c); damit wird das Todeskonzept nach Dencker einem weiteren Anspruch, welcher vor dem Hintergrund der teleologischen Auslegung der §§ 211 ff. unbedingt an einen strafrechtlichen Todesbegriff zu stellen ist, nicht gerecht; s. o. III. 4.

757 Lüttger, in: JR 1971, 309 (312); in diesem Sinne auch Bock, Rechtliche Voraussetzungen der Organentnahme, 179.

758 Dencker, in: NStZ 1992, 311 ff.

759 Nicht übersehen werden sollte, dass der lebende Mensch auch bei allen weiteren Individualrechtsgüterschutz bewirkenden Tatbeständen als Rechtsgutträger eine Rolle spielt, der Tod also nicht nur für die §§ 223 ff., 211 ff. von Bedeutung ist.

Leben und den damit zusammenhängenden absoluten Lebensschutz des Strafrechts hat der Todesbegriff zum einen dem Erfordernis der Rechtssicherheit ausreichend Rechnung zu tragen und zum anderen keine unzulässigen Abstufungen nach Lebensfähigkeit oder Lebenswertigkeit des Menschen vorzunehmen. Außerdem muss man mit ihm in der Lage sein, befriedigende Antworten auf verschiedenste aufgeworfene strafrechtliche Sachfragen zu finden.

Das *einzige* Todeskonzept, das all diese an einen strafrechtlichen Todesbegriff unbedingt zu stellenden Ansprüche erfüllt, ist das *Gesamthirntodeskonzept*. Es ist sowohl aus biologisch-medizinischer als auch aus anthropologischer Sicht schlüssig. Hierdurch, aber auch durch seine eindeutige Abgrenzung des lebenden vom toten Menschen, genügt es dem Aspekt der Rechtssicherheit, die gewissermaßen als „Scharnier" zwischen außerrechtlicher und rechtlicher Argumentation fungiert. Außerdem wird es dem absoluten strafrechtlichen Lebensschutz gänzlich gerecht, indem es keine unzulässige Bewertung menschlichen Lebens vornimmt. Zudem ist man auf seiner Grundlage in der Lage, eine widerspruchsfreie Lösung für die verschiedensten strafrechtlichen Sachprobleme, wie beispielsweise die Entnahme lebensnotwendiger Organe von Hirntoten und von Anencephalen und Apallikern sowie die Trennung dizephaler siamesischer Zwillinge, zu finden.[760]

Daher ist auf der Grundlage dieser bisherigen Erkenntnisse festzuhalten: Das Gesamthirntodeskonzept stellt *den* angemessenen Todesbegriff für das materielle Kern- und Nebenstrafrecht sowie das formelle Strafrecht[761] dar. Mit dem ir-

760 So formuliert Schreiber, in: Hoff/in der Schmitten (Hrsg.), Wann ist der Mensch tot?, 424 (430), treffend: „Der Hirntod (...) ist die sachlich richtige Zäsur für den Lebensschutz, die Behandlungspflicht des Arztes sowie die Explantation von Organen."

761 An dieser Stelle ist zu betonen, dass auch für die Eintragung des Todeszeitpunktes in der Sterbeurkunde unbedingt auf den Eintritt des Gesamthirntodes (bzw. seiner Feststellung) abzustellen ist; denn nur so lässt sich eine Wiederholung des populär gewordenen „Gütgemann-Falls" vermeiden; hier wurde in der Sterbeurkunde des Spenders als Todeszeitpunkt nicht der Zeitpunkt der Feststellung des Hirntodes, sondern der Beginn der (darauf folgenden) Organentnahme vermerkt, vgl. hierzu Geilen, in: JZ 1971, 41 (41); Klinge, Todesbegriff, 100; Strätz, Zivilrechtliche Aspekte der Rechtsstellung des Toten unter besonderer Berücksichtigung der Transplantationen, 11; dies hatte gewichtige Konsequenzen für den entnehmenden Arzt „Gütgemann"; denn durch diese irreführende Eintragung des Todeszeitpunktes ermittelte die Staatsanwaltschaft gegen „Gütgemann" auch wegen eines Tötungsdelikts, da hierdurch die begründete Möglichkeit im Raume stand, dass „Gütgemann" erst durch die Organentnahme selbst den Tod des zu diesem Zeitpunkt noch lebenden Spenders (als Todeszeitpunkt war ja in der Sterbeurkunde die Organentnahme vermerkt) herbeigeführt hat; die Staatsanwaltschaft stellte ihre Ermittlungen wegen eines Tötungsdelikts gegen „Gütgemann" dann zwar ein, da sie (zu Recht) der Auffassung war, dass der Spender zum Zeitpunkt der Organentnahme bereits tot war und daher ein Tötungsdelikt durch die Organentnahme ausscheidet (vgl. hierzu Strätz, Zivilrechtliche Aspekte der Rechtsstellung des Toten unter besonderer Berücksichtigung der

reversiblen Ausfall der Gesamtfunktion des Großhirns, Kleinhirns und des Hirnstamms (Gesamthirntod) ist daher der Tod des Menschen im *strafrechtlichen* Sinne eingetreten.[762] Dies gilt unabhängig davon, ob der jeweilige Mensch unmittelbar vor Eintritt seines Todes intensivmedizinisch betreut wurde oder nicht, was insbesondere durch den „Hartgummihammerfall“ verdeutlicht wurde.[763]

Transplantationen, 10); solche im Ergebnis unbegründeten Ermittlungen der Staatsanwaltschaft können aber im Interesse aller Beteiligten dadurch vermieden werden, dass auch in der Sterbeurkunde ausschließlich der Eintritt des Gesamthirntodes bzw. seine Feststellung als maßgeblicher Todeszeitpunkt angegeben wird; so auch Geilen, in: JZ 1971, 41 (42) und Strätz, Zivilrechtliche Aspekte der Rechtsstellung des Toten unter besonderer Berücksichtigung der Transplantationen, 11.

762 So auch die h. L. im Strafrecht, siehe beispielsweise: Bockelmann, Strafrecht des Arztes, 54; Bockelmann, in: Krösl/Scherzer (Hrsg.), Die Bestimmung des Todeszeitpunktes, 277 (277 ff.); Engisch, in: Der Grenzbereich zwischen Leben und Tod, 87 (88 f.); Eser, in: Schönke/Schröder, StGB Kommentar, vor §§ 211 ff. Rn. 19; Eser, in: Jens/Küng (Hrsg.), Menschenwürdig sterben, 137 (144); Gössel/Dölling, Strafrecht BT 1, § 2 Rn. 21 ff.; Hanack, in: Der Nervenarzt 1969, 505 (507); Heghmanns, Strafrecht für alle Semester BT, Rn. 67 ff.; Ingelfinger, Grundlagen und Grenzbereiche, 158, 163; Jähnke, in: LK, vor § 211 Rn. 7 ff.; Joerden, in: NStZ 1993, 268 (271); Joerden, Menschenleben, 184 ff., v. a. 191; Joo, Ho-No, Organtransplantation und Strafrecht (2005), 67 f.; Kloth, Rechtsprobleme der Todesbestimmung, 51 f.; Krey/Heinrich, Strafrecht Besonderer Teil Band 1 (14. Auflage), Rn. 15 ff.; Kühl, in: JA 2009, 321 (323); Kühl, in: Lackner/Kühl, StGB Kommentar, vor § 211 Rn. 4; Laufs, in: Nervenarzt 1985, 399 (400); Lüttger, in: JR 1971, 309 (312); Maurach/Schroeder/Maiwald, Strafrecht Besonderer Teil Teilband 1 (10. Auflage), § 1 Rn. 12; Merkel, in: Jura 1999, 113 ff.; Mitsch, in: JuS 1995, 787 (789 f.); Neumann, in: NK, vor § 211 Rn. 24 ff.; Otto, Grundkurs Strafrecht, § 2 Rn. 10 ff.; Rengier, Strafrecht Besonderer Teil II (12. Auflage), § 3 Rn. 7; Rohrer, Menschenwürde am Lebensanfang und am Lebensende und strafrechtlicher Lebensschutz (2012), 251; Roxin, in: Krösl/Scherzer (Hrsg.), Die Bestimmung des Todeszeitpunktes, 299 (299 f.); Schneider, in: MüKo StGB, vor §§ 211 ff. Rn. 16 ff.; Schreiber, in: Hoff/in der Schmitten (Hrsg.), Wann ist der Mensch tot?, 424 (424 ff.); Schreiber, in: Festschrift für E. Steffen, 451 (459); Schreiber/Wolfslast, in: MedR 1992, 189 (193); Sinn, in: Systematischer Kommentar zum Strafgesetzbuch (Oktober 2010), § 212 Rn. 6; Stentenbach, Der strafrechtliche Schutz der Leiche (1992), 22 ff., v. a. 30 f.; Sternberg-Lieben, in: JA 1997, 80 (84, 87); Stratenwerth, in: Festschrift für K. Engisch, 528 ff.; Ulsenheimer, in: Der Anaesthesist 2009, 722 (726 f.); Wessels/Hettinger, Strafrecht BT 1, Rn. 21.

763 An dieser Stelle ist daher zu betonen: Medizinischer und strafrechtlicher Begriff des Gesamthirntodes sind im Rahmen der vorliegenden Arbeit *endgültig* nicht identisch (siehe hierzu schon oben Fn. 392). Im Rahmen des Strafrechts ist der Tod des Menschen mit dem Gesamthirntod, der *(straf-)rechtlich* durch den irreversiblen Ausfall der Gesamtfunktion des Großhirns, Kleinhirns und des Hirnstamms definiert wird, eingetreten. Dies gilt unabhängig davon, unter welchen Umständen der jeweilige Mensch zu Tode gekommen ist und daher auch dann, wenn seine Herz- und Kreislauffunktion *nicht* durch kontrollierte Beatmung noch künstlich aufrechterhalten wird, mit anderen Worten: auch außerhalb der intensivmedizinischen Betreuung; hierzu auch sehr treffend Englert, Todesbegriff und Leichnam, 73 ff. mit einem sinnvollen Vorschlag für die Gehirntoddiagnose außerhalb intensivmedizinischer Bedingungen; Klinge, Todesbegriff, 148, 169 f.; Lüttger, in: JR 1971, 309 (312).

Mit den folgenden Abschnitten soll nun untersucht werden, ob durch die Berücksichtigung anderer Rechtsgebiete, insbesondere des Verfassungsrechts, möglicherweise neu gewonnene Aspekte an der hier vertretenen Auffassung, Gesamthirntod als strafrechtlicher Todesbegriff, etwas zu ändern vermögen.

E. Zivilrechtliche Aspekte: Die Diskussion um den Todesbegriff im Zivilrecht – Relevanz für das Strafrecht

I. Einführung

Zunächst scheint sich die Frage aufzudrängen, was die Diskussion um den Todesbegriff im Zivilrecht mit der strafrechtlichen Suche nach dem „richtigen" Todeskonzept gemein haben kann. Darf nicht jedes Rechtsgebiet seinen eigenen Regeln folgen? Das darf es, muss es häufig angesichts der verschiedenen Regelungszwecke von Normen sogar, doch dies kann richtigerweise nicht zugleich heißen, nicht über den eigenen (strafrechtlichen) Horizont hinaus zu blicken.[764] Die umfassende Erfassung einer Thematik, welche über das eigene Rechtsgebiet hinaus relevant wird, macht es nicht zuletzt auch vor dem Hintergrund der Einheit der Rechtsordnung[765] sogar unabdingbar, sich mit dem Meinungsstand in anderen Bereichen auseinanderzusetzen und so zu Schlussfolgerungen verschiedenster Art für das eigene Gebiet zu gelangen; denn zumindest eine Begründung, warum ein anderes Rechtsgebiet die Problematik auf andere Weise löst, ist man dem Grundsatz der Einheit der Rechtsordnung, aber auch dem rechtsunkundigen Bürger schuldig, dem es als Normadressat schwer zu vermitteln sein würde, warum ein- und derselbe Mensch im Sinne des Strafrechts bereits tot sei, so dass ihm lebensnotwendige Organe explantiert werden könnten, während er im Sinne des Zivilrechts noch als lebend zu behandeln und so beispielsweise im Rahmen des Erbrechts noch Träger seines Vermögens sei.[766]

Zunächst sollen anhand von drei Fallkonstellationen die Diskussion um den Todesbegriff im Zivilrecht und die dort angebotenen Lösungsvorschläge dargestellt werden. Anschließend soll der Versuch unternommen werden, einen zivilrechtlichen Lösungsvorschlag auf das Strafrecht zu übertragen; sodann soll aufgezeigt werden, inwiefern das Strafrecht Einfluss auf das Zivilrecht bei der Suche nach

764 Forkel, in: Festschrift für Friedrich-Wilhelm Krause (1990), 297 (305) äußert treffend: „Oftmals beobachtet man, daß die verschiedenen juristischen Disziplinen sich wechselseitig befruchten."

765 Auf den Aspekt der Einheit der Rechtsordnung in Bezug auf den rechtlichen Todesbegriff ausdrücklich abstellend beispielsweise Klinge, Todesbegriff, 155; Kloth, Rechtsprobleme der Todesbestimmung, 15 f.

766 So auch Leipold, in: Festschrift für Winfried Kralik (1986), 467 (481).

dem richtigen Todesbegriff nehmen kann oder muss, um schließlich und letztlich einen gangbaren Weg für das Zivilrecht in dieser Frage zu finden.

II. Die zivilrechtliche Diskussion um das Todeskonzept

Auch im Zivilrecht ist in zahlreichen Vorschriften[767] der Tod eines Menschen Teil ihres Inhalts, ohne dass auch hier gesetzlich definiert ist, wann dieser eintritt.[768] Warum dies der Fall ist, soll noch einmal[769] mit SAVIGNYs treffenden Worten in Erinnerung gerufen werden: „Der Tod, als die Gränze der natürlichen Rechtsfähigkeit, ist ein so einfaches Naturereigniß, daß derselbe nicht, so wie die Geburt, eine genauere Feststellung seiner Elemente nöthig macht."[770] Man hielt es eben schlichtweg nicht für notwendig, Selbstverständliches zu definieren.[771]

Dass es Sache des Rechts sein muss, den Todesbegriff normativ zu bestimmen, wurde bereits ausführlich erläutert.[772] Gerade im Kontext verschiedener Rechtsgebiete wird die Notwendigkeit der autonomen Bestimmung des Rechts über den Todesbegriff nochmals deutlich. So besteht durchaus die Möglichkeit, je nach Sinn und Zweck der Norm auf verschiedene Kriterien in Bezug auf den menschlichen Tod abzustellen, jedoch immer unter der Prämisse, Systembrüche und Widersprüche in der Rechtsordnung unbedingt zu vermeiden.[773] So liegt es auch hier in der Hand der Rechtswissenschaft, aus dem Prozess des Sterbens ein Ereignis auszuwählen und zu dem rechtlich Maßgeblichen zu machen.[774]

Von den zahlreichen zivilrechtlichen Vorschriften, die an den Tod eines Menschen anknüpfen, sollen für die vorliegenden Zwecke der Bereich des Erbrechts,

767 Z. B.: §§ 1922 ff. BGB, § 1482 BGB, §1494 BGB,§ 727 BGB, §§ 823, 833, 836, 844, 845 BGB, § 130 I BGB, § 131 HGB.

768 Siehe hierzu schon oben C. IV. 1.

769 Siehe hierzu schon oben C. II. 2.

770 Savigny v., System des heutigen Römischen Rechts, Zweiter Band, 17.

771 Strätz, Zivilrechtliche Aspekte der Rechtsstellung des Toten unter besonderer Berücksichtigung der Transplantationen, 8; so auch Kern, in: MedR 1993, 112 (112); zur Wandlung dieses Verständnisses vom Tod des Menschen (vor dem Hintergrund des medizinischen Fortschritts) s. o. C. II. 2; s. o. C. IV. 1.

772 S. o. C. II. 2.

773 Vgl. auch Leipold, in: Festschrift für W. Kralik, 467 (481); Ruscher, Die Bestimmung des Todeszeitpunktes aus erbrechtlicher Sicht, 1 f.

774 Saerbeck, Beginn und Ende des Lebens, 119.

in seinem Zentrum die Vorschrift des § 1923 I BGB[775], und des Deliktsrechts, in seinem Zentrum die Vorschrift des § 823 I[776], herausgegriffen werden.

1. Erbrecht

Vor dem Hintergrund der folgenden zwei Fallkonstellationen soll die Relevanz des Todesbegriffs im Kontext erbrechtlicher Vorschriften[777] aufgezeigt werden.

a) Fall 1[778]

Zunächst soll zu diesem Zwecke der Sachverhalt[779] geschildert werden:

Die Ehefrau F des Erblassers E reichte im Herbst 1992 einen Antrag auf Scheidung ein. Der Erblasser E hatte aus seiner Ehe mit F eine Tochter T. E wehrte sich gegen den Scheidungsantrag nicht, sondern erklärte sich mit diesem einverstanden, in der Folgezeit versuchte er jedoch mehrmals die F von der Rücknahme ihres Antrags zu überzeugen. Im Februar 1993 erlitt E einen Unfall, infolgedessen er schwere Kopfverletzungen davontrug und in eine tiefe Bewusstlosigkeit fiel. Im Krankenhaus wurde er an die Herz-Lungen-Maschine angeschlossen.[780] Am 23.2. und am 24.2.1993 stellten der Chefarzt und der Oberarzt die typischen Symptome des Hirntodes fest. Am 25.2.1993 nahm F ihren Scheidungsantrag zurück. Am 26.2.1993 schalteten die Ärzte die Geräte ab, so dass auch E's Herz aufhörte zu schlagen.[781] Eine letztwillige Verfügung hatte E nicht getroffen.

---

775 §§ ohne Gesetzesangabe sind im Rahmen des vorliegenden Abschnitts (E) solche des BGB.

776 § 823 II soll bei der Falllösung bewusst außer Acht gelassen werden, da die Gefahr besteht, dass er das „rein" zivilrechtliche Ergebnis verfälscht; § 844 muss in die Falllösung mit einbezogen werden; denn Ansprüche wegen eines durch Tod entstandenen Schadens entstehen nicht mehr für den Verletzten selbst, da dessen Rechtsfähigkeit mit dem Tod endet, sondern für Dritte, Spickhoff, in: Soergel, Kommentar zum BGB, 13. Auflage, § 823 Rn. 30.

777 Das Großhirntodeskonzept (näher hierzu allgemein s. o. C. III. 2. b); speziell im strafrechtlichen Kontext s. o. D. IV. 6. insbesondere c)) soll vorliegend bei der zivilrechtlichen Betrachtung des Todesbegriffs mangels Relevanz bewusst außer Acht gelassen werden; näher hierzu unten Fn. 820.

778 Leicht abgewandelter Fall des OLG Frankfurt a. M. aus dem Jahre 1997, NJW 1997, 3099 ff.

779 Übernommen aus Schmidt-Recla, in: MedR 2004, 672 (673) und OLG Frankfurt a. M., NJW 1997, 3099 (3100).

780 Abgewandelt: Im Originalfall wurde E nur künstlich beatmet und seine Herz- und Kreislauffunktion medikamentös unterstützt.

781 Abgewandelt: Im Originalfall war E nicht an die Herz-Lungen-Maschine angeschlossen, sein Herz hörte von sich aus auf, zu schlagen.

Zu untersuchen ist nun, ob F im Wege der gesetzlichen Erbfolge gem. §§ 1922, 1931 ff. (Mit-) Erbin geworden oder die Tochter T des E Alleinerbin gem. § 1924 I ist.

aa) Lösung nach dem Gesamthirntodeskonzept

Eine Erbschaft der F nach §§ 1931 I, III, 1371 I[782] ist gem. § 1933 1 dann ausgeschlossen, wenn zum Zeitpunkt des Todes des Erblassers die Voraussetzungen für die Scheidung der Ehe gegeben waren und der Erblasser der Scheidung zugestimmt hatte (§ 1933 1 2. Alt.). Die entscheidende Frage ist vorliegend daher, ob F ihren Scheidungsantrag *vor* oder *nach* dem Tod des E zurückgenommen hat.

Nach der Gesamthirntodeskonzeption ist der Mensch tot, wenn die Gesamtfunktion des Großhirns, Kleinhirns und des Hirnstamms irreversibel erloschen ist.[783] Dies war spätestens am 24.2.1993 bei E der Fall. Mithin lagen zum Zeitpunkt des Todes des E die Voraussetzungen für die Scheidung der Ehe vor, und E hatte dieser auch zugestimmt. Erfolgt die Rücknahme des Scheidungsantrags wie vorliegend nach dem Erbfall (§ 1922 I: Tod des Erblassers), so hat dies keinen Einfluss mehr auf die Anwendbarkeit des § 1933.[784] Somit ist F nicht (Mit-) Erbin des E geworden, sondern T ist gem. § 1924 I Alleinerbin des E.[785]

bb) Lösung nach dem Herztodeskonzept[786]

Nach dem Herztodeskonzept tritt der Tod des Menschen mit dem irreversiblen Stillstand der Atmungs- und Herzkreislauftätigkeit ein.[787] Somit lebte E am 25.2.1993 noch, als F ihren Scheidungsantrag zurücknahm. Zum Zeitpunkt seines Todes am 26.2.1993 lagen die Voraussetzungen für die Scheidung gem. § 1933 1

782 Mangels gegenteiliger Angaben ist davon auszugehen, dass E und F im gesetzlichen Güterstand der Zugewinngemeinschaft gem. § 1363 I lebten.

783 S. o. C. III. 1. a); so auch die h. M. in der (zivilrechtlichen) Rspr.: vgl. nur: BayObLG, NJW-RR 1999, 1309 (1311); OLG Frankfurt a. M., NJW 1997, 3099 (3099); OLG Köln, NJW-RR 1992, 1480 (1481); AG Hersbruck, NJW 1992, 3245 (3245).

784 OLG Frankfurt a. M., NJW 1997, 3099 (3100).

785 So auch OLG Frankfurt a. M., NJW 1997, 3099 (3100).

786 Ob das Herztodeskonzept im zivilrechtlichen Schrifttum für das *gesamte* Zivilrecht noch vertreten wird, scheint fraglich, da sich hierzu kaum mehr Angaben finden lassen; andeutungsweise wohl aber: Schmidt-Recla, in: MedR 2004, 672 (673); Spickhoff, in: Soergel, BGB Kommentar, § 823 Rn. 30; zwar aus verfassungsrechtlicher Sicht, aber konsequenterweise wohl dann auch für das Zivilrecht: Höfling, in: MedR 1996, 6 (7); Höfling, in: JZ 1995, 26 (32 f.); Rixen, Lebensschutz am Lebensende, 297.

787 S. o. C. III. 3. b).

daher nicht mehr vor. Mithin erbt F nach §§ 1931 I, III, 1371 I die eine Hälfte von E's Vermögen, T gem. § 1924 I die andere Hälfte.

cc) Lösung nach den gespaltenen Todesbegriffen – Herztod und Hirntod

Zu untersuchen ist, ob nach diesen Auffassungen E bereits zum Zeitpunkt der Rücknahme des Scheidungsantrags durch F tot war, sich diese also nicht mehr auf die Anwendbarkeit des § 1933 auswirkte, die Voraussetzungen des § 1933 1 somit vorlagen und F nicht (Mit-) Erbin geworden ist.

(1) Todesbegriff nach Westermann

WESTERMANN unterscheidet zwei Todesbegriffe, den Handlungsbegriff und den Feststellungsbegriff vom Tod.[788]

Solle der Tod des Menschen die Grundlage einer Handlung oder Unterlassung sein, wenn beispielsweise die Ärzte wie hier die Herz-Lungen-Maschine abschalten, müsse für die Beurteilung der Rechtmäßigkeit dieser Maßnahme/ Unterlassung[789] das Gesamthirntodeskonzept gelten (Tod als Handlungsbegriff).[790]

Komme es dagegen auf die Feststellung des Todeszeitpunktes an, wie dies im Erbrecht oder Familienrecht der Fall sei, so gelte als maßgeblicher Todesbegriff der Herztod (Tod als Feststellungsbegriff).[791]

---

788 Westermann, in: Jahresschrift der Gesellschaft zur Förderung der Westfälischen Wilhelms-Universität zu Münster 1968, 87 (89); vgl. zu Westermanns Todesbegriff auch Klinge, Todesbegriff, 99; Nagel, Das Versterben untereinander erbberechtigter Personen aufgrund derselben Ursache (1983), 122; Ruscher, Die Bestimmung des Todeszeitpunktes aus erbrechtlicher Sicht, 141 f.; durch diese Aufspaltung des Todesbegriffs war Westermann bestrebt, die weitaus aufwendigere Diagnostik des Gesamthirntodes zu vermeiden und so die vereinfachte Feststellung des Herztodes in der Mehrzahl der Fälle beizubehalten; siehe hierzu Westermann, in: Jahresschrift der Gesellschaft zur Förderung der Westfälischen Wilhelms-Universität zu Münster 1968, 87 (88 f.); vgl. hierzu auch Klinge, Todesbegriff, 99; Ruscher, Die Bestimmung des Todeszeitpunktes aus erbrechtlicher Sicht, 141 f.; Saerbeck, Beginn und Ende des Lebens, 122.

789 Madea/Henssge/Dettmeyer, in: MedR 1999, 162 (163).

790 Westermann, in: Jahresschrift der Gesellschaft zur Förderung der Westfälischen Wilhelms-Universität zu Münster 1968, 87 (89); vgl. auch Klinge, Todesbegriff, 99; Nagel, Das Versterben untereinander erbberechtigter Personen, 61; Ruscher, Die Bestimmung des Todeszeitpunktes aus erbrechtlicher Sicht, 141; Saerbeck, Beginn und Ende des Lebens, 122.

791 Westermann, in: Jahresschrift der Gesellschaft zur Förderung der Westfälischen Wilhelms-Universität zu Münster 1968, 87 (89); vgl. auch Klinge, Todesbegriff, 99; Ruscher, Die Bestimmung des Todeszeitpunktes aus erbrechtlicher Sicht, 141 f.; Saerbeck, Beginn und Ende des Lebens, 122.

Vorliegend geht es um die Feststellung des Todes im Rahmen des Erbrechts. Mithin ist E nach dieser Ansicht erst tot, wenn er herztot ist. Somit lebte E am 25.2.1993 noch, als F ihren Scheidungsantrag zurücknahm. Zum Zeitpunkt seines Todes am 26.2.1993 lagen die Voraussetzungen für die Scheidung gem. § 1933 1 daher nicht mehr vor. F erbt daher gem. §§ 1931 I, III, 1371 I die eine Hälfte von E's Vermögen, seine Tochter T gem. § 1924 I die andere Hälfte.

(2) Todesbegriff nach Saerbeck

Nach dem Muster von WESTERMANN spaltet SAERBECK ebenfalls den Todesbegriff auf, jedoch nicht nach dem Kriterium, welchem Zweck der Todesbegriff zu dienen hat, sondern nach Funktion und Zielrichtung der jeweiligen Rechtsnorm, innerhalb derer der Tod des Menschen zu bestimmen ist.[792]

Haben die jeweiligen Normen eine *Schutzfunktion* inne, wie die §§ 823, 833, 836, 844, so sei der Gesamthirntod der einzig entscheidende Todesbegriff, erfüllen sie lediglich eine *Ordnungsfunktion*, wie die §§ 1922 ff., 1482, 727, sei auf den Herztod abzustellen.[793]

Auch nach dieser Auffassung lebte E am 25.2.1993 noch, als F ihren Scheidungsantrag zurücknahm. Zum Zeitpunkt seines Todes am 26.2.1993 lagen die Voraussetzungen für die Scheidung gem. § 1933 1 daher nicht mehr vor, und F erbt folglich nach §§ 1931 I, III, 1371 I die Hälfte von E's Vermögen.

(3) Todesbegriff nach Leipold

LEIPOLD ist der Auffassung, dass in den Fällen des „normalen" Todes auf den Herztod und nur bei maschinell aufrechterhaltener Herz- und Kreislauffunktion auf den Hirntod abzustellen sei.[794]

---

792 Saerbeck, Beginn und Ende des Lebens, 125; vgl. auch Klinge, Todesbegriff, 99; Nagel, Das Versterben untereinander erbberechtigter Personen, 65; Ruscher, Die Bestimmung des Todeszeitpunktes aus erbrechtlicher Sicht, 142 f.

793 Saerbeck, Beginn und Ende des Lebens, 125 ff.; vgl. auch Klinge, Todesbegriff, 99; Ruscher, Die Bestimmung des Todeszeitpunktes aus erbrechtlicher Sicht, 142 f.

794 Leipold, in: Festschrift für W. Kralik, 467 (483); Leipold, in: Münchener Kommentar zum Bürgerlichen Gesetzbuch, 5. Auflage, § 1922 Rn. 12 f.; Leipold, in: JZ 1998, 660 (661); so auch Jauernig, in: Jauernig, BGB Kommentar, § 1 Rn. 3; ablehnend die Rspr.: vgl. nur BayObLG, NJW-RR 1999, 1309 (1311); OLG Köln, NJW-RR 1992, 1480 (1481); OLG Frankfurt a. M., NJW 1997, 3099 (3100).

E war vorliegend an die Herz-Lungen-Maschine angeschlossen, daher ist in diesem Fall auf den Hirntod als maßgeblichen Todesbegriff abzustellen. Mithin kommt diese Auffassung in der vorliegenden Konstellation zu demselben Ergebnis wie die Gesamthirntodeskonzeption. E war demnach spätestens am 24.2.1993 tot. Somit lagen zum Zeitpunkt des Todes des E die Voraussetzungen für die Scheidung der Ehe vor und E hatte dieser auch zugestimmt. Mithin ist F nicht (Mit-) Erbin des E geworden, sondern T ist gem. § 1924 I Alleinerbin ihres Vaters E.[795]

b) Fall 2[796]

Ein Ehepaar wurde in der Nacht vom 28. auf den 29.6.1989 ermordet. Der Ehemann E hatte seine Frau F als Alleinerbin eingesetzt. F hatte kein Testament errichtet und das Ehepaar hatte keine Kinder. E war um 1.00 Uhr herztot und um 1.05 Uhr hirntot, F war um 0.58 Uhr herztot, jedoch erst um 1.07 Uhr hirntot.

Fraglich ist nun, ob F gem. § 1922 I die Erbin des E geworden ist. Nach § 1923 I kann Erbe kann nur derjenige werden, der zur Zeit des Erbfalls noch lebte.

aa) Lösung nach dem Gesamthirntodeskonzept

E war um 1.05 Uhr hirntot, F jedoch erst um 1.07 Uhr. Da der Erbe den Erblasser nur um den Bruchteil einer Sekunde überleben muss,[797] ist F gem. §§ 1922 I, 1923 I Erbin des E geworden, denn zu dem Zeitpunkt des Erbfalls, um 1.05 Uhr, lebte sie noch.

795 So auch OLG Frankfurt a. M., NJW 1997, 3099 (3100).

796 Als Grundlage dient der Fall des OLG Köln, NJW-RR 1992, 1480 (1481), der hier allerdings stark abgewandelt wurde; die medizinische Möglichkeit dieser Konstellation soll für die vorliegenden Darstellungszwecke unterstellt werden; zu Fällen, in denen das Herz (wie hier) vor Eintritt des Hirntodes bereits irreversibel stillsteht, vgl. beispielsweise Kohlhaas, in: DMW 1968, 1575 (1575).

797 OLG Hamm, NJW-RR 1996, 70 (70); Marotzke, in: Staudinger, Kommentar zum Bürgerlichen Gesetzbuch (2008), § 1922 Rn. 5; die Auffassung Nagels, in solchen Fällen des kurzen aufeinander Versterbens aufgrund derselben Ursache trotz feststellbarem Nacheinander der Todesfälle § 1923 I teleologisch dahingehend zu reduzieren, dass im Ergebnis die Rechtsfolgen eines gleichzeitigen Versterbens bejaht werden (vgl. Nagel, Das Versterben untereinander erbberechtigter Personen, 252), ist aufgrund der eindeutigen Vorschrift des § 1923 I abzulehnen; zudem vermag Nagels Ansicht zu Schwierigkeiten bei der Grenzziehung zu führen und birgt so die Gefahr des Entstehens von Rechtsunsicherheit in sich; vgl. hierzu zutreffend Leipold, in: MüKo BGB, § 1922 Rn. 12; OLG Köln, NJW-RR 1992, 1480 (1481.).

bb) Lösung nach dem Herztodeskonzept

Auf dieser Grundlage ist entscheidend, dass E um 1.00 Uhr herztot, F jedoch bereits um 0.58 Uhr herztot war. Mithin konnte F nicht Erbin des E werden, da sie zur Zeit des Erbfalls, also um 1.00 Uhr, nicht mehr lebte. F wurde also im Wege der gesetzlichen Erbfolge gem. §§ 1925 ff. beerbt, E wurde somit gem. § 1931[798] ihr Miterbe oder Alleinerbe.

cc) Lösung nach den gespaltenen Todesbegriffen

(1) Lösung nach Westermann und Saerbeck

Sowohl nach WESTERMANN als auch nach SAERBECK stellt im Rahmen des Erbrechts der Herztod den einzig maßgeblichen Todesbegriff dar.[799] E war um 1.00 Uhr herztot, F jedoch bereits um 0.58 Uhr. Mithin konnte F nicht Erbin des E werden, da sie zur Zeit des Erbfalls, also um 1.00 Uhr, nicht mehr lebte. F wurde also im Wege der gesetzlichen Erbfolge gem. §§ 1925 ff. beerbt, E wurde gem. § 1931 ihr Miterbe oder Alleinerbe.

(2) Lösung nach Leipold

E und F sind hier im Wege eines „normalen" Todes verstorben, was bedeutet, ihre Herz- und Kreislauffunktionen wurden nicht maschinell aufrecht erhalten. Mithin ist nach LEIPOLD auf den Herztod als Todesbegriff abzustellen. E war um 1.00 Uhr herztot, F jedoch bereits um 0.58 Uhr. Demnach konnte F nicht Erbin des E werden, da sie zur Zeit des Erbfalls, also um 1.00 Uhr, nicht mehr lebte. F wurde also im Wege der gesetzlichen Erbfolge gem. §§ 1925 ff. beerbt, E wurde gem. § 1931 ihr Miterbe oder Alleinerbe.

Es wird deutlich: LEIPOLD kommt hier zu demselben Ergebnis wie WESTERMANN und SAERBECK, während er im obigen Fall zu einem mit der Gesamthirntodeskonzeption identischen Ergebnis gelangt.

---

798 Welcher Absatz des § 1931 einschlägig ist, ist mangels detaillierter Angaben nicht bestimmbar, hier aber auch nicht von Belang.

799 S. o. 1. a) cc).

2. Deliktsrecht – Falllösung –

Nachdem der zivilrechtliche Meinungsstand zum Todesbegriff in Relevanz zum Erbrecht dargestellt wurde, soll selbiges nun anhand des Deliktsrechts erfolgen. Denn auch im Rahmen der §§ 823 ff. ist es unbedingt notwendig, sich über den Todesbegriff Klarheit zu verschaffen, um die Frage beantworten zu können, ob überhaupt eine Verletzung des Lebens vorliegt.

Führen wir uns zu diesem Zwecke eine leicht abgewandelte Konstellation von Fall 1[800] vor Augen:

A ist für einen Augenblick unaufmerksam und fährt den E im Februar 1993 auf offener Straße an. Dieser erleidet schwere Kopfverletzungen, wird in das nächstgelegene Krankenhaus eingeliefert und dort an die Herz-Lungen-Maschine angeschlossen. Am 24.2.1993 stellen die Ärzte bei E den Eintritt des Hirntodes fest, zwei Tage später am 26.2.1993 entnimmt der Arzt B dem E, der einen Organspendeausweis besitzt, sein Herz.

Angenommen F, die Ehefrau des E, ist seine Alleinerbin und äußert vor diesem Hintergrund die Frage, ob ihr ein Anspruch auf Erstattung der Kosten der Beerdigung sowohl gegen den Unfallfahrer A als auch gegen den Arzt B zustehe. In Betracht kommt ein Anspruch der F aus § 844 I auf Erstattung der Beerdigungskosten.

a) A als Anspruchsgegner

aa) Lösung nach dem Gesamthirntodeskonzept

Ein Anspruch auf Erstattung der Beerdigungskosten nach § 844 I setzt u. a. voraus, dass A Ersatzpflichtiger i. S. d. § 823 I ist. Vorliegend kommt als mögliche Rechtsgutsverletzung im Rahmen des § 823 I eine Verletzung des Lebens des E durch A in Betracht. A müsste daher, indem er E angefahren hat, dessen Leben verletzt haben. Dies ist dann der Fall, wenn E tot ist. Nach dem Gesamthirntodeskonzept ist der Tod des E am 24.2.1993 eingetreten. A hat demnach das Leben des E verletzt; die übrigen Voraussetzungen des § 823 I, insbesondere ein Verschulden des A, liegen ebenfalls vor. Mithin stand der F, die als Alleinerbin des E die Beerdigungskosten gem. § 1968 zu tragen hat, ab dem 24.2.1993 ein Anspruch gegen A aus § 844 I auf Ersatz eben dieser Kosten zu.

---

800 S. o. 1. a).

bb) Lösung nach dem Herztodeskonzept

Hiernach ist bei E erst am 26.2.1993 der (Herz-) Tod eingetreten. Der F stand also erst ab diesem Zeitpunkt ein Anspruch gegen A[801] gem. § 844 I auf Ersatz der Beerdigungskosten zu.[802]

cc) Lösung nach den gespaltenen Todesbegriffen

Auch alle Auffassungen, die mit unterschiedlicher Begründung ein gespaltenes Todeskonzept vertreten, kommen zu dem Ergebnis, dass F gegen A einen Anspruch aus § 844 I hat, der bereits am 24.2.1993 entstanden ist. Denn nach allen drei Ansichten ist vorliegend auf den Gesamthirntod als Todesbegriff abzustellen:

Nach WESTERMANN ist entscheidend, dass der Tod vorliegend die Grundlage für eine Handlung, die Organentnahme durch B, ist.

Für SAERBECK kommt es darauf an, dass die §§ 823, 844 eine Schutzfunktion erfüllen.[803]

Nach LEIPOLD ist maßgeblich, dass E vorliegend an eine Herz-Lungen-Maschine angeschlossen war und in diesem Zustand verstarb.[804]

801 Die Entnahme des Herzens durch den Arzt B stellt auch kein den Zurechnungszusammenhang (für A) unterbrechendes Verhalten dar, da hierin kein grober Kunstfehler des Arztes zu sehen sein dürfte; vgl. hierzu Grüneberg, in: Palandt, Bürgerliches Gesetzbuch Kommentar, 71. Auflage, Vorb. v. § 249 Rn. 47; vgl. allgemein zum Zurechnungszusammenhang und dem Dazwischentreten Dritter auch Oetker, in: MüKo BGB, § 249 Rn. 157, der feststellt: „Der Schaden ist grundsätzlich auch zu ersetzen, wenn er letztlich erst durch das Dazwischentreten eines Dritten verursacht wird. Dabei ist es unerheblich, ob das Eingreifen des Dritten rechtmäßig oder rechtswidrig war. Selbst die vorsätzliche Straftat eines Dritten schließt die Zurechnung nicht aus, wenn die Straftat erst durch das Verhalten des Schädigers ermöglicht worden ist."

802 Dies kann, fällt der Hirntod beispielsweise auf den 29.12. und der Herztod auf den 2.01. des darauffolgenden Jahres, durchaus einmal bei der Verjährung gem. §§ 194 ff. im Rahmen des § 199 I relevant werden, da die deliktsrechtlichen Schadensersatzansprüche der regelmäßigen Verjährungsfrist unterliegen.

803 Saerbeck, Beginn und Ende des Lebens, 125.

804 Leipold bezieht sich bei seinen Ausführungen auf das *gesamte* Zivilrecht, so gilt sein Todesbegriff auch im Deliktsrecht; vgl. Leipold, in: Festschrift für W. Kralik, 467 (480), (483); auch Jauernig unterscheidet nicht zwischen den einzelnen Rechtsgebieten des Zivilrechts, sondern stellt bei dem Einsatz einer Herz-Lungen-Maschine auf den Hirntod, sonst auf den Herztod ab, vgl. Jauernig, in: Jauernig, BGB Kommentar, § 1 Rn. 3, so auch Parzeller, in: KritV 2004, 397 (411).

b) B als Anspruchsgegner

Möglicherweise könnte F auch gegen B einen Anspruch aus §§ 844 I, 840 I, 421 haben.

Voraussetzung hierfür ist, dass B im Rahmen des § 823 I durch die Entnahme des Herzens das Leben des E verletzt hat.

aa) Lösung nach dem Gesamthirntodeskonzept

Hiernach war E zum Zeitpunkt der Entnahme des Herzens schon tot, mithin konnte B das Leben des E nicht mehr verletzen. F hat gegen B keinen Anspruch aus §§ 844 I, 840 I, 421 auf Ersatz der Beerdigungskosten.

bb) Lösung nach dem Herztodeskonzept

Nach dem Herztodeskonzept lebte E noch, als B ihm das Herz entnahm; denn dieser war zwar hirn-, aber noch nicht herztot. Mithin hat B das Leben des E verletzt. B handelte auch rechtswidrig[805] und mit Verschulden (Vorsatz). Demnach hat F auch gegen B einen Anspruch auf Ersatz der Beerdigungskosten aus §§ 844 I, 840 I, 421.

cc) Lösung nach den gespaltenen Todesbegriffen

Alle drei Auffassungen in Bezug auf einen gespaltenen Todesbegriff kommen hier zu dem Ergebnis, dass F keinen Anspruch gegen B aus §§ 844 I, 840 I, 421 hat; denn vor dem Hintergrund des nach diesen Ansichten allein maßgeblichen Gesamthirntodesbegriffes war E bereits tot, als B das Herz entnahm.

III. Das Strafrecht und die Diskussion um den Todesbegriff im Zivilrecht – Wechselwirkung zwischen Strafrecht und Zivilrecht

Nachdem anhand der dargestellten Fälle ein Überblick über den zivilrechtlichen Meinungsstand zum Todesbegriff ermöglicht werden konnte, folgt nun eine Ana-

805 Eine Rechtfertigung des B lässt sich hier im Bereich des Deliktsrechts ebenso wenig wie im Strafrecht begründen: siehe hierzu ausführlich oben D. IV. 1. c).

lyse dahingehend, wie sich das Zivilrecht in der Beantwortung der Frage nach dem rechtlichen Todesbegriff von dem (hier vertretenen) Gesamthirntodeskonzept des Strafrechts unterscheidet; sodann soll der Versuch unternommen werden, ein Todeskonzept aus dem Zivilrecht auf das Strafrecht zu übertragen, um seine dortige Tauglichkeit überprüfen zu können. Schließlich und letztlich wird untersucht werden, in welcher Weise das Strafrecht auf die Suche nach einem zivilrechtlichen Todeskonzept Einfluss nehmen kann bzw. nehmen muss.

1. Die Todesbegriffe im Zivilrecht – neue Denkanstöße für die Diskussion im Strafrecht?

a) Die Unterschiede zum Strafrecht

aa) Die gespaltenen Todesbegriffe

Sowohl WESTERMANN als auch SAERBECK unterscheiden sich gegenüber der hier vertretenen Auffassung, dass der Gesamthirntod der gültige Todesbegriff im Strafrecht ist, dahingehend, dass sie den Todesbegriff aufspalten und u. a. im Erbrecht den Herztod als den maßgeblichen Todesbegriff ansehen. Auch LEIPOLD stellt im Zivilrecht mit Ausnahme der maschinellen Beatmung auf den Herztod ab.

bb) Die Herztodeskonzeption

lässt im gesamten Zivilrecht ausschließlich den Herztod als maßgeblichen Todesbegriff gelten und steht damit komplett konträr zu der (hier vertretenen) Gesamthirntodeskonzeption des Strafrechts.

cc) Die Gesamthirntodeskonzeption

Nur diejenigen, die im *gesamten* Zivilrecht den Gesamthirntod als Todesbegriff ansehen, kommen zu einer vollständigen Übereinstimmung mit dem strafrechtlichen Todesbegriff.

Hieran schließt sich nun zugleich die Frage an, welche Konsequenzen sich aus der Erkenntnis ableiten lassen, dass nicht alle Auffassungen in Bezug auf den zivilrechtlichen Todesbegriff in Gänze mit der hier vertretenen strafrechtlichen Gesamthirntodeslösung übereinstimmen.

b) Überlegung der Übernahme eines zivilrechtlichen Ansatzes in das Strafrecht

Möglicherweise könnte gerade mit Hilfe des im Zivilrecht vertretenen Lösungsansatzes, den Todesbegriff aufzuspalten, eine Kompromisslösung gefunden werden, die auch im Strafrecht zu sachgerechten Ergebnissen führen und ein ausschließliches Abstellen auf den Gesamthirntod nicht (mehr) notwendig machen würde.

Daher soll im Folgenden der Versuch unternommen werden, das Todeskonzept nach LEIPOLD auf das Strafrecht zu übertragen.

aa) Zwei konstruierte Fälle in der Gegenüberstellung

Zu diesem Zwecke seien folgende zwei Fallkonstellationen[806] gegenübergestellt:

Auf der Straße liegt der herztote A, der Hirntod ist bei ihm noch nicht eingetreten. In diesem Zustand findet E seinen Erzfeind A auf der Straße vor. E meint, A würde noch leben, nutzt die Gelegenheit und schlägt A mit einem Totschläger mehrmals heftig auf den Kopf, so dass bei diesem der Hirntod aufgrund der massiven Gewalteinwirkungen sofort eintritt (Fall 1).

Zur selben Zeit ereignet sich im Krankenhaus folgendes Geschehnis (Fall 2):

Gerade haben die Ärzte nach den vorgeschriebenen Verfahrensregeln bei F den Hirntod festgestellt. Sie lassen diese jedoch weiterhin maschinell beatmen, da sie vorhaben, ihr diverse Organe zu entnehmen. Zu diesem Zeitpunkt kommt B in das Krankenhaus. Als sie dort die F in ihrem hilflosen Zustand auffindet, sieht sie in dem Glauben, diese lebe noch, ihre Gelegenheit gekommen, F endlich aus dem Weg zu räumen. Sie schaltet alle Geräte ab, so dass bei F sofort der Herz- und Atmungsstillstand eintritt.

Haben sich E und B gem. § 212 I StGB strafbar gemacht?[807] Dies setzt zunächst voraus, dass das jeweilige Opfer im Zeitpunkt der jeweiligen Tötungshandlung noch lebte.

---

806 die medizinische Möglichkeit der Konstellationen, insbesondere von Fall 1, soll für die vorliegenden Darstellungszwecke unterstellt werden; zu Fällen, in denen das Herz (wie hier bei A in Fall 1) vor Eintritt des Hirntodes bereits irreversibel stillsteht, vgl. beispielsweise Kohlhaas, in: DMW 1968, 1575 (1575).

807 Eine mögliche Strafbarkeit gem. § 211 StGB soll außer Acht gelassen werden.

(1) Lösung nach dem Gesamthirntodeskonzept

In dem ersten Fall war bei A der Hirntod (noch) nicht eingetreten. Nach der Gesamthirntodeskonzeption lebte A daher noch, als E auf ihn einschlug. Somit hätte sich E, indem er auf A einprügelte, gem. § 212 I StGB strafbar gemacht.

In dem zweiten Fall war F schon hirntot und lebte somit nicht mehr, als B die Maschinen abstellte; sie war daher kein taugliches Tatobjekt i. S. d. § 212 I StGB. Demnach hätte sich B durch das Abschalten der Maschinen[808] nicht wegen vollendeten Totschlags, sondern „nur" wegen eines (untauglichen) Versuchs gem. §§ 212, 22, 23 I StGB strafbar gemacht.

(2) Lösung nach dem Herztodeskonzept

Betrachtet man nun beide Fallkonstellationen vor dem Hintergrund des Herztodeskonzeptes, so stellt man fest, die Strafbarkeit von E und B kehrt sich genau um.

Denn während A in **Fall 1** nach dem Herztodeskonzept bereits tot ist, als E auf ihn einschlägt, und er sich daher „nur" wegen versuchten Totschlags gem. §§ 212 I, 22, 23 I StGB strafbar gemacht hätte, lebt F in **Fall 2** noch, und B hätte sich somit durch das Abschalten der Maschinen[809] wegen vollendeten Totschlags gem. § 212 I StGB strafbar gemacht.

Es wird deutlich: Die Ausgangslage von E und B ist vollkommen identisch. Beide Täter wollen, in dem Glauben, ihr Opfer lebe noch, dieses töten. Je nach Todeskonzept ist jedoch der eine „nur" wegen Versuchs strafbar, der andere wegen Vollendung.

Liegt in solchen Fällen nicht die Annahme nahe, beide Todesbegriffe so zu kombinieren, dass man zur gleichen Strafbarkeit beider Täter käme?

---

808 Zum technischen Behandlungsabbruch und seiner generellen Einordung als positives Tun, unabhängig davon, ob ihn die behandelnden Ärzte, Angehörige oder (andere) Dritte vornehmen, siehe insbesondere oben D. IV. 2. c), v. a. Fn. 558 bis 562; die Voraussetzungen des erlaubten Behandlungsabbruchs (s. o. D. IV. 2. c)) lagen bei F jedenfalls nicht vor.

809 Dieses stellt auch im Lager der Herztodeskonzeptionisten (soweit ersichtlich) unstrittig eine Tötungshandlung dar, da diese auch im Falle der Organentnahme *ohne* Einwilligung des hirntoten, nach ihrer Ansicht noch lebenden, Spenders eine strafbare Tötung annehmen; vgl. hierzu ausdrücklich Rixen, Lebensschutz am Lebensende, 371, 390; zu den nach den Vertretern des Herztodeskonzeptes straffreien Fällen der Organentnahme mit Willen des hirntoten Spenders und der Sterbehilfe durch Behandlungsabbruch s. o. IV. 1. b) und 2. b).

(3) Versuch einer Kompromisslösung: Herztod und Hirntod als alternative Todesbegriffe – der Todesbegriff von Leipold

Genau dies könnte mit Hilfe des Todesbegriffs von LEIPOLD[810] gelingen. LEIPOLD vertritt, wie schon mehrmals ausgeführt, die Auffassung, dass es nur in den Fällen notwendig sei, auf den Hirntod als Todesbegriff abzustellen, in denen das Gehirn unter maschinell aufrecht erhaltener Atmung bei noch vorhandener Herztätigkeit seine gesamte Funktion irreversibel eingestellt habe.[811] In allen anderen Fallkonstellationen genüge es, das klassische Todeskonzept des Herztodes als maßgeblichen Todesbegriff heranzuziehen.[812]

Nach LEIPOLD sieht die Lösung von Fall 1 und Fall 2 daher wie folgt aus:

F in **Fall 2** wäre tot gewesen, und B hätte sich wegen versuchten Totschlags gem. §§ 212 I, 22, 23 I StGB strafbar gemacht. Aber auch A in **Fall 1** wäre schon tot gewesen, und so hätte sich auch E „nur" wegen versuchten Totschlags gem. §§ 212 I, 22, 23 I StGB strafbar gemacht. Mit dieser Ansicht würde man also zu einer identischen Bestrafung beider Täter kommen.

(4) Stellungnahme

Ein solches Ergebnis rechtfertigt es dennoch nicht, den Todesbegriff im Strafrecht aufzuspalten. Aus Gründen der Rechtssicherheit ist es jedenfalls für das Strafrecht unbedingt erforderlich, an einem *einheitlichen* Todesbegriff festzuhalten.[813]

---

810 Gerade der Todesbegriff nach Leipold ist für die beiden vorliegenden Fallkonstellationen relevant. Denn Leipold unterscheidet bzgl. des Todesbegriffs zwischen dem Tod unter intensivmedizinischer Betreuung im Krankenhaus und dem „normalen" Tod außerhalb des Krankenhauses. Die Todesbegriffe nach Westermann und Saerbeck würden, übertrüge man sie auf das Strafrecht, hier nicht weiterführen, da sie zu einem identischen Ergebnis mit dem Gesamthirntodeskonzept gelangten. Nach Westermann wäre wohl in beiden Fällen der Gesamthirntod der maßgebliche Todesbegriff, da es jeweils um eine Handlung geht, und auch nach Saerbeck wäre wohl das Gesamthirntodeskonzept anzuwenden, da die §§ 211 ff. StGB eine Schutzfunktion inne haben.

811 Leipold, in: Festschrift für W. Kralik, 467 (483); Leipold, in: MüKo BGB, § 1922 Rn. 12 f.; so auch Madea/Henssge/Dettmeyer, in: MedR 1999, 162 (162).

812 Leipold, in Festschrift für W. Kralik, 467 (483); Leipold, in: MüKo BGB, § 1922 Rn. 12 f.; a. A. beispielsweise Lüttger, in: JR 1971, 309 (312), der jedoch meint, dass es keine erwähnenswerten Auswirkungen haben werde, wenn man einmal auf den Herztod und einmal auf den Hirntod als Todesbegriff abstelle, statt ausschließlich den Hirntod als Tod des Menschen anzusehen; diese Auffassung Lüttgers trifft aber nicht zu, wie das vorliegend gebildete Beispiel verdeutlicht.

813 Eser, in: Schönke/Schröder, StGB Kommentar, vor §§ 211 ff. Rn. 18; Jähnke, in: LK, vor § 211 Rn. 9; Joerden, in: NStZ 1993, 268 (269) und Klinge, Todesbegriff, 152, 164, die beide zu-

Aus den genannten Gründen ist dies der Gesamthirntod für das Strafrecht.[814] Dies muss auch in Fällen wie hier konsequent umgesetzt werden, zumal sich keine Todesdefinition finden lassen wird, die gänzlich vor Abgrenzungsschwierigkeiten bewahrt.

Zudem ist in Bezug auf Fall 2 ergänzend anzumerken, dass sich B nach der Lösung der Gesamthirntodeskonzeption zwar „nur" wegen versuchten Totschlags gem. §§ 212 I, 22, 23 I StGB strafbar gemacht hat, dieser jedoch deswegen *nicht* milder bestraft werden *muss* (§§ 23 II, 49 I StGB).[815]

bb) Ergebnis

Die vorstehenden Ausführungen haben gezeigt, dass die Strafrechtsordnung von einem einheitlichen Todesbegriff auszugehen hat. Eine Übertragung des Todesbegriffs von LEIPOLD auf das Strafrecht scheitert also.

Es bleibt dabei: Im Strafrecht ist der Mensch tot, wenn die Gesamtfunktion des Großhirns, Kleinhirns und des Hirnstamms irreversibel erloschen ist (Gesamthirntod).[816]

2. Die Einflussnahme des Strafrechts auf die Diskussion um den Todesbegriff im Zivilrecht: Verhältnis Strafrecht-Erbrecht/Strafrecht-Deliktsrecht

Führt man sich nun noch einmal den bereits mehrmals geschilderten „Krankenhausfall" vor dem Hintergrund der Unterschiede des Strafrechts zum Zivilrecht bei der Frage nach dem Todesbegriff vor Augen, so ist es durchaus denkbar, dass ein und derselbe Mensch strafrechtlich bereits tot ist, während sein Erbfall nach

---

treffend betonen, dass der Rechtssicherheit bei „einem so hochrangigen Rechtsgut wie dem Leben" vor der Einzelfallgerechtigkeit eindeutig der Vorzug zu geben ist; Lüttger, in: JR 1971, 309 (312), der es als „juristische Absurdität" bezeichnet, „zwei verschiedene Todesbegriffe nebeneinander zu praktizieren."; Sternberg-Lieben, in: JA 1997, 80 (88).

814 Siehe hierzu ausführlich oben D. IV., V., insbesondere Fn. 763.

815 Auf diese Weise kann so auch dem Aspekt der Einzelfallgerechtigkeit genügend Rechnung getragen werden.

816 S. o. D. V.; dies gilt (nach dem Scheitern der Übertragung des gespaltenen Todeskonzepts nach Leipold auf das Strafrecht) *endgültig* unabhängig davon, unter welchen Umständen der jeweilige Mensch zu Tode gekommen ist und daher auch dann, wenn seine Herz- und Kreislauffunktion *nicht* durch kontrollierte Beatmung künstlich aufrechterhalten werden, mit anderen Worten: auch außerhalb der intensivmedizinischen Betreuung.

§ 1922 I BGB noch nicht eingetreten ist, da er im Rahmen des Erbrechts noch als lebend angesehen wird.

Auch kann ein Täter, der den Tod eines Menschen rechtswidrig und schuldhaft verursacht hat, schon wegen § 222 StGB oder sogar wegen §§ 211 ff. StGB angeklagt werden, während er (noch) von niemandem auf zivilrechtliche Schadensersatzansprüche, die aus dieser Tötung resultieren, in Anspruch genommen werden kann, da der Verletzte im Sinne des Zivilrechts eben noch lebt.

Zugleich besteht die Möglichkeit, dass ein Arzt nach dem Strafrecht einem Patienten bereits lebenswichtige Organe entnehmen darf, da dieser schon tot ist, und er dennoch im Zivilrecht als Gesamtschuldner möglicherweise deliktsrechtlich in Anspruch genommen wird.

Diese auf den ersten Blick paradoxen Ergebnisse gilt es nun zu betrachten und zu überlegen, ob und inwiefern das Strafrecht auf den Todesbegriff im Zivilrecht Einfluss nehmen sollte oder sogar muss.

a) Die erbrechtlichen Todesbegriffe – Einfluss des Strafrechts

Sinn und Zweck des Erbrechts ist es, „das Privateigentum als Grundlage der eigenverantwortlichen Lebensgestaltung mit dem Tode des Eigentümers nicht untergehen zu lassen, sondern seinen Fortbestand im Wege der Rechtsnachfolge zu sichern."[817] Veranlasst durch das Ereignis „Tod" schafft das Recht eine Neuordnung.[818] Dass dies alleinige Materie des Zivilrechts ist und mit dem Strafrecht keinerlei Gemeinsamkeiten hat, bedarf keiner näheren Erläuterung.

Demnach bleibt es in diesen Bereichen, bei denen der Begriff „Tod" eine, um es mit SAERBECKs Worten zu formulieren, „ordnende Funktion"[819] zu erfüllen hat, ausschließlich dem Zivilrecht überlassen, eben diesen Begriff zu definieren. Wie dies geschieht, und was dogmatisch für vertretbar gehalten wird, hat die Zivilrechtswissenschaft zu entscheiden, hieraus muss sich die Strafrechtswissenschaft aus den genannten Gründen zurückziehen. In diesem Rahmen ist es auch keineswegs paradox, dass ein und derselbe Mensch zwar im Sinne des Strafrechts schon tot ist, aber im Erbrecht noch als lebend zu behandeln ist und daher noch Träger seines Vermögens bleiben kann.[820]

817 Weidlich, in: Palandt, vor § 1922 Rn. 1.
818 Saerbeck, Beginn und Ende des Lebens, 126.
819 Saerbeck, Beginn und Ende des Lebens, 126.
820 Leipold, in: Festschrift für W. Kralik, 467 (481); das Großhirntodeskonzept, das soweit ersichtlich für das Zivilrecht ausdrücklich nur von Ruscher vertreten wird, vgl. hierzu Ruscher, Die

b) Die deliktsrechtlichen Todesbegriffe – Einfluss des Strafrechts

aa) Das Verhältnis des Deliktsrechts zum Strafrecht

Möglicherweise völlig anders zu beurteilen ist der Einfluss des Strafrechts auf die zivilrechtliche Diskussion um den Todesbegriff im Rahmen des Deliktsrechts. In den Blick genommen werden soll hier als „Zentralnorm des Deliktsrechts“[821] § 823 I. Wenn über das Verhältnis des Delikts- zum Strafrecht heftig diskutiert wird, dann dies wohl vor allem deshalb, weil sich ihre Nähe zueinander kaum leugnen lässt.[822] Beide dienen dem Rechtsgüterschutz.[823] Vor allem über die Rechtswidrigkeit im Rahmen des § 823 I tritt das Strafrecht deutlich sichtbar in das Zivilrecht ein.[824]

So führe man sich vor dem Hintergrund der einzelnen Todesbegriffe noch einmal folgenden **Fall** vor Augen:

B ist im Krankenhaus an die Herz-Lungen-Maschine angeschlossen. Er ist bereits hirntot. Sein Arzt A möchte nun die Maschine abstellen. Kurz bevor sein Finger den „Aus-Knopf“ berührt, sticht der Angehörige D, der die „Tötung“ seines Onkels verhindern möchte, A in den Arm.

Wie hat sich D strafrechtlich und deliktsrechtlich verantwortlich gemacht?

Im Strafrecht hat D eine Körperverletzung gem. §§ 223, (224) StGB begangen, die auch nicht (mehr) gem. § 32 StGB gerechtfertigt sein kann, da kein Angriff mehr auf das Rechtsgut Leben des B vorlag, da dieser (nach dem hier in Bezug auf das Strafrecht vertretenen Gesamthirntodeskonzept) schon tot war.[825] Es liegt also eine rechtswidrige Körperverletzung des D vor.

Bestimmung des Todeszeitpunktes aus erbrechtlicher Sicht, 109 ff., insbesondere 138, wäre vor dem Hintergrund der genannten Gründe, soweit es nur für das Erbrecht als das maßgebliche Todeskonzept angesehen wird (so wohl die Auffassung Ruschers, Die Bestimmung des Todeszeitpunktes aus erbrechtlicher Sicht, 6 f. 114 f.), aus strafrechtlicher Sicht zu akzeptieren; für das Deliktsrecht ist es jedoch ebenso wie die übrigen Todeskonzepte, die sich gegen das Gesamthirntodeskonzept des Strafrechts stellen, als zivilrechtlicher Todesbegriff ausgeschlossen, s. u. insbesondere bb).

821 Lange/Schmidbauer, in: jurisPK-BGB, 5. Auflage, § 823 Rn. 1.

822 Vgl. nur Spickhoff, in: Soergel, BGB Kommentar, vor § 823 Rn. 36 f., der schon davon spricht: „als Unterschied bleibt immerhin“; Wagner, in: MüKo BGB, vor § 823 Rn. 1718.

823 Spickhoff, in: Soergel, BGB Kommentar, vor § 823 Rn. 37.

824 So auch Deutsch, in: Festschrift für Eduard Wahl (1973), 339 (339 f.)

825 Ein möglicher Erlaubnistatbestandsirrtum des D soll an dieser Stelle nicht erörtert werden, da es vorliegend nur auf die Rechtswidrigkeitsebene ankommt.

Zivilrechtlich hat D im Rahmen des § 823 I den Körper und die Gesundheit des A verletzt. Auch hier könnte er möglicherweise durch Notwehr gem. § 227 gerechtfertigt sein. Stringent nach der Herztodeskonzeption im Zivilrecht gelöst, läge ein Angriff des A auf das Rechtsgut Leben des B vor, da dieser (noch) lebte. Die unerlaubte Handlung des D wäre also nicht rechtswidrig gewesen.

Der Notwehrbegriff im Rahmen des § 227 stimmt jedoch mit dem des Strafrechts überein, beide Vorschriften sind daher einheitlich auszulegen.[826] Hier zeigt sich der Bruch, den die Herztodeskonzeption im Zivilrecht an dieser Stelle auslöst. Vielmehr müsste man auf der Rechtswidrigkeitsebene zu dem Schluss kommen, dass Nothilfe mangels der Verletzung des Rechtsguts Leben ausscheidet, da B als Hirntoter nicht mehr lebte. Das Dilemma der Herztodeskonzeption liegt darin, dass sie den Hirntoten auf der Tatbestandsebene im Rahmen des § 823 I als Lebenden ansieht, weswegen es nach ihrer Ansicht unmöglich ist, § 227 bereits an dem Angriff auf das Rechtsgut Leben scheitern zu lassen. Daher kann eine Lösung nur auf der Tatbestandsebene gefunden werden.

Man nehme demnach nun den Tatbestand des § 823 I in den Blick. Die §§ 823 ff. bezwecken (u. a.) ebenso wie die §§ 211 ff. StGB den Schutz des Rechtsguts Leben.[827] Aufgrund dieses einheitlichen Schutzzwecks darf sich das Deliktsrecht nicht in einen Widerspruch zum Strafrecht stellen. Der Schutz des Rechtsguts Leben ist in den §§ 823 ff. und in den §§ 211 ff., 222 StGB einheitlich zu bestimmen. Beide Tatbestände – § 823 I 1. Var. BGB und § 212 StGB – haben sich sehr wohl etwas zu sagen, nämlich was als Definition des Todes in beiden Gebieten gelten soll.[828] Auch ein Wortlautvergleich des Deliktsrechts mit dem Strafrecht zeigt, dass das Gesetz an einigen Stellen identische Formulierungen gebraucht:[829] „Wer (…) tötet (...)“[830], „Im Falle der Tötung (...)“[831], „Wird (...) getötet“[832].

826 Ellenberger, in: Palandt, § 227 Rn. 1.

827 Anders Deutsch, in: Festschrift für E. Wahl, 339 (348), der äußert: „Die Tatbestände beider Rechte [gemeint sind das Haftungsrecht und das Strafrecht] haben einander (…) nichts zu sagen (…).“ Deutsch verkennt jedoch, dass der Schutz einiger „Lebensgüter“, den er einseitig dem Deliktsrecht als Aufgabe zuschreibt, gerade die Gemeinsamkeit zwischen Delikts- und Strafrecht ausmachen kann.

828 Daher irrt Deutsch, in: Festschrift für E. Wahl, 339 (348), wenn er äußert: „Die Tatbestände beider Rechte [gemeint sind das Deliktsrecht und das Strafrecht] haben einander (…) nichts zu sagen.“

829 Vgl. hierzu Saerbeck, Beginn und Ende des Lebens, 125.

830 §§ 211 ff. StGB.

831 §§ 844 I, 845 BGB.

832 § 833 BGB.

An dieser starken Einflussnahme des Strafrechts auf das Deliktsrecht in dieser Frage vermag auch § 823 II nichts zu ändern. Richtig ist, dass die strafrechtlichen Schutzgesetze über § 823 II unmittelbar in das Deliktsrecht eintreten.[833] Zöge man allerdings hieraus den Schluss, das Strafrecht dürfe an anderer Stelle keinen Einfluss auf das Zivilrecht nehmen, wäre dies aber verfehlt.[834] § 823 II soll zwar gerade (auch) die Möglichkeit eröffnen, Sachverhalte zu erfassen, für die § 823 I nicht einschlägig ist, dies gilt insbesondere für Normen aus dem Strafrecht.[835] Das heißt aber nicht zugleich im Umkehrschluss, dass ein Fall nicht *sowohl* von § 823 I *als auch* von § 823 II (i. V. m. der jeweiligen Strafrechtsnorm) erfasst sein kann. Die Annahme einer Einflussnahme des Strafrechts auf den deliktsrechtlichen Todesbegriff im Rahmen des § 823 I ist daher nicht wegen der Vorschrift des § 823 II verwehrt, sondern bleibt von dieser vielmehr unberührt.

Hieran vermag auch der Einwand nichts zu ändern, dass der Beginn des Schutzguts Leben im Strafrecht und Zivilrecht jeweils unterschiedlich definiert werde.[836] Während im Strafrecht nach der Wertung des inzwischen aufgehobenen § 217 I StGB („in der Geburt“) für das Menschsein das Einsetzen der Eröffnungswehen der Mutter entscheidend ist[837], wird im Zivilrecht als Zeitpunkt der Rechtsfähigkeit in § 1 die Vollendung der Geburt festgelegt. Für den Beginn des Menschseins hat der Zivilrechtsgesetzgeber somit eine eindeutige Entscheidung getroffen, wodurch die Möglichkeit einer Übertragung der strafrechtlichen Bewertung auf das Deliktsrecht versperrt ist. Eine solche gesetzgeberische Entscheidung wurde jedoch am Ende des Lebens nicht getroffen. Zu der Frage nach dem Ende des Lebensschutzes schweigt die Rechtsordnung. Dadurch entsteht eine grundsätzliche Offenheit dahingehend, dass für das Straf- und Zivilrecht sowohl Gleiches als auch Unterschiedliches in Bezug auf das Ende des Lebens gelten könnte. Die dargelegten Gründe sprechen jedoch für eine Deckungsgleichheit des Todesbegriffs im Straf- und Deliktsrecht. Daher ist die Rechtslage am Beginn des Lebens nicht auf diejenige am Ende des Lebens übertragbar.[838]

---

833 Deutsch, in: Festschrift für E. Wahl, 339 (339) formuliert diesbezüglich: „(...) Die strafrechtlichen Schutzgesetze [treten] an der porösen Stelle des § 823 II BGB in das Haftungsrecht [ein].“

834 So wohl Deutsch, in: Festschrift für E. Wahl, 339 (348).

835 Lange/Schmidbauer, in: jurisPK-BGB, § 823 Rn. 1: „(...) § 823 Abs. 2 kommt lediglich Ergänzungs- und Auffangfunktion zu.“

836 So aber Parzeller, in: KritV 2004, 397 (410).

837 Ausführlicher zu § 217 I a. F. StGB s. u. H. II. 2.

838 So aber Parzeller, in: KritV 2004, 397 (410).

bb) Schlussfolgerungen für die deliktsrechtlichen Todesbegriffe

Allen Todesbegriffen, welche sich im Rahmen des Deliktsrechts gegen die hier vertretene Gesamthirntodeskonzeption im Strafrecht stellen, ist nach den vorstehenden Ausführungen der Boden entzogen:

Die Herztodeskonzeption ist daher vor diesem Hintergrund im Deliktsrecht als nicht vertretbar anzusehen.

Demgegenüber entspricht die Gesamthirntodeskonzeption für das gesamte Zivilrecht in Gänze dem strafrechtlichen Todesbegriff. Auch die Todesbegriffe von WESTERMANN und SAERBECK können bestehen bleiben, da diese jedenfalls im Deliktsrecht dem Todesbegriff des Strafrechts entsprechen.

Fraglich ist, ob dies auch für den Todesbegriff nach LEIPOLD gilt.

LEIPOLD erkennt richtigerweise, dass im Rahmen des Arztrechts die Herztodeskonzeption zu unlösbaren Problemen führen würde und auch problematisch ist, da sie sich so in Widerspruch zum Strafrecht stellen würde.[839] Gleichzeitig möchte LEIPOLD überwiegend aus Praktikabilitätserwägungen am Herztod als grundsätzlich maßgeblichem Todesbegriff festhalten.[840] Aufgrund dieser Erwägungen erklärt sich sein Kompromiss, im Bereich der maschinellen Beatmung auf den Hirntod, in allen anderen Fällen auf den Herztod als zivilrechtlichen Todesbegriff abzustellen.

Mit den „Krankenhausfällen“ hat LEIPOLD tatsächlich die in der Praxis entscheidenden Fälle, in denen sich Hirntod und Herztod zeitlich relevant voneinander unterscheiden und so zu Brüchen im Strafrecht und Deliktsrecht führen können, erfasst. Dies könnte genügen, um die Akzeptanz seines Todesbegriffs zu bejahen, denn es gilt hier nicht den einzig richtigen Todesbegriff für das Zivilrecht zu finden, sondern nur nicht hinnehmbare Systembrüche zum Strafrecht auf dieser Suche zu verhindern.

Folgende Überlegung lässt dennoch an LEIPOLDs Todesbegriff zweifeln:

Angenommen, A liegt herz-, aber noch nicht hirntot auf der Straße. B möchte ihn erstechen. E schreitet ein, um dies zu verhindern, und verletzt B. Im Rahmen des Strafrechts hat sich E nicht gem. §§ 223, 224 StGB strafbar gemacht, er ist aus

839 Leipold, in: MüKo BGB, § 1922 Rn. 13.
840 Leipold, in: MüKo BGB, § 1922 Rn. 12; Leipold, in: JZ 1998, 660 (661).

§ 32 StGB gerechtfertigt, denn A lebte noch. Nach LEIPOLD wäre A dagegen tot gewesen. Dies zeigt: Er muss nun denselben Bruch begehen, wie schon an anderer Stelle die Herztodeskonzeption.[841] Um das Notwehrrecht des § 227 strafrechtskonform anwenden zu können, müsste er A hier zwangsläufig als Lebenden ansehen, obwohl er auf der Tatbestandsebene des § 823 I denselben Menschen zum Toten erklären würde.[842]

Mithin ist vor dem Hintergrund dieser Erkenntnis die Auffassung LEIPOLDs abzulehnen und generell auf den Gesamthirntod als den maßgeblichen *deliktsrechtlichen* Todesbegriff abzustellen.

IV. Ergebnis

Es hat sich gezeigt, wie sinnvoll es sein kann, über den Horizont des eigenen Rechtsgebiets zu blicken. Dieser Weg hat zum einen neue Ideen gebracht, die zu der Überlegung führten, ein neu gefundenes Todeskonzept auf das Strafrecht zu übertragen, was jedoch an der Erforderlichkeit eines einheitlichen Todesbegriffs für das Strafrecht scheiterte.

Zum anderen hat er gezeigt, wie das Strafrecht in begründeter Weise auf das zivile Deliktsrecht Einfluss nehmen kann,[843] ja sogar muss und so auch bei der Suche nach dem richtigen Todeskonzept im Zivilrecht klärend und korrigierend eingreifen kann.

So vermeidet eine Übernahme des strafrechtlichen Todesbegriffs in das Deliktsrecht in folgenden Fallkonstellationen nicht hinnehmbare Wertungswidersprüche:

---

841 S. o. b) aa).

842 Leipolds Äußerung, in: Festschrift für W. Kralik, 476 (480), dass weder das eine noch das andere Todeskonzept in der Lage sei, ohne Willkür zu lösen, dass durch solche geringfügigen Zeitverschiebungen die zivilrechtlichen Rechtsfolgen beeinflusst werden, ist somit hinfällig, da in einem Fall wie diesem dogmatische Brüche entstehen, die gerade gelöst werden *müssen*.

843 Zum Einfluss des Strafrechts auf das Zivilrecht ausführlich auch Forkel, in: Festschrift für F.-W. Krause, 297 (305 ff.); Forkels Thesen, in: Festschrift für F.-W. Krause, 297 (309), (311), dass „dem Zivilrechtler der Blick auf die Regelungen der Materie im Strafrecht eine Reihe von Erkenntnissen zu vermitteln vermag“ und, dass „[das Strafrecht] für das Zivilrecht (…) Wege weisen kann, wie sich einschlägige Tatbestände bilden und abgrenzen lassen, wie man Schutzumfang und Schranken bestimmen kann“, haben bei der vorliegenden Untersuchung eine (weitere) Bestätigung erfahren.

Denjenigen, dass der Täter, der den Tod eines Menschen rechtswidrig und schuldhaft verursacht hat, schon wegen § 222 StGB oder sogar wegen §§ 211 ff. StGB angeklagt wird, während er (noch) von niemandem auf zivilrechtliche Schadensersatzansprüche, die aus dieser Tötung resultieren, in Anspruch genommen werden kann, da der Verletzte im Sinne des Deliktsrechts noch lebt; weiterhin, dass ein Arzt nach dem Strafrecht einem Patienten bereits lebensnotwendige Organe entnehmen darf, da dieser schon tot ist, und er dennoch im Zivilrecht als Gesamtschuldner möglicherweise deliktsrechtlich auf Schadensersatz wegen dessen Tötung in Anspruch genommen werden kann.

Zu einem ganz anderen Ergebnis ist die Untersuchung jedoch im Erbrecht gekommen. Wegen der unterschiedlichen Wertungsebenen von Strafrecht und Erbrecht ist eine strafrechtliche Einmischung hier in keiner Weise sinnvoll.

F. Verfassungsrechtliche Aspekte: Gesamthirntod und Grundgesetz

Verfassungsrechtlich hat die Frage nach dem Todesbegriff des Menschen ihren Sitz im Schutzbereich des Art. 2 II 1 1. Alt. GG.[844] Das Grundrecht auf Leben reicht nur so weit, wie der Tod noch nicht eingetreten ist.[845] Das Leben des Menschen endet mit dem Tod, mit ihm der Schutz des Art. 2 II 1 1. Alt. GG. Mithin ist fraglich, wann der Tod des Menschen eintritt und der Schutz anderer Grundrechte, insbesondere des postmortalen Persönlichkeitsrechts aus Art. 2 I i. V. m. Art. 1 I GG, welcher freilich auf einer ganz anderen Ebene liegt,[846] zum Tragen kommt.

I. Verhältnis Strafrecht – Verfassungsrecht bei der Suche nach dem Todesbegriff

Dass das Strafrecht seinen Maßstab und seinen Rahmen im Grundgesetz findet und daher mit diesem naturgemäß sehr stark verknüpft ist, dürfte eine Selbstverständlichkeit sein, die von niemandem ernsthaft bestritten wird bzw. werden kann.[847] Doch, wo wirkt sich dieses enge Verhältnis zwischen dem Grundgesetz, namentlich den Grundrechten, und dem Strafrecht bei der Frage nach dem strafrechtlichen Todesbegriff aus? Wie spielen hier Verfassungsrecht und Strafrecht zusammen, wo ist der dogmatische Anknüpfungspunkt, an dem bildlich gesprochen, das Verfassungsrecht bei dieser Frage in das Strafrecht „einfließt“?

---

844 Und eben nicht auf der Eingriffsebene wie von Klinge, Todesbegriff, 123 richtig festgestellt.

845 Statt vieler Di Fabio, in: Maunz/Dürig, GG Kommentar, Art. 2 Abs. 2 Rn. 17.

846 So schon Roxin, Lebensschutz im Strafrecht. Einführung und Überblick, 11; vgl. www.kcla.net/download.red?fid=79 (Stand: März 2012), für das Strafrecht und das Verhältnis der §§ 211 ff. zu § 168, s. o. D. I. 1. c).

847 Kudlich, in: JZ 2003, 127 (128); extremer Eser, in: Schönke/Schröder, StGB Kommentar, vor § 1 Rn. 30, der formuliert, dass das Strafrecht sein Fundament im Grundgesetz habe; zu dem im Einzelnen sehr umstrittenen Verhältnis von Verfassungsrecht und Strafrecht: beispielsweise Lagodny, Strafrecht vor den Schranken der Grundrechte (1996); Tiedemann, Verfassungsrecht und Strafrecht (1991); kurz andeutend auch Rixen, Lebensschutz am Lebensende, 322 ff.; Redeker, in: NJW 1996, 3266 (3266) formuliert allgemein zu der Rolle des Verfassungsrechts in der Rechtsordnung: „In einem 1949 sicher nicht vorausgesehenen Umfang ist die Verfassung zur Grundlage unserer gesamten Rechtsordnung entwickelt worden, die diese überlagert und prägt.“

In erster Linie sind die Grundrechte Abwehrrechte des Bürgers gegen den Staat.[848] Allerdings stellen die Grundrechte als Freiheitsgrundrechte auch objektiv-rechtliche Wertentscheidungen der Verfassung dar.[849] Hieraus lassen sich weitere Grundrechtsfunktionen ableiten.[850] Aus den Grundrechten resultiert so auch eine Schutzpflicht, die allen Grundrechtsverpflichteten (Art.1 III GG) gebietet, den Schutzgegenstand des Grundrechts vor Schädigungen und Bedrohungen zu schützen, die nicht vom Staat herrühren, insbesondere geht es also um die Beeinträchtigung durch private Dritte.[851] In diesem Bereich kommt dem Staat im Gegensatz zu den Abwehrrechten, hier ist der Staat Grundrechtsgefährder, die Rolle des Grundrechtsgaranten zu.[852] Gerade für das Lebensgrundrecht aus Art. 2 II 1 1. Alt. GG trifft den Staat eine solche staatliche Schutzpflicht.[853] Bei der Erfüllung dieser Schutzpflicht hat der Staat, insbesondere der Gesetzgeber als in der Regel erster Adressat eben dieser Schutzpflicht, einen erheblichen Spielraum.[854] Diese konkrete Schutzpflicht aus Art. 2 II 1 1. Alt. GG erfüllt der Staat – der Gesetzgeber – auch und insbesondere durch die §§ 211 ff.

„Dem Strafrecht kommt seit jeher und auch unter den heutigen Gegebenheiten die Aufgabe zu, die Grundlagen eines geordneten Gemeinschaftslebens zu schützen. Dazu gehört die Achtung und grundsätzliche Unverletzlichkeit menschlichen Lebens. Dementsprechend wird die Tötung anderer umfassend mit Strafe bedroht.“[855]

---

848 Jarass, in: Jarass/Pieroth, Grundgesetz Kommentar, 11. Auflage, vor Art. 1 Rn. 5.

849 Jarass, in: Jarass/Pieroth, vor Art. 1 Rn. 3; BVerfGE 7, 198 (205); BVerfGE 35, 79 (114); BVerfGE 49, 89 (141 f.); vgl. auch Klein, in: NJW 1994, 489 ff.

850 Jarass, in: Jarass/Pieroth, vor Art. 1 Rn. 3.

851 Jarass, in: Jarass/Pieroth, vor Art. 1 Rn. 7.

852 Rixen, Lebensschutz am Lebensende, 328.

853 Jarass, in: Jarass/Pieroth, Art. 2 Rn. 91; Tiedemann, Verfassungsrecht und Strafrecht, 53; umstritten ist, ob diese Schutzpflicht direkt aus Art. 2 II GG herzuleiten ist, so Murswiek, in: Sachs, Grundgesetz Kommentar, 6. Auflage, Art. 2 Rn. 190, oder, ob diese ihren Grund in Art. 1 I GG hat und Art. 2 II lediglich den Gegenstand und das Maß dieser Schutzpflicht aus Art. 1 I GG näher bestimmt, so BVerfGE 88, 203 (251). Meistens verwendet das BVerfG die Zitation Art. 2 II i. V. m. Art. 1 I GG, vgl. Murswiek, in: Sachs, GG Kommentar, Art. 2 Rn. 190, Verweis auf Fußnote 382, dort a. E.

854 Jarass, in: Jarass/Pieroth, Art. 2 Rn. 92; siehe hierzu auch beispielsweise BVerfGE 56, 54 (80 ff.).

855 BVerfGE 88, 203 (257 a. E.); hierzu extremer Rixen, Lebensschutz am Lebensende, 330 f., der formuliert: „Daß es (...) im einzelnen überhaupt einfachgesetzliche Strafbestimmungen gibt, die verbieten, daß der eine (...) den anderen ‚tötet‘, ist Folge dieser ‚verfassungsrechtlichen Fundierung‘ der Tötungsdelikte in der grundrechtlichen Schutzpflicht aus Art. 2 II 1 GG.“; Rixen verkennt hierbei allerdings den vorkonstitutionellen Charakter der §§ 211 ff.; Hermes/Walther, in: NJW 1993, 2337 (2344) fassen die Funktion, die das BVerfG in dieser Entscheidung dem Strafrecht zumisst, wie folgt zusammen: „Das Gericht schreibt also dem Strafrecht

Die §§ 211 ff. haben nicht nur ihren Maßstab in den Grundrechten, namentlich in Art. 2 II 1 1. Alt. GG, sondern sie wirken vielmehr Hand in Hand bei der Verwirklichung des grundrechtlichen Lebensschutzes zusammen.[856] Durch die Tötungstatbestände[857] ist der Gesetzgeber dieser Schutzpflicht aus Art. 2 II 1 1. Alt. GG in hinreichender Weise nachgekommen. Sowohl die Überschrift des 16. Abschnitts „Straftaten gegen das Leben“ als auch das Tatbestandsmerkmal „töten“ – was zwingend einen lebenden Menschen voraussetzt, töten heißt Leben beenden –[858] zeigen auch hinsichtlich des Wortlautes diesen untrennbaren Zusammenhang zu Art. 2 II 1 1. Alt. GG.[859]

Bis hierhin ist jedoch noch nicht gesagt, wie sich die Festsetzung des strafrechtlichen Todesbegriffs verfassungsrechtlich auswirken kann. Mit anderen Worten: Wo bricht das Verfassungsrecht in das Strafrecht ein? Adressaten der erläuterten Schutzpflicht aus Art. 2 II 1 1. Alt. GG sind nicht nur der Gesetzgeber,[860] dieser ist seiner Pflicht bereits in hinreichender Weise nachgekommen, sondern alle Gewalten i. S. d. Art.1 III GG, mithin auch die Rechtsprechung. Diese nimmt ihre Schutzpflicht u. a. durch verfassungskonforme Auslegung der jeweiligen Normen wahr.[861] Voraussetzung der verfassungskonformen Auslegung ist, dass unter

---

die Rolle zu, Verbote mit Verfassungsrang zu transformieren und in eine gesetzliche Form zu bringen.“

856 So auch Rixen, Lebensschutz am Lebensende, 331, der die strafrechtlichen Tötungstatbestände jedoch „als verlängerten Arm der Verfassung“ bezeichnet, was die trotz der Schutzpflicht des Staates bestehende Eigenständigkeit derselben verschleiert; hierzu auch Kaschubs-Saeedi, Menschliches Lebens als Schutzgut des Strafrechts, 59 ff.

857 Ausführlich zu den §§ 211 ff. s. o. D. III.

858 Ausführlich zu dem Wortlaut der §§ 211 ff. s. o. D. III. 1.

859 So auch Rixen, Lebensschutz am Lebensende, 332.

860 An den Gesetzgeber könnte man in Bezug auf seine Schutzpflicht wiederum dann neu anknüpfen, wenn er den Todesbegriff gesetzlich im StGB fixieren wollte; die Problematik würde sich dann von der Ebene der verfassungskonformen Auslegung quasi wieder auf eine Ebene höher verschieben, und es wäre zu überprüfen, ob der Gesetzgeber hierdurch möglicherweise in nicht zu rechtfertigender Art und Weise in Art. 2 II 1 1. Alt. GG eingreift (diese Prüfung macht selbstverständlich nur dann Sinn, wenn der Gesetzgeber einen anderen Todesbegriff als den verfassungsrechtlich Maßgeblichen normiert, sonst liegt schon kein Eingriff vor).

861 Anders Rixen, Lebensschutz am Lebensende, 336, der die Bezeichnung „grundrechtsorientierte“ Auslegung vorzieht, mit der Begründung, verfassungskonforme Auslegung stelle auf die verfassungsprozessuale Dimension ab; dies ist wohl in der Begrifflichkeit sauberer, erschöpft sich allerdings sogleich wieder in dieser, da die verfassungskonforme Auslegung bei weitem Verständnis nicht zugleich suggerieren muss, eine Norm müsse durch eben diese Auslegung vor der Verfassungswidrigkeit „gerettet“ werden, sondern sie kann eben auch die interpretatorische Funktion der Grundrechte umschreiben, dem dann wohl auch zustimmend Rixen, Lebensschutz am Lebensende, 336 (Fn. 463); näher zu der verfassungskonformen Auslegung beispielsweise auch Kudlich, in: JZ 2003, 127 (130), der die Begriffe verfassungskonforme Auslegung im engeren Sinne und weiteren Sinne für die von Rixen betonten Unterschiede verwendet.

Berücksichtigung von Wortlaut, Entstehungsgeschichte, Gesamtzusammenhang und Zweck mehrere Deutungen in Betracht kommen.[862]

Sowohl das Tatbestandsmerkmal „Mensch“ als auch das Tatbestandsmerkmal „töten“ sind hierfür in den Blick zu nehmen, denn „töten“ heißt den Tod herbeiführen, also Leben beenden, und somit ist auch diesem Tatbestandsmerkmal die Frage zuzuordnen, ob ein hirntoter Mensch noch lebt oder schon tot ist.[863] Durch den Gesetzeswortlaut eben dieser beiden Tatbestandsmerkmale „Mensch“ und „töten“ ist nicht genau vorgezeichnet, ob jemand noch lebt oder schon ein Leichnam ist, wenn sein Hirn vollständig ausgefallen ist, sein Kreislauf aber noch funktionstüchtig ist.[864] Daher sind auch die Tötungstatbestände der §§ 211 ff. bei der Frage, ob ein Mensch noch lebt oder schon tot ist und demnach nicht mehr von ihrem Schutz umfasst sein kann, verfassungskonform auszulegen.[865] Die Rechtsprechung muss den Regelungssinn der Tötungsdelikte als normative Verwirklichung der staatlichen Schutzpflicht aus Art. 2 II 1 1. Alt. GG sozusagen zu Ende denken.[866] Die Tötungstatbestände sind kongruierend zum Schutzbereich des Lebensgrundrechts auszulegen.[867] Es muss also überprüft werden, ob der Gesamthirntod als Todesbegriff des Strafrechts mit Art. 2 II 1 1. Alt. GG übereinstimmt, oder, ob die §§ 211 ff. dahingehend verfassungskonform auszulegen sind, dass ein anderer Todesbegriff im Strafrecht als maßgeblich angesehen werden muss.

Zunächst soll der Meinungsstand in der Verfassungsrechtswissenschaft zu der Frage, wann menschliches Leben im verfassungsrechtlichen Sinne endet, dargestellt werden. Anschließend erfolgt ein Aufzeigen der etwaigen Konsequenzen dieser Auffassungen für das Strafrecht, um dann den verfassungsrechtlichen Todesbegriff zu finden. Soweit erforderlich ist dann schließlich und letztlich der strafrechtliche Todesbegriff mit diesem in Einklang zu bringen.

---

862 Jarass, in: Jarass/Pieroth, Art. 20 Rn. 34; BVerfGE 124, 25 (39).

863 Vgl. Rixen, Lebensschutz am Lebensende, 332, 334; so auch Kaschubs-Saeedi, Menschliches Leben als Schutzgut des Strafrechts, 60; ausführlich zum Wortlaut der §§ 211 ff. s. o. D. III. 1.

864 Roxin, Strafrecht AT Band I, § 5 Rn. 27; ausführlich s. o. D. III., insbesondere 1.

865 Vgl. auch Klinge, Todesbegriff, 156, 185.

866 Rixen, Lebensschutz am Lebensende, 335.

867 Rixen, Lebensschutz am Lebensende, 332; Sternberg-Lieben, in: JA 1997, 80 (84).

II. Die Diskussion um den Todesbegriff im Verfassungsrecht

Auf verfassungsrechtlicher Ebene lässt sich der Streit um den Todesbegriff im Wesentlichen[868] in zwei Gruppen, ja Pole, fassen, nämlich in diejenigen, welche als maßgeblichen Todesbegriff den Gesamthirntod ansehen (im Folgenden: Hirntodbefürworter), und in diejenigen, welche den Hirntoten als einen (noch) lebenden Menschen betrachten und auf den Herztod als maßgebliche Todesdefinition i. S. d. Art. 2 II 1 1. Alt. GG abstellen wollen (im Folgenden: Hirntodgegner).

Es soll nun die verfassungsrechtliche Argumentation dieser beiden Gruppen nachgezeichnet werden. Dies kann freilich nicht ganz ohne Wiederholung von bereits in den Abschnitten C und D Gesagtem geschehen. Dennoch ist es unerlässlich, sich die jeweiligen Gedankengänge noch einmal im Kontext des vorliegenden verfassungsrechtlichen Abschnitts neu vor Augen zu führen, um dann auf dieser Basis Schlussfolgerungen für das Strafrecht ziehen und eine verfassungskonforme Lösung finden zu können.

1. Die Hirntodbefürworter[869]

Der äußerst simple Wortlaut des Art. 2 II 1 1. Alt. GG: „Jeder hat das Recht auf Leben" macht es schwer, den Todesbegriff zu finden und zu definieren, wann

868 Auf diejenigen, welche schon den Großhirntod als maßgeblichen Todesbegriff ansehen wollen (s. o. C. III. 2.), ist hier nicht näher einzugehen, da dies im verfassungsrechtlichen Schrifttum kaum vertreten wird (soweit ersichtlich ausdrücklich (auch) aus verfassungsrechtlicher Sicht für den Großhirntod nur Kaschubs-Saeedi, Menschliches Leben als Schutzgut des Strafrechts, 71 ff., v. a. 81) und zudem bei der vorliegenden Fragestellung keine Rolle spielt, da dieses Todeskonzept weiter ist als der Gesamthirntod; wäre der Gesamthirntod im Rahmen des Art. 2 II 1 1. Alt. GG unzulässig, dann würde selbiges erst recht für den Großhirntod gelten; näher zu dem Großhirntod im Allgemeinen und im strafrechtlichen Kontext s. o. C. III. 2. b); D. IV. 6. c); zu dem Großhirntod und dessen verfassungsrechtlicher (Un-) Zulässigkeit beispielsweise Anderheiden, in: KritV 2001, 353 (368); Klinge, Todesbegriff, 157 ff.

869 Auszug aus dem verfassungsrechtlichen Schrifttum der sog. Hirntodbefürworter: Anderheiden, in: KritV 2001, 353 ff.; Di Fabio, in: Maunz/Dürig, GG Kommentar, Art. 2 Abs. 2 Rn. 21; Heun, in: JZ 1996, 213 ff.; Heun, in: JZ 1996, 618 ff.; Isensee, Recht als Grenze 67 ff.; Klinge, Todesbegriff, 119 ff.; Kluth/Sander, in: DVBl 1996, 1285 ff.; Kunig, in: von Münch/Kunig, Grundgesetz Kommentar, 5. Auflage, Art. 2 Rn. 49; Laber, Der Schutz des Lebens im Strafrecht (1997), 33 f.; Müller-Terpitz, in: Isensee/Kirchhof (Hrsg.), Handbuch des Staatsrechts Band VII, 3. Auflage, § 147 Rn. 32; Schulze-Fielitz, in: Dreier, Grundgesetz Kommentar, 2. Auflage, Art. 2 II Rn. 30. f.; Seewald, in: VerwArch 1997, 199 ff.; Starck, in: v. Mangoldt/Klein/Starck, Kommentar zum Grundgesetz, 6. Auflage, Art. 2 II Rn. 192; Sternberg-Lieben, in: JA 1997, 80 (86); Wagner/Brocker, in: ZRP 1996, 226 ff.

menschliches Leben endet. Denn je einfacher eine Norm sprachlich gefasst ist, desto schwieriger gestaltet sich meist ihre Anwendung auf die Lebenssachverhalte.[870] Zudem zeichnet sich das Recht auf Leben als singuläres Rechtsgut aus, es gibt nur Sein oder Nichtsein, eine dritte Kategorie ist nicht vorstellbar.[871] Das Schutzgut Leben „steht unter dem Regime des Entweder-Oder."[872] Das Leben findet sein Ende mit dem Tod „als einem Aliud zum Leben."[873] Leben und Tod schließen sich gegenseitig aus.[874] „Tertium non datur."[875]

Mit dem Begriff Leben wird die „biologisch-physische menschliche Existenz als unverletzlich garantiert."[876] Sein Inhalt ist nach dem Schutzzweck des Art. 2 II 1 1. Alt. GG normativ zu bestimmen.[877] Dieser besteht in der Sicherung des menschlichen Lebens gegenüber externer Verfügbarkeit, daher ist menschliches Leben in Bezug auf sein Ende noch so lange gegeben wie menschliche Individualexistenz vorliegt.[878]

Die Hirntodbefürworter führen als Begründung dafür, dass der Gesamthirntod der Tod des Menschen sei, die zwei Säulen dieses Konzeptes an, auf welchen es fußt.[879] Zum einen ziehe der vollständige und unumkehrbare Funktionsausfall des Gehirns den unwiderruflichen Verlust der Bewusstseins- und Empfindungsfähigkeit des Menschen nach sich.[880] Zum anderen habe der vollständige Ausfall des Gehirns zur Folge, dass die selbstständige, selbsttätige Lebenseinheit und Lebensordnung des Organismus endgültig verloren gehe.[881] Der Organismus sei als tot zu bezeichnen, da die noch vereinzelt vorhandenen Funktionen seiner Organe und Systeme irreversibel nicht mehr zu einer übergeordneten Einheit des Lebe-

---

870 Isensee, Recht als Grenze, 70.

871 Isensee, Recht als Grenze, 74.

872 Isensee, Recht als Grenze, 74; Isensee, in: ZfL 2009, 114 (116).

873 Schulze-Fielitz, in: Dreier, GG Kommentar, Art. 2 II Rn. 30.

874 Schulze-Fielitz, in: Dreier, GG Kommentar, Art. 2 II Rn. 30.

875 Isensee, Recht als Grenze, 74; hierzu im strafrechtlichen Kontext s. o. D. III. 2.

876 Lorenz, in: Isensee/Kirchhof (Hrsg.), Handbuch des Staatsrechts Band VI, 1989, § 128 Rn. 8; Lang, in: Epping/Hillgruber, Grundgesetz Kommentar (2009), Art. 2 Rn. 58.

877 Lorenz, in: Isensee/Kirchhof (Hrsg.), Handbuch des Staatsrechts Band VI, § 128 Rn. 8.

878 Lorenz, in: Isensee/Kirchhof (Hrsg.), Handbuch des Staatsrechts Band VI, § 128 Rn. 8; Heun, in: JZ 1996, 213 (214).

879 Siehe hierzu schon ausführlich oben C. III. 1. b); im Folgenden soll die Argumentation der Vertreter des Gesamthirntodeskonzeptes (Hirntodbefürworter) zur (verfassungsrechtlichen) Verständniserleichterung wiederholt werden.

880 Heun, in: JZ 1996, 213 (215).

881 Oduncu, in: Roxin/Schroth (Hrsg.), Medizinstrafrecht, 199 (248), so auch Merkel, in: Jura 1999, 113 (118).

wesens in seiner funktionellen Ganzheit vereinigt werden könnten.[882] Zurück bleibe nur noch eine Teilsumme von Organen, die nicht von innen – das aber gerade mache den Menschen aus –, sondern nur noch von außen mittels apparativer Unterstützung in ihrer Funktion zusammengehalten werden könne.[883] Durch den Ausfall des Gehirns gehe genau das, was den Menschen zur seelisch/geistig-körperlichen/leiblichen Einheit mache, verloren.[884] Gerade die Einheit von geistigem und leiblichem Sein mache menschliches Leben schutzwürdig.[885] Mit dem unumkehrbaren Ausfall des gesamten Gehirns fehle es folglich an einem sich selbst regulierenden und integrierenden Organismus als Voraussetzung menschlichen Lebens.[886] Biologisches Leben setze jedoch genau das voraus, die grundsätzliche Möglichkeit des Daseinsvollzugs, einem Organverbund ohne überstehende Ganzheit – dem Gehirn – fehle jedoch genau diese.[887] Daher ende die menschliche Individualexistenz mit dem Eintritt des Gesamthirntodes. Der Hirntote als toter Mensch ist nach Ansicht der Hirntodbefürworter mithin vom Schutzbereich des Art. 2 II 1 1. Alt. GG nicht mehr erfasst. Das Grundrecht auf Leben findet sein Schutzbereichsende mit dem Gesamthirntod als Ende des menschlichen Lebens.

2. Die Hirntodgegner[888]

Die Hirntodgegner als Gegenpol zu den Hirntodbefürwortern gehen in ihrer Argumentation zunächst von der „offenen Weite“ des Begriffs Leben aus.[889] Weise die Verfassungsbestimmung einen hohen Grad an normativer Offenheit auf, dann sei dazu gleichlaufend der Schutzbereich entsprechend umfassend konzipiert.[890] Diese normative Offenheit sei umso größer, je weniger sie rechtlich vorgeprägt

882 Müller-Terpitz, in: Isensee/Kirchhof (Hrsg.), Handbuch des Staatsrechts Band VII, § 147 Rn. 32.

883 Müller-Terpitz, in: Isensee/Kirchhof (Hrsg.), Handbuch des Staatsrechts Band VII, § 147 Rn. 32; Kluth/Sander, in: DVBl 1996, 1285 (1287).

884 Anderheiden, in: KritV 2001, 353 (371); Klinge, Todesbegriff, 172.

885 Klinge, Todesbegriff, 145.

886 Klinge, Todesbegriff, 140.

887 Kluth/Sander, in: DVBl 1996, 1285 (1287).

888 Auszug aus dem verfassungsrechtlichen Schrifttum der sog. Hirntodgegner: Beckmann, in: ZRP 1996, 219 ff.; Grewel, in: ZRP 1995, 217 ff.; Höfling, in: JZ 1996, 615 ff.; Höfling, in: MedR 1996, 6 ff.; Höfling, in: JZ 1995, 26 ff.; Höfling/Rixen, Verfassungsfragen der Transplantationsmedizin, 48 ff.; Lang, in: Epping/Hillgruber, GG Kommentar, Art. 2 II Rn. 61 (der jedoch zurückhaltend seine Ablehnung gegenüber dem Hirntodeskonzept zum Ausdruck bringt); Murswiek, in: Sachs, GG Kommentar, Art. 2 II Rn. 142; Rixen, Lebensschutz am Lebensende, 247 ff.

889 Höfling, in: JZ 1995, 26 (31).

890 Höfling, in: JZ 1995, 26 (31).

sei.[891] Diese sich hieraus ergebende „Wachstumsfähigkeit“[892] des Schutzbereichs des Art. 2 II 1 1. Alt. GG bedeute nun für dessen Auslegung, dass auf aktuelle und potentielle Gefährdungslagen menschlicher Existenz angemessen zu reagieren sei.[893] Für ein umfassendes Verständnis des Lebensbegriffs in Art. 2 II 1 1. Alt. GG spreche zudem die generelle Vorzugswürdigkeit weiter Tatbestandstheorien.[894] Diese hätten den Vorteil, die Möglichkeit verfassungsrechtlicher Argumentation zu eröffnen, indem sie durch Bejahung des Schutzbereiches in die verfassungsrechtliche Rechtfertigung gelangten, während sich eine enge Tatbestandskonzeption diesen Weg durch (vorschnelle) Verneinung der Eröffnung des Schutzbereiches versperre.[895] Die Anerkennung der Gesamthirntodeskonzeption, welche von der Rechtswissenschaft „kritiklos“[896] als Schutzbereichsende des Art. 2 II 1 1. Alt. GG angesehen werde, hätte aber zu einer solchen nicht hinnehmbaren engen Tatbestandsauffassung geführt.[897]

Die Hirntodgegner greifen vor allem die beiden Säulen an, mit welchen die Hirntodbefürworter ihr ausschließliches Abstellen auf das Organ Gehirn bei dem Tod des Menschen rechtfertigen.[898] Der Gesamthirntod des Menschen kennzeichne lediglich einen bestimmten Zustand des Menschen, auf den spezifische Merkmale hinsichtlich eines Organs zutreffen.[899] Das ausschließliche Abstellen auf das Gehirn als entscheidendes Kriterium, ob ein Mensch lebe oder nicht, sei Ausdruck eines reduzierten Menschenbildes.[900] Das von Art. 2 II 1 1. Alt. GG geschützte menschliche Leben sei ein unteilbares Rechtsgut, das einschränkende Wertungen nicht zulasse, ja für diese schlichtweg unzugänglich sei.[901] Auf den Grad der

891 Höfling, in: JZ 1995, 26 (31).

892 Höfling, in: JZ 1995, 26 (31).

893 Höfling, in: JZ 1995, 26 (31).

894 Höfling, in: JZ 1995, 26 (32); die Frage der engen oder weiten Tatbestandstheorie betrifft die Reichweite des prima facie-Schutzes: Die enge Tatbestandstheorie fordert eine enge Fassung des Grundrechtstatbestandes, so dass kaum Einschränkungen erforderlich sind, die weite Tatbestandstheorie erweitert den prima facie-Schutz, wodurch Einschränkungen in einem höheren Maße erforderlich werden; vgl. hierzu: Teifke, Das Prinzip Menschenwürde (2011), 140; ausführlichst zu der engen und weiten Tatbestandstheorie: Alexy, Theorie der Grundrechte (1986), 278 ff.

895 Höfling, in: JZ 1995, 26 (32), der den Hirntodbefürwortern vorwirft, durch ihre Vorgehensweise die Diskussion bereits zu beenden, bevor sie begonnen habe.

896 So Höfling/Rixen, Verfassungsfragen der Transplantationsmedizin, 67.

897 Höfling/Rixen, Verfassungsfragen der Transplantationsmedizin, 67.

898 Siehe hierzu ausführlich schon oben C. III. 3. a); im Folgenden soll auch die Argumentation der Vertreter des Herztodeskonzeptes (Hirntodgegner) zur (verfassungsrechtlichen) Verständniserleichterung wiederholt werden.

899 Höfling, in: JZ 1995, 26 (32).

900 Höfling, in: JZ 1995, 26 (32).

901 Höfling, in: JZ 1995, 26 (32); so allerdings auch die ganz h. M., vgl. nur Lorenz, in: Isensee/Kirchhof (Hrsg.), Handbuch des Staatsrechts Band VI, § 128 Rn. 8.

Lebensfähigkeit, der sozialen Nützlichkeit, auf die geistige Verfassung etc. komme es daher nicht an.[902] Die erste Säule, auf welche die Hirntodbefürworter ihr Todeskonzept stützten, nämlich dass der Ausfall des Gehirns den irreversiblen Verlust der Bewusstseins- und Empfindungsfähigkeit des Menschen bedeute, sei verfassungsrechtlich daher irrelevant.[903] Art. 2 II 1 1. Alt. GG schütze das bloße körperliche Dasein.[904] Der Mensch büße daher seine rechtliche Schutzwürdigkeit nicht ein, wenn er kein Bewusstsein mehr habe.[905] Es käme verfassungsrechtlich nur darauf an, ob ein Körper in seinen Erhaltungsprozessen biologisch weiterleben kann, auch mit Hilfe von technischen Einrichtungen.[906] Die erste Säule könne daher als Begründung dafür, dass man mit dem Ausfall des gesamten Gehirns den Tod des Menschen annimmt, verfassungsrechtlich nicht herangezogen werden, da sie auf unzulässige Kriterien abstelle.[907]

Da nach den Hirntodgegnern nur biologische Kriterien als verfassungsrechtliche Begründung herangezogen werden dürfen, wenden sich diese anschließend zugleich der zweiten Säule des Gesamthirntodeskonzeptes zu, wonach durch den mit dem Hirntod eingetretenen Verlust der physiologischen Selbstregulationsfähigkeit des Körpers der gesamte Organismus tot sei, da der Tod eben das Ende des menschlichen Organismus in seiner funktionellen Ganzheit bedeute.[908] Hier wird nun angeführt, der Organismus eines Hirntoten befinde sich mitnichten in einem vollständig desorganisierten Zustand.[909] Er könne sehr wohl noch Steuerungsfunktionen zur Stabilisierung seines lebendigen Zustandes erfüllen.[910] Diese These begründen die Hirntodkritiker mit dem alt bekannten Argument,[911] die empirische Erfahrung zeige letztlich, dass Hirntote noch Lebende seien, das Herz von Hirntoten schlage selbstständig, ja sie könnten sogar eine Schwanger-

902 Höfling, in: JZ 1995, 26 (32); so auch die ganz h. M.: Lorenz, in: Isensee/Kirchhof (Hrsg.), Handbuch des Staatsrechts Band VI, § 128 Rn. 8.

903 Höfling/Rixen, Verfassungsfragen der Transplantationsmedizin, 70.

904 So übereinstimmend Hirntodgegner und -befürworter, freilich mit anderen Schlussfolgerungen: Höfling/Rixen, Verfassungsfragen der Transplantationsmedizin, 70; Lorenz, in: Isensee/Kirchhof (Hrsg.), Handbuch des Staatsrechts Band VI, § 128 Rn. 8; Murswiek, in: Sachs, GG Kommentar, Art. 2 II Rn. 141; Starck, in: v. Mangoldt/Klein/Starck, GG Kommentar, Art. 2 II Rn. 192; a. A. Anderheiden, in: KritV 2001, 353 (362).

905 Höfling/Rixen, Verfassungsfragen der Transplantationsmedizin, 71.

906 Di Fabio, in: Maunz/Dürig, GG Kommentar, Art. 2 Abs. 2 Rn. 21.

907 Höfling/Rixen, Verfassungsfragen der Transplantationsmedizin, 72.

908 Vgl. Höfling, in: MedR 1996, 6 (7); Schneider, in: MüKo StGB, vor §§ 211 ff. Rn. 16.

909 Höfling/Rixen, Verfassungsfragen der Transplantationsmedizin,73.

910 Höfling/Rixen, Verfassungsfragen der Transplantationsmedizin,73.

911 Siehe hierzu oben C. III. 3. a); ausführlich im strafrechtlichen Kontext zu diesem Argument der Hirntodkritiker s. o. D. IV. 3., insbesondere c) bb).

schaft austragen.[912] Außerdem wäre nicht einzusehen, warum für den Beginn des menschlichen Lebens kaum auf das (Nicht-) Vorhandensein von Hirnaktivität abgestellt werde.[913] Dies zeige, dass Lebens- und Todesbegriff nicht miteinander im Einklang stünden.[914]

Letztlich führen sie ins Feld, selbst wenn man einräumen würde, dass Zweifel dahingehend bestünden, ob ein hirntoter Mensch noch lebe, müsse man die Auslegungsregel des Bundesverfassungsgerichts[915] ernst nehmen, wonach im Zweifel derjenigen Auslegung der Vorrang einzuräumen sei, welche die juristische Wirkungskraft der Grundrechtsnorm am intensivsten zur Geltung bringe: „in dubio pro vita".[916] Im Zweifel also für den Hirntoten als Lebenden.

Nach alledem ist nach Auffassung der Hirntodkritiker der Hirntote ein sterbender, aber lebender Mensch und so vom Schutzbereich des Art. 2 II 1 1. Alt. GG erfasst.[917] Als verfassungsrechtlicher Todesbegriff ist daher der Herztod anzusehen.[918]

III. Bedeutung der Diskussion für das Strafrecht

Bevor zu den verfassungsrechtlichen Auffassungen Stellung genommen wird, ist zunächst die strafrechtliche Relevanz zu klären. Dazu sind die Auswirkungen der verschiedenen verfassungsrechtlichen Lösungsansätze auf das Strafrecht aufzuzeigen.

---

912 Höfling/Rixen, Verfassungsfragen der Transplantationsmedizin, 73; Höfling, in: MedR 6 (7).

913 Lang, in: Epping/Hillgruber, GG Kommentar, Art.2 Rn. 61.

914 Lang, in: Epping/Hillgruber, GG Kommentar, Art. 2 Rn. 61.

915 Diese allgemeine Auslegungsregel des BVerfGs (vgl. nur BVerfGE 32, 54 ff.; BVerfGE 6, 55 ff.) zieht es auch für die Frage nach dem Beginn des Lebens i. S. v. Art. 2 II 1 1. Alt. GG heran: vgl. BVerfGE 39, 1 (37 f.).

916 Höfling/Rixen, Verfassungsfragen der Transplantationsmedizin, 73f.; Höfling, in: MedR 1996, 6 (7 f.); so auch Murswiek, in: Sachs, GG Kommentar, Art.2 II Rn. 142; Schmidt-Jortzig, Wann ist der Mensch tot? (1999), 15 ff.

917 Höfling/Rixen, Verfassungsfragen der Transplantationsmedizin, 75.

918 Höfling, in: JZ 1996, 615 (617); Rixen, Lebensschutz am Lebensende, 344.

1. Auswirkungen der verschiedenen verfassungsrechtlichen Lösungsansätze auf das Strafrecht

a) Ausschluss des Hirntoten aus dem Schutzbereich des Art. 2 II 1 1. Alt. GG – der Gesamthirntod als verfassungsrechtlicher Todesbegriff

Nach den Hirntodbefürwortern ist mit dem Gesamthirntod der Tod des Menschen eingetreten, und so der Hirntote nicht mehr vom Schutzbereich des Art. 2 II 1 1. Alt. GG umfasst. Der gefundene Todesbegriff im Strafrecht stimmt somit vollumfänglich mit dem Todesbegriff im Verfassungsrecht überein. Für eine andere (verfassungskonforme) Auslegung besteht keinerlei Notwendigkeit mehr, der Gesamthirntod als Todesbegriff des Strafrechts hat seine verfassungsrechtliche Bestätigung erfahren.

b) Hirntote als Lebende i. S. d. Art. 2 II 1 1. Alt. GG

Nach Auffassung der Hirntodgegner dagegen wird der Hirntote vollumfänglich vom Schutzbereich des Art. 2 II 1 1. Alt. GG umfasst. Der im Strafrecht gefundene Todesbegriff würde damit grundsätzlich nicht übereinstimmen, so dass eine verfassungskonforme Auslegung notwendig wäre. Erstaunlicherweise jedoch wird von den Hirntodkritikern eine Differenzierung vorgenommen, die zu einem reduzierten Schutz von Hirntoten führt.

aa) Reduzierter verfassungsrechtlicher Schutz von Hirntoten

Die Entnahme lebensnotwendiger Organe im Zustand des Gesamthirntodes müsste von den Hirntodgegnern konsequenterweise *generell* abgelehnt werden, da sie den Hirntoten als Lebenden i. S. d. Art. 2 II 1 1. Alt. GG ansehen.[919] Dennoch versuchen sie die Organentnahme bei diesem zu rechtfertigen.

Dementsprechend legen sie die strafrechtlichen Vorschriften, insbesondere § 216 I, im Lichte des Art. 2 II 1 1. Alt. GG aus.[920] Dies mag zuerst verwundern, haben sie nicht gerade den Hirntoten vollumfänglich in dessen Schutzbereich aufge-

---

919 Zu dieser konsequenten Auffassung s. u. b) bb).

920 Rixen, Lebensschutz am Lebensende, 370 ff.; nach Rixen führt eine „bestimmte Interpretation des § 216 I“ dazu, dass dieser einen Eingriff in den Schutzbereich des (Selbstbestimmungs-) Lebensgrundrechts des Spenders darstellt; vgl. zu dieser Vorgehensweise, ja zu diesem interessantem dogmatischen „Kunstgriff“ Rixen, Lebensschutz am Lebensende, 372 ff.

nommen, wie können sie dann dazu gelangen, im Wege einer „grundrechtsorientierten Auslegung“ der Strafvorschriften[921] die Organentnahme bei Hirntoten zu rechtfertigen? Dies kann nur verständlich werden, wenn man die Vorgehensweise der Hirntodgegner von dem Standpunkt ihrer grundrechtlichen Argumentation her betrachtet. Art. 2 II 1 1. Alt. GG bilde das Zentrum der Befugnis, über das Leben als Ausdruck der Selbstbestimmung zu disponieren.[922] Es gestatte dem Einzelnen – auch mittels der Vorausverfügung – Übergriffe auf sein Leben zuzulassen.[923] Der Grundgedanke des Art. 2 I GG – die Garantie der Selbstbestimmungsfreiheit – werde auch in jedes speziellere Freiheitsrecht gleichsam hineingetragen, in jedem Grundrecht sei also in Bezug auf die jeweils speziell geregelte Materie auch die Selbstbestimmungsfreiheit des Art. 2 I GG selbstständig enthalten und garantiert.[924] Eben diese Selbstbestimmung nenne sich Grundrechtsverzicht.[925] Grundrechtsverzicht sei Schutzverzicht, der je nach Grundrechtsfunktion, Abwehr- oder Schutzpflichtdimension, anders ausgestaltet sei.[926] Bei der abwehrrechtlichen Dimension verzichte der Einzelne auf die Schutzwirkung der Grundrechte gegenüber Beeinträchtigungen des Staates.[927] Bei der Schutzpflichtdimension sei der Fall ähnlich gelagert, denn der Einzelne verzichte hier sozusagen auf das Entstehen seines Schutzanspruchs gegenüber dem Staat, denn dieser Schutzanspruch setze voraus, dass der Einzelne dem Privaten den Übergriff nicht freiwillig gestatte; tue er dies jedoch, entstehe die grundrechtliche Schutzpflicht des Staates erst gar nicht und somit auch nicht der Schutzanspruch des Einzelnen gegenüber dem Staat.[928] Verbindendes Element des abwehrrechtlich ausgerichteten und des auf die Schutzpflicht abzielenden Grundrechtsverzichts sei das Erfordernis der Freiwilligkeit.[929] Daher ermögliche Art. 2 II 1 1. Alt. GG die (vorausverfügte) Spende lebensnotwendiger Organe durch den freiwillig und selbstbestimmt agierenden hirntoten lebenden Menschen. [930]

921 Rixen, Lebensschutz am Lebensende, 353 ff.

922 Rixen, Lebensschutz am Lebensende, 367.

923 Rixen, Lebensschutz am Lebensende, 372.

924 Rixen, Lebensschutz am Lebensende, 367.

925 Rixen, Lebensschutz am Lebensende, 367 f.; so auch Sachs, in: Firnkorn (Hrsg.), Hirntod als Todeskriterium, 62 (63 ff.).

926 Ausführlich hierzu: Rixen, Lebensschutz am Lebensende, 368 f.

927 Rixen, Lebensschutz am Lebensende, 368.

928 Rixen, Lebensschutz am Lebensende, 369; für Rixen kann es also dahinstehen, ob der entnehmende Arzt und der Spender als Private aufeinander treffen oder nicht, denn sowohl bei der abwehrrechtlichen Dimension als auch bei der Schutzpflichtdimension geht es für ihn um Grundrechtsverzicht; anders (wohl) Höfling, in: Höfling/Rixen, Verfassungsfragen der Transplantationsmedizin, 86, der im Zusammenhang mit Schutzpflichten nicht von Grundrechtsverzicht sprechen möchte, sondern nur im Zusammenhang mit der abwehrrechtlichen Dimension.

929 Rixen, Lebensschutz am Lebensende, 369.

930 Höfling/Rixen, Verfassungsfragen der Transplantationsmedizin, 98; Rixen, Lebensschutz am Lebensende, 372; strafrechtlich führt die vor dem Hintergrund dieses Grundrechtsverständ-

Weiter wird angeführt, dass jeder Einzelne das Recht auf einen menschenwürdigen Tod habe.[931] Demnach leite sich für den Hirntoten direkt aus Art. 2 II 1 1. Alt. GG das Recht ab, über die Modalitäten seines Sterbens frei bestimmen zu dürfen.[932] Er habe die Wahl, entweder durch die Beendigung der intensivmedizinischen Betreuung oder eben durch die Organentnahme einen menschenwürdigen, selbstbestimmten Tod zu sterben.[933]

Nach der dargestellten differenzierenden Ansicht im Bereich der Hirntodgegner ist das entscheidende Kriterium also jenes der Freiwilligkeit. Im Falle der freiwilligen Organentnahme werden die §§ 211 ff. mit unterschiedlichen Begründungen[934] nicht verwirklicht. Dagegen kommen die differenzierenden Hirntodkritiker im Falle der Unfreiwilligkeit zur eindeutigen Strafbarkeit.[935] Der reduzierte Schutz von Hirntoten greift also nur im Falle der Freiwilligkeit.

Selbst aber eine Organentnahme ohne Grundrechtsverzicht – also *gegen* den Willen des Spenders – wird vereinzelt als verfassungsrechtlich zulässig angesehen.[936] Es sei nämlich durchaus vorstellbar, dass bei einer Abwägung der Lebens- und Gesundheitsinteressen des Organempfängers mit dem „Restbestand" des Lebensgrundrechts des Hirntoten den Gesundheitsinteressen des Organempfängers der Vorrang eingeräumt werde.[937] Die Rechtsprechung des Bundesverfassungs-

---

nisses „grundrechtsorientierte Auslegung" Rixens dazu, dass er der Auffassung ist, § 216 I wolle nur vor unfreiwilligen Tötungen auf Verlangen schützen. Dieses (strafrechtlich keineswegs haltbare, s. o. D. IV. 1. c)) Verständnis des § 216 I hat die von Rixen gewünschte Folge, dass § 216 I dann keinen Eingriff in das (Selbstbestimmungs-) Lebensgrundrecht darstellt; vgl. hierzu ausführlich Rixen, Lebensschutz am Lebensende, 370 ff.; Rixen verkennt bei dieser Vorgehensweise jedoch die Grenzen „grundrechtsorientierter" bzw. verfassungskonformer Auslegung s. u. IV. 1. a).

931 Dieser Grundsatz ist allgemein anerkannt, strittig ist lediglich, aus welchem Grundrecht er abzuleiten ist, vgl. Klinge, Todesbegriff, 178; Lorenz, in: Isensee/Kirchhof (Hrsg.), Handbuch des Staatsrechts Band VI, § 128 Rn. 66; Pieroth/Schlink, Grundrechte Staatsrecht II (27. Auflage), Rn. 419.

932 Höfling/Rixen, Verfassungsfragen der Transplantationsmedizin, 85 f.

933 Höfling/Rixen, Verfassungsfragen der Transplantationsmedizin, 85; so auch Schmidt-Jortzig, Wann ist der Mensch tot?, 21.

934 S. o. im strafrechtlichen Kontext ausführlich D. IV. 1. b).

935 So ausdrücklich Rixen, Lebensschutz am Lebensende, 371.

936 So Sachs, in: Firnkorn (Hrsg.), Hirntod als Todeskriterium, 62 (65).

937 Sachs, in: Stellungnahme vor dem Ausschuss für Gesundheit des Deutschen Bundestages, Ausschussdrucksache: 589/13, 2 (10); Sachs, in: Firnkorn (Hrsg.), Hirntod als Todeskriterium, 62 (66 f.), der zwar die Möglichkeit des Zwangszugriffs auf Organe gegen den Willen des Spenders momentan mangels Erforderlichkeit ausschließt. Denn es müsse, so seine Begründung, erst überprüft werden, ob es mildere, gleich wirksame Mittel zur Organgewinnung gäbe, bevor die zwangsweise Inanspruchnahme von Organen durch den Gesetzgeber angeordnet werde.

gerichts zum Beginn des Lebens zeige, dass es eine ganze Reihe von Fällen gebe, in denen die Grundrechtsinteressen, hier der Schwangeren, gegenüber anderem Leben, hier des Ungeborenen, als vorrangig anzusehen seien.[938] „Warum sollte die Tötung bei ungeborenem Leben eher zumutbar sein, als die Tötung bei Hirntoten als sterbendem Leben?“[939]

bb) Voller verfassungsrechtlicher Schutz von Hirntoten

Denkbar ist jedoch auch eine Ansicht, welche dem Hirntoten im Rahmen des Art. 2 II 1 1. Alt. GG vollumfänglich denselben Schutz zu kommen lässt wie dem Nicht-Hirntoten, auch im Bereich der Organentnahme, was freilich eine Absage an sie bedeuten würde.[940] Damit der Staat seiner Schutzpflicht ausreichend nachkommen könnte, müsste der Hirntote also noch lebender Mensch i. S. d. §§ 211 ff. und daher taugliches Tötungsobjekt, auch im Falle der freiwilligen Organentnahme, sein. Der Gesamthirntod als Todesbegriff im Strafrecht wäre dann mit der Verfassung, genauer mit Art. 2 II 1 1. Alt. GG, nicht mehr zu vereinen. Es müsste im Wege der verfassungskonformen Auslegung[941] ein neuer verfassungsgemäßer Todesbegriff für das Strafrecht gesucht werden.

2. Zusammenfassung

Die verschiedenen verfassungsrechtlichen Ansichten haben für den (hier vertretenen) strafrechtlichen Todesbegriff (Gesamthirntod) folgende Konsequenzen:

Sei allerdings die Erforderlichkeit bewiesen, so hält Sachs die zwangsweise Organentnahme jedenfalls für nicht ausgeschlossen, er sieht sie auch durchaus als verhältnismäßig i. e. S. an.

938 Sachs, in: Stellungnahme vor dem Ausschuss für Gesundheit des Deutschen Bundestages, Ausschussdrucksache: 589/13, 2 (10); Sachs, in: Firnkorn (Hrsg.), Hirntod als Todeskriterium, 62 (67).

939 So ein leicht abgewandeltes Zitat von Sachs, in: Stellungnahme vor dem Ausschuss für Gesundheit des Deutschen Bundestages, Ausschussdrucksache: 589/13, 2 (10).

940 Diese einzig konsequente Lösung wird von keinem der Hirntodgegner ersichtlich vertreten; lediglich Hans Jonas lehnte konsequent die Organentnahme bei Hirntoten als Spendern „bei lebendigem Leibe“ ab; vgl. Jonas, in: Hoff/in der Schmitten (Hrsg.), Wann ist der Mensch tot?, 21 (24); zu der Auffassung von Jonas auch Klinge, Todesbegriff, 180; zurückhaltend gegenüber der Organentnahme bei Hirntoten wohl auch Grewel, in: ZRP 1995, 217 (218).

941 Hier handelt es sich um eine verfassungskonforme Auslegung im engeren Sinne – zur Begrifflichkeit s. o. I. Fn. 861 –, da der Hirntote in diesen Fällen voll unter die Schutzpflicht des Staates aus Art. 2 II 1 1. Alt. GG fällt, d. h. der Gesamthirntod als Auslegungsergebnis der §§ 211 ff. würde zur Verfassungswidrigkeit führen, es ist dann nach einer anderen Auslegungsmöglichkeit zu suchen, die die Verfassungsmäßigkeit der §§ 211 ff. begründet.

a) Endet der Schutzbereich des Art. 2 II 1 1. Alt. GG mit dem Eintritt des Gesamthirntodes, so steht der Gesamthirntod als strafrechtlicher Todesbegriff mit diesem in Einklang. Eine verfassungskonforme Auslegung wäre demnach mit der hier für richtig gehaltenen strafrechtlichen identisch, ein Korrektiv nicht erforderlich.

b) Ist der Hirntote allerdings noch von Art. 2 II 1 1. Alt. GG erfasst, gilt in der Variante der reduzierten Auffassung eines abgestuften Schutzes folgendes:

Im Falle der freiwilligen Organentnahme werden die §§ 211 ff. mit unterschiedlichen Begründungen[942] nicht verwirklicht. Der Hirntote fällt somit aus dem Schutz der §§ 211 ff. insoweit heraus. Nach dem strafrechtlichen Todesbegriff des Gesamthirntodes ist der Hirntote bei der freiwilligen Organentnahme ebenfalls nicht mehr vom Schutz der §§ 211 ff. erfasst. Beide Auffassungen stimmen im Ergebnis also darin überein, dass der Hirntote bei der freiwilligen Organentnahme nicht mehr vom Schutz der §§ 211 ff. erfasst ist. Der Schutz des Staates würde also nach beiden Ansichten nicht zu kurz greifen. Eine Korrektur durch verfassungskonforme Auslegung ist insoweit nicht erforderlich. Allerdings besteht für die Hirntodkritiker die Notwendigkeit und Schwierigkeit, die von ihnen im Rahmen der §§ 211 ff. befürwortete Straffreiheit schlüssig zu begründen, was sich beim Gesamthirntod als Todesbegriff erübrigt.

Im Falle der Unfreiwilligkeit dagegen kommen die Hirntodkritiker zur eindeutigen Strafbarkeit,[943] während die Gesamthirntodeskonzeption auch hier im Rahmen der §§ 211 ff. zur Straffreiheit gelangt. Nach der Auffassung, welche den Hirntoten i. S. d. Art. 2 II 1 1. Alt. GG als Lebenden ansieht, würde also insoweit der Schutz des Staates zu kurz greifen. Daher müsste im Wege der verfassungskonformen Auslegung ein anderer Todesbegriff für das Strafrecht gefunden werden.[944] Dies würde auch außerhalb der Organentnahme gelten.[945]

942 S. o. im strafrechtlichen Kontext ausführlich D. IV. 1. b).

943 Anders wohl nur die Ansicht (von Sachs), welche im Wege eines Vergleiches mit dem Lebensbeginn erwägt, über eine Abwägung auch die Organentnahme durch Zwang zuzulassen; vgl. Sachs, in: Firnkorn (Hrsg.), Hirntod als Todeskriterium, 62 (65); auf diese Ansicht soll jedoch bewusst erst unter IV. 1. b) eingegangen werden.

944 Hierbei handelt es sich dann auch wieder um eine verfassungskonforme Auslegung im engeren Sinne – zur Begrifflichkeit s. o. I. Fn. 861 –, da der Hirntote in diesen Fällen voll unter die Schutzpflicht des Staates aus Art. 2 II 1 1. Alt. GG fällt, d. h. der Gesamthirntod als Auslegung der §§ 211 ff. würde diese verfassungswidrig machen, es ist dann nach einer anderen Auslegungsmöglichkeit zu suchen, die die Verfassungsmäßigkeit der §§ 211 ff. begründet.

945 Sonderfall ist wiederum der Behandlungsabbruch bei Hirntoten, zu dessen (verfassungsrechtlicher) Zulässigkeit aus Sicht der Hirntodkritiker: vgl. Höfling, in: MedR 1996 6 (8); Höfling, in: JZ 1995, 26 (33); zum Behandlungsabbruch bei Hirntoten im strafrechtlichen Kontext s. o. D. IV. 2.

c) Ist der Hirntote uneingeschränkt von Art. 2 II 1 1. Alt. GG erfasst, muss in jedem Fall im Wege der verfassungskonformen Auslegung[946] ein anderer Todesbegriff für das Strafrecht gefunden werden.

IV. Verfassungsrechtliche Beurteilung – der Todesbegriff im Verfassungsrecht (Stellungnahme)

Im Hinblick auf die dargestellten Konsequenzen ist nun eine verfassungsrechtliche Beurteilung und Entscheidung dahingehend vorzunehmen und zu treffen, wann der Schutzbereich des Art. 2 II 1 1. Alt. GG endet. Hierfür sollen zunächst spezielle Aspekte erörtert werden, sodann wird auf den Schutzbereich des Art. 2 II 1 1. Alt. GG insgesamt einzugehen sein.

1. Einzelaspekte zum Schutzbereich des Art. 2 II 1 1. Alt. GG

Bei der Argumentation der Hirntodgegner dominieren zwei zentrale Aspekte, nämlich zum einen die Organentnahme und zum anderen der Vergleich mit dem Beginn des Lebens. Bezüglich des Vergleiches mit dem Beginn des Lebens ist zu fragen, ob dieser für die Auslegung von Art. 2 II 1 1. Alt. GG, soweit es um das Ende des Lebens geht, wirklich zielführend ist. Bezüglich der Organentnahme ist zu klären, ob die Hirntodgegner aufgrund ihrer eigenen Prämisse (Interpretation von Art. 2 II 1 1. Alt. GG) in zutreffender Weise davon ausgehen können, dass die Entnahme lebensnotwendiger Organe bei Hirntoten rechtlich dennoch möglich ist.

a) Organentnahme

Sieht man den Hirntoten als Lebenden an, lässt sich im Strafrecht de lege lata nicht vertretbar begründen, dass die Entnahme lebensnotwendiger Organe bei diesem nicht von den Tötungsdelikten umfasst werden soll. Dies wurde bereits ausführlich erläutert.[947] RIXEN verkennt bei seiner „grundrechtsorientierten Auslegung“ der Tötungsdelikte, vor allem des § 216 I, die Grenze einer solchen

946 Verfassungskonforme Auslegung im engeren Sinne.

947 S. o. D. IV. 1., insbesondere c).

Auslegung. Seine Auslegung führt zu einer den eindeutigen Zweck und den Wortlaut der §§ 216 I, 212 I missachtenden Gesetzesberichtigung.[948] Dies ist unzulässig. Wer den Hirntoten zum Lebenden erklärt, muss zur Kenntnis nehmen, dass die Organentnahme die Tötung eines lebenden Menschen bedeutet.[949] Dies ist de lege lata unausweichlich.

Das strafrechtliche Tötungsverbot ließe sich allenfalls durch den Gesetzgeber hinsichtlich der Organentnahme einschränken oder aufheben.[950] Hier wären de lege ferenda verschiedene Regelungsmodalitäten denkbar. Man könnte in Erwägung ziehen, die §§ 212, 216 durch ein (künftiges) Transplantationsgesetz[951] im Bereich medizinischer Organverpflanzungen für unanwendbar zu erklären;[952]auch wäre zu überlegen, ob ein § 216 a eingefügt werden könnte, analog zu

948 Eser/Hecker, in: Schönke/Schröder, StGB Kommentar, vor § 1 Rn. 33; Rixen führt diesen Grundsatz in anderem Zusammenhang selbst an, verkennt aber dessen Anwendung bei „seiner" grundrechtsorientierten Auslegung der §§ 216 I, 212 I; vgl. Rixen, Lebensschutz am Lebensende, 385 f.; ausführlich s. o. D. IV. 1. c).

949 Heun, in: JZ 1996, 213 (218); im „besten" Falle macht sich der transplantierende Arzt dann gem. § 216 I StGB strafbar; ausführlich s. o. D. IV. 1. c).

950 Heun, in: JZ 1995, 213 (218); so auch Höfling/Rixen, Verfassungsfragen der Transplantationsmedizin, 97; Seewald, in: VerwArch 1997, 199 (215); in diese Richtung gehend wohl auch Duttge, in: ZfL 2011, 55 (57).

951 Dies ist natürlich nur dann möglich, wenn sowohl für das TPG als auch für das StGB derselbe Gesetzgeber zuständig ist, was der Fall ist: Der Bundesgesetzgeber ist im Wege der konkurrierenden Gesetzgebung sowohl für das TPG gem. Art. 74 I Nr. 26 GG als auch für das Strafrecht gem. Art. 74 I Nr. 1 GG zuständig; zu betonen ist, dass an dieser Stelle *nicht* von dem geltenden TPG (vgl. Gesetz über die Spende, Entnahme und Übertragung von Organen und Geweben v. 05.11.1997 in der Fassung der Bekanntmachung v. 04.09.2007) die Rede ist; dieses ist aus Sicht der Hirntodkritiker für ihr Vorhaben – die Organentnahme bei Hirntoten als Lebende mit deren Einwilligung zuzulassen – nicht zielführend, und zwar in zweierlei Hinsicht: Ist man (soweit ersichtlich mit der Mehrheit der Hirntodgegner) der Auffassung, das derzeitige TPG lege den Gesamthirntod als Tod des Menschen fest, so ist dieses aus der Perspektive der Hirntodgegner vor dem Hintergrund ihrer Interpretation von Art. 2 II 1 1. Alt. GG als verfassungswidrig anzusehen, vgl. hierzu Rixen, Lebensschutz am Lebensende, 382 ff.; ist man der Ansicht, das TPG setze zwar den Tod des Menschen voraus, sage aber weiter nichts über diesen aus, so wäre das geltende TPG aus Sicht der Hirntodgegner wohl nicht verfassungswidrig; jedoch hätte es einen verfehlten Regelungsgehalt, da hierdurch ihr Anliegen, die Entnahme lebensnotwendiger Organe bei Hirntoten als *Lebende* mit deren Einwilligung zuzulassen, jedenfalls nicht verwirklicht wird; demnach geht es vorliegend aus der Perspektive der Hirntodgegner um ein TPG de lege ferenda, das unter Anerkennung, dass Hirntote lebende Menschen sind, die Organentnahme bei diesen mit ihrer Einwilligung zulässt, und damit zusammenhängend um eine (strafrechtliche) Regelung de lege ferenda, die einen Konsens zwischen einem solchen TPG de lege ferenda und dem Strafrecht herstellt.

952 Höfling/Rixen, Verfassungsfragen der Transplantationsmedizin, 97; allerdings wäre es vor dem Hintergrund, in welcher Beziehung grundsätzlich TPG und StGB zueinander stehen, geradezu verfehlt, in einem TPG und nicht im StGB eine solche Regelung zu treffen; denn ein Motiv für

§ 218 a I,[953] mit u. a. dem Inhalt, dass der Tatbestand des § 216 nicht verwirklicht ist, wenn der Betroffene vor Eintritt des Hirntodes der Organentnahme im Zustand des Gesamthirntodes freiwillig zugestimmt hat, weitere Voraussetzungen könnten problemlos hinzugefügt werden. Auch könnte zu erwägen sein, entsprechende Rechtfertigungsgründe einzuführen.[954]

Ob und wie in systemgerechter Art und Weise eine solche einfachgesetzliche Regelung möglich wäre, kann jedoch dahinstehen, wenn sie verfassungsrechtlich nicht möglich wäre.

Um dieser Frage nachgehen zu können, ist es zunächst erforderlich, grundrechtsdogmatisch zu klären, auf welcher Prüfungsebene man sich bei der Frage nach der verfassungsrechtlichen Zulässigkeit der Organentnahme von Hirntoten als Lebenden befindet. Eine sinnvolle, sachgerechte Diskussion setzt zunächst voraus, dass alle Beteiligten im Wesentlichen von denselben Begrifflichkeiten ausgehen, um verwirrende und nicht weiterführende Missverständnisse zu vermeiden. Die Diskussion um die verfassungsrechtliche Zulässigkeit der Organentnahme bei Hirntoten ist nicht letztlich deshalb teilweise schwer nachvollziehbar und verständlich,[955] weil die Hirntodkritiker selbst durch unterschiedliche Terminologien Verwirrung stiften. So lehnt HÖFLING den Terminus Grundrechtsverzicht außerhalb der abwehrrechtlichen Dimension von Grundrechten kategorisch ab,[956] während sein Schüler RIXEN den Grundrechtsverzicht als Schutzverzicht für

die Schaffung eines TPGs – dies wäre auch bei einem TPG de lege ferenda nach Vorstellung der Hirntodgegner mit Sicherheit der Fall – wird u. a. gerade sein, Strafbarkeitslücken, die bei der strafrechtlichen Bewertung von Handlungen rund um die Organentnahme verschiedentlich entstehen, zu schließen und nicht durch Regelungen im TPG als Nebenstrafrecht Vorschriften des StGBs in ihrer Anwendbarkeit auszuschließen. Genau dies würde jedoch geschehen, fügte man eine solche Vorschrift in ein TPG ein. Vgl. zu den Motiven für den Erlass des geltenden TPGs: König, in: Schroth/König/Gutmann/Oduncu, TPG Kommentar, Einl. Rn. 1; Parzeller/Henze/Bratzke, in: KritV 2004, 371 (371).

953 Dies dürfte vor allem für diejenigen interessant sein, die die Überlegungen zum Lebensbeginn auf das Lebensende übertragen; eine solche Regelung würde allerdings wiederum höchst umstrittene rechtsdogmatische Einordungsproblematiken nach sich ziehen, wie schon bei § 218 a I; vgl. zu § 218 a I statt vieler Eser, in: Schönke/Schröder, StGB Kommentar, § 218 a Rn. 12. ff.

954 So Seewald, in: VerwArch 1997, 199 (215), der richtigerweise von einem „Umbauen des Strafrechts“ spricht; diese Möglichkeit unter Berufung auf „die Alternativeckwerte im Papier der ‚Wissenschaftler gegen den Hirntod‘ “ nennend auch Schreiber, in: Hoff/in der Schmitten (Hrsg.), Wann ist der Mensch tot?, 424 (429): „ ‚Die Herbeiführung des Todes durch Organentnahme ist aber *gerechtfertigt*, wenn der Betroffene hirntot ist und selbst wirksam zuvor darin persönlich eingewilligt hat‘.“; Hervorh. d. Verf.

955 So auch Klinge, Todesbegriff, 164.

956 Höfling/Rixen, Verfassungsfragen der Transplantationsmedizin, 86.

beide Dimensionen der Grundrechte anerkennt.[957] Weiter geht HÖFLING davon aus, dass die abwehrrechtliche Dimension von Grundrechten bei der Organentnahme durch Ärzte gar nicht berührt sei, da ihr Handeln ein Handeln Privater sei, was dazu führe, dass die Frage nach dem Grundrechtsverzicht gar keine Rolle spiele.[958]

Um diese Verwirrung aufzulösen, ist klarzustellen, dass bei der Frage, ob der Gesetzgeber ein Gesetz erlassen darf, das die Organentnahme von Hirntoten als Lebende durch Ärzte zulässt, sehr wohl die abwehrrechtliche Dimension der Grundrechte berührt wird.[959] Dies ergibt sich aus folgenden Überlegungen:

Damit die abwehrrechtliche Funktion des Art. 2 II 1 1. Alt. GG zum Tragen kommt, müsste das Tätigwerden des Gesetzgebers einen Eingriff in Art. 2 II 1 1. Alt. GG darstellen. Nach dem klassischen Eingriffsbegriff besteht ein Grundrechtseingriff aus Ge- oder Verboten, die dem Betroffenen durch den Staat zielgerichtet und mit unmittelbarer Wirkung auferlegt werden.[960] Wird ein Gesetz erlassen, das die Explantation von Organen bei Hirntoten zulässt, ermächtigt dieses die Ärzte zu einer entsprechenden Transplantation von Organen; allerdings werden diese als Private tätig, d. h. erst ihr Handeln führt unmittelbar die Grundrechtsbeeinträchtigung in Form der Verkürzung des Rechts auf Leben eben dieser Hirntoten herbei.[961] Nach dem klassischen Eingriffsbegriff würde es daher an der unmittelbaren staatlichen Verantwortlichkeit für diese Grundrechtsbeeinträchtigung fehlen und demnach läge kein Eingriff des Staates in Art. 2 II 1 1. Alt. GG vor.[962] Nach heutigem herrschenden Verständnis des (weiten) Eingriffsbegriffs[963] ist jedoch *jedes* staatliche Handeln ein Eingriff, das dem Einzelnen ein Verhalten, das dem Schutzbereich eines Grundrechts zuzu-

957 Rixen, Lebensschutz am Lebensende, 369 f.

958 Höfling, in: JZ 1996, 615 (617 f.) kritisiert daher Heun dahingehend, dass dieser überhaupt eine mögliche Rechtfertigung eines Eingriffs in Art. 2 II 1 1. Alt. im Wege des Grundrechtsverzicht erörtert, obwohl man sich nach seinem Schüler Rixen sowohl bei der Abwehrdimension als auch bei der Schutzpflichtendimension von Grundrechten mit dem Grundrechtsverzicht auseinandersetzen muss.

959 Heun, in: JZ 1996, 618 (618); allein um diese Sachfrage geht es vorliegend, zu der sich auch Höfling äußert.

960 Sodan, in: Sodan, Grundgesetz Kommentar, 2. Auflage, vor Art. 1 Rn. 47.

961 So auch Sachs, in: Stellungnahme vor dem Ausschuss für Gesundheit des Deutschen Bundestages, Ausschussdrucksache: 589/13, 2 (3).

962 Sachs, in: Stellungnahme vor dem Ausschuss für Gesundheit des Deutschen Bundestages, Ausschussdrucksache: 589/13, 2 (3).

963 Allgemein zu dem weiten Eingriffsbegriff: statt vieler Epping, Grundrechte (4. Auflage), Rn. 379 ff.; Pieroth/Schlink, Grundrechte Staatsrecht II, Rn. 252 ff.; Sodan, in: Sodan, GG Kommentar, vor Art. 1 Rn. 48 f.

ordnen ist, ganz oder teilweise unmöglich macht, unabhängig davon, ob diese Wirkung zielgerichtet oder unbeabsichtigt, unmittelbar oder mittelbar, rechtlich oder tatsächlich, mit oder ohne Zwang eintritt.[964] Als weitere Voraussetzungen, um einen Eingriff bejahen zu können, kommen hinzu, dass die durch das staatliche Verhalten herbeigeführte Grundrechtsbeeinträchtigung dem Staat zurechenbar, für diesen vorhersehbar und von gewisser Intensität gewesen sein muss.[965] Die durch ein Handeln privater Dritter herbeigeführte Grundrechtsbeeinträchtigung wird dem Staat unter anderem dann zugerechnet, wenn er das unmittelbare grundrechtsbeeinträchtigende Handeln dieser privaten Dritten gezielt veranlasst hat.[966] Genau eine solche Konstellation liegt bei der Frage, ob der Gesetzgeber ein Gesetz erlassen darf, das die Organentnahme von hirntoten Spendern als Lebende zulässt, vor.[967] Durch einen solchen Hoheitsakt löst der Staat die Entnahme von Organen bei Hirntoten durch Ärzte zielgerichtet aus.[968] Das Entscheidende ist mithin, dass dem Handeln der Ärzte als Private ein Tätigwerden des Gesetzgebers vorgeschaltet ist, denn bereits dieses Tätigwerden stellt einen Eingriff in Art. 2 II 1 1. Alt. GG dar. Es geht also um die Zulässigkeit gesetzgeberischen Tätigwerdens. Mithin ist die abwehrrechtliche Dimension von Grundrechten sehr wohl berührt, so dass die Frage nach der Rechtfertigung eines Eingriffs in Art. 2 II 1 1. Alt. GG im Wege des Grundrechtsverzichts in jedem Falle zu erörtern ist, und zwar auch dann, wenn man diesen nur für die abwehrrechtliche Dimension von Grundrechten anerkennt. All dies verkennt HÖFLING.[969]

Geht man demnach davon aus, dass der Hirntote i. S. d. Art. 2 II 1 1. Alt. GG lebt und daher von seinem Schutzbereich erfasst ist, dann stellt die gesetzlich zugelassene Entnahme lebenswichtiger Organe bei einem Hirntoten einen Eingriff in sein Recht auf Leben i. S. d. Art. 2 II 1 1. Alt. GG dar.[970] Fraglich ist, ob dieser Eingriff verfassungsrechtlich gerechtfertigt ist.

---

964 Pieroth/Schlink, Grundrechte Staatsrecht II, Rn. 253.

965 Vgl. hierzu Epping, Grundrechte, Rn. 379 ff.

966 Sachs, in: Stellungnahme vor dem Ausschuss für Gesundheit des Deutschen Bundestages, Ausschussdrucksache: 589/13, 2 (3).

967 Sachs, in: Stellungnahme vor dem Ausschuss für Gesundheit des Deutschen Bundestages, Ausschussdrucksache: 589/13, 2 (3).

968 So auch Sachs, in: Stellungnahme vor dem Ausschuss für Gesundheit des Deutschen Bundestages, Ausschussdrucksache: 589/13, 2 (3).

969 Vgl. Höfling/Rixen, Verfassungsfragen der Transplantationsmedizin, 86; Höfling, in: JZ 1996, 615 (617), der behauptet: „(...) Es wird verkannt, daß die ärztliche Organentnahme (...) ein Handeln Privater darstellt und somit nicht dem abwehrrechtlichen Regime der Grundrechte untersteht."

970 Wagner/Brocker, in: ZRP 1996, 226 (228).

Zunächst kommt als Rechtfertigung der einfache Gesetzesvorbehalt des Art. 2 II 2 GG in Betracht. Allerdings ist hierbei immer der hohe Rang des Rechtsguts Leben und der Einfluss der Menschenwürde auf Art. 2 II 1 1. Alt. GG zu beachten, was dazu führt, dass der Gesetzesvorbehalt sehr restriktiv genutzt wird.[971] Zudem ist die Befassung mit dem Gesetzesvorbehalt des Art. 2 II 2 GG in Bezug auf Art. 2 II 1 1. Alt. GG vorliegend nicht zielführend, da Gesetzesvorbehalte ihre Wirkung in erster Linie nur im Zusammenhang mit Eingriffen *gegen* den Willen des Grundrechtsträgers entfalten.[972] Wenn der Gesetzgeber de lege ferenda in einem Gesetz die Organentnahme von lebenswichtigen Organen bei Hirntoten als Lebenden zulässt, wodurch nach den Hirntodgegnern ein Eingriff in Art. 2 II 1 1. Alt. GG vorläge, geht es eben immer nur um die Frage, ob dieser Eingriff verfassungsrechtlich dadurch gerechtfertigt werden kann, dass der Grundrechtsberechtigte in die Organentnahme ab dem Gesamthirntod *einwilligt*. Demnach geht es ausschließlich darum, ob man auf das Grundrecht aus Art. 2 II 1 1. Alt. GG freiwillig *verzichten* kann. Als Rechtfertigung kommt somit nur der von den Hirntodkritikern angeführte Grundrechtsverzicht in Betracht.[973]

Unter der Prämisse der generellen Zulässigkeit eines Grundrechtsverzichts[974] müssen seine Kriterien verfassungsrechtlichen Bestand haben.[975] Dies muss im Rahmen einer einzelfallbezogenen Abwägung entschieden werden.[976] Ein Grundrechtsverzicht ist danach unzulässig, wenn durch diesen höherrangigere Rechtsgüter verletzt werden.[977] Bei der Organentnahme geht es zuvorderst um eine drittnützige Abwägung, nämlich zwischen dem Lebensschutz des potentiellen Spenders und dem Recht auf Leben des Empfängers.[978] Demgegenüber geht es

971 Klinge, Todesbegriff, 179; Heun, in: JZ 1996, 213 (218); Jarass, in: Jarass/Pieroth, GG Kommentar, Art. 2 Rn. 96.

972 Sengler/Schmidt, in: MedR 1997, 241 (243).

973 Die strittige Frage, ob durch einen Grundrechtsverzicht bereits der Eingriff entfällt, da nach einer Definition ein Eingriff begriffsnotwendig ein Handeln gegen den Willen des Grundrechtsträgers voraussetzt (so Höfling, in: JZ 1996, 615 (617), kann hier mangels Ergebnisrelevanz dahinstehen, vgl. Wagner/Brocker, in: ZRP 1996, 226 (228); außerhalb des Grundrechtsverzichtes im Wege der Abwägung wird die Organentnahme nur von der Ansicht erörtert, welche sogar die zwanghafte Organtransplantation, also gegen den Willen des Grundrechtsträgers, für zulässig hält; vgl. Sachs, in: Firnkorn (Hrsg.), Hirntod als Todeskriterium, 62 (65 f.); auf diese Auffassung soll jedoch bewusst erst unter b) im Rahmen des Vergleichs mit dem Beginn des Lebens eingegangen werden.

974 Zu der Auffassung, die einen Grundrechtsverzicht grundsätzlich als unzulässig ansieht, vgl. Stern, Das Staatsrecht der Bundesrepublik Deutschland (1994), Bd. III/2, 894 f. m. w. N.

975 Sengler/Schmidt, in: MedR 1997, 241 (243).

976 Wagner/Brocker, in: ZRP 1996, 226 (228).

977 Sengler/Schmidt, in: MedR 1997, 241 (243).

978 Sengler/Schmidt, in: MedR 1997, 241 (242 f.); dies räumt auch Höfling ein, allerdings ohne die richtigen Konsequenzen hieraus zu ziehen, vgl. Höfling, in: JZ 1995, 26 (33).

bei der indirekten Sterbehilfe[979] darum, dem Recht des Grundrechtsträgers auf ein schmerzfreies Leben und menschenwürdiges Sterben Geltung zu verschaffen.[980] Es werden also das Recht auf Leben und das Recht auf menschenwürdiges Sterben in Schmerzfreiheit desselben Grundrechtsträgers miteinander abgewogen.[981] Kraft seines Selbstbestimmungsrechts besteht für den Betroffenen die Möglichkeit, den Konflikt zwischen den Gütern Leben und optimaler Schmerzfreiheit angesichts einer drohenden kurzen Lebensverkürzung durch eigenständige Prioritätensetzung zu lösen, wenn ohne die medikamentöse Behandlung nicht mehr sichergestellt ist, dass er in erträglicher Art und Weise weiterleben kann.[982] Dies hat mit der Konstellation der Organentnahme nichts gemein.[983] Das Recht auf Leben schützt vor *jeder* externen Verfügung über dasselbige.[984] Es ist gegen jede Art von aktiver Tötung Schutz zu gewähren.[985] Das Recht auf Leben, das Grundrecht des „Entweder-Oder",[986] ist vollumfänglich zu wahren, sobald man sich in seinem Schutzbereich befindet. Auch unheilbare Kranke haben ein Recht auf Leben i. S. d. Art. 2 II 1 1. Alt. GG.[987] Der Schutz des einen Lebens darf nicht deshalb aufgegeben werden, weil das Ziel verfolgt wird, ein anderes Leben zu retten.[988] Leben gegen Leben kann nicht abgewogen werden. Ein Grundrechtsverzicht darf und kann im Rahmen des Art. 2 II 1 1. Alt. GG nicht zulässig sein, lässt man ihn zu, zerstört man einen Grundpfeiler unserer Verfassung, den des umfassenden Lebensschutzes.[989] Abschließend ist daher festzuhalten: Eine zum Tod führende Organentnahme von einem noch Lebenden ist nicht einwilligungsfähig.[990]

Die Hirntodkritiker verstricken sich auf der Grundlage der von ihnen geschaffenen Trümmer des Art. 2 II 1 1. Alt. GG in unerträgliche Widersprüche. Dies

979 Von den Hirntodgegnern als Vergleich ins Feld geführt: Höfling/Rixen, Verfassungsfragen der Transplantationsmedizin, 99; zu der (mangelnden) strafrechtlichen Vergleichbarkeit von indirekter Sterbehilfe und Organentnahme bei Hirntoten siehe ausführlich oben D. IV. 1., insbesondere c).

980 Sengler/Schmidt, in: MedR 1997, 241 (243).

981 Sengler/Schmidt, in: MedR 1997, 241 (243).

982 Linke, Grundrechtliche Spannungslagen am Lebensende, 128.

983 So auch Schreiber, der den Vergleich von Organentnahme mit indirekter Sterbehilfe völlig zu Recht als abwegig bezeichnet; vgl. Schreiber, in: Firnkorn (Hrsg.), Hirntod als Todeskriterium, 44 (51).

984 Sengler/Schmidt, in: MedR 1997, 241 (243).

985 Sengler/Schmidt, in: MedR 1997, 241 (243).

986 So Isensee, Recht als Grenze, 74.

987 Sengler/Schmidt, in: MedR 1997, 241 (243).

988 Klinge, in: Todesbegriff, 179; Lorenz, in: Isensee/Kirchhof (Hrsg.), Handbuch des Staatsrechts Band VI, § 128 Rn. 49.

989 Sengler/Schmidt, in: MedR 1997, 241 (244); ebenso Heun, in: JZ 1996, 213 (216); Klinge, in: Todesbegriff, 179; Laber, Der Schutz des Lebens im Strafrecht, 135.

990 Di Fabio, in: Maunz/Dürig, GG Kommentar, Art 2 Abs. 2 Rn. 22.

zeigt schon der Zynismus, mit welchem sie dem Hirntoten das Recht auf Leben zunächst geben, um es ihm sogleich im nächsten Atemzug wieder zu nehmen. „Wie gewonnen, so zerronnen", dieses Sprichwort haben sich die Hirntodkritiker zu ihrem Leitsatz gemacht. Durch sie „setzt eine neuartige Abstufung des Grundrechtsschutzes ein."[991] Diese Abstufung ist jedoch durch nichts legitimiert. Es wäre wünschenswert, dass sich die Hirntodkritiker selbst ernst nähmen und sich an ihren eigenen Worten messen ließen, die da lauten: „(...) In der verfassungsrechtlichen Literatur besteht weitgehend Einigkeit darüber, daß das Leben als Schutzgut des Art. 2 II 1 GG ein ‚unteilbares Rechtsgut (ist), das einschränkenden Wertungen schlechthin unzugänglich ist'."[992] Richtig ist, dass diese Einigkeit herrscht. Doch wer durchbricht eben diese Einigkeit? Niemand anderes als die Hirntodkritiker selbst. Sie scheinen gar nicht zu merken, dass sie unter dem Deckmantel der Schutzbereichserstreckung des Art. 2 II 1 1. Alt. GG auf Hirntote sogleich beginnen, diese als ein Leben minderer Qualität anzusehen.[993] Sie teilen das Rechtsgut Leben auf, in ein „Vollleben" des Nicht-Hirntoten und ein geringwertigeres Leben des Hirntoten. Das reduzierte Menschenbild, das sie anderen vorwerfen, haben sie sich selbst zu Eigen gemacht.[994]

Eine weitere waghalsige These, die sich wiederum wie ein Fallstrick um den umfassenden Lebensschutz des Art. 2 II 1 1. Alt. GG zieht, ist diejenige, dass das Recht auf ein menschenwürdiges Sterben beinhalte, im Wege der Organentnahme zu sterben.[995] Bei dem „Sterben" durch Organentnahme handelt es sich um nicht mehr als eine beschönigende Beschreibung der Handlung „Töten durch Organentnahme", es wird gezielt in das Leben eingegriffen und nicht lediglich einem natürlichen Geschehensablauf nachgegeben.[996]

Auch mit einer Auslegung des Schutzbereiches im Sinne eines weiten Tatbestandsverständnisses[997], wie von den Hirntodgegnern gefordert, ist nichts gewonnen. Im Gegenteil demonstrieren sie selbst anschaulich die Schwäche eines solchen weiten Tatbestandsverständnisses. Es muss bereits im Schutzbereich

991 Isensee, Recht als Grenze, 74.

992 Höfling, in: JZ 1995, 26 (32).

993 Heun, in: JZ 1996, 213 (215); so auch Borowy, Die postmortale Organentnahme und ihre zivilrechtlichen Folgen, 112 f.; Ingelfinger, Grundlagen und Grenzbereiche, 160; Isensee, Recht als Grenze, 78; Wagner/Brocker, in: ZRP 1996, 226 (229).

994 Siehe hierzu schon ausführlich oben für das Strafrecht D. IV., insbesondere 1. c), 2. c), 5.

995 Höfling/Rixen, Verfassungsfragen der Transplantationsmedizin, 84 f.; Höfling, in: MedR 1996, 6 (8).

996 Klinge, Todesbegriff, 178; s. o. D. IV. 1. c).

997 Zur Begriffserläuterung s. o. Fn. 894.

genauestens untersucht werden, ob dieser überhaupt eröffnet ist.[998] Geschieht dies nicht, sondern wird die Eröffnung des Schutzbereichs zu leichtfertig bejaht, kann dies sogar dazu führen, dass die Wirkungskraft einer Norm geschwächt wird.[999] Die Vorgehensweise der Hirntodkritiker, trotz extensiver Auslegung des Lebensbegriffs die Organentnahme zu befürworten, führt zu eben einer solchen Entwertung des Lebensschutzes.[1000] Auch ihr zweifelhafter Grundsatz „in dubio pro vita"[1001] verdeutlicht anschaulich, dass sie mehr versprechen als sie halten,[1002] denn letztlich wird ihr Grundsatz zu einem „in fine pro non vita", „in fine pro morte".

Den Weg des konsequenten Zu-Ende-Denkens sind sie nicht bereit zu gehen. Dann müssten sie nämlich ein Gesetz, das die Entnahme von lebenswichtigen Organen bei Hirntoten zulässt, als einen Eingriff in Art. 2 II 1 1. Alt. GG ansehen, der verfassungsrechtlich eben nicht zu rechtfertigen wäre.[1003] Art. 2 II 1 1. Alt. GG würde ein Hindernis darstellen, das nicht zu überwinden wäre.[1004] Strafrechtlich würden sich die entnehmenden Ärzte gem. §§ 216, 212 strafbar machen, eine Änderung des StGBs, die die Organentnahme von Hirntoten ermöglichte, wäre verfassungswidrig. Mithin kann dahinstehen, wie eine solche (strafrechtliche) Änderungsregelung de lege ferenda[1005] aussehen könnte, sie wäre eben verfassungsrechtlich nicht zulässig.

b) Vergleich mit dem Lebensbeginn

Weiterhin ist es erforderlich, sich noch einmal vor Augen zu führen, in welcher Weise die Hirntodkritiker Parallelen zum Beginn des Lebens ziehen. Sie versuchen in zweierlei Hinsicht die Problematik am Lebensbeginn für diejenige am Lebensende fruchtbar zu machen.

In erster Hinsicht wird durch den Vergleich mit dem Lebensbeginn der Schluss gezogen, dass das unterschiedliche Abstellen auf verschiedene Kriterien am Be-

998 Hierzu auch Ingelfinger, Grundlagen und Grenzbeiche, 161, der treffend formuliert: „Die dogmatische Arbeit ist sinnvoll dort zu leisten, wo sie hingehört."

999 Heun, in: JZ 1996, 213 (215); dies andeutend auch Wallrabenstein, in: JA 1999, 128 (129).

1000 Heun, in: JZ 1996, 213 (215).

1001 So auch Heun, in: JZ 1996, 213 (217), der betont, „(...) wenn man die fragwürdige Geltung dieser Regel unterstellt"; Seewald, in: VerwArch 1997, 199, (212).

1002 Isensee, Recht als Grenze, 78.

1003 Klinge, Todesbegriff, 123; Isensee, Recht als Grenze, 72 f.

1004 Wagner/Brocker, in: ZRP 1996, 226 (230).

1005 Ein TPG de lege ferenda, das im Sinne der Hirntodgegner eine Organentnahme bei Hirntoten als Lebenden mit deren Einwilligung zuließe, wäre daher (ebenfalls) verfassungswidrig.

ginn und Ende des Lebens die Unschlüssigkeit des Hirntodeskonzeptes verdeutliche; denn für die Beantwortung der Frage, wann menschliches Leben beginne, werde gerade nicht auf das Gehirn abgestellt.[1006] Ein solcher Transfer setzt jedoch voraus, dass eine vergleichbare Sachlage besteht. Die Überlegungen, welche zum Beginn des Lebensschutzes gemacht werden, sind jedoch gerade nicht auf das Lebensende übertragbar. Die Ausweitung des Lebensschutzes am Beginn des Lebens auf Entwicklungsstufen, welche sich noch vor der Ausprägung von Hirnfunktionen befinden, erfolgt mit dem entscheidenden Argument, dass diese Vorstadien im Hinblick auf die spätere Reifung zum voll ausgebildeten Menschen geschützt werden müssen. Das aber kann nicht auf das Ende des Lebens transferiert werden.[1007] Der Embryo stellt auch in der Phase, in der sein Gehirn noch nicht entwickelt ist, eine in sich abgeschlossene Ganzheit dar, deren Vorgänge zu einer überstehenden Einheit integriert sind, besitzt also die Merkmale eines Lebewesens.[1008] Das Gehirn wird also erst dann zur Lebensbedingung, wenn es ausgebildet ist, denn ab diesem Zeitpunkt hat es alleine die Funktion als Integrationszentrale für alle Lebensvorgänge inne.[1009] Es wird wohl wenig zielführend sein, die Frage nach dem Lebensende durch Vermischung mit Kriterien, welche (mit großen Schwierigkeiten) für den Lebensbeginn geschaffen wurden, lösen zu wollen. Die beiden Materien ähneln sich nur scheinbar, tatsächlich sind sie weit voneinander entfernt, ja unvergleichbar.[1010]

In zweiter Hinsicht versuchen die Hirntodkritiker den materiellen Gehalt der Rechtsprechung des Bundesverfassungsgerichts zu dem Schutz des ungeborenen Lebens auf das Lebensende zu übertragen, um so im Hinblick auf die Organentnahme zu einem reduzierten Schutz des Hirntoten zu kommen.[1011]

1006 So Lang, in: Epping/Hillgruber, GG Kommentar, Art. 2 II Rn. 61.

1007 Heun, in: JZ 1995, 213 (217); Heun, in: Firnkorn (Hrsg.), Hirntod als Todeskriterium, 57 (58 f.); Klinge, Todesbegriff, 170.

1008 Klinge, Todesbegriff, 170; so auch Oduncu, in: Schroth/König/Gutmann/Oduncu, TPG Kommentar, Einleitung Rn. 108; Schreiber, in: Bericht der Abgeordneten Philipp, Kirschner, Knoche, Thomae, Fuchs, BT Drucksache 13/8017, 24 (28).

1009 Klinge, Todesbegriff, 170 f.; so auch Nickel, Die Entnahme von Organen und Geweben bei Verstorbenen, 118.

1010 Klinge, Todesbegriff, 124, 170; vgl. ausführlich zum Lebensbeginn und Lebensende des Menschen Rohrer, Menschenwürde am Lebensanfang und am Lebensende und strafrechtlicher Lebensschutz.

1011 So Sachs, in: Stellungnahme vor dem Ausschuss für Gesundheit des Deutschen Bundestages, Ausschussdrucksache: 589/13, 2 (10); Sachs, in: Firnkorn (Hrsg.), Hirntod als Todeskriterium, 62 (66 f.); aber auch Seewald, in: KritV 1997, 200 (219), der jedoch versucht, mit diesem Argument die gedankliche Parallele der Hirntodkritiker zum Beginn des Leben zu widerlegen; Seewald übersieht jedoch, dass er mit seiner Argumentation den Hirntodkritikern für die Begründung der Organentnahme bei Hirntoten gerade in die Hände spielt.

Dies resultiert jedoch aus einem falschen Verständnis der Rechtsprechung des Bundesverfassungsgerichts.[1012] Ausgangspunkt ist die dort angenommene Pflicht des Staates, menschliches Leben, auch das ungeborene Leben, umfassend zu schützen.[1013] Die Besonderheit in der Konstellation am Beginn des Lebens besteht jedoch darin, dass der nasciturus mit der Schwangeren eine untrennbare Einheit bildet.[1014] Ein Ausgleich, der sowohl den Lebensschutz des Ungeborenen gewährleistet als auch der Schwangeren das Recht zubilligt, die Schwangerschaft abzubrechen, ist daher unmöglich.[1015] Die Gewährung des Schwangerschaftsabbruches hat zwingend die Vernichtung des ungeborenen Lebens zur Folge.[1016] Aus der staatlichen Schutzpflicht für das ungeborene Leben folgt daher, dass „der Schwangerschaftsabbruch für die ganze Dauer der Schwangerschaft grundsätzlich als Unrecht angesehen wird und demgemäß rechtlich verboten ist."[1017] Weiter betont das Bundesverfassungsgericht: „Grundrechte der Frau greifen gegenüber dem grundsätzlichen Verbot des Schwangerschaftsabbruchs nicht durch. Zwar haben diese Rechte auch gegenüber dem Lebensrecht des nasciturus Bestand und sind entsprechend zu schützen. Aber sie tragen nicht so weit, daß die Rechtspflicht zum Austragen des Kindes von Grundrechts wegen – auch nur für eine bestimmte Zeit – generell aufgehoben wäre."[1018] Die Grundrechtspositionen der Frau wirken sich jedoch insofern aus, als Ausnahmelagen bestehen können, die es gebieten, der Schwangeren diese Rechtspflicht zum Austragen des Kindes nicht aufzuerlegen.[1019] Besteht eine solche Ausnahmelage, endet die Pflicht des Staates, die Tötung ungeborenen Lebens zu verbieten.[1020] Kriterium für die Anerkennung einer solchen Ausnahmesituation ist das der Unzumutbarkeit.[1021] Mit anderen Worten: Besteht eine solche anerkannte unzumutbare Ausnahmelage der Frau, darf der Gesetzgeber ein Austragen der Schwangerschaft nicht (mehr) mit den Mitteln des Strafrechts erzwingen.[1022] All dies zeigt jedoch, dass die Grundrechte der Schwangeren gerade nicht als vorrangig gegenüber dem Lebensrecht des Ungeborenen anzusehen sind.[1023] Bei der Abwägung zwischen dem

1012 Ausführlich hierzu auch: Sengler/Schmidt, in: MedR 1997, 241 (244 ff.); vgl. BVerfGE 39, (1 ff.) und BVerfGE 88, 203 ff.

1013 BVerfGE 88, 203 (251); Murswiek, in: Sachs, GG Kommentar, Art. 2 Rn. 188.

1014 BVerfGE 88, 203 (253); Murswiek, in: Sachs, GG Kommentar, Art. 2 Rn. 215.

1015 BVerfGE 88, 203 (255 f.).

1016 BVerfGE 88, 203 (256).

1017 BVerfGE 88, 203 (255).

1018 BVerfGE 88, 203 (255).

1019 BVerfGE 88, 203 (255); Murswiek, in: Sachs, GG Kommentar, Art. 2 Rn. 215.

1020 Murswiek, in: Sachs, GG Kommentar, Art. 2 Rn. 215.

1021 Murswiek, in: Sachs, GG Kommentar, Art. 2 Rn. 215; BVerfGE 88, 203 (256).

1022 Sengler/Schmidt, in: MedR 1997, 241 (244).

1023 Sengler/Schmidt, in: MedR 1997, 241 (244 f.).

Lebensrecht des Ungeborenen und den Grundrechten der Frau hat das Lebensrecht des Kindes in keiner Konstellation zurückzutreten.[1024]

Lediglich auf der Ebene der konkreten Ausgestaltung der Schutzpflicht können sich durch das Kriterium der Unzumutbarkeit des Austragens einer Schwangerschaft Einschränkungen ergeben.[1025] Die zu stellende Frage ist daher nicht diejenige, „ob die Tötung Ungeborener zumutbar ist,[1026] sondern (...), ob der Frau das Austragen des Kindes zumutbar ist."[1027] All dies zeigt, dass sich aus der Rechtsprechung des Bundesverfassungsgerichts in keiner Weise eine Abstufung des Lebensschutzes und eine damit einhergehende reduzierte Schutzpflicht des Staates für menschliches Leben ergibt.[1028] Die Beurteilung der Problematik am Lebensbeginn resultiert aus der einzigartigen „unvergleichbaren Situation der Schwangerschaft, in der sich Frau und nasciturus nicht nur als mögliche Täterin und mögliches Opfer gegenüberstehen, sondern in der Person der Schwangeren eine ‚Zweiheit in Einheit'[1029] darstellen."[1030] Mit der Frage nach der Zulässigkeit der Organentnahme bei einem Hirntoten hat dies nichts gemein. Im Gegenteil, das Urteil des Bundesverfassungsgerichts zeigt gerade, dass eine Abwägung zwischen dem Grundrecht auf Leben des Empfängers und demjenigen des Hirntoten zugunsten des Empfängers nicht erfolgen darf.

Beide Versuche der Hirntodkritiker, die Rechtsprechung des Bundesverfassungsgerichts zum Beginn des Lebens auf das Ende des Lebens zu übertragen, scheitern. Die erste Ansicht verkennt, dass keine vergleichbare Sachlage vorliegt. Die Kriterien, mit welchen man den Beginn des Lebens und das Ende des Lebens bestimmt, müssen notwendig verschieden sein. Die zweite Auffassung meint, es läge bei der Leibesfrucht und dem Hirntoten eine vergleichbare Interessenlage vor, welche es erlaube, Wertungen zu übernehmen. Dies ist nicht der Fall. Die Zulässigkeit der Organentnahme eines Hirntoten lässt sich nicht dadurch begründen, dass eine Abwägung der Lebensinteressen der Organempfänger mit dem Lebensrecht des Hirntoten zugunsten des Organempfängers ausfällt. Ein solch reduzierter Schutz des Hirntoten lässt sich mit dem Urteil des Bundesverfassungsgerichts nicht begründen.

1024 Sengler/Schmidt, in: MedR 1997, 241 (244 f.).

1025 Sengler/Schmidt, in: MedR 1997, 241 (245).

1026 So allerdings Sachs, der äußert: „Warum die Tötung bei ungeborenem Leben eher zumutbar sein soll als bei sterbendem Leben [Sachs spricht hier von dem Hirntoten] ist nicht erkennbar." vgl. Sachs, in: Stellungnahme vor dem Ausschuss für Gesundheit des Deutschen Bundestages, Ausschussdrucksache: 589/13, 2 (10).

1027 Sengler/Schmidt, in: MedR 1997, 241 (245).

1028 Sengler/Schmidt, in: MedR 1997, 241 (244 f.); so aber Seewald, in: VerwArch 1997, 200 (219).

1029 BVerfGE 88, 203 (253).

1030 Murswiek, in: Sachs, GG Kommentar, Art. 2 Rn. 215.

c) Zusammenfassung

Die vorstehenden Ausführungen haben zweierlei aufgezeigt:

Der Vergleich mit dem Beginn des Lebens ist für die Auslegung von Art. 2 II 1 1. Alt. GG im Hinblick auf den Todesbegriff nicht zielführend.

Die Entnahme lebensnotwendiger Organe von Hirntoten lässt sich nach der Prämisse der Hirntodgegner rechtlich nicht aufrechterhalten.

Damit sprechen zwei wesentliche Einzelaspekte, die für die Hirntodgegner selbst eine wichtige Rolle bei der Begründung ihres Todesbegriffes i. R. d. Art. 2 II 1 1. Alt. GG spielen, gegen deren Auslegung von Art. 2 II 1 1. Alt. GG, indem sie die Brüchigkeit ihrer Argumentation deutlich machen. Von daher ist es angezeigt, sich erneut dem Schutzbereich von Art. 2 II 1 1. Alt. GG insgesamt zuzuwenden.

2. Gesamtsicht des Schutzbereichs von Art. 2 II 1 1. Alt. GG

Die Hirntodkritiker führen als Bekräftigung ihrer Sichtweise zudem an, dass sie den weiteren Todesbegriff wählten; sie würden, um auf Gefährdungslagen reagieren zu können, auf den späteren Zeitpunkt abstellen.[1031] Dabei vergessen sie jedoch, dass es bei der Suche nach dem juristischen Todesbegriff i. R. d. Art. 2 II 1 1. Alt. GG gerade um einen allgemeinen Todesbegriff gehen muss. Sie werfen stattdessen den Hirntodbefürwortern vor, nur die Organentnahme im Blick zu haben, ihnen selbst unterläuft genau dies.[1032] Sie übersehen, dass außerhalb des Krankenhauses und der Intensivmedizin der Hirntod der grundsätzlich spätere Todeszeitpunkt ist, da er häufig erst eine gewisse Zeit nach dem Herztod einsetzt.[1033] Sowohl Herztod als auch Hirntod sind in manchen Fällen der frühere und in manchen Fällen der spätere Todeszeitpunkt. Der eine Begriff ist nicht weiter oder enger als der andere.[1034] Damit erledigt sich das Argument der Hirntodkritiker, sie würden im Gegensatz zu den Hirntodbefürwortern maximalen Lebensschutz gewähren, von selbst.

1031 So z. B. Höfling, in: JZ 1995, 26 (31).

1032 So auch Klinge, Todesbegriff, 181.

1033 Anderheiden, in: KritV 2001, 353 (370); Klinge, Todesbegriff, 181.

1034 Anderheiden, in: KritV 2001, 352 (370); daher ist es problematisch, wenn Isensee von dem engen Todesbegriff, den er mit dem Gesamthirntod verbindet, und von dem weiten Todesbegriff, den er mit dem Herztodeskonzept assoziiert, spricht; so auch problematisch Di Fabio, in: Maunz/Dürig, GG Kommentar, Art.2 Abs. 2 Rn. 17.

Dem können die Hirntodgegner auch nicht entgegensetzen, sie müssten aufgrund von Gefährdungslagen das Grundrecht „loyal-kreativ“[1035] weiterdenken.[1036] Natürlich ist richtig, dass Verfassungsnormen interpretationsfähig, ja -bedürftig sind und die Notwendigkeit besteht, dass man sich mit wandelnden Anforderungen an die Grundrechte und drohenden neuen Gefahren intensivst auseinandersetzt, um das Grundrechtsverständnis gegebenenfalls an diese neuen Anforderungen und Gefahren anpassen zu können.[1037] Dies setzt jedoch zunächst zwingend voraus, dass eine solche Gefährdungslage überhaupt besteht.[1038] Im Transplantationswesen sind keine Gefahren für das Leben ersichtlich, die es notwendig machen würden, den Hirntoten zu einem Lebenden zu erklären.[1039] Der Hirntote als Toter ist nicht schutzlos gestellt. Tote werden auch im Bereich der Organentnahme hinreichend durch das postmortale Persönlichkeitsrecht aus Art. 2 I i. V. m. Art. 1 I GG geschützt, vor dessen Hintergrund sachgerechte Lösungen auch im Bereich der Transplantationsmedizin gefunden werden können und bereits gefunden wurden.[1040]

Das Gesamthirntodeskonzept wird von seinen beiden Säulen getragen.[1041] Mit dem gesamten Ausfall des Gehirns als dem Regel- und Koordinierungszentrum ist der menschliche Organismus als integrierendes Ganzes auf Dauer nicht mehr aufrechtzuerhalten;[1042] zudem bedeutet dieser Ausfall des Gehirns den irreversiblen Verlust der Bewusstseins- und Empfindungsfähigkeit des Menschen.[1043]

Derjenige, der fordert, ein Todesbegriff müsse anschaulich sein,[1044] vergisst die außergewöhnliche Situation, in der sich ein menschlicher Körper in der Intensivmedizin befindet. Es wäre widersinnig zu erkennen, dass aufgrund medizinischer Möglichkeiten die Definition des Todes kompliziert geworden ist, um dann zugleich abzuleiten, dass der Körper eines Hirntoten noch wie ein Lebender aussehe und daher noch nicht tot sein könne.[1045] Wer so argumentiert, tappt in die

1035 Höfling/Rixen, Verfassungsfragen der Transplantationsmedizin, 61; übernommenes Zitat von Isensee.

1036 Höfling, in: JZ 1996, 615 (616).

1037 Seewald, in: VerwArch 1997, 199 (212).

1038 Seewald, in: VerwArch 1997, 199 (212).

1039 Seewald, in: VerwArch 1997, 199 (212).

1040 Heun, in: JZ 1996, 213 (219); Isensee, Recht als Grenze, 75 ff.; vgl. Gesetz über die Spende, Entnahme und Übertragung von Organen und Geweben (Transplantationsgesetz-TPG) v. 05.11.1997; siehe hierzu ausführlich oben C. IV. 2.; D. II. 3.

1041 Siehe hierzu ausführlich im strafrechtlichen Kontext D. IV. 3.c) bb), 4. c), 6. c).

1042 Statt vieler Sternberg-Lieben, in: JA 1997, 80 (87).

1043 Statt vieler Sternberg-Lieben, in: JA 1997, 80 (87).

1044 So ausdrücklich Grewel, in: ZRP 1995, 217 (217).

1045 Siehe hierzu schon oben im strafrechtlichen Kontext D. IV. 3. c) bb).

Falle, die ihm die Medizin gestellt hat, lässt sich von Äußerlichkeiten leiten und verkennt die wirklichen Fragestellungen, was aber bei der juristischen Suche nach dem Todesbegriff abträglich ist. Wenn von den Hirntodkritikern zunächst ausführlich beschrieben wird, dass der Hirntote noch wie ein Lebender aussehe, sein Herz noch selbstständig schlage, und dann im nächsten Satz die Schlussfolgerung gezogen wird, dass „eine rationale Deutung" dieser empirischen Befunde es nahe lege, der Hirntote gehöre noch zu den Lebenden,[1046] dann zeigt dies anschaulich, welchen Irrweg sie mit dieser Vorgehensweise beschreiten. Von Rationalität kann doch angesichts solcher Erwägungen nicht mehr die Rede sein. Es ist geradezu paradox, wenn die Hirntodkritiker von einer rationalen Deutung sprechen, geht es doch hierbei ausschließlich um emotionale Äußerlichkeiten, die keinerlei Deutungsgehalt für einen juristischen Todesbegriff beinhalten. Die beschriebenen biologischen Abläufe gewährleisten Lebensfähigkeit gerade nicht aus sich selbst heraus, sondern können überhaupt nur noch durch aufwendige apparative Unterstützung stattfinden.[1047] Dies darf dann aber nicht zu dem Fehlschluss führen, dieser (Rest-) Körper befinde sich noch nicht im Zustand völliger Desorganisation.

Auch kann der Einwand nicht überzeugen, der Verlust der Bewusstseinsfunktion sei eine unzulässige Begründung für das Abstellen auf das Gehirn, weil Art. 2 II 1 1. Alt. GG nur das körperliche Dasein schütze und Abstufungen nach der geistigen Verfassung, wie sie die Hirntodbefürworter hierdurch vornähmen, gerade nicht zulässig seien.[1048] Eine Abstufung kann jedoch nur dann getroffen werden, wenn die tatsächliche Möglichkeit besteht, zwischen mehreren Anknüpfungspunkten zu wählen; stirbt das Gehirn jedoch irreversibel ab, ist jede für das menschliche Wesen bedeutsame Empfindungsfähigkeit unwiederbringlich verloren.[1049] Dann geht es aber auch nicht mehr um qualitative Wertungen, sondern um das biologische Dasein des Menschen als Lebewesen.[1050]

Es bleiben keine Zweifel.[1051] Non dubio est, quod mors cerebri mors hominis est.

1046 So Höfling, in: MedR 1996, 6 (7).

1047 Linke, Grundrechtliche Spannungslagen am Lebensende, 35; Müller-Terpitz, in: Isensee/Kirchhof (Hrsg.), Handbuch des Staatsrechts Band VII, § 147 Rn. 32; Schneider, in: MüKo StGB, vor §§ 211 ff. Rn. 24.

1048 Vgl. Heun, in: JZ 1996, 213 (216).

1049 Heun, in: JZ 1996, 213 (216).

1050 Heun, in: JZ 1996, 213 (216).

1051 In Anlehnung an den Grundsatz der Hirntodkritiker „in dubio pro vita", diesem ist auch hierdurch der Boden entzogen, denn Zweifel bestehen nicht: Der Gesamthirntod ist der (verfassungsrechtliche) Tod des Menschen; so auch Kluth/Sander, in: DVBl 1996, 1285 (1288); Merkel, in: Jura 1999, 113 (118).

Der Tod des Menschen ist verfassungsrechtlich mit der irreversibel erloschenen Gesamtfunktion des Großhirns, Kleinhirns und des Hirnstamms[1052] – mit dem Gesamthirntod – eingetreten.

3. Ergebnis

Mit dem Hirntod endet der Schutzbereich des Art. 2 II 1 1. Alt. GG, der Hirntote ist nicht mehr von seinem Schutzbereich umfasst. Mithin steht der Gesamthirntod als der Todesbegriff des Strafrechts auch mit dem verfassungsrechtlichen Todesbegriff im Einklang, ist mit diesem deckungsgleich. Der Gesamthirntod als der strafrechtliche Todesbegriff ist somit „verfassungsfest". Eine verfassungskonforme Auslegung ist mithin nicht erforderlich.

1052 Zur Definition s. o. C. III. 1. a); vgl. auch Oduncu, Hirntod und Organtransplantation, 41.

G. Europarechtliche Aspekte

Mit den vorhergehenden Kapiteln wurde der Gesamthirntod als der strafrechtliche Todesbegriff gefunden und verfassungsrechtlich bestätigt. Mit diesem Abschnitt soll nun untersucht werden, ob und inwiefern europarechtliche Aspekte[1053] auf die Fragestellung, was als strafrechtlicher Todesbegriff anzusehen ist, Einfluss nehmen können und möglicherweise hierdurch (sogar) etwas an der bisherigen Lösung – Gesamthirntod als strafrechtlicher Todesbegriff – zu ändern vermögen. Hierbei sind zwei voneinander zu trennende Rechtsgebiete zu betrachten, zum einen das Recht der Europäischen Union (EU), und zum anderen die in der Europäischen Menschenrechtskonvention (EMRK) niedergelegten Gewährleistungen.

I. Gesamthirntod und EU-Recht

1. Einführung

Die EU als supranationale Organisation ist befugt, im Rahmen der ihr durch das Primärrecht[1054] gesetzten Kompetenzen[1055] hoheitlich zu handeln und eigenständig rechtsetzend tätig zu werden.[1056] Unabhängig davon, ob man eine solche Rechtsetzungsbefugnis der EU auch für bestimmte Bereiche des Strafrechts anerkennt,[1057] wird das nationale Strafrecht wie das übrige nationale Recht erheblich vom primären und sekundären[1058] Unionsrecht beeinflusst.[1059] Zu nennen ist

1053 Zur Klärung des Begriffs „europarechtlich" vgl. Rixen, Lebensschutz am Lebensende, 312.

1054 Hierunter versteht man in erster Linie die Gründungsverträge der EU einschließlich späterer Ergänzungen und Änderungen, sowie ungeschriebene allgemeine Rechtsgrundsätze und Gewohnheitsrecht gleichen Rangs; vgl.: Frenz, Handbuch Europarecht Band 5 (2010), Rn. 539 ff.

1055 Zu dem Prinzip der begrenzten Einzelermächtigung s. u. Fn. 1066.

1056 Safferling, Internationales Strafrecht (2011), § 10 Rn. 1.

1057 S. u. 2. a).

1058 Das Sekundärrecht umfasst die Gesamtheit aller Rechtsakte, die von den Organen der EU auf der Grundlage des Primärrechts erlassen werden; vgl. Frenz, Europarecht Band 5, Rn. 618.

1059 Eser/Hecker, in: Schönke/Schröder, StGB Kommentar, vor § 1 Rn. 28; vgl. ausführlich hierzu Ambos, Internationales Strafrecht (3. Auflage), § 11 Rn. 13 ff.

hier insbesondere der Anwendungsvorrang des Unionsrechts.[1060] Unter diesem versteht man, dass in einem Kollisionsfall, d. h. wenn Vorschriften des Unionsrechts und des nationalen Rechts, die denselben Lebensvorgang erfassen, aufeinandertreffen und sich widersprechen, das Unionsrecht das nationale (Straf-) Recht in seinem Anwendungsbereich verdrängt.[1061] Aufgrund dieses Anwendungsvorrangs ist das nationale (Straf-) Recht nach Möglichkeit im Einklang mit dem Unionsrecht auszulegen, um einen solchen Kollisionsfall zu vermeiden.[1062]

Gegenwärtig ist weder im Bereich des Primärrechts noch des Sekundärrechts irgendein Rechtsakt der EU ersichtlich, der auf den strafrechtlichen Todesbegriff im Rahmen der §§ 211 ff. einwirken könnte. Dass zum jetzigen Zeitpunkt das Unionsrecht tatsächlich die Materie des strafrechtlichen Todesbegriffs nicht zu berühren vermag, muss jedoch nicht zugleich bedeuten, dass die EU nicht dennoch die Möglichkeit hätte, zukünftig in einer solchen Weise auf das nationale Strafrecht einzuwirken, so dass sie auch den strafrechtlichen Todesbegriff maßgeblich mitbestimmen könnte.

Es ist nicht Sinn und Zweck des vorliegenden Abschnitts, abschließend zu klären, in welch mannigfaltiger Art und Weise das Unionsrecht in der Lage ist, auf das nationale materielle Strafrecht einzuwirken.[1063] Die folgende Untersuchung macht es sich vielmehr zur Aufgabe zu prüfen, ob die durch diese Arbeit erfolgte Festlegung des Gesamthirntodes als strafrechtlichen Todesbegriff im Hinblick auf das EU-Recht „unionsfest“ ist, oder, ob die Gefahr besteht, dass der strafrechtliche Todesbegriff zukünftig von dem Unionsrecht maßgeblich geprägt, ja möglicherweise sogar verändert werden könnte. Der vorliegende Zweck ist also ein in die Zukunft gerichteter.

Eine begründete Gefahr der Einwirkung des Unionsrechts auf den strafrechtlichen Todesbegriff bestünde beispielsweise bei folgenden Konstellationen:

Zum einen könnte die EU die Kompetenz haben, selbst im Bereich der §§ 211 ff. rechtsetzend tätig zu werden und so auch den strafrechtlichen Todesbegriff zu bestimmen, zum anderen könnte sie die Mitgliedsstaaten anweisen, den strafrechtli-

1060 Dannecker, in: Jura 1998, 79 (84); Eser/Hecker, in: Schönke/Schröder, StGB Kommentar, vor § 1 Rn. 28.

1061 Dannecker, in: Jura 1998, 79 (84).

1062 Ambos, Internationales Strafrecht, § 11 Rn. 46; Dannecker, in: Jura 1998, 79 (84).

1063 Vgl. hierzu umfassend Ambos, Internationales Strafrecht, §§ 9 ff.; Safferling, Internationales Strafrecht, § 10 Rn. 1 ff., § 11 Rn. 1 ff.; ausführlich auch, allerdings zur Rechtslage vor dem Vertrag v. Lissabon (v. 13.12.2007): Dannecker, in: Jura 1998, 79 ff.; Sieber, ZStW 1991, 957 ff.; Tiedemann, in: NJW 1993, 23 ff.; Weigend, in: ZStW 1993, 774 ff.

chen Todesbegriff in Zusammenhang mit den §§ 211 ff. in einer bestimmten Weise zu regeln; weiter könnte ein Rechtsakt des Unionsrechts für die Auslegung, wann menschliches Leben im Rahmen der §§ 211 ff. sein Ende findet, derart einschlägig sein, dass eine unionsrechtskonforme Auslegung der §§ 211 ff. notwendig wäre.

2. Möglichkeiten der Einflussnahme des EU-Rechts auf den strafrechtlichen Todesbegriff

Um herauszufinden, ob die EU de lege lata tatsächlich in der Lage wäre, in einer solchen Weise auf das nationale Strafrecht, die §§ 211 ff. und damit zusammenhängend auf den Todesbegriff Einfluss zu nehmen – eine der vorgenannten Konstellationen also zur Realität werden könnte –, sind die Kompetenzen[1064] und Techniken[1065] der EU zu betrachten, mittels derer sie befähigt ist, auf das materielle nationale Strafrecht einzuwirken. Hieraus können dann wiederum Schlussfolgerungen für ihre Einflussmöglichkeiten auf den strafrechtlichen Todesbegriff gezogen werden.

a) EU-Kompetenzen auf dem Gebiet des materiellen Strafrechts: Schlussfolgerungen für den strafrechtlichen Todesbegriff

Seit dem Lissaboner Vertrag hat die EU vor dem Hintergrund der begrenzten Einzelermächtigung[1066] verschiedentliche Kompetenzen im Bereich des materiellen Strafrechts inne.[1067] In Bezug auf den Regelungsgehalt dieser Kompetenzen ist zwischen der Kompetenz zur Rechtssetzung (Kompetenz zur Setzung supranationalen Strafrechts) und der Kompetenz zur Rechtsangleichung (Harmonisierungskompetenz) zu differenzieren.[1068] Während es bei der Erstgenannten um die Schaffung eigener Strafrechtsnormen auf EU-Ebene geht, ist von der zweiten

1064 S. u. 2. a).

1065 S. u. 2. b); zu der Begrifflichkeit „Techniken der Einflussnahme“ vgl. Ambos, Internationales Strafrecht, § 9 Rn. 14.

1066 Der Grundsatz der begrenzten Einzelermächtigung bedeutet, dass es einer ausdrücklichen Zuständigkeitszuweisung bedarf, damit ein Tätigwerden der EU möglich ist; erfolgt dies nicht, bleiben die Mitgliedstaaten kompetent (Art. 5 II 2 EUV); vgl. Calliess, in: Calliess/Ruffert, EUV/AEUV. Das Verfassungsrecht der Europäischen Union mit Europäischer Grundrechtscharta, Kommentar, 4. Auflage, Art. 5 EUV Rn. 6 ff.; Frenz, Europarecht Band 5, Rn. 37.

1067 Zur Bedeutung des Lissaboner Vertrages für das nationale Strafrecht Beukelmann, in: NJW 2010, 2081 ff.; Zimmermann, in: Jura 2009, 844 ff.

1068 Zimmermann, in: Jura 2009, 844 (845).

Kompetenz lediglich die Befugnis der EU umfasst, die Mitgliedsstaaten zum Erlass nationaler Strafrechtsvorschriften anzuweisen.[1069]

Aus Art. 325 IV AEUV wird von der wohl überwiegenden Auffassung in der Literatur eine Kompetenz der EU zum Erlass strafrechtlicher Verordnungen in dem Bereich dieser Vorschrift, d. h. eine Kompetenz der EU zur Setzung supranationalen Strafrechts, hergeleitet.[1070] Weiter wird diskutiert, ob sich auch für die Bereiche der Artikel 33 und 79 AEUV eine solche supranationale Kriminalstrafrechtssetzungskompetenz ableiten lasse.[1071]

Unabhängig davon, ob eine solche (weitreichende) Kompetenz der EU zumindest einem dieser drei Artikel entnommen werden kann, betreffen alle drei Vorschriften Bereiche[1072], die sich, auch wenn die EU im Rahmen dieser Artikel strafrechtsetzend tätig werden würde, nicht auf die §§ 211 ff. und daher auch nicht auf den strafrechtlichen Todesbegriff auswirken könnten. Daher wird die EU im Rahmen dieser Vorschriften jedenfalls, selbst wenn ihr für all diese drei Bereiche eine Strafrechtsetzungskompetenz zustünde, den strafrechtlichen Todesbegriff nicht beeinflussen können.

Art. 83 I AEUV bestimmt, unter welchen Voraussetzungen die EU die Kompetenz inne hat, auf eine Harmonisierung des nationalen Strafrechts der Mitgliedstaaten hinzuwirken.[1073] Art. 83 I UA 2 AEUV legt sodann abschließend[1074]

1069 Safferling, Internationales Strafrecht, § 10 Rn. 47.

1070 So Ambos, Internationales Strafrecht, § 9 Rn. 8; Safferling, Internationales Strafrecht, § 10 Rn. 41; Zimmermann, in: Jura 2009, 844 (846); zurückhaltend aber i. E. bejahend Satzger, in: KritV 2008, 17 (25); begründet wird die Rechtsetzungskompetenz der EU aus Art. 325 AEUV u. a. mit einem Wortlautvergleich zwischen dem neuen Art. 325 AEUV und dem alten Art. 280 EGV; Art. 325 AEUV übernimmt zwar den alten Art. 280 EGV, allerdings mit einem entscheidenden Unterschied in IV: Während der alte Art. 280 IV EGV die Ermächtigung des Rats zum Erlass von „erforderlichen Maßnahmen zur Verhütung und Bekämpfung von Betrügereien“ unter den Vorbehalt stellte, dass „die Anwendung des Strafrechts der Mitgliedstaaten (...) von diesen Maßnahmen unberührt“ bleibe, fehlt in Art. 325 IV gerade eine solche Bestimmung; vgl. hierzu Ambos, Internationales Strafrecht, § 9 Rn. 8.

1071 Vgl. Ambos, Internationales Strafrecht, § 9 Rn. 9, der eine solche Kompetenz der EU für Art. 33 AEUV bejaht und für Art. 79 AEUV ablehnt; für beide Vorschriften eine Rechtsetzungskompetenz der EU bejahend: Safferling, Internationales Strafrecht, § 10 Rn. 43 ff.

1072 Art. 325 AEUV betrifft die Bekämpfung von Betrug zum Nachteil der Union; Art. 33 AEUV behandelt den Ausbau der Zusammenarbeit zwischen den Mitgliedsstaaten im Zollwesen; Art. 79 AEUV betrifft die Einwanderungspolitik.

1073 Safferling, Internationales Strafrecht, § 10 Rn. 47; Zimmermann, in: Jura 2009, 844 (846).

1074 Vgl. zu der abschließenden Funktion des Art. 83 I UA 2 AEUV: Safferling, Internationales Strafrecht, § 10 Rn. 48; Suhr, in: Calliess/Ruffert, EUV/AEUV, Art. 83 Rn. 9; Zimmermann, in: Jura 2009, 844 (846).

fest, welche Kriminalitätsbereiche von dieser Harmonisierung erfasst werden können bzw. dürfen:[1075] „Terrorismus, Menschenhandel, sexuelle Ausbeutung von Frauen und Kindern, illegaler Drogenhandel, illegaler Waffenhandel, Geldwäsche, Korruption, Fälschung von Zahlungsmitteln, Computerkriminalität und organisierte Kriminalität." Auch hier ist nicht ersichtlich, wie sich die in Art. 83 I AEUV niedergelegte, auf diese Bereiche sich erstreckende Harmonisierungskompetenz der EU (je)[1076] auf die §§ 211 ff. und den strafrechtlichen Todesbegriff auswirken können sollte.

Über Art. 83 I AEUV hinaus ist in Art. 83 II AEUV die sog. strafrechtliche Annexkompetenz festgelegt[1077]. Hiernach können Harmonisierungsmaßnahmen, die Unionspolitikbereiche betreffen und ihrerseits auf entsprechende Kompetenzgrundlagen gestützt sind, unter den Voraussetzungen des Art. 83 II AEUV „Mindestvorschriften für die Festlegung von Straftaten und Strafen" beinhalten.[1078] Auch in diesem Rahmen wird das EU-Recht keinerlei Einfluss auf den strafrechtlichen Todesbegriff ausüben können. Es ist kein Unionspolitikbereich[1079] erkennbar, der mit dieser Frage in Berührung kommen könnte und im Rahmen dessen die EU gegenüber Deutschland als Mitgliedsstaat anordnen könnte, einen bestimmten Todesbegriff im Rahmen der §§ 211 ff. zu normieren. Ein entsprechender Einfluss der EU besteht auch nicht nur mittelbar über das Transplantationsrecht; zwar sieht Art. 168 IV a) AEUV eine Kompetenz zur Festlegung von Qualitäts- und Sicherheitsstandards für Organe u. a. vor, diese beinhaltet aber nicht die Regelung von Transplantationen im Sinne der mitgliedsstaatlichen Transplantationsgesetze (vgl. Art. 168 VII 3 AEUV).[1080]

1075 Suhr, in: Calliess/Ruffert, EUV/AEUV, Art. 83 Rn. 9; Zimmermann, in: Jura 2009, 844 (846).

1076 Auch bei einer möglichen Erweiterung der Kriminalitätsbereiche nach Art. 83 I UA 3 AEUV ist ein Berührungspunkt mit dem strafrechtlichen Todesbegriff nahezu ausgeschlossen (vgl. Voraussetzungen in Art. 83 I AEUV); außerdem ist umstritten, wie detailliert die Harmonisierungskompetenz der Union im Rahmen des Art. 83 AEUV ist; vgl. hierzu Ambos, Internationales Strafrecht, § 11 Rn. 35.

1077 Vor dem Lissaboner Vertrag war diese Annexkompetenz im Bereich des Strafrechts bereits in der Rechtsprechung des EUGH anerkannt; vgl. Suhr, in: Calliess/Ruffert, EUV/AEUV, Art. 83 Rn. 2.

1078 Beukelmann, in: NJW 2010, 2081 (2082); Oppermann/Classen/Nettesheim, Europarecht (5. Auflage), § 37 Rn. 6; Suhr, in: Calliess/Ruffert, EUV/AEUV, Art. 83 Rn. 23; zur Auflistung der Bereiche der Strafrechtsangleichung: vgl. Ambos, Internationales Strafrecht, § 11 Rn. 9 f.

1079 Die Gesamtheit aller Unionspolitikbereiche findet sich im EUV sowie im AEUV; zu nennen sind beispielsweise: die Umweltpolitik (Art. 191 ff. AEUV), die Verkehrspolitik (Art. 90 ff. AEUV), die Grenzschutzpolitik, die Asylpolitik, die Einwanderungspolitik (Art. 77, Art. 78, Art. 79 AEUV), die Gesundheitspolitik (Art. 168 AEUV).

1080 Vgl. hierzu Berg, in: Schwarze, EU-Kommentar, 3. Auflage, Art. 168 AEUV Rn. 21 ff.; Fischer, in: Lenz/Borchardt, EU-Verträge. Kommentar nach dem Vertrag von Lissabon, 5. Auflage, Art. 168 AEUV Rn. 15; Kingreen, in: Calliess/Ruffert, EUV/AEUV, Art. 168 AEUV

b) Die unionsrechtskonforme Auslegung von Strafrechtsnormen: Schlussfolgerungen für den strafrechtlichen Todesbegriff

Strafrechtsnormen sind, wie das übrige nationale Recht, vor dem Hintergrund des Anwendungsvorrangs des EU-Rechts bei Bedarf unionsrechtskonform auszulegen.[1081] Diese unionsrechtskonforme Auslegung spielt beispielsweise im Rahmen des Umweltstrafrechts eine große Rolle.[1082] Allerdings gilt auch hier, es ist kein Rechtsakt der Union denkbar, der es im Rahmen der §§ 211 ff. erforderlich machen würde, das Ende des menschlichen Lebens im Sinne des Unionsrechts auszulegen.

3. Zur Unbeachtlichkeit des EU-Rechts für den strafrechtlichen Todesbegriff

Es hat sich also gezeigt, dass das EU-Recht trotz seiner durchaus vorhandenen Kompetenzen und Einflussmöglichkeiten im Bereich des materiellen Strafrechts bei der hier einzig interessierenden Frage nach dem strafrechtlichen Todesbegriff keinerlei Beachtung finden muss, ja darf. De lege lata ist es nahezu ausgeschlossen, dass die §§ 211 ff. und der strafrechtliche Todesbegriff in irgendeiner Weise durch das EU-Recht bestimmt werden könnten, sei es durch Regelungskompetenzen, Harmonisierungskompetenzen oder im Rahmen der unionsrechtskonformen Auslegung. Ein Kollisionsfall zwischen dem materiellen Strafrecht und dem Recht der EU ist bei der Frage nach dem Todesbegriff schlicht nicht denkbar.[1083] Der Gesamthirntod als strafrechtlicher Todesbegriff ist jedem Einfluss des Unionsrechts entzogen und daher „unionsfest".

Rn. 19 f.; Lurger, in: Streinz, EUV/AEUV. Vertrag über die Europäische Union und Vertrag über die Arbeitsweise der Europäischen Union, 2. Auflage, Art. 168 AEUV Rn. 21; Nagel, Organtransplantation und Internationales Privatrecht (2009), 8 f.

1081 Weigend, in: ZStW 1993, 774 (781); siehe hierzu schon oben 1.

1082 Vgl. beispielsweise zur richtlinienkonformen Auslegung des Abfallbegriffs in § 326 StGB Dannecker, in: Jura 1998, 79 (84 f.).

1083 So i. E. auch Rixen, Lebensschutz am Lebensende, 314 f.

II. Gesamthirntod und die Europäische Menschenrechtskonvention

Zu einem anderen Ergebnis könnte man möglicherweise in Bezug auf die Europäische Menschenrechtskonvention (EMRK) gelangen.

Um die Bedeutung der EMRK für das materielle Strafrecht und insbesondere für die hier interessierende Thematik des strafrechtlichen Todesbegriffs darlegen zu können, ist es für das Verständnis unerlässlich, zunächst grundlegend auszuführen, welchen Rang die Konvention im innerstaatlichen Recht innehat und auf welche Weise sie auf die Rechtsprechung der nationalen Gerichte und so auf unsere Rechtsordnung Einfluss nehmen kann; auf dieser Grundlage wird sodann dargestellt werden, in welchem Verhältnis die EMRK zum materiellen Strafrecht, im Besonderen bei der Frage nach dem Todesbegriff, steht, um schließlich aufzuzeigen, was im Rahmen der Konvention als Todeskonzept angesehen wird.

1. Grundlagen

a) Bedeutung der EMRK und ihr Rang im innerstaatlichen Recht

Die EMRK wurde am 4.11.1950 in Rom von 15 Staaten des Europarates[1084] unterzeichnet.[1085] Am 3.09.1953 trat sie in Kraft.[1086] Sie gilt als „das bedeutendste völkerrechtliche Abkommen, das im Rahmen des Europarates abgeschlossen wurde."[1087] Die EMRK verpflichtet zwar jeden Konventionsstaat zu ihrer Inkorporation, überlässt es allerdings dem jeweiligen Staat, in welcher Weise er dieser Pflicht nachkommt.[1088]

1084 Dieser wurde von den europäischen Staaten 1949 als völkerrechtliche Organisation gebildet, mit dem Ziel, gemeinsame Ideale und Grundsätze der Mitgliedsstaaten sowie den wirtschaftlichen und sozialen Fortschritt zu fördern; Deutschland ist seit 1951 Vollmitglied des Europarates; zur Zeit hat er 47 Mitgliedsstaaten (Stand: 2011); vgl. hierzu: Ehlers, in: Ehlers (Hrsg.), Europäische Grundrechte und Grundfreiheiten (3. Auflage), § 2 Rn. 7; Grote, in: Grote/Marauhn, EMRK/GG Konkordanz Kommentar (2006), Kap. 1 Rn. 11 ff.

1085 Kühl, in: ZStW 1988, 406 (406); Safferling, Internationales Strafrecht, § 13 Rn. 7; ausführlich zur Geschichte der EMRK: Grote, in: Grote/Marauhn, EMRK/GG, Kap. 1 Rn. 1 ff.

1086 Safferling, Internationales Strafrecht, § 13 Rn. 7.

1087 Safferling, Internationales Strafrecht, § 13 Rn. 7; so auch Ambos, Internationales Strafrecht, § 10 Rn. 5.

1088 Ehlers, in: Ehlers (Hrsg.), EuGR, § 2 Rn. 10; Giegerich, in: Grote/Marauhn, EMRK/GG, Kap. 2 Rn. 19.

Damit in der Bundesrepublik Deutschland die Ratifikation der EMRK als völkerrechtlicher Vertrag[1089] durch den Bundespräsidenten (Art. 59 I 2 GG) erfolgen konnte, musste der Bundestag nach Art. 59 II 1 GG unter Beteiligung des Bundesrates dieser Ratifikation vorher durch förmliches Gesetz zustimmen.[1090] Diese Zustimmung durch den Bundestag erfolgte durch das „Gesetz über die Konvention zum Schutze der Menschenrechte und Grundfreiheiten" vom 7.8.1952.[1091] Hierdurch wurde die EMRK in das deutsche Recht transformiert.[1092] Nach herrschender Auffassung in der Literatur[1093] und ständiger Rechtsprechung des Bundesverfassungsgerichts[1094] teilt die EMRK den Rang dieses Zustimmungsgesetzes, sie gilt daher innerstaatlich im Rang eines einfachen Bundesgesetzes.[1095]

b) Berücksichtigung der Gewährleistungen der EMRK und der Entscheidungen des EGMR durch die nationalen Gerichte

Für die vorliegenden Zwecke soll zum einen erörtert werden, inwiefern die Gewährleistungen der EMRK durch die nationalen Gerichte berücksichtigt werden können bzw. müssen, und welchen Einfluss die Entscheidungen des Europäischen Gerichtshofs für Menschenrechte (EGMR) auf die nationale Rechtsprechung haben.

aa) Berücksichtigung der Gewährleistungen der EMRK durch die nationalen Gerichte

Fraglich ist, welche Konsequenzen sich für die Anwendung der EMRK durch die nationalen Gerichte daraus ableiten lassen, dass der Konvention der Rang eines einfachen Bundesgesetzes zukommt.

1089 BVerfGE 111, 307 (316).

1090 Giegerich, in: Grote/Marauhn, EMRK/GG, Kap. 2 Rn. 42; Jarass, in: Jarass/Pieroth, GG Kommentar, Art. 59 Rn. 8, 15.

1091 Giegerich, in: Grote/Marauhn, EMRK/GG, Kap. 2 Rn. 43; Kühl, in: ZStW 1988, 406 (406); BVerfGE 111, 307 (315).

1092 BVerfGE 111, 307 (316).

1093 Vgl. aus der Literatur statt vieler: Ehlers, in: Ehlers (Hrsg.), EuGR, § 2 Rn. 12; Giegerich, in: Grote/Marauhn, EMRK/GG, Kap. 2 Rn. 43 f.; zu abweichenden Meinungen, welche versuchen, einen Übergesetzesrang bzw. Verfassungsrang der EMRK zu begründen: Giegerich, in: Grote/Marauhn, EMRK/GG, Kap. 2 Rn. 47 ff.; Hilf, in: Mahrenholz/Hilf/Klein, Entwicklung der Menschenrechte innerhalb der Staaten des Europarates (1987), 19 (35 ff.).

1094 BVerfGE 74, 358 (370); BVerfGE 82, 106 (120); BVerfGE 111, 307 (315).

1095 Giegerich, in: Grote/Marauhn, EMRK/GG, Kap. 2 Rn. 43 f.

Hierzu führt das Bundesverfassungsgericht in Bezug auf die Fachgerichtsbarkeit aus: „(...) [Die] deutsche[n] Gerichte haben die Konvention wie anderes Gesetzesrecht des Bundes im Rahmen methodisch vertretbarer Auslegung zu beachten und anzuwenden."[1096] Mit anderen Worten gilt daher gewissermaßen als Grundsatz: Solange das deutsche Recht Auslegungsspielräume eröffnet, trifft die Gerichte die Pflicht, der Auslegung den Vorrang einzuräumen, die konventionsgemäß ist.[1097] Denn „das nationale Recht ist (...) nach Möglichkeit im Einklang mit dem Völkerrecht auszulegen."[1098]

In Bezug auf die Verfassungsgerichtsbarkeit und den Einfluss der EMRK auf die Grundrechte betont das Bundesverfassungsgericht vor dem Hintergrund der Völkerrechtsfreundlichkeit des Grundgesetzes: „Die Gewährleistungen der Konvention beeinflussen (...) die Auslegung der Grundrechte und rechtsstaatlichen Grundsätze des Grundgesetzes. Der Konventionstext und die Rechtsprechung des Europäischen Gerichtshofs für Menschenrechte dienen auf der Ebene des Verfassungsrechts als Auslegungshilfen für die Bestimmung von Inhalt und Reichweite von Grundrechten (...)."[1099]

bb) Berücksichtigung der Entscheidungen des EGMR durch die nationalen Gerichte

(1) Grundsätzliche Wirkungen der Entscheidungen des EGMR[1100]

Verbindlich sind die Entscheidungen des EGMR für alle am Verfahren beteiligten Personen und erzeugen so gem. Art. 46 I EMRK für den verurteilten Konventionsstaat völkerrechtliche Bindungswirkung in Bezug auf den entschiedenen Fall.[1101] Inhaltlich handelt es sich bei den Urteilen des EGMR um Feststellungsurteile, d. h. sie haben keine kassatorische Wirkung und können so auch nationale Gerichtsentscheidungen nicht aufheben.[1102]

1096 BVerfGE 111, 307 (317).

1097 Schmitt, in: Meyer-Goßner, StPO Kommentar, Anh. 4 MRK vor Art. 1 Rn. 4b; zu der allgemeinen Frage, welche Grundsätze und Besonderheiten bei der Auslegung der EMRK zu beachten sind, vgl.: Cremer, in: Grote/Marauhn, EMRK/GG, Kap. 4 Rn. 1 ff.; Schmitt, in: Meyer-Goßner, StPO Kommentar, Anh. 4 MRK Rn. 5.

1098 BVerfGE 111, 307 (324).

1099 BVerfGE 111, 307 (317).

1100 Der EGMR besteht aus vier unterschiedlichen Spruchkörpern (Art. 26 EMRK) und wacht darüber, dass die EMRK von den Konventionsstaaten eingehalten wird; vgl. Ambos, Internationales Strafrecht, § 10 Rn. 7.

1101 Ehlers, in: Ehlers (Hrsg.), EuGR, § 2 Rn. 100; Klein, in: Merten/Papier (Hrsg.), Handbuch der Grundrechte in Deutschland und Europa Band VI/1 (2010), § 150 Rn. 121.

1102 Ehlers, in: Ehlers (Hrsg.), EuGR, § 2 Rn. 100; Kühl, in: ZStW 1988, 406 (422 f.); BVerfGE 111, 307 (320).

Doch heißt dies zugleich, dass die Entscheidungen des EGMR für die Rechtsprechung der nationalen Gerichte bedeutungslos sind? Dieser Frage soll im Folgenden nachgegangen werden.

(2) Die Entscheidungen des EGMR und ihr Einfluss auf die nationale Rechtsprechung

Bei der Untersuchung, ob und in welcher Weise die Entscheidungen des EGMR die Rechtsprechung der nationalen Gerichte beeinflussen können, sind für die vorliegenden Zwecke zwei Fallkonstellationen zu unterscheiden:[1103]

Zum einen diejenige, dass gegen einen anderen Konventionsstaat als die Bundesrepublik Deutschland eine Entscheidung des EGMR ergeht (Im Folgenden: erste Fallkonstellation), und zum anderen diejenige, dass die Bundesrepublik selbst Beteiligte an dem Verfahren ist und der EGMR gegen sie ein Urteil erlässt. Bei der zweiten Konstellation müssen in Bezug auf die Auswirkungen dieser Entscheidung auf die Rechtsprechung der nationalen Gerichte wiederum zwei Gruppen voneinander unterschieden werden: Erstens diejenigen Gerichte, die noch oder wieder mit genau dem Fall des Beschwerdeführers befasst sind, der auch in identischer Weise der Entscheidung des EGMR zugrunde lag (Im Folgenden: 2. Fallkonstellation Untergruppe 1), und zweitens diejenigen Gerichte, die sich zwar nicht mit (genau) dieser Sache, aber mit parallel gelagerten Fällen auseinandersetzen (Im Folgenden: 2. Fallkonstellation Untergruppe 2).

Bei der ersten Fallkonstellation entfaltet die Entscheidung des EGMR für die Bundesrepublik Deutschland mangels Beteiligung an dem Verfahren keine völkerrechtliche Bindungswirkung. Dennoch finden auch die Entscheidungen, die nicht gegen die Bundesrepublik ergehen, insofern Beachtung durch die nationalen Gerichte, als sie bei der konventionskonformen Auslegung der innerstaatli-

1103 Die nachfolgenden Ausführungen haben die Individualbeschwerde vor Augen: Individualbeschwerden können insbesondere von jeder natürlichen Person erhoben werden, die geltend macht, von einem Mitgliedstaat in einem Konventionsrecht verletzt worden zu sein (Art. 34 EMRK), vgl. Ambos, Internationales Strafrecht, § 10 Rn. 7; ausführlich zur Individualbeschwerde Klein, in: Merten/Papier (Hrsg.), Handbuch der Grundrechte in Deutschland und Europa Band VI/1, § 150 Rn. 55 ff., der diese auch als „Herzstück des Rechtsschutzes" bezeichnet; neben dieser gibt es noch die Möglichkeit, mittels einer Staatenbeschwerde den EGMR anzurufen (Art. 33 EMRK). Diese hat jedoch in der Praxis eine eher geringe Bedeutung und wird auch vorliegend außer Acht gelassen; vgl. hierzu Safferling, Internationales Strafrecht, § 13 Rn. 8; ausführlich zur Staatenbeschwerde Klein, in: Merten/Papier (Hrsg.), Handbuch der Grundrechte in Deutschland und Europa Band VI/1, § 150 Rn. 75 ff.

chen Gesetze[1104] zu berücksichtigen sind, da sie den aktuellen Entwicklungsstand der in der Konvention niedergelegten Normsätze widerspiegeln.[1105] Gleiches gilt für die Entscheidungen des EGMR, die zwar gegen die Bundesrepublik ergehen, die betreffenden nationalen Gerichte jedoch nicht mit dem identischen Fall des Beschwerdeführers, sondern lediglich mit parallel gelagerten Fällen anderer Beteiligter befasst sind (2. Fallkonstellation Untergruppe 2). Auch diese Gerichte haben im Rahmen der konventionskonformen Auslegung von Gesetzen die Rechtsprechung des EGMR zu berücksichtigen.[1106] Die Tatsache, dass Entscheidungen des EGMR, welche gegen die Bundesrepublik ergehen, für diese eine völkerrechtliche Bindungswirkung entfalten, spielt unabhängig davon, wie diese Bindungswirkung konkret innerstaatlich umgesetzt wird, für diejenigen Gerichte, welche lediglich mit parallel gelagerten Fällen befasst sind, insofern keine Rolle, als sich diese Bindungswirkung Deutschlands ausschließlich auf den konkret entschiedenen Fall bezieht und beschränkt.[1107] Bei beiden aufgeführten Konstellationen fließen also die Entscheidungen des EGMR mittelbar im Wege der EMRK-konformen Auslegung in die Rechtsprechung der nationalen Gerichte ein.

Im Folgenden ist zu betrachten, in welcher Weise ein Urteil des EGMR gegen die Bundesrepublik Deutschland die Rechtsprechung eines nationalen Gerichtes beeinflusst, das mit genau der Sache des Beschwerdeführers befasst war oder ist, welche auch der Entscheidung des EGMR zugrunde lag (2. Fallkonstellation Untergruppe 1). Die Entscheidung des EGMR entfaltet gegenüber der Bundesrepublik Deutschland in Bezug auf den entschiedenen Fall völkerrechtliche

1104 S. o. aa).

1105 Schmitt, in: Meyer-Goßner, StPO Kommentar, Anh. 4 MRK Rn. 4a; so auch Cremer, in: Grote/Marauhn, EMRK/GG, Kap. 32 Rn. 94.

1106 Zu der hierdurch entstehenden faktischen erga-omnes-intra-partes Wirkung von Urteilen des EGMR für alle Konventionsstaaten: Ambos, Internationales Strafrecht, § 10 Rn. 8.

1107 Cremer, in: Grote/Marauhn, EMRK/GG, Kap. 32 Rn. 85; detailliert zur formellen und materiellen Rechtskraft von Entscheidungen des EGMR: Cremer, in: Grote/Marauhn, EMRK/GG, Kap. 32 Rn. 56 ff.; dass sich die völkerrechtliche Bindungswirkung ausschließlich auf den konkret entschiedenen Fall bezieht, hat zur Folge, dass aus einer Entscheidung des EGMR auch kein allgemeines Wiederholungsverbot folgt, d. h. verstößt ein Organ des Konventionsstaates in einem parallel gelagerten Fall erneut gegen die EMRK-Bestimmung, kann der Gerichtshof bei erneuter Anrufung nur einen Verstoß gegen die EMRK, nicht aber einen Verstoß gegen die Entscheidungswirkung feststellen; vgl. Klein, in: Mahrenholz/Hilf/Klein, Entwicklung der Menschenrechte, 43 (61); a. A. wohl Mückl, in: Der Staat 2005, 403 (419 f.), der die Rechtskraftwirkung einer Entscheidung des EGMR vor dem Hintergrund eines speziellen Verständnisses von Art. 46 I EMRK auch auf die zu dieser Entscheidung parallel gelagerten Fälle erstrecken möchte.

Bindungswirkung.[1108] Dies sagt jedoch noch nichts darüber aus, welche innerstaatliche Rechtswirkung einer solchen Entscheidung zukommt.[1109] Denn die Rechtswirkung bestimmt sich nach nationalem Recht.[1110] Mit anderen Worten: Was bedeutet die völkerrechtliche Bindungswirkung für die Rechtsprechung der mit *dieser* Sache befassten Gerichte? Die EMRK gilt im Rang eines Bundesgesetzes. Daraus folgt, dass zur Bindung der Judikative an Recht und Gesetz gem. Art. 20 III GG auch die Berücksichtigung der Entscheidungen des EGMR im Rahmen vertretbarer Gesetzesauslegung gehört.[1111] Grundsätzlich sind daher die Deutschland betreffenden Entscheidungen des EGMR für alle Träger von Staatsgewalt, die mit dieser Sache befasst sind, insbesondere die Gerichte, bindend.[1112] Gleichzeitig bildet jedoch Art. 20 III GG eine Grenze eben dieser Bindungswirkung, da die EMRK nur den Rang eines einfachen Bundesgesetzes inne hat und folglich damit auch die Entscheidungen des EGMR keine gesetzesverdrängende Wirkung entfalten können.[1113] All dies bedeutet für die nationalen Gerichte, die mit derselben Sache befasst sind, welche der Entscheidung des EGMR zugrunde lag, dass sie die Pflicht haben, die entsprechenden Urteile des EGMR zur Kenntnis zu nehmen und in ihren Willensbildungsprozess einfließen zu lassen.[1114] Sie müssen sich daher jedenfalls mit den Entscheidungen des EGMR auseinandersetzen und bei Bedarf nachvollziehbar erläutern, warum sie der Rechtsauffassung des EGMR nicht folgen.[1115]

1108 S. o. (1).

1109 Ehlers, in: Ehlers (Hrsg.), EuGR, § 2 Rn. 101.

1110 Ehlers, in: Ehlers (Hrsg.), EuGR, § 2 Rn. 101.

1111 BVerfGE 111, 307 (323).

1112 Ehlers, in: Ehlers (Hrsg.), EuGR, § 2 Rn. 101.

1113 Ehlers, in: Ehlers (Hrsg.), EuGR, § 2 Rn. 101.

1114 BVerfGE 111, 307 (324).

1115 BVerfGE 111, 307 (324); die Problematik, wie es sich innerstaatlich auswirkt, wenn der EGMR die Verletzung der EMRK durch ein bereits rechtskräftiges Urteil feststellt hat, soll hier ausgeklammert bleiben: hierzu BVerfGE 111, 307 (326 f.).

2. Das materielle Strafrecht und die Europäische Menschenrechtskonvention[1116]

a) Übertragung der Grundlagen auf das Strafrecht: Der Einfluss der EMRK auf das materielle Strafrecht im Allgemeinen[1117]

Übertragen auf das materielle Strafrecht bedeuten die vorhergehenden Ausführungen für den (Straf-) Rechtsanwender, dass auch die Strafgesetze im Einklang mit der EMRK und der Rechtsprechung des EGMR anzuwenden und auszulegen sind. Mit anderen Worten: Solange das deutsche Strafrecht Auslegungsspielräume eröffnet, trifft die Strafgerichte die Pflicht, der Auslegung den Vorrang zu geben, die konventionsgemäß ist.[1118] Die Entscheidungen des EGMR sind daher, soweit ihr Inhalt das Strafrecht betrifft, von den Strafgerichten zu berücksichtigen und nach Möglichkeit im Rahmen und in der Grenze des Art. 20 III GG entsprechend umzusetzen.[1119]

In welcher Art und Weise Entscheidungen des EGMR gegen die Bundesrepublik Deutschland auf die Rechtsprechung von Strafgerichten Einfluss nehmen können, verdeutlicht auch der durch den Bundesgesetzgeber im Jahre 1998 eingeführte Wiederaufnahmegrund des § 359 Nr. 6 StPO. Dieser bestimmt, dass ein durch rechtskräftiges Urteil abgeschlossenes Verfahren zugunsten des Verurteilten dann wieder aufgenommen werden kann, wenn „der Europäische Gerichtshof für Menschenrechte eine Verletzung der Europäischen Konvention zum Schutze der Menschenrechte und Grundfreiheiten oder ihrer Protokolle festgestellt hat und das Urteil auf dieser Verletzung beruht." Zugunsten des Verurteilten ist es daher sogar möglich, die Rechtskraftwirkung eines (deutschen) Urteils zu durch-

1116 Ausführlich zum generellen Verhältnis von Strafrecht und EMRK: Diehm, Die Menschenrechte der EMRK und ihr Einfluss auf das deutsche Strafgesetzbuch (2006); Kühl, in: ZStW 1988, 406 ff. Teil I, 601 ff. Teil II; Trechsel, in: ZStW 1989, 819 ff.

1117 Ein klassisches Beispiel für den Einfluss der EMRK auf das materielle Strafrecht ist die Problematik, inwieweit § 32 mit Art. 2 II a EMRK in Einklang steht: hierzu Ambos, Internationales Strafrecht, Rn. 68 ff.; Eisele, in: JA 2000, 424, (427 f.); Trechsel, in: ZStW 1989, 819 (820 ff.), der diese Problematik als „prominentestes Problem im Verhältnis materielles Strafrecht – EMRK bezeichnet."

1118 Schmitt, in: Meyer-Goßner, StPO Kommentar, Anh. 4 MRK vor Art. 1 Rn. 4b.

1119 Safferling, Internationales Strafrecht, § 13 Rn. 24 äußert sogar, dass die von dem Bundesverfassungsgericht im Görgülü-Beschluss (BVerfGE 111, 307 ff.) angeführten Grenzen der Berücksichtigungspflicht von EGMR-Urteilen durch die Gerichte für die Strafgerichte nicht gelten dürften: Im Strafrecht sei, so Safferling, „der EMRK und der EGMR-Rechtsprechung (…) zwingend zu folgen"; näher zur Analyse des Görgülü-Beschlusses und den Grenzen der Berücksichtigungspflicht: Hoffmann, Die Europäische Menschenrechtskonvention und nationales Recht (2010), 100 ff.

brechen, wenn der EGMR festgestellt hat, dass dieses die EMRK verletzt.[1120] Das Telos dieser Norm fasst das Bundesverfassungsgericht wie folgt zusammen: „Diese Gesetzesänderung beruht auf dem Gedanken, dass eine im konkreten Einzelfall in ihrer Wirkung andauernde Konventionsverletzung jedenfalls in dem besonders grundrechtssensiblen Bereich des Strafrechts ungeachtet bereits eingetretener Rechtskraft beendet werden soll (…).“[1121]

All dies zeigt, welch doch erheblichen Einfluss die Europäische Menschenrechtskonvention auf die Rechtsanwendung des materiellen Strafrechts ausübt; sie ist daher weit mehr „als eine [bloße] internationale Verzierung.“[1122]

b) Der Einfluss der EMRK auf das materielle Strafrecht im Besonderen: Der Einfluss der EMRK auf den strafrechtlichen Todesbegriff

Zunächst ist darzulegen, welches Menschenrecht der Konvention möglicherweise im Rahmen des strafrechtlichen Todesbegriffes Beachtung finden könnte. Sodann ist aufzuzeigen, ob und in welcher Weise dieses Menschenrecht Auswirkungen auf den strafrechtlichen Todesbegriff hat.

aa) Prüfungsgegenstand im Rahmen der Europäischen Menschenrechtskonvention: Art. 2 I EMRK

Die Frage, wann menschliches Leben im Sinne der EMRK sein Ende findet, betrifft den Geltungsbereich des Art. 2 I EMRK.[1123] Dieser bestimmt in Satz 1: „Das Recht jedes Menschen auf Leben wird gesetzlich geschützt.“ Der Tote als Nicht-Lebender ist daher wie bei Art. 2 II 1 1. Alt. GG nicht mehr vom Schutzbereich des Art. 2 I EMRK erfasst.[1124] Der Tod des Menschen bedeutet daher zugleich das Ende des Schutzes nach Art. 2 I EMRK.

1120 Damit ist die Problematik, ob der Gesetzgeber verpflichtet ist, die Wiederaufnahme eines Verfahrens, das durch ein rechtskräftiges Urteil, das nach dem EGMR die EMRK verletzt, abgeschlossen wurde, zuzulassen, jedenfalls im Strafrecht zugunsten des Verurteilten gelöst worden; vgl. hierzu im Allgemeinen: Ehlers, in: Ehlers (Hrsg.), EuGR, § 2 Rn. 104; auch BVerfGE 111, 307 (326).

1121 BVerfGE 111, 307 (326).

1122 Hilf, in: Mahrenholz/Hilf/Klein, Entwicklung der Menschenrechte, 19 (22).

1123 Vgl. hierzu auch Kopetzki, Organgewinnung zu Zwecken der Transplantation (1988), 52 ff.

1124 So auch Frowein, in: Frowein/Peukert, Europäische Menschenrechtskonvention, EMRK-Kommentar (3. Auflage), Art. 2 Rn. 3.

Schon der Wortlaut des Art. 2 I 1 EMRK „Das Recht (...) auf Leben wird *gesetzlich geschützt*“[1125] macht deutlich, dass Art. 2 I EMRK kein reines Abwehrrecht ist, sondern, wie Art. 2 II GG, eine Schutzfunktion inne hat.[1126] Der Staat ist daher verpflichtet, mit den Mitteln des Strafrechts das Leben des Einzelnen nicht nur vor staatlichen Eingriffen, sondern auch vor Eingriffen (privater) Dritter zu schützen.[1127] Tötungen müssen nach Art. 2 I EMRK unter Strafe gestellt werden und effektiv verfolgt werden.[1128]

bb) Der Einfluss der Gewährleistung des Art. 2 I EMRK auf den strafrechtlichen Todesbegriff

Für die nun zu erörternde Frage, ob und wie Art. 2 I EMRK auf die §§ 211 ff. und damit zusammenhängend auf den strafrechtlichen Todesbegriff einwirkt, sind im Wesentlichen in Anlehnung an die Systematik der grundlegenden Ausführungen zwei mögliche Fallkonstellationen denkbar und daher zu betrachten.

Die **erste** Konstellation ist diejenige, dass sich der EGMR entweder überhaupt noch nicht mit dem Todesbegriff im Rahmen des Art. 2 I EMRK auseinander gesetzt hat oder zwar bereits eine Entscheidung des EGMR zu dieser Frage ergangen ist, jedoch nicht gegen die Bundesrepublik Deutschland.

Für diese Konstellationen gilt die allgemeine Regel, dass strafrechtliche Normen im Einklang mit den einschlägigen Gewährleistungen der EMRK auszulegen sind und die Rechtsprechung des EGMR dafür heranzuziehen ist.

Die in Art. 2 I EMRK bestimmte Pflicht des Staates, menschliches Leben mit den Mitteln des Strafrechts auch gegen Eingriffe Dritter zu schützen, findet in der Bundesrepublik ihren Ausdruck in den §§ 211 ff. Daher sind diese im Einklang mit Art. 2 I EMRK und der Rechtsprechung des EGMR hierzu auszulegen. Denn sonst bestünde die Gefahr, dass die Bundesrepublik Deutschland der Schutzpflicht für menschliches Leben aus Art. 2 I EMRK nicht im hinreichenden Maße nachkäme. Aus dem durch Art. 2 I EMRK geforderten gesetzlichen Schutz menschlichen Lebens resultiert nämlich auch die Pflicht des Staates, insbesondere der Judikative, durch entsprechende Interpretation der zu seinem Zwecke erlassenen Normen die-

1125 Hervorh. d. Verf.

1126 Alleweldt, in: Grote/Marauhn, EMRK/GG, Kap. 10 Rn. 83; Safferling, Internationales Strafrecht, § 13 Rn. 48.

1127 Alleweldt, in: Grote/Marauhn, EMRK/GG, Kap. 10 Rn. 83; Uerpmann-Wittzack, in: Ehlers (Hrsg.), EuGR, § 3 Rn. 62; Villiger, Handbuch der Europäischen Menschenrechtskonvention (EMRK), 2. Auflage, Rn. 264.

1128 Uerpmann-Wittzack, in: Ehlers (Hrsg.), EuGR, § 3 Rn. 62.

sen in angemessener Weise zu gewährleisten.[1129] Mit anderen Worten: Wäre der Hirntote von dem Lebensrecht des Art. 2 I EMRK erfasst, während dieser nach der hier vertretenen Auffassung im Rahmen der §§ 211 ff. als taugliches Tötungsobjekt von Vornherein ausscheidet, würde die von Art. 2 I EMRK geforderte staatliche Schutzpflicht für menschliches Leben, genauer für den Hirntoten als menschliches Leben, zu kurz greifen.[1130] Daher müssten die §§ 211 ff. konventionskonform dahingehend ausgelegt werden, dass auch der Hirntote noch von diesen erfasst wird.

Die **zweite** Konstellation ist diejenige, dass ein Urteil des EGMR gegen die Bundesrepublik Deutschland ergangen ist, wonach die EMRK einen anderen Todesbegriff als die nationalen Strafgerichte im Rahmen der §§ 211 ff. zugrunde legt. Die durch das letztinstanzliche deutsche Strafgericht erfolgte Auslegung der §§ 211 ff. zu dem Ende des menschlichen Lebens wäre damit konventionswidrig, so dass das strafgerichtliche Urteil eine Verletzung des Art. 2 I EMRK darstellen würde.[1131] Aus einer solchen Entscheidung des EGMR ergeben sich für die nationalen Gerichte folgende Konsequenzen:

Bei noch nicht abgeschlossenem Verfahren besteht für das mit der Sache des Beschwerdeführers befasste Gericht die Pflicht, im Rahmen des Art. 20 III GG die §§ 211 ff. in Bezug auf den Todesbegriff im Sinne der EMRK und der Rechtsprechung des EGMR auszulegen; bei abgeschlossenem Verfahren hat es, wenn die Voraussetzungen des § 359 Nr. 6 StPO vorliegen, dieses wieder aufzunehmen.[1132] Die übrigen nicht mit dieser Sache befassten Strafgerichte haben in parallelen Fällen die Rechtsprechung des EGMR zu dem Todesbegriff im Rahmen der konventionsgemäßen Auslegung der §§ 211 ff. zu berücksichtigen und dieser, wenn nicht Art. 20 III GG entgegensteht, zu folgen.

1129 Rixen, Lebensschutz am Lebensende, 312.

1130 Dies andeutend auch Lachenmeier, Der Tod im liberalen Staat, 11.

1131 Denkbar wäre beispielsweise, dass Arzt A, der einem hirntoten Patienten P das Herz entnommen hat, wg. §§ 211 ff. angeklagt und auch letztinstanzlich freigesprochen wird, mit der Begründung, dass der Patient bereits tot gewesen wäre und als taugliches Tötungsobjekt im Rahmen der §§ 211 ff. ausscheide. In einem solchen Fall wäre es möglich, dass die Witwe W des P Individualbeschwerde bei dem EGMR erhebt. Dass P tot ist, und die W nicht in ihrem eigenen Recht auf Leben möglicherweise verletzt ist, steht einer Beschwerdebefugnis gem. Art. 34 I EMRK nicht entgegen, denn im Falle der Tötung einer Person sind, um das Recht auf Leben aus Art. 2 I EMRK effektiv durchsetzen zu können, auch nahe Angehörige sowie der Ehepartner des Verstorbenen beschwerdebefugt; vgl. hierzu Uerpmann-Wittzack, in: Ehlers (Hrsg.), EuGR, § 3 Rn. 65.

1132 Bei dem unter Fn. 1131 aufgeführten Beispielsfall wäre eine Wiederaufnahme gem. § 359 Nr. 6 StPO nicht möglich, da die Wiederaufnahme zu*un*gunsten des Angeklagten A erfolgen würde; eine dem § 359 Nr. 6 StPO entsprechende Vorschrift kennt § 362 StPO (Wiederaufnahme zuungunsten des Angeklagten) nicht.

Die beiden Fallkonstellationen verdeutlichen: Art. 2 I EMRK übt im Wege der konventionskonformen Auslegung der §§ 211 ff. einen erheblichen Einfluss auf den strafrechtlichen Todesbegriff aus. Denn die §§ 211 ff. eröffnen in einer solchen Weise Auslegungsspielräume, dass den Rechtsanwender die Pflicht trifft, der Auslegung den Vorrang zu geben, die konventionsgemäß ist.

Gegenwärtig befinden wir uns in der Situation der ersten Fallkonstellation, dergestalt, dass der EGMR noch nicht über den Todesbegriff im Rahmen des Art. 2 I EMRK entschieden hat.[1133] Prüfungsmaßstab für die konventionskonforme Auslegung der §§ 211 ff. wäre demnach ausschließlich Art. 2 I EMRK. Eine solche erübrigt sich freilich, wenn der hier gefundene strafrechtliche Todesbegriff des Gesamthirntodes ohnehin mit dem Todesbegriff der EMRK übereinstimmt.

cc) Der Todesbegriff im Rahmen des Art. 2 I EMRK

Liegt daher auch Art. 2 I EMRK der Gesamthirntod als Todesbegriff zugrunde, ist der Hirntote tatsächlich nicht mehr von seinem Schutzbereich erfasst.[1134] Nach einstimmiger Auffassung in der Literatur ist genau dies der Fall.[1135] So äußert beispielsweise KOPETZKI: „Es kann somit festgehalten werden, daß der ver-

1133 Auch die Rechtsprechung des EGMR zur Frage des (von ihm i. E. verneinten) Anspruchs auf staatlich gewährleistete Sterbehilfe enthält keine Aussagen zum Todesbegriff; vgl. hierzu Pretty ./. GB, 2346/02, EuGRZ 2002, 234 ff. sowie die jüngst ergangene Entscheidung des EGMR v. 19.7.2012 Koch ./. Deutschland, 497/09, siehe hierzu die Veröffentlichung der Pressemitteilung des Kanzlers, ECHR 303/2012, v. 19.7.2012 abrufbar unter http://www.famrz.de/informationen/pressemitteilungen/2012/EuGHMR_Sterbehilfe.php und die Veröffentlichung der Entscheidung in englischer Sprache unter http://hudoc.echr.coe.int/sites/eng/pages/search.aspx#{%22dmdocnumber%22:[%22886317%22],%22itemid%22:[%22001-105112%22]}.

1134 Allgemein hat bei der Auslegung der EMRK der Wortlaut eine geringere Bedeutung als bei (rein) innerstaatlichen Gesetzen; die Auslegung der EMRK hat unabhängig von den in den jeweiligen Rechtsordnungen verwendeten scheinbar identischen Begriffen zu erfolgen; die Auslegung der EMRK ist daher eine autonome; vgl. Ehlers, in: Ehlers (Hrsg.), EuGR, § 2 Rn. 31; Schmitt, in: Meyer-Goßner, StPO Kommentar, Anh. 4 EMRK Rn. 5; für die Auslegung scheint es zutreffend zu sein, auf die Perspektive des EGMR abzustellen; vgl. Cremer, in: Grote/Marauhn, EMRK/GG, Kap. 4 Rn. 4.

1135 Es gibt, soweit ersichtlich, nur wenige Autoren, die sich überhaupt zu dem Hirntod als Todesbegriff im Rahmen der EMRK äußern; eine Auffassung, welche den Hirntod als Todesbegriff ablehnt, scheint es auf EMRK-Ebene tatsächlich (noch) nicht zu geben; vgl. Alleweldt, in: Grote/Marauhn, EMRK/GG, Kap. 10 Rn. 27 f.; Kopetzki, Organgewinnung zu Zwecken der Transplantation, 52 ff.; Machacek, in: EuGRZ 1983, 453 (464 f.); Rixen, Lebensschutz am Lebensende, 312 f.; Uerpmann-Wittzack, in: Ehlers (Hrsg.), EuGR, § 3 Rn. 49; sich nicht zu der Frage nach dem Lebensende äußernd beispielsweise Frowein, in: Frowein/Peukert, EMRK-Kommentar, Art. 2 Rn. 3, der lediglich feststellt, dass der Schutz des Art. 2 I EMRK mit dem Tode endet; so auch Bergmann, Das Menschenbild der Europäischen Menschenrechtskonvention (1995), 132.

fassungsrechtliche Schutz des Lebens gem. Art. 2 EMRK (...) mit dem Eintritt (…) des Hirntodes endet."[1136] Auch UERPMANN-WITTZACK stellt fest: „Art. 2 I EMRK schützt menschliches Leben. Der Schutz besteht bis zum Tod. Es erscheint sachgerecht, dabei auf den Hirntod abzustellen."[1137]

In Übereinstimmung mit diesen Äußerungen kann der Gesamthirntod als Todesbegriff im Rahmen des Art. 2 I EMRK angesehen werden.[1138] Denn auch aus dem Grundsatz, dass die Auslegung der EMRK unabhängig von unserer innerstaatlichen Rechtsordnung vorzunehmen ist[1139], lässt sich nicht folgern, dass im Widerspruch zum Grundgesetz[1140] der Gesamthirntod im Rahmen des Art. 2 I EMRK nicht als Tod des Menschen anzusehen wäre. Denn „die (…) am europäischen Rechtsstandard orientierte Auslegung der EMRK kann im vorliegenden Zusammenhang nur bedeuten, daß der konventionsrechtliche Begriff des ‚Lebens' in Art. 2 EMRK (…) ebenfalls im Lichte des weltweit anerkannten Hirntodbegriffs zu verstehen ist."[1141] Der Schutzbereich des Art. 2 I EMRK endet daher mit dem Hirntod.

c) Ergebnis

Damit stimmt der Gesamthirntod als (hier vertretener) strafrechtlicher Todesbegriff mit dem Todesbegriff des Art. 2 I EMRK überein, eine konventionskonforme Auslegung dahingehend, dass ein (neuer) mit der EMRK vereinbarer Todesbegriff für das Strafrecht gefunden werden müsste, ist nicht erforderlich. Der Gesamthirntod ist *der* Todesbegriff, der (auch) mit der EMRK im Einklang steht.

3. Zusammenfassung

Die vorstehenden Ausführungen haben zu folgenden Erkenntnissen geführt:

Die Gewährleistungen der EMRK und die Entscheidungen des EGMR beeinflussen die Rechtsprechung der nationalen Gerichte nicht unerheblich.

1136 Kopetzki, Organgewinnung zu Zwecken der Transplantation, 54 f.

1137 Uerpmann-Wittzack, in: Ehlers (Hrsg.), EuGR, § 3 Rn. 49; im Original Hervorh. v. „menschliches Leben".

1138 Detailliertere Herleitung bei Kopetzki, Organgewinnung zu Zwecken der Transplantation, 52 ff.

1139 S. o. Fn. 1134 zu den Besonderheiten bei der Auslegung von EMRK- Gewährleistungen.

1140 Nach der hier vertretenen Auffassung und h. L. im Verfassungsrecht ist der Gesamthirntod als verfassungsrechtlicher Todesbegriff anzusehen; siehe hierzu ausführlich oben F., insbesondere II. und IV.

1141 Kopetzki, Organgewinnung zu Zwecken der Transplantation, 54.

Dieser Einfluss zeigt sich auch im Rahmen des Verhältnisses von EMRK und materiellem Strafrecht und lässt sich in Gänze auf die Frage nach dem strafrechtlichen Todesbegriff „herunterbrechen“. Denn die Pflicht, Normen, wie die §§ 211 ff., nach Möglichkeit konventionskonform auszulegen, bedeutet, dass das hier einschlägige Menschenrecht des Art. 2 I EMRK auch bei der Suche nach dem strafrechtlichen Todesbegriff Beachtung finden muss.

Diese Berücksichtigung des Art. 2 I EMRK erweist sich vorliegend als insofern unproblematisch, als der Gesamthirntod als strafrechtlicher Todesbegriff mit dem Todeskonzept des Art. 2 I EMRK übereinstimmt. Die Pflicht, die §§ 211 ff. nach Möglichkeit im Einklang mit der EMRK auszulegen, ist daher mit dem Gesamthirntod als strafrechtlichem Todesbegriff erfüllt.

Die EMRK vermag daher nichts an dem Ergebnis zu ändern: Der Gesamthirntod ist der Tod des Menschen im Strafrecht.

H. Der Ruf nach dem Gesetzgeber – Überlegungen zu einer Kodifizierung des Gesamthirntodes als strafrechtlicher Todesbegriff

I. Einführung

Bei der Diskussion, was als Tod des Menschen anzusehen ist, ertönte immer wieder der Ruf nach dem Gesetzgeber.[1142] So wird gefordert, dass es Aufgabe des Gesetzgebers sei, durch eine gesetzliche Festlegung des Todes der bestehenden Kontroverse ein Ende zu bereiten und so Rechtsklarheit zu schaffen.[1143]

Nachdem mit der vorliegenden Arbeit der Gesamthirntod als der alleinig maßgebliche Todesbegriff für das Strafrecht gefunden wurde, der zudem insbesondere auch verfassungsrechtlich abgesichert ist, wird nun im Folgenden untersucht werden, ob der Gesetzgeber diesen als den Tod des Menschen im StGB ausdrücklich definieren sollte.

Zu beachten ist, dass ausschließlich erörtert wird, ob der Gesamthirntod als der maßgebliche strafrechtliche Todesbegriff im StGB geregelt werden sollte (2. Ebene).[1144] Hiervon völlig losgelöst ist die Frage zu betrachten, ob der Gesetzgeber die medizinischen Kriterien, die im Rahmen der Todesfeststellung eingehalten werden müssen, ebenfalls regeln sollte (4. Ebene).[1145] Es ist unabdingbar, auch bei der vorliegenden Fragestellung diese beiden Ebenen scharf voneinander zu

---

1142 Lüttger, in: JR 1971, 309 (315); Eser, in: Schönke/Schröder, StGB Kommentar, vor §§ 211 ff. Rn. 20.

1143 Schulze-Fielitz, in: Dreier, GG Kommentar, Art. 2 II Rn. 31; so wohl auch Blei, in: JA 1970, 269 (271); so auch Englert, Todesbegriff und Leichnam, 92, 111; Geilen, in: JZ 1968, 145 (152); Klinge, Todesbegriff, 190 f.; Kloth, Rechtsprobleme der Todesbestimmung, 95; Rixen, Lebensschutz am Lebensende, 351; Sternberg-Lieben, in: JA 1997, 80 (87).

1144 Mit der 2. Ebene eng verknüpft ist die 3. Ebene; zu den einzelnen Ebenen ausführlich s. o. C. I.

1145 Vgl. hierzu Bernat, in: Bernat (Hrsg.), Ethik und Recht an der Grenze zwischen Leben und Tod, 141 (192): „Ein häufig zu beobachtendes Mißverständnis zwischen Medizinern und Juristen beruht auf dem Umstand, daß der Mediziner mitunter glaubt, die gesetzliche Festschreibung des Todeszeitpunktes würde gleichzeitig ein Festschreiben der lex artis bedeuten, also eine gesetzliche Definition der medizinischen Kriterien, die im Rahmen der Todesfeststellung eingehalten werden müssen."; allerdings führt ein mangelndes Auseinanderhalten dieser Ebenen nicht nur zu Missverständnissen zwischen Juristen und Medizinern, wie Bernat darlegt, sondern auch unter den Juristen selbst.

trennen, um eine Vermischung dieser jeder für sich stehenden Sachfragen zu vermeiden.[1146]

Zunächst ist zu fragen, ob das StGB oder vielmehr das TPG für eine solche Definition der richtige Regelungsort ist, sodann sollen die Argumente, welche für eine gesetzliche Fixierung des Gesamthirntodes als Todesbegriff sprechen, und diejenigen Begründungen, welche einer solchen Kodifikation ablehnend gegenüber stehen, einander gegenübergestellt werden, um schließlich auf dieser Grundlage im Wege des Abwägens des Für und Wider die Frage nach einer gesetzlichen Fixierung des Gesamthirntodes als den für das Strafrecht maßgeblichen Tod des Menschen zu beantworten.

II. Der mögliche Standort einer gesetzlichen Definition des Todes – TPG oder StGB?

1. Im Transplantationsgesetz

Das Transplantationsgesetz definiert nach hier vertretener Auffassung nicht den Tod des Menschen.[1147] Dies ergibt sich aus einer Zusammenschau der §§ 3 I 1 Nr. 2 TPG und § 3 II Nr. 2 TPG.

In § 3 I 1 Nr. 2 TPG ist zwar von dem festzustellenden Tod die Rede, es lässt sich jedoch keinerlei Aussagegehalt dahingehend entnehmen, auf welchen Tod das TPG in dieser Vorschrift Bezug nimmt.[1148] So kann es meinen, sieht man den Herztod als den Tod des Menschen an, dass dieser eben dann nach den Regeln, die dem Stand

1146 Zu der Forderung nach einer gesetzlichen Regelung der Feststellungskriterien: Deutsch, in: Der Chirurg 1980, 349 (353), der allerdings nicht scharf zwischen Todesbegriff und den Kriterien seiner Feststellung trennt; Englert, in: Todesbegriff und Leichnam, 99 ff.; Hanack, in: Studium Generale 1970, 428 (439); Hanack, in: DÄBl. 1969 1320 (1323); Horndasch, in: Kaufmann (Hrsg.), Moderne Medizin und Strafrecht, 87 (91); Kaiser, in: Mergen (Hrsg.), Die juristische Problematik in der Medizin Band I, 31 (47); Lüttger, in: JR 1971, 309 (315); Pribilla, DÄBl. 1968, 2318 ff.; Schreiber, in: Festschrift für Ulrich Klug Band II (1983), 341 (347); Stratenwerth, in: Festschrift für K. Engisch, 528 (547); Wawersik, in: DÄBl. 1969, 1315 (1318).

1147 Ausführlich hierzu s. o. C. IV. 2., insbesondere cc); zum besseren Verständnis der nachfolgenden Ausführungen sollen an dieser Stelle noch einmal in gebotener Kürze die Gründe dafür, warum dem TPG (nach hier vertretener Ansicht) keine Definition des Todes entnommen werden kann, dargestellt werden.

1148 Merkel, in: Jura 1999, 113 (115).

der Erkenntnisse der medizinischen Wissenschaft entsprechen, festzustellen ist. Es kann aber auch den Gesamthirntod meinen, ja sogar den Kortikaltod.

Aus § 3 II Nr. 2 TPG, der sodann ausdrücklich von den Kriterien des Eintritts des Gesamthirntodes spricht, ohne diesen freilich ausdrücklich zu benennen, ergibt sich dann lediglich, dass eine Organentnahme *vor* dem Eintritt des Hirntodes jedenfalls nicht zulässig ist. Hiermit ist jedoch nichts zu dem Hirntod als Todesbegriff gesagt, sondern lediglich die untere Grenze der Organentnahme kenntlich gemacht, vor welcher diese zweifelsohne ausgeschlossen ist.[1149] Dies bedeutet lediglich eine Absage an den Kortikaltod als Entnahmekriterium.[1150] Es wäre daher nach dem TPG sogar möglich, dass der Kortikaltod als Tod angesehen würde, der dann eben nach dem medizinischen Stand festzustellen wäre, und dennoch die Organentnahme erst ab dem Gesamthirntod erfolgen dürfte. Hielten sich die entnehmenden Ärzte nicht daran, sondern würden sie schon bereits dem Kortikaltoten die Organe entnehmen, dann hätten sie zwar nicht gegen § 3 I 1 Nr. 2 TPG, aber gegen § 3 II Nr. 2 TPG verstoßen und würden sich jedenfalls gem. § 19 II TPG strafbar machen.[1151] Umgekehrt wäre es denkbar, dass zwar der Gesamthirntod eingetreten ist, § 3 II Nr. 2 TPG also erfüllt wäre, aber als Tod des Menschen der Herztod angesehen wird, der Tod des Spenders als Voraussetzung der Organentnahme nach § 3 I 1 Nr. 2 TPG also gerade noch nicht eingetreten wäre.[1152] Diese Konstellationen zeigen jedoch genau, dass das TPG nichts über den Todesbegriff als solchen aussagt, das Zusammenspiel der beiden Vorschriften macht nur so Sinn. Der Todesbegriff bleibt im TPG undefiniert und damit offen.[1153] Hätte der Gesetzgeber den Gesamthirntod als Todesbegriff festlegen wollen, hätte er nur einen § 3 I 1 Nr. 2 TPG geschaffen, der gelautet hätte: „..., wenn der Tod des Organ- oder Gewebespenders, der mit dem Gesamthirntod (= mit dem endgültigen, nicht behebbaren Ausfall der Gesamtfunktion des Großhirns, des Kleinhirns und des Hirnstamms) eingetreten ist, nach Verfahrensregeln, die dem Stand der Erkenntnisse der medizinischen Wissenschaft entsprechen, festgestellt ist.“

1149 Merkel, in: Jura 1999, 113 (115).

1150 So auch Merkel, in: Jura 1999, 113 (115).

1151 § 19 II TPG würde dann auch etwaige Strafbarkeitslücken schließen, die entstünden, wenn von der h. M. im Kernstrafrecht der Kortikaltod als Tod des Menschen i. R. d. § 211 ff. angesehen würde, so dass die Organentnahme von Kortikaltoten nicht mehr nach den §§ 211 ff. strafbar wäre; dies andeutend auch Heghmanns, Strafrecht für alle Semester BT, Rn. 73.

1152 Merkel, in: Jura 1999, 113 (115).

1153 So auch Merkel, in: Jura 1999, 113 (115); Merkel, Früheuthanasie, 116; Ingelfinger, Grundlagen und Grenzbereiche, 140; Kaschubs-Saeedi, Menschliches Leben als Schutzgut des Strafrechts, 26 ff.; Kühl, in: Lackner/Kühl, StGB Kommentar, vor § 211 Rn. 4; Otto, Grundkurs Strafrecht, § 2 Rn. 13; Schmidt-Recla, in: MedR 1994, 672 (673); Schneider, in: MüKo StGB, vor §§ 211 ff. Rn. 18; Zimmeck, Die Reichweite des Lebensrechts, 49; wohl auch Eser, in: Schönke/Schröder, StGB Kommentar, vor §§ 211 ff. Rn. 16, 20.

Doch hätte der Gesetzgeber den Gesamthirntod als den Tod des Menschen im TPG verbindlich regeln sollen? Was hätte man hierdurch für die Frage nach dem Todesbegriff im Strafrecht gewonnen?

Der Gesetzgeber hätte zweifelsohne den Gesamthirntod als den Tod des Menschen im TPG definieren können. Doch damit wäre noch nichts darüber ausgesagt, ob dieser auch im StGB als der maßgebliche Todesbegriff anzusehen ist. Es würden lediglich erneute Diskussionen darüber entstehen, ob man die gesetzgeberische Wertung im TPG auf das Strafrecht übertragen müsste oder möchte.[1154] Damit ist mit einer gesetzlichen Festlegung des Gesamthirntodes als Tod des Menschen im TPG für das Strafrecht wenig bis nichts gewonnen.

2. Im Strafgesetzbuch

Setzt man sich also mit der Frage auseinander, ob der Gesetzgeber den Gesamthirntod als den maßgeblichen Todesbegriff für das Strafrecht gesetzlich fixieren sollte, dann ist als alleiniger Ort für ein solches gesetzgeberisches Tätigwerden das StGB selbst anzusehen. Die Gesetzgebungskompetenz hierfür hat der Bund aus Art. 74 I Nr. 1 GG.[1155]

Fraglich ist, an welcher Stelle eine gesetzliche Fixierung des Gesamthirntodes als der strafrechtliche Todesbegriff innerhalb des StGBs systematisch am besten einzuordnen wäre.

1154 So auch Englert, Todesbegriff und Leichnam, 98; Klinge, Todesbegriff, 197; Kloth, Rechtsprobleme der Todesbestimmung, 17, die freilich, da sie eine von der hier vorliegenden Fragestellung abweichende Untersuchung durchführen, nämlich, ob der Todesbegriff für alle Rechtsgebiete verbindlich geregelt werden sollte, auf dieser Grundlage zu dem Schluss kommen, dass auch das StGB nicht der richtige Ort für eine solche Definition sein kann, sondern die Todesdefinition in einem eigenen dafür geschaffenen Gesetz geregelt werden sollte: zur Gesetzgebungskompetenz ausführlich Klinge, Todesbegriff,196 ff.; Rixen, Lebensschutz am Lebensende, 350; vgl. den bei Bernat, in: Bernat (Hrsg.) Ethik und Recht an der Grenze zwischen Leben und Tod, 141 (193) dargestellten Fall einer Frau, bei der der Gesamthirntod eingetreten war, die aber als Organspenderin nicht in Frage kam. Hier überlegten die Ärzte, ob der Tod in diesem Fall nicht erst mit dem endgültigen Stillstand ihres Herzens angenommen werden durfte. Man war sich also trotz gesetzlicher Definition des Gesamthirntodes als Tod unsicher, ob dieser auch außerhalb der Organentnahme Gültigkeit habe oder in diesen Fällen vielmehr der „klassische" Herztod Anwendung finde; siehe hierzu auch ausführlich D. II. 3. b).

1155 Vgl. hierzu auch Klinge, Todesbegriff, 197; Kloth, Rechtsprobleme der Todesbestimmung, 110; Rixen, Lebensschutz am Lebensende, 350.

In Betracht käme hier zum einen, die Definition bei den Tötungsdelikten der §§ 211 ff. einzufügen, da diese die Zentralnormen des strafrechtlichen Lebensschutzes darstellen. Dies würde auch der Systematik der weggefallenen Vorschrift des § 217 I a. F. im Hinblick auf den Beginn des Menschseins entsprechen. Nach § 217 I a. F.[1156] machte sich die Mutter eines Tötungsdeliktes strafbar, wenn sie ihr nichteheliches Kind in oder gleich nach der Geburt tötete. Aus dieser Formulierung „in der Geburt" wurde ersichtlich, dass der Geburtsvorgang selbst bereits unter den Anwendungsbereich des § 217 a. F. fiel, und damit das sich im Geburtsvorgang befindliche Kind bereits von dem Schutz der Tötungsdelikte insgesamt umfasst war.[1157] So schließt man auch heute noch aus § 217 I a. F.[1158], dass das Menschsein i. S. d. Tötungsdelikte und somit der Schutz der §§ 211 ff. bereits mit dem Geburtsbeginn, bei natürlichem Geburtsverlauf nach heutigem Stand mit dem Einsetzen der Eröffnungswehen[1159], beginnt.[1160]

Zum anderen könnte man die Todesdefinition im allgemeinen Teil des StGBs regeln, hierfür in Betracht käme § 11 I, der eine Sammlung von Definitionen für das gesamte StGB enthält.[1161] Hier könnte als Nr. 10 eingefügt werden: „Menschlicher Tod: Der Tod des Menschen ist der Gesamthirntod, d. h. die irreversibel erloschene Gesamtfunktion von Großhirn, Kleinhirn und Hirnstamm."[1162]

1156 § 217 I a. F.: „Eine Mutter, welche ihr nichteheliches Kind in oder gleich nach der Geburt tötet, wird mit Freiheitsstrafe nicht unter drei Jahren bestraft."

1157 Heghmanns, Strafrecht für alle Semester BT, Rn. 60; so auch Drescher, Beginn des Menschseins im Sinne der §§ 211 ff. StGB nach Fortfall des § 217 StGB a. F. (2004), 9: „Nach herrschender Auffassung stellte § 217 StGB a. F. gewissermaßen eine Legaldefinition für den Beginn der Menschwerdung dar."

1158 Diese Auslegung kann fortgelten, da mit der Abschaffung des § 217 a. F. durch das 6. StrRG von 1998 diese nicht in Frage gestellt werden sollte; so die h. M: statt vieler: Eser, in: Schönke/Schröder, StGB Kommentar, vor §§ 211 ff. Rn. 13; Heghmanns, Strafrecht für alle Semester BT, Rn. 6; a. A. Drescher, Beginn des Menschseins, 53 ff.; abweichend auch Küper, in: GA 2001, 515 (529 ff.), der zwar die Berufung auf § 217 a. F. für unzulässig hält („aus einem aufgehobenen Gesetz, das nicht mehr gilt, ‚ergibt' sich nun einmal nichts für das nach dessen Aufhebung geltende Recht!"), i. E. aber dennoch am aus § 217 a. F. geschlossenen Rechtsgedanken festhält, indem er diesen mittels (restriktiver) Auslegung des geltenden § 218 ebenda verortet und so zu dem Schluss kommt: „Am ‚Beginn der Geburt' als Grenze zwischen Leibesfrucht und Mensch hat sich somit auch nach der Aufhebung des § 217 a. F. letztlich nichts geändert. Das Unterscheidungsmerkmal läßt sich weiterhin – auf veränderter normativer Grundlage [der des § 218] – aus dem positiven Recht gewinnen."; so auch Weinschenk, § 217 StGB – Folgen des Wegfalls einer Norm (2004), 164 ff.

1159 Früher setzte man als Geburtsbeginn das Einsetzen der Presswehen an: vgl. Eser, in: Schönke/Schröder, StGB Kommentar, vor §§ 211 ff. Rn. 13.

1160 Vgl. hierzu: Heghmanns, Strafrecht für alle Semester BT Band 2, Rn. 60 f.

1161 So auch Englert, Todesbegriff und Leichnam, 98; zu dem allgemeinen Zweck des § 11: Hilgendorf, in: LK, vor §§ 11 und 12, Rn. 1 ff.

1162 Ähnlich auch Englert, Todesbegriff und Leichnam, 98; wobei zu erwägen wäre, ob es nicht sinnvoller wäre, die Definition als Nr. 5 einzufügen und die anderen Nrn. jeweils um eine

Allerdings scheint die erste Variante vorzugswürdig. Die Überschrift des § 11 „Personen- und Sachbegriffe" passt nicht auf die Definition des Todes. Überschriften können freilich geändert werden. Bei dem ersten Lösungsvorschlag wird die Todesdefinition jedoch in einen direkten Zusammenhang zu den §§ 211 ff. gesetzt, welche den wichtigsten und zentralen Anwendungsbereich für die Frage, wann menschliches Leben im Strafrecht sein Ende findet, bilden.[1163] Außerdem entspricht diese Systematik der des weggefallenen § 217 für den Beginn des Menschseins im Strafrecht.

Innerhalb dieses Regelungsortes bestünde nun noch die Möglichkeit, entweder eine eigene Vorschrift zu schaffen, die den §§ 211 ff. voranzustellen wäre, oder die Todesdefinition inzident etwa im Rahmen des § 212 zu regeln. Die zweite Alternative hätte den Vorteil, systematisch der Vorschrift des § 217 a. F. zu entsprechen, da auch hier der Beginn des Menschseins i. S. d. §§ 211 ff. in einen direkten Zusammenhang zu dem entsprechenden Tötungsdelikt gestellt wurde.[1164] Allerdings besteht hier die Gefahr, dass Auslegungsproblematiken entstehen, wie das auch bei § 217 a. F. der Fall war.[1165] Daher wäre zu empfehlen, den §§ 211 ff. eine Vorschrift voranzustellen, mit der der 16. Abschnitt des StGBs „Straftaten gegen das Leben" eingeleitet würde, die dann lauten sollte:

„Menschlicher Tod: Der Mensch ist tot, wenn bei ihm der Gesamthirntod (die irreversibel erloschene Gesamtfunktion des Großhirns, Kleinhirns und des Hirnstamms) eingetreten ist."

Mit diesem Vorschlag einer hypothetischen Regelung ist aber noch nicht die Frage der Kodifikation als solcher beantwortet, die vielmehr Gegenstand der folgenden Ausführung sein soll.

Ziffer nach unten zu verschieben, denn § 11 regelt bisher in den Nrn. 1-4 die Personenbegriffe und ab Nr. 5 die Sachbegriffe, und der Tod des Menschen würde, wenn überhaupt, zu den Personenbegriffen zählen; vgl. zur Systematik des § 11: Eser/Hecker, in: Schönke/Schröder, StGB Kommentar, vor §§ 11, 12 Rn. 1 f.; Hilgendorf, in: LK, vor §§ 11, 12 Rn. 1.

1163 Es ist auch zu betonen, dass die Zusammenstellung von Legaldefinitionen in § 11 keineswegs erschöpfend ist, sondern sich diese über das ganze StGB verstreut – im sachlichen Zusammenhang mit den betreffenden Vorschriften – finden; vgl. Eser/Hecker, in: Schönke/Schröder, StGB Kommentar, vor §§ 11, 12 Rn. 2; Hilgendorf, in: LK, vor §§ 11, 12, Rn. 2.

1164 Vgl. Eser/Koch (Hrsg.), Schwangerschaftsabbruch im internationalen Vergleich Teil 1: Europa (1. Auflage), 105 Fn. 109: „Regelung an so versteckter Stelle gleichsam enpassant"; Lüttger, in: JR 1971, 133 (133).

1165 Herzberg, in: JZ 2001, 1106 (1107), der vertritt, dass der „Glaube, § 217 StGB a. F. habe mit Gesetzesautorität den Beginn des Menschseins vorgegeben, ein Irrtum sei, der ein eindringliches Nachdenken und Abwägen verhindert habe."

III. Die Argumentation der Befürworter und Gegner einer Kodifizierung des Gesamthirntodes als Todesbegriff im StGB

1. Bejahung der Kodifizierung

Für die gesetzliche Fixierung des Todesbegriffs wird vorgetragen, dass sie notwendig sei, um das Vertrauen der Bevölkerung auch in Bezug auf die Organentnahme und in die Ärzteschaft zu stärken sowie Rechtssicherheit und -klarheit in einer so wichtigen Frage zu schaffen.[1166] Die Festschreibung des Todesbegriffs könnte daher zum einen verhindern, dass Befürchtungen potentieller Spender entstünden, dass sie zu früh von den Ärzten für tot erklärt werden, um ihnen noch möglichst „frische“ Organe entnehmen zu können, zum anderen könnte dem Arzt rechtliche Klarheit über das Ende des Lebens und bezüglich seines damit zusammenhängenden Handelns verschafft werden.[1167] Außerdem unterbinde eine klare gesetzliche Entscheidung i. S. d. Gesamthirntodes von vornherein beunruhigende Diskussionen in Richtung Kortikaltod, die weitere Ängste in der Bevölkerung schürten.[1168] Dies zeige auch, dass in der Frage nach dem Tod des Menschen in keiner Weise eine solche Einigkeit herrsche, die eine gesetzliche Definition schlechthin überflüssig mache.[1169] Es gehe bei der gesetzlichen Fixierung des Todesbegriffs in Form des Gesamthirntodes eben auch darum, eine Wertentscheidung gegen das Kortikalhirntodeskonzept zu treffen, sonst bestünde die Gefahr, dass sich unter den Medizinern dieses zu irgendeinem Zeitpunkt als Todesbegriff durchsetze.[1170] Auch sei es denkbar, dass die Beantwortung der Frage, wann der Lebensschutz der §§ 211 ff. ende, von Fall zu Fall anders ausfalle, und so existiere die Gefahr, dass die (Straf-) Gerichte bezüglich des Todesbegriffs unterschiedliche Maßstäbe anwendeten.[1171]

1166 Vgl. König, Todesbegriff, Todesdiagnostik und Strafrecht (1989), 20; Schreiber, in: Festschrift für U. Klug, 341 (347); Schulze-Fielitz, in: Dreier, GG Kommentar, Art. 2 II Rn. 31; so wohl auch Blei, in: JA 1970, 269 (271); so auch Englert, Todesbegriff und Leichnam , 92, 111; Geilen, in: JZ 1968, 145 (152); Klinge, Todesbegriff, 190. f.; Kloth, Rechtsprobleme der Todesbestimmung, 95; Rixen, Lebensschutz am Lebensende, 351; für eine gesetzliche Festlegung des Todesbegriffs auch Fischer, in: Fischer, Strafgesetzbuch und Nebengesetze Kommentar, vor §§ 211-216 Rn. 16.

1167 Vgl. König, Todesbegriff, Todesdiagnostik, 20; Kaiser, in: Med. Klin. 1967, 643 (645); Schreiber, in: Festschrift für U. Klug, 341 (347).

1168 Englert, Todesbegriff und Leichnam, 91.

1169 Blei, in: JA 1970, 269 (271); Englert, Todesbegriff und Leichnam, 91.

1170 Englert, Todesbegriff und Leichnam, 91.

1171 Vgl. Klinge, Todesbegriff, 188 f.

2. Ablehnung der Kodifizierung

Gegen eine gesetzliche Fixierung des Todesbegriffs wird häufig das Argument angeführt, eine solche wäre angesichts des medizinischen Fortschritts schnell überholt, und dieser mache selbige aufgrund der Wandlungsfähigkeit des Todesbegriffs schnell hinfällig.[1172] Der Gesetzgeber würde lediglich an Autorität einbüßen, wenn er sich die Regelung einer solchen immer im Fluss befindlichen Grundsatzfrage zur Aufgabe mache.[1173]

Außerdem sei eine gesetzliche Definition des Todesbegriffs, so meinen die einen, entbehrlich, sie löse das eigentliche Problem nicht, meinen die anderen. Entbehrlich deshalb, weil der Gehirntod allgemein akzeptiert sei, und daher auch keine Gefahr bestünde, dass dieser nicht von allen Gerichten anerkannt werde.[1174] Das Recht könne sich solch modernen Erkenntnissen nicht verschließen und die Gefahr, dass unkundige Gerichte sich eben dieser Einsicht versperren würden, wäre schlechthin auszuschließen.[1175] LÜTTGER ist der Auffassung, eine gesetzliche Festlegung des Todesbegriffs sei nicht notwendig, da der materielle Gehalt des offenen Rechtsbegriffes „Tod" durch die Medizin ausgefüllt werde.[1176] Zur Problemlösung trage sie nicht bei, weil die entscheidende Frage nicht die nach der Definition sei, sondern die nach den Kriterien, mit welchen der definierte Tod zuverlässig festgestellt werden soll.[1177] Weiter könnte eine solche Definition schlecht ausgestaltet und gefasst sein, was auch gegen ein gesetzgeberisches Tätigwerden spreche.[1178]

1172 Kaiser, in: Mergen (Hrsg.), Die juristische Problematik in der Medizin Band I, 31 (47); ebenso Deutsch, in: Der Chirurg 1980, 349 (353); Geilen, in: Eser (Hrsg.), Suizid und Euthanasie als human- und sozialwissenschaftliches Problem, 301 (306); Kohlhaas, in: NJW 1967, 1489 (1493); König, Todesbegriff, Todesdiagnostik, 21; Schreiber, in: Festschrift für U. Klug, 341 (347).

1173 Geilen, in: Eser (Hrsg.), Suizid und Euthanasie als human- und sozialwissenschaftliches Problem, 301 (306).

1174 Weißauer/Opderbecke, in: BayÄB 1973, 12 (24); Hanack, in: DÄBl. 1969, 1320, 1323; Heinitz, Rechtliche Fragen der Organtransplantation (1970), 13 (20); in diese Richtung gehend wohl auch Schreiber, in: Kaufmann (Hrsg.), Moderne Medizin und Strafrecht, 73 (75); so wohl auch Henninger, Todesdefinition und Organtransplantation (1972), 43, der äußert, dass „mit einer gesetzlichen Anerkennung des Gehirntodes als einer Definition des Menschentodes (…) wenig gewonnen wäre."

1175 Hanack, in: DÄBl. 1969, 1320 (1323); Heinitz, Rechtliche Fragen der Organtransplantation, 13 (20).

1176 Lüttger, JR 1971, 309 (315); so auch König, Todesbegriff, Todesdiagnostik, 21.

1177 Hanack, in: DÄBl. 1969, 1320 (1323); Horndasch, in: Kaufmann (Hrsg.), Moderne Medizin und Strafrecht, 87 (91); Kaiser, in: Mergen (Hrsg.), Die juristische Problematik in der Medizin Band I, 31 (47).

1178 Kloth, Rechtsprobleme der Todesbestimmung, 94.

3. Stellungnahme

a) Begriffsklärung

Wie schon in der Einführung betont, geht es vorliegend ausschließlich um die Frage nach einer gesetzlichen Definition des Gesamthirntodes als Todesbegriff, nicht um die Feststellungskriterien eines solchen Todes.

Wohin es führt, trennt man diese beiden Ebenen nicht streng, veranschaulicht ENGLERT.[1179] Unter dem Gliederungspunkt seines ersten Teils „2. Kapitel: Die Fortbildung des Todesbegriffes, 2. Abschnitt: Gesetzesform des Begriffes, 2. Bejahung der Kodifikation" zitiert er STRATENWERTH mit folgenden Worten: „Solange der Arzt gewärtigen muß, für seine Entscheidungen im Grenzbereich zwischen Leben und Tod rechtlich in Anspruch genommen zu werden, wäre es geradezu unredlich, der Medizin die ausschließliche Kompetenz zur Formulierung allgemeiner Kriterien des Todes zuzuschieben, sich die spätere juristische Überprüfung solcher Kriterien aber natürlich doch vorzubehalten."[1180] STRATENWERTH geht es bei dieser Aussage jedoch alleine darum, zu klären, ob der Gesetzgeber sich der Frage, wie der Tod mit Sicherheit *festgestellt* werden kann, widmen sollte oder diese an die Medizin verweisen darf, kann oder muss.[1181] Zu der Fragestellung, ob der Gesetzgeber den Todesbegriff festlegen soll, der ENGLERT gerade nachgeht, äußert sich STRATENWERTH in dieser Textpassage nicht. Dadurch, dass ENGLERT ihn dennoch zitiert, trägt er zu einer Vermischung beider Ebenen bei.[1182]

1179 Vgl. Englert, Todesbegriff und Leichnam, 89.

1180 Englert, Todesbegriff und Leichnam, 89; Stratenwerth, in: Festschrift für K. Engisch, 528 (547).

1181 Vgl. Stratenwerth, in: Festschrift für K. Engisch, 528 (547).

1182 Bei der Wiedergabe der Meinung Roxins unterläuft Englert wohl derselbe Fehler (vgl. Englert, Todesbegriff und Leichnam, 88): Roxin, in: Krösl/Scherzer (Hrsg.), Die Bestimmung des Todeszeitpunktes, 299 (302) äußert: „Abschließend sei nur noch bemerkt, daß eine gesetzliche Festlegung des Todeszeitpunktes zwar grundsätzlich anzustreben ist, weil sie den Arzt von einer schweren Verantwortung entlasten würde, daß es aber heute dafür noch zu früh ist." Aus dem Kontext seiner vorherigen Aussagen ist jedoch anzunehmen, dass Roxin dies auf die Problematik der Feststellungskriterien bezieht und nicht, wie Englert meint, auf die gesetzliche Definition des Todesbegriffs Hirntod, vgl. Roxin, in: Krösl/Scherzer (Hrsg.), Die Bestimmung des Todeszeitpunktes, 299 (299 ff.); derselbe Fehler unterläuft Englert auch bei der Wiedergabe der Äußerung v. Bubnoffs (vgl. Englert, Todesbegriff und Leichnam, 87). Auch dieser bezieht sich auf die gesetzliche Festlegung der Todesfeststellungskriterien, nicht auf eine gesetzliche Definition des Todesbegriffs vgl.: v. Bubnoff, in: GA 1968, 65 (77).

Im Folgenden soll sich nun im Einzelnen mit den Argumenten der Befürworter und Gegner einer gesetzlichen Festlegung des Todesbegriffs auseinander gesetzt werden.

b) Die Entscheidung für oder gegen die Kodifizierung des Todesbegriffs

Die Gefahr einer schlechten gesetzgeberischen Umsetzung der Todesdefinition ist zum einen hier möglichst gering, zum anderen kann dies durch entsprechende Vorkehrungen, wie umfassende Expertenanhörungen, leicht vermieden werden und ist so als Argument gegen eine gesetzliche Fixierung nicht tragfähig.[1183] Auch derjenige, der annimmt, der Gesamthirntod wäre allgemein anerkannt und daher eine gesetzliche Regelung nicht notwendig, irrt.[1184] Es wird gestritten, und das zu Recht.[1185] Dies zeigt gerade die Bedeutung der Problematik, wann menschliches Leben sein Ende findet.

Die Frage nach der Kodifizierung des Gesamthirntodes als Todesbegriff im StGB lässt sich am ehesten beantworten, wenn man sich noch einmal vor Augen führt, um was es im Wesentlichen bei der Ermittlung des Todesbegriffs geht. Die vorliegende Untersuchung wie die gesamte Arbeit fußen auf der unerlässlichen Basis, dass die Todesdefinition auf einer Konvention beruht, die, geht es um Anwendung von Rechtsnormen, in den alleinigen Aufgabenbereich der Jurisprudenz fällt.[1186] Bei der Grenzziehung zwischen Leben und Tod im Rechtssinne muss mittels einer normativen Wertung, vor dem Hintergrund medizinischen Faktenbezugs,[1187] festgelegt werden, welches Todeskonzept als das maßgebliche angesehen werden soll.[1188]

Die Aussage LÜTTGERs, eine gesetzliche Fixierung sei deshalb entbehrlich, weil der Tod als offener Rechtsbegriff von der medizinischen Wissenschaft festgelegt werde,[1189] wird hinfällig, betrachtet man sie unter der einzig richtigen

1183 Kloth, Rechtsprobleme der Todesbestimmung, 94.

1184 So jedoch: Hanack, in: DÄBl. 1969, 1320, 1323; Heinitz, Rechtliche Fragen der Organtransplantation, 13 (20); Weißauer/Opderbecke, in: BayÄB 1973, 14 (24).

1185 Merkel, in: Jura 1999, 113 (118).

1186 Deutsch/Spickhoff, Medizinrecht, Rn. 713; Ingelfinger, Grundlagen und Grenzbereiche, 143; Steffen, in: NJW 1997, 1619 (1619); siehe hierzu ausführlich oben C. II. 2.

1187 Rixen, Lebensschutz am Lebensende, 44; Heun, in: JZ 1996, 213 (214); Sternberg-Lieben, in: JA 1997, 80 (82); Weißauer/Opderbecke, in: BayÄB 1973, 14 (15); s. o. C. II. 2.

1188 Joerden, in: NStZ 1993, 268 (269); Heun, in: JZ 1996, 213 (214); Sternberg-Lieben, in: JA 1997, 80 (82); Weißauer/Opderbecke, in: BayÄB 1973, 14 (15).

1189 Lüttger, in: JR 1971, 309 (315); so auch König, Todesbegriff, Todesdiagnostik, 21.

Grundvoraussetzung, dass die Bestimmung des rechtlichen Todesbegriffs alleinige Sache des Rechts ist. Der Todesbegriff wird eben nicht durch die Medizin determiniert,[1190] und so kann auch nicht der Schluss gezogen werden, eine gesetzliche Definition sei aus diesem Grunde überflüssig.[1191]

Derjenige, der meint, eine gesetzliche Fixierung des Todes in Form des Gesamthirntodes sei deshalb notwendig, um eine Wertentscheidung gegen die Kortikalhirntodthese zu treffen, da sonst die Gefahr bestünde, dass sich unter den Medizinern diese zu irgendeinem Zeitpunkt als Todesbegriff durchsetzen könnte,[1192] begeht einen weiteren Fehlschluss. Auch wenn die Medizin den Kortikaltod zu ihrem herrschenden Todesbegriff erheben würde, ist und bleibt es immer noch alleinige Sache der Juristen, sich im Wege von Wertungen zu überlegen, diesen zu übernehmen oder eben nicht, und weiterhin an dem Gesamthirntod festzuhalten.[1193] Jener hat den soeben aufgeführten Grundsatz nicht verstanden. Deshalb führt man doch gerade die juristische Diskussion um den richtigen Todesbegriff, wer anderes meint, nimmt sich selbst den Boden, auf dem er steht. Diese Wertentscheidungen werden und wurden auch ohne eine gesetzliche Definition getroffen, einer gesetzlichen Festlegung bedarf es aus diesem Grunde nicht.

Beide Ansichten setzen das Verhältnis der Medizin zum Recht in dieser Frage falsch um. Während die eine aus einer falsch verstandenen Funktion der Medizin die Schlussfolgerung zieht, dass diese eine gesetzliche Definition des Todes entbehrlich mache, meint die andere, der Gesetzgeber müsse gerade zum Schutze vor eben dieser tätig werden. Die Rolle der Medizin wird damit über-, die Rolle der Jurisprudenz unterschätzt, und hieraus werden verfehlte Appelle an den Gesetzgeber gerichtet.

Weiter erhoffen sich diejenigen, welche meinen, der Gesetzgeber müsse durch eine Todesdefinition das Vertrauen der Patienten in die Ärzte stärken und für beide Seiten rechtliche Sicherheit schaffen,[1194] zu viel von der Wirkungskraft gesetzgeberischer Entscheidungen. Rechtssicherheit entsteht nicht alleine durch Rechtsetzung. Das Vertrauen in die Ärzte liegt nicht in der Macht des Gesetzgebers, auch er kann

1190 Di Fabio, in: Maunz/Dürig, GG Kommentar, Art. 2 Abs. 2 Rn. 17.

1191 So auch Kloth, Rechtsprobleme der Todesbestimmung, 92 f.

1192 So Englert, Todesbegriff und Leichnam, 91.

1193 So stellt Bockelmann zutreffend fest: „Es wäre daher rechtlich sehr wohl möglich, daß die Jurisprudenz einen anderen Todesbegriff für maßgeblich erklärte als die Medizin.“; Bockelmann, in: Krösl/Scherzer (Hrsg.), Die Bestimmung des Todeszeitpunktes, 277 (277).

1194 So Kaiser, in: Med. Klin. 1967, 643 (645); Schreiber, in: Festschrift für U. Klug, 341 (347); so auch König, Todesbegriff, Todesdiagnostik, 20, die dieses Argument zunächst selbst anführt, es jedoch dann verwirft.

deren gesetzestreues Verhalten nicht garantieren.[1195] Zudem agieren Ärzte nicht im rechtsfreien Raum, ihr Handeln wird bei begründetem Anlass von den Gerichten überprüft, dies geschieht auch ohne eine gesetzliche Definition des Todesbegriffs. Die Ärzte selbst sind sich über die Grenzen ihres Handelns bewusst und befinden sich nicht in einer rechtlichen Grauzone. Für ihre Information gibt es entsprechende Mitteilungen, Fortbildungen, Kongresse und auch Einrichtungen der Bundesärztekammer.[1196] Hier können jederzeit Juristen zu ihrer rechtlichen Einschätzung befragt werden.[1197] Der nicht ganz nachvollziehbaren Sorge, dass von (Straf-) Gericht zu (Straf-) Gericht ein anderer Todesbegriff angewendet wird, kann wie in anderen juristischen Kontroversen begegnet werden. Gerade für solche Fälle gibt es den Rechtsweg, der die Überprüfung vorinstanzlicher Urteile und zudem eine Verfassungsbeschwerde beim Bundesverfassungsgericht möglich macht. Damit sind für Rechtssicherheit und Rechtsklarheit hinreichend Vorkehrungen getroffen.

Doch, was wäre nach alldem mit einer gesetzlichen Definition des Gesamthirntodes als (strafrechtlicher) Todesbegriff gewonnen. Bei einer so wichtigen Grundsatzfrage ist es unbedingt von Nöten, dass die Diskussion lebendig bleibt, sich immer wieder mit neuen Fragen auseinander setzt, Flexibilität gewahrt bleibt.[1198] Hier spielt der medizinische Fortschritt eine große Rolle.[1199] Es ist notwendig, auf diesbezügliche Entwicklungen spontan im dogmatischen Diskurs reagieren zu können. Denn angesichts des rasanten medizinischen Fortschritts mag, überspitzt formuliert, der Todesbegriff von heute noch der von morgen und übermorgen sein. Doch ob er auch noch der Todesbegriff von überübermorgen sein wird, kann heute nicht mit Sicherheit geklärt werden. Dies zeigt anschaulich folgendes Beispiel aus Schweden:[1200]

1195 König, Todesbegriff, Todesdiagnostik, 20.

1196 Vgl. nur die Richtlinien, Leitlinien und Empfehlungen der Bundesärztekammer zu den verschiedensten Fragestellungen.

1197 Durch die Irrtumslehre werden die Ärzte auch vor sich plötzlich ändernden Sichtweisen der Strafrechtslehre hinsichtlich der Auslegung von Tatbestandsmerkmalen geschützt; § 17 wäre in solchen Fällen grundsätzlich einschlägig; vgl. insoweit zutreffend Rixen, Lebensschutz am Lebensende, 380 Fn. 635.

1198 Zu der Gefahr der Stagnation dogmatischer Diskussionen, wenn mit gesetzgeberischer Autorität eine Definition festgelegt wird, in Bezug auf den Beginn des Menschseins im Strafrecht: Herzberg, in: JZ 2001, 1106 (1107 f.).

1199 Auf den medizinischen Fortschritt als Argument gegen die gesetzliche Fixierung abstellend: Bockelmann, in: Krösl/Scherzer (Hrsg.), Die Bestimmung des Todeszeitpunktes, 339 (340 f.); Deutsch, in: Der Chirurg 1980, 349 (353); Geilen, in: Eser (Hrsg.), Suizid und Euthanasie als human- und sozialwissenschaftliches Problem, 301 (306); Kaiser, in: Mergen (Hrsg.), Die juristische Problematik in der Medizin Band I, 31 (47); Schreiber, in: Festschrift für U. Klug, 341 (347).

1200 Übernommen aus Joerden, in: Groß/Esser/Knoblauch/Tag (Hrsg.), Tod und toter Körper (2007), 127 (127).

Die Staatsanwaltschaft ermittelte gegen einen Mann wegen Steuerhinterziehung. Bevor es zur Anklageerhebung und zu einem Prozess kommen konnte, musste sich dieser jedoch einer Herztransplantation unterziehen. Als die Staatsanwaltschaft kurz darauf an seinem Krankenbett erschien, um ihn zu vernehmen, zitierte sein Anwalt folgenden Auszug aus einem schwedischen Gesetzestext: „Ein Mensch ist tot, wenn sein Herz aufgehört hat zu schlagen." Der schwedische Gesetzgeber hatte es offensichtlich versäumt, die Definition des Todes den medizinischen Möglichkeiten der Herztransplantation anzupassen. Der Staatsanwaltschaft blieb nichts anderes übrig, als das Verfahren gegen den Mann einzustellen. Dies verdeutlicht eindringlich, welche fatalen Folgen eine veraltete gesetzgeberische Entscheidung haben kann.[1201] Es ist anzunehmen, dass man sich damals, als die Regelung gefasst wurde, sicher war, mit dieser sei der Tod des Menschen umfassend für alle denkbaren Fälle definiert. Ohne eine solche gesetzliche Festlegung hätte man im Wege von juristischen Wertentscheidungen erwägen können, den Todesbegriff der neuen medizinischen Möglichkeit der Herztransplantation anzupassen, mit dieser war ein solcher Weg versperrt. Der Gesetzgeber kann nie so spontan auf Entwicklungen reagieren, wie das der Wissenschaft und Rechtsprechung möglich ist. Im schlimmsten Fall wird, wie das schwedische Beispiel veranschaulicht, eine Änderungsbedürftigkeit schlicht übersehen. Regelt der Gesetzgeber also den Todesbegriff, besteht die begründete Gefahr, dass notwendige Auseinandersetzungen unterdrückt und durch starre gesetzliche Regelungen neue Probleme geschaffen werden.

Dies hat nichts mit der Tatsache zu tun, dass nach derzeitigem Kenntnisstand der Gesamthirntod der juristische Todesbegriff für das Strafrecht ist. Es ist streng zwischen dem richtigen Todesbegriff und der Notwendigkeit seiner gesetzgeberischen Umsetzung zu trennen. Denn es kann nicht mit an Sicherheit grenzender Wahrscheinlichkeit ausgeschlossen werden, dass in der Zukunft neue medizinische Erkenntnisse andere Fragestellungen und erörterungsbedürftige Probleme hervorrufen. Auf diese können Wissenschaft und Rechtsprechung ergebnisoffen mit neuen Diskussionen spontan reagieren, eine gesetzgeberische Entscheidung ist hier in jedem Falle hinderlich.[1202]

1201 Hierzu auch: Bockelmann, in: Krösl/Scherzer (Hrsg.), Die Bestimmung des Todeszeitpunktes, 339 (340 f.); Joerden, in: Groß/Esser/Knoblauch/Tag (Hrsg.), Tod und toter Körper, 127 (127).

1202 So ist Englert auch nicht zuzustimmen, der ausführt, dass durch Gesetzesänderungen einem Auseinanderfallen von gesetzlicher Festschreibung und Lebenswirklichkeit wirksam begegnet werden könne; vgl. Englert, Todesbegriff und Leichnam, 89; Gesetzgebungsverfahren können im Einzelfall äußerst langwierig sein und ein gesetzgeberisches Tätigwerden ist daher überall dort zu vermeiden, wo es nicht unbedingt notwendig ist.

IV. Ergebnis

Der Gesamthirntod wurde mittels einer wertenden Entscheidung für das Strafrecht als der Todesbegriff gefunden, der Ruf nach dem Gesetzgeber darf allerdings nicht ertönen. Ein gesetzgeberisches Tätigwerden ist schlicht nicht erforderlich. Mit ihm wäre nichts gewonnen, jedoch Entscheidendes verloren.

I. Schlussbetrachtung

Führt man sich nun abschließend noch einmal die einzelnen Abschnitte der vorliegenden Untersuchung vor Augen, so hat diese insbesondere zu folgenden Erkenntnissen geführt:

Zu Beginn der Arbeit wurden in den Abschnitten B und C sowohl die medizinischen als auch die rechtlichen Grundlagen bezüglich des menschlichen Todes aufgezeigt.

In *medizinischer* Hinsicht hat sich herausgestellt, dass der Todesbegriff des Gesamthirntodes als absolut herrschend in der medizinischen Wissenschaft gilt.

In Bezug auf den *rechtlichen* Todesbegriff des Menschen konnten folgende *allgemeine* Grundsätze herausgearbeitet werden: Rund um den rechtlichen Problembereich „Tod" sind insgesamt vier Ebenen voneinander zu unterscheiden. Bei der Frage, was als Tod des Menschen im (Straf-) Rechtssinne anzusehen ist, befindet man sich auf der 2. Ebene der Todesdefinition („Was ist Tod?"). Mit ihr eng verknüpft sind sowohl die 1. („Wer stirbt") als auch die 3. Ebene („Anhand welcher Kriterien lässt sich dieser Tod identifizieren?"). Diese drei Ebenen waren für die vorliegende Untersuchung daher von entscheidender Bedeutung. Völlig ausgeklammert wurde hingegen die 4. Ebene der Todesfeststellung („Wie lässt sich der definierte und kriteriologisch identifizierte Tod feststellen?"). Diese fällt fraglos in den Kompetenzbereich der Medizin. Weiter fällt es nach hier vertretener Auffassung in den alleinigen Aufgabenbereich der Jurisprudenz (und nicht der Medizin), zu bestimmen, wann (straf-) rechtlich der Tod des Menschen eingetreten ist. Insbesondere durch den medizinischen Fortschritt wurde nämlich deutlich, dass die Frage nach dem Ende des menschlichen Lebens eine Wertungsfrage ist, die, geht es um Anwendung von Rechtsnormen, ausschließlich die Jurisprudenz zu treffen hat. Das Transplantationsgesetz in der geltenden Fassung[1203] sagt nach hier vertretener Ansicht nichts darüber aus, was als rechtlicher Todesbegriff des Menschen anzusehen ist. Somit ist eine gesetzliche Definition des Todes (bisher) in keinem Gesetz unserer Rechtsordnung zu finden.

Vor dem Hintergrund dieser allgemeinen Grundsätze konnten *im Besonderen* bei der Suche nach dem *strafrechtlichen* Todesbegriff folgende Erkenntnisse gewonnen werden:

1203 S. u. Anhang.

In strafrechtlichen Vorschriften erlangt der Todesbegriff auf mannigfaltige Weise Relevanz. Insbesondere im Bereich des materiellen Strafrechts kommt ihm eine fundamentale Bedeutung zu. Mit dem menschlichen Tod endet der umfassende Rechtsgüterschutz des Strafrechts für Leben, Gesundheit und körperliche Unversehrtheit des Menschen. Gerade vor dem Hintergrund dieser immensen Konsequenz, welche der Tod des Menschen im Strafrechtssinne nach sich zieht, sind an den strafrechtlichen Todesbegriff besondere Anforderungen zu stellen: Er hat zum einen dem Erfordernis der Rechtssicherheit ausreichend Rechnung zu tragen und darf zum anderen im Hinblick auf den absoluten Lebensschutz des Strafrechts keine unzulässigen Abstufungen nach Lebensfähigkeit oder Lebenswertigkeit des Menschen vornehmen. Zudem muss man mit dem strafrechtlichen Todesbegriff in der Lage sein, befriedigende Antworten auf verschiedenste aufgeworfene strafrechtliche Sachfragen zu finden.

Vier Todeskonzepte werden als strafrechtlicher Todesbegriff diskutiert: das Gesamthirntodeskonzept, das Großhirntodeskonzept, das Herztodeskonzept und das Todeskonzept nach Dencker. Insbesondere eine intensive Betrachtung verschiedener (medizin-) strafrechtlicher Fallkonstellationen, anhand derer diese einzelnen strafrechtlich vertretenen Todeskonzepte einander gegenübergestellt und intensiv miteinander verglichen werden konnten, zeigte: Das *einzige* Todeskonzept, welches in der Lage ist, die aufgeführten strafrechtlichen Anforderungen (i. e. S.) vollends zu erfüllen, ist das *Gesamthirntodeskonzept.* Es genügt dem Aspekt der Rechtssicherheit in ausreichendem Maße, indem es zum einen sowohl aus biologisch-medizinischer als auch aus anthropologischer Sicht schlüssig ist und zum anderen, indem es den lebenden Menschen vom toten Menschen in eindeutiger Weise abgrenzt. Außerdem nimmt es keine unzulässige Bewertung menschlichen Lebens vor und wird auf diese Weise dem absoluten strafrechtlichen Lebensschutz gänzlich gerecht. Weiter ist man auf der Grundlage des Gesamthirntodes als strafrechtlichem Todesbegriff in der Lage, widerspruchsfreie Lösungen für verschiedenste strafrechtliche Sachprobleme, wie beispielsweise die Entnahme lebensnotwendiger Organe von Hirntoten, von Anencephalen und Apallikern sowie die Trennung dizephaler siamesischer Zwillinge finden.

Durch den *weiteren Gang* der Untersuchung, der von dem Blick in andere Rechtsgebiete, wie dem Zivilrecht und dem Verfassungsrecht geprägt war, konnte dieses „rein" strafrechtlich gewonnene (Zwischen-) Ergebnis, Gesamthirntod als strafrechtlicher Todesbegriff, auf seine Stichhaltigkeit überprüft und so i. E. *gefestigt* und *bestätigt* werden:

Die Betrachtung der *zivilrechtlichen* Problematik um den rechtlichen Tod des Menschen war in zweierlei Hinsicht fruchtbar: Zum einen hat sie neue Ideen gebracht, die zu der Überlegung führten, ein neu gefundenes zivilrechtliches Todeskonzept auf das Strafrecht zu übertragen, was jedoch an der Erforderlichkeit eines einheitlichen Todesbegriffs für das Strafrecht scheiterte. Zum anderen hat sie gezeigt, wie das Strafrecht in begründeter Weise auf das Deliktsrecht Einfluss nehmen musste und so bei der Suche nach dem richtigen Todesbegriff im Zivilrecht klärend und korrigierend eingreifen konnte. Um etwaige nicht hinnehmbare Wertungswidersprüche zwischen Deliktsrecht und Strafrecht zu vermeiden, muss nämlich jedenfalls der Todesbegriff des Deliktsrechts mit dem des Gesamthirntodes des Strafrechts in Einklang stehen.

In *verfassungsrechtlicher* Hinsicht war es, vor dem Hintergrund der staatlichen Schutzpflicht für Grundrechte, insbesondere für das Lebensgrundrecht aus Art. 2 II 1 1. Alt. GG, unabdingbar, den gefundenen strafrechtlichen Todesbegriff des Gesamthirntodes auf seine Verfassungskonformität in Bezug auf Art. 2 II 1 1. Alt. GG zu überprüfen. Eine intensive Betrachtung der Argumente der Befürworter und Gegner des Gesamthirntodes als (verfassungsrechtlichen) Todesbegriff hat zu der Erkenntnis geführt: Mit dem Gesamthirntod endet (nach hier vertretener Auffassung) der Schutzbereich des Art. 2 II 1 1. Alt. GG, der Hirntote ist demnach nicht mehr von diesem erfasst. Insbesondere die Vorgehensweise der Hirntodkritiker, im Wege des Grundrechtsverzichts die Entnahme lebensnotwendiger Organe bei Hirntoten als (nach ihrer Auffassung) Lebende zuzulassen, war abzulehnen. Denn die Konstruktion des Grundrechtsverzichts im Rahmen des Art. 2 II 1 1. Alt. GG ist mit dem umfassenden Lebensschutz schlicht unvereinbar. Damit ist der Gesamthirntod als *der* strafrechtliche Todesbegriff *„verfassungsfest“*.

Am Ende des Blicks in andere Rechtsgebiete stand die Untersuchung, ob und inwiefern *europarechtliche* Aspekte (EU-Recht und EMRK) auf die Fragestellung, was als strafrechtlicher Todesbegriff anzusehen ist, Einfluss nehmen können und hierdurch möglicherweise etwas an der (bisher) gefundenen Lösung – Gesamthirntod als strafrechtlicher Todesbegriff – zu ändern vermögen.

In Bezug auf das EU-Recht stellte sich heraus, dass dieses trotz seiner generell durchaus vorhandenen Kompetenzen und Einflussmöglichkeiten im Bereich des materiellen Strafrechts bei der hier interessierenden Frage nach dem strafrechtlichen Todesbegriff keinerlei Beachtung finden muss. Denn es ist de lege lata nahezu ausgeschlossen, dass die §§ 211 ff. und der strafrechtliche Todesbegriff in irgendeiner Weise durch das EU-Recht bestimmt werden könnten, sei es durch Regelungskompetenzen, Harmonisierungskompetenzen oder im Wege der unionskonformen Auslegung. Damit ist der Gesamthirntod als strafrechtlicher Todesbegriff jedem Einfluss des Unionsrechts entzogen und daher *„unionsfest"*.

Im Gegensatz zum EU-Recht hat die Betrachtung des Einflusses der in der EMRK niedergelegten Gewährleistungen und der Entscheidungen des EGMR auf die Rechtsprechung der nationalen Gerichte gezeigt, dass das in Bezug auf den menschlichen Tod einschlägige Menschenrecht des Art. 2 I EMRK sehr wohl im Wege der unionskonformen Auslegung bei der Suche nach dem strafrechtlichen Todesbegriff im Rahmen der §§ 211 ff. beachtet und berücksichtigt werden muss. Dies ist hinsichtlich des (hier vertretenen) strafrechtlichen Todesbegriffs des Gesamthirntodes insofern unproblematisch, als dieser mit dem Todeskonzept des Art. 2 I EMRK übereinstimmt. Der Gesamthirntod als strafrechtlicher Todesbegriff ist mithin auch *„EMRK-fest"*.

Den Abschluss der Untersuchung bildete die Frage, ob es sinnvoll wäre, den Gesamthirntod als strafrechtlichen Todesbegriff gesetzlich im StGB zu normieren. Dies war zu verneinen. Mit einer gesetzlichen Festlegung der Todesdefinition würde man erheblich an Flexibilität einbüßen, und so Gefahr laufen, nicht spontan im dogmatischen Diskurs auf etwaige neue Entwicklungen reagieren zu können.

Nach alledem steht abschließend fest: Das Gesamthirntodeskonzept stellt *den* angemessenen *strafrechtlichen* Todesbegriff für das materielle Kern- und Nebenstrafrecht sowie das formelle Strafrecht dar. Mit dem irreversiblen Ausfall der Gesamtfunktion des Großhirns, Kleinhirns und des Hirnstamms (Gesamthirntod) ist daher der Tod des Menschen im *strafrechtlichen* Sinne eingetreten. Dies gilt unabhängig davon, ob der jeweilige Mensch unmittelbar vor Eintritt seines Todes intensivmedizinisch betreut wurde oder nicht.

Um mit einer Antwort auf die eingangs aufgeworfenen Zitate von WEIZSÄCKER: „Wahrscheinlich ist keine Menschheit je dem Tod gegenüber so ratlos gewesen wie die heutige."[1204] und von SCHOPENHAUER: „Wir (…) kennen kein höheres Würfelspiel als das um Tod und Leben: Jeder Entscheidung über diese sehen wir mit der äußersten Spannung, Teilnahme und Furcht entgegen: denn es gilt in unseren Augen alles in allem."[1205] zu schließen: Durch den Todesbegriff des Gesamthirntodes gelingt es jedenfalls dem Strafrecht, als Normensystem

1204 Weizsäcker v., Der Garten des Menschlichen, 146.

1205 Schopenhauer, Löhneysen (Hrsg.), Sämtliche Werke Band II. Die Welt als Wille und Vorstellung Band 2, 604.

der und für die Menschheit, der menschlichen Ratlosigkeit gegenüber dem Tod entgegenzutreten und so sind „die Würfel gefallen“: Der Gesamthirntod ist der Tod des Menschen im Strafrecht, die „höchste“ Entscheidung des menschlichen Daseins ist mit dem Gesamthirntod als Tod des Menschen im Strafrechtssinne getroffen.

Literaturverzeichnis[1]

Alexy, Robert — Theorie der Grundrechte, 1. Aufl., Frankfurt a. M. 1986.

Ambos, Kai — Internationales Strafrecht, 3. Aufl., München 2011.

Anderheiden, Michael — Transplantationsmedizin und Verfassung, in: Der Staat 2000, S. 509-521.

„Leben" im Grundgesetz, in: KritV 2001, S. 353-381.

Angstwurm, Heinz — Der vollständige und endgültige Hirnausfall (Hirntod) als sicheres Todeszeichen des Menschen, in: Hoff, Johannes/in der Schmitten, Jürgen (Hrsg.), Wann ist der Mensch tot? Organverpflanzung und Hirntodkriterium, Reinbek bei Hamburg 1995 (zit.: Wann ist der Mensch tot?), S. 41-50.

Der Hirntod als sicheres Todeszeichen des Menschen und als eine Voraussetzung der Organentnahme, in: Firnkorn, Hans-Jürgen (Hrsg.), Hirntod als Todeskriterium, Stuttgart 2000, S. 7-10.

Tod und sichere Todesfeststellung vor der Organentnahme, in: Oduncu, Fuat S./Schroth, Ulrich/Vossenkuhl, Wilhelm (Hrsg.), Transplantation. Organgewinnung und -allokation, Göttingen 2003, S. 28-35.

Bavastro, Paolo — Das Hirnversagen und das Transplantationsgesetz, in: ZRP 1999, S. 114-125.

1 In das Literaturverzeichnis nicht aufgenommen wurden die Verweise auf Ausschussdrucksachen des Bundestages, das Dokument des President's Council on Bioethics mit dem Titel „Controversies in the Determination of Death" (s. h. hierzu http://bioethics.georgetown.edu/pcbe/reports/death/index.html) sowie Zeitungsbeiträge.

Beckmann, Jan P. — Hirntodkriterium und menschliche Autonomie aus philosophisch-ethischer Sicht, in: Festschrift für Günter Bemmann zum 70. Geb., Baden-Baden 1997, S. 18-35.

Beckmann, Rainer — Die Behandlung hirntoter Schwangerer im Lichte des Strafrechts, in: MedR 1993, S. 121-125.

Ist der hirntote Mensch eine Leiche?, in: ZRP 1996, S. 219-225.

Wer stirbt beim Hirntod?, in: Lebensforum 2007, S. 17-18.

Der „Hirntod“ – die unsicherste Diagnose der Welt, in: ZfL 2011, S. 122-124.

Bergmann, Jan-Michael — Das Menschenbild der Europäischen Menschenrechtskonvention, 1. Aufl., Baden-Baden 1995.

Berlit, Peter (Hrsg.) — Klinische Neurologie, 3. Aufl., Berlin, Heidelberg 2011.

Bernat, Erwin — Das Recht an der Grenze zwischen Leben und Tod. Zum Stand der Diskussion in den Vereinigten Staaten von Amerika, in: Bernat, Erwin (Hrsg.), Ethik und Recht an der Grenze zwischen Leben und Tod, Graz 1993, S. 141-195.

Bertels, Andreas — Der Hirntod des Menschen – medizinische und ethische Aspekte, med. Diss., Universität Düsseldorf, 2002 (zit.: Der Hirntod).

Beukelmann, Stephan — Europäisierung des Strafrechts – Die neue strafrechtliche Ordnung nach dem Vertrag von Lissabon, in: NJW 2010, S. 2081-2086.

Birnbacher, Dieter	Der vollständige und endgültige Hirnausfall (Hirntod) als sicheres Todeszeichen des Menschen, in: Hoff, Johannes/in der Schmitten, Jürgen (Hrsg.), Wann ist der Mensch tot? Organverpflanzung und Hirntodkriterium, Reinbek bei Hamburg 1995 (zit.: Wann ist der Mensch tot?), S. 28-40.
	Definitionen, Kriterien, Desiderate, in: Universitas 1995, S. 343-355.
	Fünf Bedingungen für ein akzeptables Todeskriterium, in: Ach, Johann, S./Quante, Michael (Hrsg.), Hirntod und Organverpflanzung. Ethische, medizinische, psychologische und rechtliche Aspekte der Transplantationsmedizin, Stuttgart-Bad Cannstatt 1997 (zit.: Hirntod und Organverpflanzung), S. 49-74.
Birnbacher, Dieter/ Angstwurm, Heinz/ Eigler, Friedrich W./ Wuermeling, Hans-Bernhard	Der vollständige und endgültige Ausfall der Hirntätigkeit als Todeszeichen des Menschen – Anthropologischer Hintergrund, in: DÄBl. 1993, S. B-2170-B-2173.
Blei, Hermann	Das Problem/Rezension: Fragen der Organtransplantation, in: JA 1970, S. 269-272.
	Aufsätze in Zeitschriften, in: JA 1971, S. 163-164.
Bloy, Rene	Zur Systematik der Einstellungsgründe im Strafverfahren, in: GA 1980, S. 161-183.
	Urteilsanmerkung zum Beschluss des BGH v. 3.10.1986 – BGHSt 34, 184, in: JR 1987, S. 346-349.
Bock, Nadine	Rechtliche Voraussetzungen der Organentnahme von Lebenden und Verstorbenen, Frankfurt a. M., Berlin, Bern u. a. 1999 (zit.: Rechtliche Voraussetzungen der Organentnahme).

Bockelmann, Paul	Strafrecht des Arztes, Stuttgart 1968.
	Rechtsfragen beim Hirntod, in: Krösl, Wolfgang/Scherzer, Erich (Hrsg.), Die Bestimmung des Todeszeitpunktes. Kongreß in der Wiener Hofburg vom 4. bis 6. Mai 1972, Wien 1973, S. 277-283.
	Strafrechtliche Aspekte der Organtransplantation, in: Langenbecks Archiv für klinische Chirurgie 1968, S. 44-61.
Bockenheimer-Lucius, Gisela/ Seidler, Eduard	Hirntod und Schwangerschaft. Dokumentation einer Diskussionsveranstaltung der Akademie für Ethik in der Medizin zum „Erlanger Fall", Stuttgart 1993 (zit.: Hirntod und Schwangerschaft).
Bonelli, Johannes	Leben – Sterben – Tod. Überlegungen zum Hirntod aus der Sicht des Arztes, in: Schwarz, Markus/Bonelli, Johannes (Hrsg.), Der Status des Hirntoten: eine interdisziplinäre Analyse der Grenzen des Lebens, Wien, New York 1995 (zit.: Der Status des Hirntoten), S. 83-112.
Borowy, Oliver	Die postmortale Organentnahme und ihre zivilrechtlichen Folgen, Frankfurt a. M., Berlin, Bern u. a. 2000.
Bubnoff v., Eckart	Rechtsfragen der homologen Organtransplantation aus der Sicht des Strafrechts, in: GA 1968, S. 65-81.
Burchardi, Hilmar/ Larsen, Reinhard/ Marx, Gernot (Hrsg.) u. a.	Klinikmanual Intensivmedizin, Berlin, Heidelberg 2011.
Burkhard, Walter	Rechtliche Fragen im Zusammenhang mit der Anerkennung des „Hirntodes", in: Schweizerische Zeitschrift für Strafrecht 1968, S. 362-377.

Byrne, Paul A.	Tod: die Abwesenheit von Leben, in: Lebensforum 2007, S. 10-15.
Calliess, Christian/ Ruffert, Matthias (Hrsg.)	EUV/AEUV: das Verfassungsrecht der Europäischen Union mit Europäischer Grundrechtecharta, Kommentar, 4. Aufl., München 2011 (zit.: EUV/AEUV).
Chatzikostas, Konstantinos	Die Disponibilität des Rechtsgutes Leben in ihrer Bedeutung für die Probleme von Suizid und Euthanasie, Frankfurt a. M., Berlin, Bern u. a. 2001.
Coester-Waltjen, Dagmar	Der nasciturus in der hirntoten Mutter, in: Festschrift für Joachim Gernhuber zum 70. Geb., Tübingen 1993 (zit.: Festschrift für J. Gernhuber), S. 836-856.
Dannecker, Gerhard	Die Entwicklung des Strafrechts unter dem Einfluss des Gemeinschaftrechts, in: Jura 1998, S. 79-87.
Dencker, Friedrich	Zum Erfolg der Tötungsdelikte, in: NStZ 1992, S. 311-315.
Detering, Jutta	Forum: § 216 und die aktuelle Diskussion um die Sterbehilfe, in: JuS 1983, S. 418-423.
Deutsch, Erwin	Haftungsrecht und Strafrecht, in: Festschrift für Eduard Wahl zum 70. Geb., Heidelberg 1973 (zit.: Festschrift für E. Wahl), S. 339-352.
	Brauchen wir das Transplantationsgesetz?, in: Der Chirurg 1980, S. 349-354.
	Das Transplantationsgesetz vom 5.11.1997, in: NJW 1998, S. 777-856.
Deutsch, Erwin/ Spickhoff, Andreas	Medizinrecht. Arztrecht, Arzneimittelrecht, Medizinproduktrecht und Transfusionsrecht, 6. Aufl., Berlin, Heidelberg 2008 (zit.: Medizinrecht).

Diehm, Dirk — Die Menschenrechte der EMRK und ihr Einfluss auf das deutsche Strafgesetzbuch, Berlin 2006.

Dölling, Dieter — Gerechtfertigter Behandlungsabbruch und Abgrenzung von Tun und Unterlassen. Zu BGH Urt. v. 25.6.2010 – 2 StR 454/09, in: ZIS 2011, S. 345-348.

Zulässigkeit und Grenzen der Sterbehilfe, in: MedR 1987, S. 6-12.

Zur Strafbarkeit der Tötung auf Verlangen, in: Festschrift für Adolf Laufs zum 70. Geb., Berlin, Heidelberg, New York 2006 (zit.: Festschrift für A. Laufs), S. 767-780.

Dreier, Horst (Hrsg.) — Grundgesetz Kommentar, Band 1: Präambel, Artikel 1-19, 2. Aufl., Tübingen 2004.

Drescher, Tanja — Beginn des Menschseins im Sinne der §§ 211 ff. StGB nach Fortfall des § 217 StGB a. F., Frankfurt a. M., Berlin, Bern u. a. 2004 (zit.: Beginn des Menschseins).

Duttge, Gunnar — Organmangel – Holzwege, Umwege, Lösungswege, in: ZfL 2011, S. 55-60.

Ebermayer, Ludwig (Begr.)/ Baldus, Paulheinz/ Jescheck, Hans-Heinrich (Hrsg.) — Strafgesetzbuch Leipziger Kommentar, Band 5: §§ 185-262, 10. Aufl., Berlin, New York 1989 (zit.: LK).

Ehlers, Dirk (Hrsg.) — Europäische Grundrechte und Grundfreiheiten, 3. Aufl., Berlin 2009 (zit.: EuGR).

Eisele, Jörg — Internationale Bezüge des Strafrechts, in: JA 2000, S. 424-429.

Engisch, Karl — Über Rechtsfragen bei homologer Organtransplantation. Ergänzende Bemerkungen aus der Sicht des Juristen (des Kriminalisten), in: Der Chirurg 1967, S. 252-255.

Rechtliche Probleme im Grenzbereich zwischen Leben und Tod, in: Der Grenzbereich zwischen Leben und Tod, Göttingen 1976, S. 87-110.

Engländer, Arnim — Von der passiven Sterbehilfe zum Behandlungsabbruch, in: JZ 2011, S. 513-520.

Englert, Nikolaus — Todesbegriff und Leichnam als Elemente des Totenrechts, München 1979 (zit.: Todesbegriff und Leichnam).

Epping, Volker — Grundrechte, 4. Aufl., Berlin, Heidelberg 2010.

Epping, Volker/ Hillgruber, Christian (Hrsg.) — Grundgesetz Kommentar, München 2009 (zit.: GG Kommentar).

Eser, Albin — Medizin und Strafrecht, in: ZStW 1985, S. 1-46.

Möglichkeiten und Grenzen der Sterbehilfe aus der Sicht eines Juristen, in: Jens, Walter/ Küng, Hans (Hrsg.), Menschenwürdig sterben. Ein Plädoyer für Selbstverantwortung, 2. Aufl., München, Zürich 2009 (zit.: Menschenwürdig sterben), S. 137-164.

Eser, Albin/ Koch, Hans-Georg (Hrsg.) — Schwangerschaftsabbruch im internationalen Vergleich. Rechtliche Regelungen – Soziale Rahmenbedingungen – Empirische Grunddaten Teil 1: Europa, 1. Aufl., Baden-Baden 1988 (zit.: Schwangerschaftsabbruch im internationalen Vergleich Teil 1: Europa).

Fischer, Thomas — Strafgesetzbuch und Nebengesetze Kommentar, 59. Aufl., München 2012.

Förderreuther, Stefanie/ Angstwurm, Heinz — Erkennen und Feststellen des Hirntodes, in: Intensivmedizin und Notfallmedizin 2003, S. 33-37.

Forkel, Hans — Die seelische Unversehrtheit als Schutzanliegen des Zivil- und des Strafrechts, in: Festschrift für Friedrich-Wilhelm Krause zum 70. Geb., Köln, Berlin 1990 (zit.: Festschrift für F.-W. Krause), S. 297-316.

Das Persönlichkeitsrecht am Körper, gesehen besonders im Lichte des Transplantationsgesetzes, in: Jura 2001, S. 73-79.

Frenz, Walter — Handbuch Europarecht, Band 5: Wirkungen und Rechtsschutz, Berlin, Heidelberg 2010 (zit.: Europarecht Band 5).

Fritsche, Paul — Grenzbereich zwischen Leben und Tod. Klinische, juristische und ethische Probleme, 2. Aufl., Stuttgart 1979 (zit.: Grenzbereich zwischen Leben und Tod).

Frowein, Jochen/ Peukert, Wolfgang — Europäische Menschenrechtskonvention. EMRK-Kommentar, 3. Aufl., Kehl am Rhein 2009 (zit.: EMRK-Kommentar).

Funck, Jan-Robert — Der Todeszeitpunkt als Rechtsbegriff, in: MedR 1992, S. 182-189.

Gaede, Karsten — Durchbruch ohne Dammbruch – Rechtssichere Neuvermessung der Grenzen strafloser Sterbehilfe, in: NJW 2010, S. 2925-2928.

Gallwas, Hans-Ulrich — Der andere Standpunkt: Anmerkung zu den verfassungsrechtlichen Vorgaben für ein Transplantationsgesetz, in: JZ 1996, S. 851-852.

Geilen, Gerd — Neue juristisch-medizinische Grenzprobleme, in: JZ 1968, S. 145-152.

Das Leben des Menschen in den Grenzen des Rechts, in: FamRZ 1968, S. 121-130.

Probleme der Organtransplantation, in: JZ 1971, S. 41-48.

	Medizinischer Fortschritt und juristischer Todesbegriff, in: Festschrift für Ernst Heinitz zum 70. Geb., Berlin 1972 (zit.: Festschrift für E. Heinitz), S. 373-396.
	Legislative Erwägungen zum Todeszeitproblem, in: Eser, Albin (Hrsg.), Suizid und Euthanasie als human- und sozialwissenschaftliches Problem, Stuttgart 1976, S. 301-311.
Gerlach, Joachim	Gehirntod und totaler Tod, in: MMW 1969, S. 732-736.
	Leben, Tod, Hirntod, in: ArztR 1982, S. 262-264.
Giesen, Dieter/Poll, Jens	Recht der Frucht/Recht der Mutter in der embryonalen und fetalen Phase aus juristischer Sicht, in: JR 1993, S. 177-181.
Gillon, Ranaan	Die Tötung des Zwillings als Nothilfe-Handlung?, in: Tolmein, Oliver/Schweidler, Walter (Hrsg.), Was den Menschen zum Menschen macht. Eine Gesprächsreihe zur Bioethik-Diskussion, Münster, Hamburg 2003 (zit.: Was den Menschen zum Menschen macht), S. 99-110.
Goltdammer, Theodor	Die Materialien zum Straf-Gesetzbuche für die Preußischen Staaten, Teil 2: Den besonderen Theil enthaltend, Berlin 1852.
Gössel, Karl H./Dölling, Dieter	Strafrecht Besonderer Teil 1, 2. Aufl., Heidelberg 2004 (zit.: Strafrecht BT 1).
Grewel, Hans	Zwischen Lebensrettung und Euthanasie, in: ZRP 1995, S. 217-220.
Grote, Rainer/Marauhn, Thilo	EMRK/GG Konkordanzkommentar, Tübingen 2006 (zit.: EMRK/GG).
Gütgemann, Alfred/ Käufer, Christoph	Der Scheintod, in: DMW 1970, S. 702-706.

Hanack, Ernst-Walter — Zur strafrechtlichen Problematik von Beginn und Ende menschlichen Lebens, in: Der Nervenarzt 1969, S. 505-509.

Todeszeitbestimmung, Reanimation und Organtransplantation, in: DÄBl. 1969, S. 1320-1331.

Rechtsprobleme bei Organtransplantationen, in: Studium Generale 1970, S. 428-443.

Hansen, Gerhard — Gerichtliche Medizin, 2. Aufl., Leipzig 1965.

Hecker, Bernd — Strafrecht AT und BT: Sterbehilfe durch Behandlungsabbruch, in: JuS 2010, S. 1027-1030.

Hefendehl, Roland — Der fragmentarische Charakter des Strafrechts, in: JA 2011, S. 401-406.

Heghmanns, Michael — Strafrecht für alle Semester. Besonderer Teil. Grund- und Examenswissen kritisch vertieft, Band 2, Berlin, Heidelberg 2009 (zit.: Strafrecht für alle Semester BT).

Heidegger, Martin — Sein und Zeit, 17. Aufl., Tübingen 1993.

Heinitz, Ernst — Rechtliche Fragen der Organtransplantation, in: Schriftenreihe der Juristischen Gesellschaft e. V., Berlin, Heft 35, Berlin 1970.

Helgerth, Roland — Anmerkung zu BGH Urteil v. 13.9.1994-1 StR 357/94, in: JR 1995, S. 338-340.

Henninger, Michael-Peter — Todesdefinition und Organtransplantation im Recht, Würzburg 1972.

Hermes, Georg/ Walther, Susanne — Schwangerschaftsabbruch zwischen Recht und Unrecht. Das zweite Urteil des Bundesverfassungsgerichts und seine Folgen, in: NJW 1993, S. 2337-2347.

Herzberg, Rolf/ Herzberg, Annika I. — Der Beginn des Menschseins im Strafrecht: Die Vollendung der Geburt, in: JZ 2001, S. 1106-1113.

Heuermann, Paul — Verfassungsrechtliche Probleme der Schwangerschaft einer hirntoten Frau, in: JZ 1994, S. 133-139.

Heun, Werner — Der Hirntod als Kriterium des Todes des Menschen – Verfassungsrechtliche Grundlagen und Konsequenzen, in: JZ 1996, S. 213-219.

Schlußwort, in: JZ 1996, S. 618-619.

Zur verfassungsrechtlichen Beurteilung der Anträge und Entwürfe zu einem Transplantationsgesetz, in: Firnkorn, Hans-Jürgen (Hrsg.), Hirntod als Todeskriterium, Stuttgart 2000, S. 57-61.

Hilgendorf, Eric — Forum: Zwischen Humanexperiment und Rettung ungeborenen Lebens – Der Erlanger Schwangerschaftsfall, in: JuS 1993, S. 97-103.

Hinderling, Hans — Die Transplantation von Organen als Rechtsproblem, in: Schweizerische Juristen-Zeitung 1968, S. 65-68.

Hirsch, Hans-Joachim — Anmerkung zu BGH, Urt. v. 25.6.2010 – 2 StR 454/09, in: JR 2011, S. 37-40.

Hoff, Johannes/ in der Schmitten, Jürgen — Hirntote Patienten sind sterbende Menschen, in: Universitas 1995, S. 328-340.

Kritik der Hirntod-Konzeption. Plädoyer für ein menschenwürdiges Todeskriterium, in: Hoff, Johannes/in der Schmitten, Jürgen (Hrsg.), Wann ist der Mensch tot? Organverpflanzung und Hirntodkriterium, Reinbek bei Hamburg 1995 (zit.: Wann ist der Mensch tot?), S. 153-252.

Hoffmann, Jan M. — Die Europäische Menschenrechtskonvention und nationales Recht. Ein Vergleich der Wirkungsweise in den Rechtsordnungen des Vereinigten Königreiches und der Bundesrepublik Deutschland, Köln 2010 (zit.: Die Europäische Menschenrechtskonvention und nationales Recht).

Höfling, Wolfram — Organtransplantation und Verfassungsrecht, in: Hoff, Johannes/in der Schmitten, Jürgen (Hrsg.), Wann ist der Mensch tot? Organverpflanzung und Hirntodkriterium, Reinbek bei Hamburg 1995 (zit.: Wann ist der Mensch tot?), S. 449-457.

Plädoyer für eine enge Zustimmungslösung, in: Universitas 1995, S. 357-364.

Um Leben und Tod: Transplantationsgesetz und Grundrecht auf Leben, in: JZ 1995, S. 26-33.

Erwiderung: Über die Definitionsmacht medizinischer Praxis und die Aufgabe der Verfassungsrechtslehre (Zu Heun, Der Hirntod als Kriterium des Todes des Menschen, JZ 1996, 213 ff.), in: JZ 1996, S. 615-618.

Hirntodkonzeption und Transplantationsgesetzgebung, in: MedR 1996, S. 6-8.

Kommentar zum Transplantationsgesetz (TPG), Berlin 2003 (zit.: TPG Kommentar).

Höfling, Wolfram/Rixen, Stephan — Verfassungsfragen der Transplantationsmedizin. Hirntodkriterium und Transplantationsgesetz in der Diskussion, Tübingen 1996 (zit.: Verfassungsfragen der Transplantationsmedizin).

Horn, Eckhard — Todesbegriff, Todesbeweis und Angiographie, in juristischer Sicht, in: Der Internist 1974, S. 557-561.

Horndasch, Klaus — Der Todeszeitpunkt und seine Feststellung, in: Kaufmann, Arthur (Hrsg.), Moderne Medizin und Strafrecht, Heidelberg 1989, S. 87-92.

Ingelfinger, Ralph — Grundlagen und Grenzbereiche des Tötungsverbots. Das Menschenleben als Schutzobjekt des Strafrechts, Köln, Berlin, München 2004 (zit.: Grundlagen und Grenzbereiche).

Isemer, Friedrich-Eckart/ Lilie, Hans — Rechtsprobleme bei Anencephalen, in: MedR 1988, S. 66-71.

Isensee, Josef — Recht als Grenze – Grenze des Rechts, Bonn 2009 (zit.: Recht als Grenze).

Der grundrechtliche Konnex von Menschenleben und Menschenwürde, in: ZfL 2009, S. 114-124.

Isensee, Josef/ Kirchhof, Paul (Hrsg.) — Handbuch des Staatsrechts der Bundesrepublik Deutschland, Band VI: Freiheitsrechte, 1. Aufl., Heidelberg 1989 (zit.: Handbuch des Staatsrechts Band VI).

Handbuch des Staatsrechts der Bundesrepublik Deutschland, Band VII: Freiheitsrechte, 3. Aufl., Heidelberg 2009 (zit.: Handbuch des Staatsrechts Band VII).

Jähnke, Burkhard (Hrsg.) — Strafgesetzbuch Leipziger Kommentar, Band 5: §§ 146-222, 11. Aufl., Berlin, New York 2005 (zit.: LK).

Strafgesetzbuch Leipziger Kommentar, Band 6: §§ 223-263 a, 11. Aufl., Berlin, New York 2005 (zit.: LK).

Jauernig, Othmar (Hrsg.) Bürgerliches Gesetzbuch Kommentar, 14. Aufl., München 2011 (zit.: BGB Kommentar).

Joecks, Wolfgang/ Miebach, Klaus (Hrsg.) Münchener Kommentar zum Strafgesetzbuch, Band 1: §§ 1-51, München 2003 (zit.: MüKo StGB).

Münchener Kommentar zum Strafgesetzbuch, Band 3: §§ 185-262, München 2003 (zit.: MüKo StGB).

Münchener Kommentar zum Strafgesetzbuch, Band 5: Nebenstrafrecht I, München 2007 (zit.: MüKo StGB Nebenstrafrecht I).

Münchener Kommentar zum Strafgesetzbuch, Band 6/2: Nebenstrafrecht III, Völkerstrafgesetzbuch, München 2009 (zit.: MüKo StGB Nebenstrafrecht III).

Joerden, Jan C. Tod schon bei alsbaldigem Eintritt des Hirntodes?, in: NStZ 1993, S. 268-271.

Menschenleben. Ethische Grund- und Grenzfragen des Medizinrechts, Stuttgart 2003 (zit.: Menschenleben).

Die neue Rechtsprechung des Bundesgerichtshofs zur Sterbehilfe und der Knobe-Effekt, in: Festschrift für Claus Roxin zum 80. Geb., Band 1, Berlin, New York 2011 (zit.: Festschrift für C. Roxin Band 1), S. 593-607.

Rechtliche und ethische Aspekte des Todesbegriffs, in: Groß, Dominik/Esser, Andrea/ Knoblauch, Hubert/Tag, Brigitte (Hrsg.), Tod und toter Körper. Der Umgang mit dem Tod und der menschlichen Leiche am Beispiel der klinischen Obduktion, Kassel 2007 (zit.: Tod und toter Körper), S. 127-134.

Jonas, Hans | Technik, Medizin und Ethik. Zur Praxis des Prinzips Verantwortung, 1. Aufl., Frankfurt a. M. 1985.

Brief an Hans-Bernhard Wuermeling, in: Hoff, Johannes/in der Schmitten, Jürgen (Hrsg.), Wann ist der Mensch tot? Organverpflanzung und Hirntodkriterium, Reinbek bei Hamburg 1995 (zit.: Wann ist der Mensch tot?), S. 21-27.

Joo, Ho-No | Organtransplantation und Strafrecht. Eine vergleichende Untersuchung zwischen deutschem und koreanischem Transplantationsgesetz, Frankfurt a. M., Berlin, Bern u. a. 2005 (zit.: Organtransplantation und Strafrecht).

Kaindl, Fritz/ Zilcher, Heinrich | Zur Bestimmung des Todeszeitpunktes aus kardiologischer Sicht, in: Krösl, Wolfgang/ Scherzer, Erich (Hrsg.), Die Bestimmung des Todeszeitpunktes. Kongreß in der Wiener Hofburg vom 4. bis 6. Mai 1972, Wien 1973 (zit.: Die Bestimmung des Todeszeitpunktes), S. 59-66.

Kaiser, Günther | Juristische und rechtspolitische Probleme der Transplantation und Reanimation, in: Med. Klin. 1967, S. 643-648.

Der Tod und seine Rechtsfolgen, in: Mergen, Armand (Hrsg.), Die juristische Problematik in der Medizin, Band I: Der Arzt und seine Beziehung zum Recht, München 1971 (zit.: Die juristische Problematik in der Medizin Band I), S. 31-61.

Kallmann, Rainer | Rechtsprobleme bei der Organtransplantation. Straf- und zivilrechtliche Erwägungen, in: FamRZ 1969, S. 572-579.

Karl, Christian — Todesbegriff und Organtransplantation gezeigt am Beispiel der Bundesrepublik Deutschland, der ehemaligen DDR und Österreich, Wien 1995.

Kaschubs-Saeedi, Tanja — Menschliches Leben als Schutzgut des Strafrechts. Studien zu den Grenzen des Strafrechts im Zeitalter von Reanimations-, Transplantationsmedizin und Humanexperiment, Frankfurt a. M., Berlin, Bern u. a. 2002 (zit.: Menschliches Leben als Schutzgut des Strafrechts).

Kaufmann, Arthur — Zur ethischen und strafrechtlichen Beurteilung der sogenannten Früheuthanasie, in: JZ 1982, S. 481-487.

Relativierung des rechtlichen Lebensschutzes?, in: Festschrift für Claus Roxin zum 70. Geb., Berlin, New York 2001 (zit.: Festschrift für C. Roxin), S. 841-853.

Kautzky, Rudolf — Der ärztliche Kampf um das Leben des Patienten „bis zum letzten Atemzug“, in: Hochland 1960/61, S. 303-317.

Kawaguchi, Hirokazu — Strafrechtliche Probleme der Organtransplantation in Japan, Freiburg 2000.

Kern, Bernd-Rüdiger — Anmerkung: Zum Todeszeitpunkt des BGB, in: MedR 1993, S. 112-113.

Kiesecker, Regine — Die Schwangerschaft einer Toten. Strafrecht an der Grenze von Leben und Tod – Der Erlanger und der Stuttgarter Baby-Fall, Frankfurt a. M., Berlin, Bern u. a. 1996 (zit.: Die Schwangerschaft einer Toten).

Kindhäuser, Urs/ Neumann, Ulfried/ Paeffgen, Hans U. (Hrsg.) — Nomos-Kommentar zum Strafgesetzbuch, Band 2: §§ 146-358, 3. Aufl., Baden-Baden 2010 (zit.: NK).

Klein, Hans — Die grundrechtliche Schutzpflicht, in: NJW 1994, S. 489-497.

Klinge, Ines — Todesbegriff, Totenschutz und Verfassung. Der Tod in der Rechtsordnung unter besonderer Berücksichtigung der verfassungsrechtlichen Dimensionen, Baden-Baden 1996 (zit.: Todesbegriff).

Kloth, Karsten — Anenzephale als Organspender – Eine rechtsvergleichende Betrachtung, in: MedR 1994, S. 180-188.

Rechtsprobleme der Todesbestimmung und der Organentnahme von Verstorbenen, Berlin 1994 (zit.: Rechtsprobleme der Todesbestimmung).

Kluth, Winfried/Sander, Birgit — Verfassungsrechtliche Aspekte einer Organspendepflicht, in: DVBl 1996, S. 1285-1293.

Kohlhaas, Max — Nochmals: Zur Feststellung des Todeszeitpunkts, in: DMW 1968, S. 1575.

Rechtsfragen zur Transplantation von Körperorganen, in: NJW 1967, S. 1498-1493.

König, Bettina — Todesbegriff, Todesdiagnostik und Strafrecht. Zur Strafbarkeit todesdiagnostischer Maßnahmen, dargestellt am Beispiel der Zerebralangiographie, Frankfurt a. M. 1989 (zit.: Todesbegriff, Todesdiagnostik).

Kopetzki, Christian — Organgewinnung zu Zwecken der Transplantation, Wien, New York 1988.

Koppernock, Martin — Das Grundrecht auf bioethische Selbstbestimmung. Zur Rekonstruktion des allgemeinen Persönlichkeitsrechts, Baden-Baden 1997 (zit.: Das Grundrecht auf bioethische Selbstbestimmung).

Krey, Volker	Deutsches Strafrecht Allgemeiner Teil, Band 1: Grundlagen, Tatbestandsmäßigkeit, Rechtswidrigkeit, Schuld, 3. Aufl., Stuttgart 2008 (zit.: Strafrecht AT Band 1).
Krey, Volker/Esser, Robert	Deutsches Strafrecht Allgemeiner Teil, 5. Aufl., Stuttgart 2012.
Krey, Volker/Heinrich, Manfred	Strafrecht Besonderer Teil, Band 1: Besonderer Teil ohne Vermögensdelikte, 14. Aufl., Stuttgart 2008 (zit.: Strafrecht Besonderer Teil Band 1).
Kubiciel, Michael	Entscheidungsbesprechung: Zur Strafbarkeit des Abbruchs künstlicher Ernährung, in: ZJS 2010, S. 656-661.
Kudlich, Hans	Grundrechtsorientierte Auslegung im Strafrecht, in: JZ 2003, S. 127-133.
Kühl, Kristian	Der Einfluß der Europäischen Menschenrechtskonvention auf das Strafrecht und Strafverfahrensrecht der Bundesrepublik Deutschland Teil I, in: ZStW 1988, S. 406-443.
	Der Einfluß der Europäischen Menschenrechtskonvention auf das Strafrecht und Strafverfahrensrecht der Bundesrepublik Deutschland Teil II, in: ZStW 1988, S. 601-644.
	„Wer einen Menschen tötet“ – Der objektive Tatbestand des Totschlags gemäß § 212 StGB, in: JA 2009, S. 321-327.
Kuhlen, Lothar	Die verfassungskonforme Auslegung von Strafgesetzen, Heidelberg 2006.
Kühn, Hermann C.	Das neue deutsche Transplantationsgesetz, in: MedR 1998, S. 455-461.

Küng, Hans	Menschenwürdig sterben, in: Jens, Walter/ Küng, Hans (Hrsg.), Menschenwürdig sterben. Ein Plädoyer für Selbstverantwortung, 2. Aufl., München, Zürich 2009, S. 21-84.
Küper, Wilfried	Mensch oder Embryo? Der Anfang des ‚Menschseins' nach neuem Strafrecht, in: GA 2001, S. 515-537.
Kurthen, Martin/ Linke, Detlef B.	Vom Hirntod zum Teilhirntod, in: Hoff, Johannes/in der Schmitten, Jürgen (Hrsg.), Wann ist der Mensch tot? Organverpflanzung und Hirntodkriterium, Reinbek bei Hamburg 1995 (zit.: Wann ist der Mensch tot?), S. 82-94.
Kurthen, Martin/ Linke, Detlef B./ Moskopp, Dag	Teilhirntod und Ethik, in: Ethik in der Medizin 1989, S. 134-142.
Laber, Jörg	Die rechtlichen Probleme der Früheuthanasie, in: MedR 1990, S. 182-188.
	Der Schutz des Lebens im Strafrecht, Frankfurt a. M., Berlin, Bern u. a. 1997.
Lachenmeier, Pascal	Der Tod im liberalen Staat. Die Definitionsmacht des Rechts über den Todeszeitpunkt, Basel 2008 (zit.: Der Tod im liberalen Staat).
Lackner, Karl/Kühl, Kristian	Strafgesetzbuch Kommentar, 27. Aufl., München 2011 (zit.: StGB Kommentar).
Lagodny, Otto	Strafrecht vor den Schranken der Grundrechte, Tübingen 1996.
Lang, Christoph	Kultur des Lebens oder Kultur des Sterbens?, in: ZRP 1995, S. 457-461.
Larenz, Karl/ Canaris, Claus-Wilhelm	Methodenlehre der Rechtswissenschaft, 3. Aufl., Berlin, Heidelberg, New York 1995.

Laufhütte, Heinrich W./ Rissing-van Saan, Ruth/ Tiedemann, Klaus (Hrsg.) — Strafgesetzbuch Leipziger Kommentar, Band 1: Einleitung, §§ 1-31, 12. Aufl., Berlin, New York 2007 (zit.: LK).

Strafgesetzbuch Leipziger Kommentar, Band 2: §§ 32-55, 12. Aufl., Berlin, New York 2006 (zit.: LK).

Laufs, Adolf — Juristische Probleme des Hirntodes, in: Der Nervenarzt 1985, S. 399-403.

Der Arzt – Herr über Leben und Tod?, in: Festschrift für Paul Mikat zum 65. Geb., Berlin 1989 (zit.: Festschrift für P. Mikat), S. 145-163.

Arzt und Recht – Fortschritte und Aufgaben, in: NJW 1998, S. 1750-1761.

Leipold, Dieter — Erbrechtliche Aspekte der künstlichen Befruchtung und der künstlichen Verlängerung des Lebens, in: Festschrift für Winfried Kralik zum 65. Geb., Wien 1986 (zit.: Festschrift für W. Kralik), S. 467-483.

Erbrecht 1996 und 1997 – Teil 1, in: JZ 1998, S. 660-668.

Lenckner, Theodor — Strafgesetzgebung in Vergangenheit und Gegenwart, in: Gernhuber, Joachim (Hrsg.), Tradition und Fortschritt im Recht. Festschrift gewidmet der Tübinger Juristenfakultät zu ihrem 500jährigen Bestehen1977 von ihren gegenwärtigen Mitgliedern, Tübingen 1977 (zit.: Tradition und Fortschritt im Recht), S. 239-261.

Lengeler, Joseph — Tod als biologisches Phänomen, in: Ochsmann, Randolph (Hrsg.), Lebens-Ende. Über Tod und Sterben in Kultur und Gesellschaft, Heidelberg 1991, S. 85-100.

Lenz, Carl O./Borchardt, Klaus-Dieter (Hrsg.) — EU-Verträge. Kommentar nach dem Vertrag von Lissabon, 5. Aufl., Köln, Wien 2010.

Liebhardt, Erich W./Wuermeling, Hans-Bernhard — Juristische und medizinisch-naturwissenschaftliche Begriffsbildung und die Feststellung des Todeszeitpunktes, in: MMW 1968, S. 1661-1665.

Lilie, Hans — Organtransplantationsgesetz – Was nun?, in: Orsi, Giuseppe/Seelmann, Kurt/Smid, Stefan/Steinvorth, Ulrich (Hrsg.), Medizin – Recht – Ethik, Frankfurt a. M., Berlin, Bern u. a. 1998, S. 89-101.

Linke, Tobias — Grundrechtliche Spannungslagen am Lebensende, Baden-Baden 2001.

Löhneysen, Freiherr v., Wolfgang (Hrsg.) — Arthur Schopenhauer: Sämtliche Werke Band II: Die Welt als Wille und Vorstellung Band 2, Stuttgart 1960.

Lüttger, Hans — Der Beginn der Geburt und das Strafrecht (Probleme an der Grenze zwischen Leibesfrucht und Menschqualität), in: JR 1971, S. 133-142.

Der Tod und das Strafrecht, in: JR 1971, S. 309-315.

Machacek, Rudolf — Das Recht auf Leben in Österreich, in: EuGRZ 1983, S. 453-473.

Madea, Burkhard/Dettmeyer, Reinhard — Basiswissen Rechtsmedizin, Heidelberg 2007.

Madea, Burkhard/Henssge, Claus/Dettmeyer, Reinhard — Hirntod als allgemeiner Todesbegriff, in: MedR 1999, S. 162-163.

Mahrenholz, Ernst G./Hilf, Meinhard/Klein, Eckart — Entwicklung der Menschenrechte innerhalb der Staaten des Europarates, Heidelberg 1987 (zit.: Entwicklung der Menschenrechte).

Makoto, Ida — Strafrechtliche Probleme der Todesbestimmung in Japan, in: Kawaguchi, Hirokazu/ Seelmann, Kurt (Hrsg.), Rechtliche und ethische Fragen der Transplantationstechnologie in einem interkulturellen Vergleich, Stuttgart 2003, S. 107-115.

Mandla, Christoph — Sterbehilfe durch Behandlungsabbruch, in: NStZ 2010, S. 698-699.

Mangoldt v., Hermann/ Klein, Friedrich/ Starck, Christian — Kommentar zum Grundgesetz, Band 1: Präambel, Artikel 1 bis 19, 6. Aufl., München 2010 (zit.: GG Kommentar).

Marktl, Wolfgang — Die Bedeutung des Zentralnervensystems für die optimale Entfaltung der Lebensvorgänge, in: Schwarz, Markus/Bonelli, Johannes (Hrsg.), Der Status des Hirntoten: eine interdisziplinäre Analyse der Grenzen des Lebens, Wien, New York 1995 (zit.: Der Status des Hirntoten), S. 35-52.

Masshoff, Willy — Zum Problem des Todes, in: MMW 1968, S. 2473-2483.

Maunz, Theodor/Dürig, Günter (Begr.) — Grundgesetz Kommentar, Band 1: Art. 1-Art. 5, München 2012.

Maurach, Reinhart — Deutsches Strafrecht Besonderer Teil, 1. Aufl., Hannover, Darmstadt 1952.

Deutsches Strafrecht Besonderer Teil, 5. Aufl., Karlsruhe 1969.

Maurach, Reinhart/ Schroeder, Friedrich-Christian/ Maiwald, Manfred — Strafrecht Besonderer Teil, Teilband 1: Straftaten gegen Persönlichkeits- und Vermögenswerte, Heidelberg, München, Landsberg u. a. 2009 (zit.: Besonderer Teil Teilband 1).

Maurer, Hartmut — Die medizinische Organtransplantation in verfassungsrechtlicher Sicht, in: DÖV 1980, S. 7-15.

Merkel, Reinhard — An den Grenzen von Medizin, Ethik und Strafrecht: Die chirurgische Trennung sogenannter siamesischer Zwillinge, in: Roxin, Claus/Schroth, Ulrich (Hrsg.), Handbuch des Medizinstrafrechts, 4. Aufl., Stuttgart, München, Hannover u. a. 2010, S. 603-639.

Früheuthanasie. Rechtsethische und strafrechtliche Grundlagen ärztlicher Entscheidungen über Leben und Tod in der Neonatalmedizin, 1. Aufl., Baden-Baden 2001 (zit.: Frühеuthanasie).

Tödlicher Behandlungsabbruch und mutmaßliche Einwilligung bei Patienten im apallischem Syndrom, in: ZStW 1995, S. 545-575.

Ärztliche Entscheidungen über Leben und Tod in der Neonatalmedizin, in: JZ 1996, S. 1145-1155.

Die chirurgische Trennung sogenannter siamesischer Zwillinge. Ethische und strafrechtliche Probleme, in: Joerden, Jan C. (Hrsg.), Der Mensch und seine Behandlung in der Medizin. Bloß ein Mittel zum Zweck?, Berlin, Heidelberg 1999 (zit.: Der Mensch und seine Behandlung in der Medizin), S. 175-199.

Hirntod und kein Ende, in: Jura 1999, S. 113-122.

Merten, Detlef/ Papier, Hans-Jürgen (Hrsg.) — Handbuch der Grundrechte in Deutschland und Europa, Band VI/1: Europäische Grundrechte I, Heidelberg, München, Landsberg u. a. 2010 (zit.: Handbuch der Grundrechte in Deutschland und Europa Band VI/1).

Meyer-Goßner, Lutz — Strafprozessordnung Kommentar, 54. Aufl., München 2011 (zit.: StPO Kommentar).

Mitsch, Wolfgang — Grundfälle zu den Tötungsdelikten, in: JuS 1995, S. 787-791.

Mückl, Stefan — Kooperation oder Konfrontation? – Das Verhältnis zwischen Bundesverfassungsgericht und Europäischem Gerichtshof für Menschenrechte, in: Der Staat 2005, S. 403-431.

Müller, Sabine — Revival der Hirntoddebatte: Funktionelle Bildgebung für die Hirntod-Diagnostik, in: Ethik in der Medizin 2010, S. 5-17.

Wie tot sind Hirntote?, in: APuZ 2011, S. 3-9.

Nagel, Markus — Organtransplantation und Internationales Privatrecht, Berlin, Heidelberg 2009.

Nagel, Walther — Das Versterben untereinander erbberechtigter Personen aufgrund derselben Ursache, Göttingen 1983 (zit.: Das Versterben untereinander erbberechtigter Personen).

Nickel, Lars C. — Die Entnahme von Organen und Geweben bei Verstorbenen zum Zwecke der Transplantation. Nach dem Transplantationsgesetz vom 5. November 1997 unter Berücksichtigung der nationalen Regelungen der anderen europäischen Staaten, Bonn 1999 (zit.: Die Entnahme von Organen und Geweben bei Verstorbenen).

Oduncu, Fuat S. — Hirntod und Organtransplantation. Medizinische, juristische und ethische Fragen, Göttingen 1998 (zit.: Hirntod und Organtransplantation).

	Der „Hirntod“ als Todeskriterium – Biologisch-medizinische Fakten, anthropologisch-ethische Fragen, in: Roxin, Claus/Schroth, Ulrich (Hrsg.), Medizinstrafrecht. Im Spannungsfeld von Medizin, Ethik und Strafrecht, 2. Aufl., Stuttgart 2001 (zit.: Medizinstrafrecht), S. 199-249.
Oppermann, Thomas/ Classen, Claus D./ Nettesheim, Martin	Europarecht, 5. Aufl., München 2011.
Otto, Harro	Tot oder untot?, in: ZfL 1997, S. 7-8.
	Die strafrechtliche Problematik der Sterbehilfe, in: Jura 1999, S. 434-441.
	Sterbehilfe und Patientenautonomie, in: ZfL 2002, S. 42-49.
	Grundkurs Strafrecht. Die einzelnen Delikte, 7. Aufl., Berlin 2005.
Palandt, Otto	Bürgerliches Gesetzbuch Kommentar, 71. Aufl., München 2012 (zit.: Palandt).
Parzeller, Markus	Sterben und Tod – Sind wesentliche Bereiche am Ende des Lebens nicht normiert oder undefinierbar?, in: KritV 2004, S. 397-421.
Parzeller, Markus/ Henze, Claudia/ Bratzke, Hansjürgen	Gewebe- und Organtransplantation – Verfehlte und praxisferne Regelungen im Transplantationsgesetz, in: KritV 2004, S. 371-396.
Pawlowski, Kai	Die strafrechtliche Bewertung der Organtransplantation, Bochum 2007.
Penin, Heinz/Käufer, Christoph	Der Hirntod. Todeszeitbestimmung bei irreversiblem Funktionsverlust des Gehirns. Symposion am 14. Dezember 1968 in Bonn, Stuttgart 1969 (zit.: Der Hirntod).

Pflüger, Thomas — Auswirkungen des Todes des Angeklagten auf die Kostenentscheidung, in: NJW 1983, S. 1894-1895.

Pieroth, Bodo/ Schlink, Bernhard — Grundrechte Staatsrecht II, 27. Aufl., Heidelberg 2011.

Pribilla, Otto — Juristische, ärztliche und ethische Fragen zur Todesfeststellung, in: DÄBl. 1986, S. 2318-2322.

Puppe, Ingeborg — Anmerkung zu BGH Urteil v. 12.2.1992, in: JR 1992, S. 510-514.

Redeker, Konrad — Grundgesetz. Kommentar. Hrsg. v. Michael Sachs – München, Beck 1996, in: NJW 1996, S. 3266.

Rengier, Rudolf — Strafrecht Besonderer Teil II: Delikte gegen die Person und die Allgemeinheit, 12. Aufl., München 2011.

Rissing-van Saan, Ruth — Strafrechtliche Aspekte der aktiven Sterbehilfe. Nach dem Urteil des 2. Strafsenats des BGH v. 25.6.2010 – 2 StR 454/09, in: ZIS 2011, S. 544-551.

Rixen, Stephan — Der hirntote Mensch: Leiche oder Rechtssubjekt? Zum grundrechtlichen Status des hirntoten Patienten, in: Hoff, Johannes/in der Schmitten, Jürgen (Hrsg.), Wann ist der Mensch tot? Organverpflanzung und Hirntodkriterium, Reinbek bei Hamburg 1995 (zit.: Wann ist der Mensch tot?), S. 434-448.

Todesbegriff, Lebensgrundrecht und Transplantationsgesetz, in: ZRP 1995, S. 461-466.

Lebensschutz am Lebensende. Das Grundrecht auf Leben und die Hirntodkonzeption. Zugleich ein Beitrag zur Autonomie rechtlicher Begriffsbildung, Berlin 1999 (zit.: Lebensschutz am Lebensende).

Rohrer, Jens — Menschenwürde am Lebensanfang und am Lebensende und strafrechtlicher Lebensschutz, Berlin 2012.

Rosenau, Henning — Die Neuausrichtung der passiven Sterbehilfe. Der Fall Putz im Urteil des BGH vom 25.6.2010 2 StR 454/09, in: Festschrift für Ruth Rissing-van Saan zum 65. Geb., Berlin, New York 2011 (zit. Festschrift für R. Rissing-van Saan), S. 547-565.

Roth, Gerhard — Ist der Hirntod gleichbedeutend mit dem Gesamttod des Menschen?, in: Firnkorn, Hans-Jürgen (Hrsg.), Hirntod als Todeskriterium, Stuttgart 2000, S. 11-19.

Roth, Gerhard/Dicke, Ursula — Das Hirntodproblem aus der Sicht der Hirnforschung, in: Hoff, Johannes/in der Schmitten, Jürgen (Hrsg.), Wann ist der Mensch tot? Organverpflanzung und Hirntodkriterium, Reinbek bei Hamburg 1995 (zit.: Wann ist der Mensch tot?), S. 51-67.

Roxin, Claus — Strafrecht Allgemeiner Teil, Band I: Grundlagen. Der Aufbau der Verbrechenslehre, 2. Aufl., München 1994 (zit.: Strafrecht AT Band I).

Zur strafrechtlichen Beurteilung der Sterbehilfe, in: Roxin, Claus/Schroth, Ulrich (Hrsg.), Handbuch des Medizinstrafrechts, 3. Aufl., Stuttgart, München, Hannover u. a. 2007, S. 313-356.

Zur rechtlichen Problematik des Todeszeitpunktes, in: Krösl, Wolfgang/Scherzer, Erich (Hrsg.), Die Bestimmung des Todeszeitpunktes. Kongreß in der Wiener Hofburg vom 4. bis 6. Mai 1972, Wien 1973, S. 299-302.

An der Grenze von Begehung und Unterlassung, in: Festschrift für Karl Engisch zum 70. Geb., Frankfurt a. M. 1969 (zit.: Festschrift für K. Engisch), S. 380-406.

Lebensschutz im Strafrecht. Einführung und Überblick, in: www.kcla.net/download.red?fid=79 (Stand Mai 2012), S. 1-15.

Rudolphi, Hans-Joachim/ Horn, Eckhard/ Günther, Hans-Ludwig/ Samson, Erich — Systematischer Kommentar zum Strafgesetzbuch, Band 4: Besonderer Teil (§§ 201-266 b), München/Unterschleißheim 2009.

Ruscher, Anselm — Die Bestimmung des Todeszeitpunktes aus erbrechtlicher Sicht, Münster 1989.

Sachs, Michael — Urteilsanmerkung, in: JuS 2000, S. 393.

Wie sind die konkurrierenden Gesetzesentwürfe eines Transplantationsgesetzes zu beurteilen?, in: Firnkorn, Hans-Jürgen (Hrsg.), Hirntod als Todeskriterium, Stuttgart 2000, S. 62-68.

Grundgesetz Kommentar, 6. Aufl., München 2011 (zit.: GG Kommentar).

Säcker, Franz J./ Rixecker, Roland/ Rebmann, Kurt (Hrsg.) — Münchener Kommentar zum Bürgerlichen Gesetzbuch, Band 2: §§ 241-432, 6. Aufl., München 2012 (zit.: MüKo BGB).

Münchener Kommentar zum Bürgerlichen Gesetzbuch, Band 5: §§ 705-853, Partnerschaftsgesellschaftsgesetz, Produkthaftungsgesetz, 5. Aufl., München 2009 (zit.: MüKo BGB).

Münchener Kommentar zum Bürgerlichen Gesetzbuch, Band 9: §§ 1922-2385, §§ 27-35 BeurkG, 5. Aufl., München 2010 (zit.: MüKo BGB).

Saerbeck, Klaus — Beginn und Ende des Lebens als Rechtsbegriffe, Berlin, New York 1974 (zit.: Beginn und Ende des Lebens).

Safferling, Christoph J. — Internationales Strafrecht. Strafanwendungsrecht – Völkerstrafrecht – Europäisches Strafrecht, Berlin, Heidelberg 2011 (zit.: Internationales Strafrecht).

Saliger, Frank — Sterbehilfe ohne Strafrecht?, in: KritV 2001, S. 382-439.

Satzger, Helmut — Das Strafrecht als Gegenstand europäischer Gesetzgebungstätigkeit, in: KritV 2008, S. 17-38.

Savigny v., Friedrich C. — System des heutigen Römischen Rechts, Zweiter Band, Berlin 1840.

Schick, Peter J. — Todesbegriff, Sterbehilfe und aktive Euthanasie. Strafrechtsdogmatische und kriminalpolitische Erwägungen, in: Bernat, Erwin (Hrsg.), Ethik und Recht an der Grenze zwischen Leben und Tod, Graz 1993, S. 121-139.

Schlake, Hans-Peter/ Roosen, Klaus — Der Hirntod als der Tod des Menschen, Neu-Isenburg 1997 (zit.: Der Hirntod als der Tod).

Schmidt-Jortzig, Edzard — Wann ist der Mensch tot?, München 1999.

Schmidt-Recla, Adrian — Tote leben länger: Ist der Hirntod ein ausreichendes Kriterium für die Organspende?, in: MedR 2004, S. 672-677.

Schneider, Hendrik — Die Bedeutung der Patientenverfügung im Strafrecht – Auswirkungen des Urteils des 2. Strafsenats des BGH vom 25.6.2010 auf die notarielle Beratung bei Patientenverfügungen, in: MittBayNot 2011, S. 102-106.

Schöne-Seifert, Bettina	Vernunft und Unvernunft im Streit um den Hirntod, in: Hoff, Johannes/in der Schmitten, Jürgen (Hrsg.), Wann ist der Mensch tot? Organverpflanzung und Hirntodkriterium, Reinbek bei Hamburg 1995 (zit.: Wann ist der Mensch tot?), S. 477-485.
Schönig, Roger	Zur Feststellung des Todeszeitpunkts, in: NJW 1968, S. 189-190.
Schönke, Adolf/ Schröder, Horst	Strafgesetzbuch Kommentar, 28. Aufl., München 2010 (zit.: StGB Kommentar).
Schreiber, Christian	Rechtliche Aspekte der Organtransplantation, in: Kaufmann, Arthur (Hrsg.), Moderne Medizin und Strafrecht, Heidelberg 1989, S. 73-85.
Schreiber, Hans-Ludwig	Die rechtliche Zulässigkeit der Transplantatentnahme, in: Der Internist 1974, S. 551-556.
	Kriterien des Hirntodes. Bericht über eine Stellungnahme des wissenschaftlichen Beirates der Bundesärztekammer, in: JZ 1983, S. 593-596.
	Vorüberlegungen für ein künftiges Transplantationsgesetz, in: Festschrift für Ulrich Klug zum 70. Geb., Band II, Köln 1983 (zit.: Festschrift für U. Klug), S. 341-358.
	Das Recht auf den eigenen Tod – zur gesetzlichen Neuregelung der Sterbehilfe, in: NStZ 1986, S. 337-345.
	Der Schutz des Lebens durch das Recht an seinem Beginn und an seinem Ende, in: Festschrift für Günter Schewe, Berlin, Heidelberg 1991 (zit.: Festschrift für G. Schewe), S. 120-133.

Wann darf ein Organ entnommen werden? – Recht und Ethik der Transplantation, in: Festschrift für Erich Steffen zum 65. Geb., Berlin, New York 1995 (zit.: Festschrift für E. Steffen), S. 451-463.

Bewertung des Hirntodes sowie der engen und der erweiterten Zustimmungslösung in einem Transplantationsgesetz, in: Hoff, Johannes/in der Schmitten, Jürgen (Hrsg.), Wann ist der Mensch tot? Organverpflanzung und Hirntodkriterium, Reinbek bei Hamburg 1995 (zit.: Wann ist der Mensch tot?), S. 424-433.

Tod und Recht: Hirntod und Ende des Lebens, in: Festschrift für Egon Müller zum 70. Geb., Baden-Baden 2008 (zit.: Festschrift für E. Müller), S. 685-692.

Der Hirntod als Grenze des Lebensschutzes, in: Festschrift für Walter Remmers, Köln, Berlin, Bonn u. a. 1995 (zit.: Festschrift für W. Remmers), S. 593-599.

Schreiber, Hans-Ludwig/Wolfslast, Gabriele — Ein Entwurf für ein Transplantationsgesetz, in: MedR 1992, S. 189-195.

Schroeder, Friedrich-Christian — Beihilfe zum Selbstmord und Tötung auf Verlangen, in: ZStW 1994, S. 565-580.

Zur Legitimation des § 216, in: Festschrift für Erwin Deutsch zum 80. Geb., Berlin, Heidelberg 2009 (zit.: Festschrift für E. Deutsch), S. 505-510.

Schroth, Ulrich/König, Peter/Gutmann, Thomas/Oduncu, Fuat S. — Transplantationsgesetz Kommentar, München 2005 (zit.: TPG Kommentar).

Schroth, Ulrich	Die postmortale Organspende, in: Roxin, Claus/Schroth, Ulrich (Hrsg.), Handbuch des Medizinstrafrechts, 3. Aufl., Stuttgart, München, Hannover u. a. 2007, S. 357-373.
Schuh, N. N.	Kriterien des Hirntodes, in: ArztR 1982, S. 260-263.
Schwarz, Otto	Kommentar zum Strafgesetzbuch, 20. Aufl., München 1957.
Schwarz, Otto/Dreher, Eduard	Kommentar zum Strafgesetzbuch, 27. Aufl., München 1965.
	Kommentar zum Strafgesetzbuch, 28. Aufl., München 1966.
	Kommentar zum Strafgesetzbuch, 29. Aufl., München 1967.
	Kommentar zum Strafgesetzbuch, 30. Aufl., München 1968.
Schwarze, Jürgen (Hrsg.)	EU-Kommentar, 3. Aufl., Baden-Baden 2012.
Schweidler, Walter	Gibt es eine moralische Pflicht zur Organspende? – Thesen zu einem umstrittenen Thema –, in: ZfL 2011, S. 2-9.
	Der Hirntod ist nicht der Tod des Menschen, sondern eine Ursache. Antwort an Hans-Bernhard Wuermeling (ZfL 2/2011, S. 51 f.), S. 53-54.
Seewald, Ottfried	Ein Organtransplantationsgesetz im pluralistischen Verfassungsstaat, in: VerwArch 1997, S. 199-229.
Sengler, Helmut/ Schmidt, Angelika	Organentnahme bei Hirntoten als noch Lebenden?, in: MedR 1997, S. 241-247.

Shewmon, Alan — „Hirnstammtod“, „Hirntod“ und „Tod“: Eine kritische Re-Evaluierung behaupteter Äquivalenz, in: Schweidler, Walter/Neumann, Herbert A./Brysch, Eugen (Hrsg.), Menschenleben – Menschenwürde, Münster, Hamburg, London 2003, S. 293-316.

Sieber, Ulrich — Europäische Einigung und Europäisches Strafrecht, in: ZStW 1991, S. 957-977.

Simmel, Georg — Das Individuum und die Freiheit. Essais, Berlin 1984.

Sodan, Helge (Hrsg.) — Grundgesetz Kommentar, 2. Aufl., München 2011 (zit.: GG Kommentar).

Soergel, Hans T. (Begr.)/ Siebert, Wolfgang (Hrsg.) — Bürgerliches Gesetzbuch Kommentar, Band 12: Schuldrecht 10 §§ 823-853, ProdHG, UmweltHG, 13. Aufl., Stuttgart 2005 (zit.: BGB Kommentar).

Spann, Wolfgang — Strafrechtliche Probleme an der Grenze von Leben und Tod, in: Deutsche Zeitschrift für die gesamte gerichtliche Medizin 1966, S. 26-30.

Die Bestimmung des Todeszeitpunktes aus gerichtsärztlicher Sicht, in: Krösl, Wolfgang/ Scherzer, Erich (Hrsg.), Die Bestimmung des Todeszeitpunktes. Kongreß in der Wiener Hofburg vom 4. bis 6. Mai 1972, Wien 1973, S. 263-266.

Spann, Wolfgang/ Liebhardt, Erich W. — Reanimation und Feststellung des Todeszeitpunktes, in: MMW 1966, S. 1410-1414.

Spittler, Johann F. — Der Hirntod – Tod des Menschen. Grundlagen und medizinethische Gesichtspunkte, in: Ethik in der Medizin 1995, S. 128-145.

Der Hirntod ist der Tod des Menschen, in: Universitas 1995, S. 313-327.

Der menschliche Körper im Hirntod, ein dritter Zustand zwischen lebendem Menschen und Leichnam?, in: JZ 1997, S. 747-751.

Gehirn, Tod und Menschenbild, 1. Aufl., Stuttgart 2003 (zit.: Gehirn, Tod).

Staudinger v., Julius (Begr.) Kommentar zum Bürgerlichen Gesetzbuch, Band 5: Einleitung zum Erbrecht, §§ 1922-1966, 13. Bearb., Berlin 2008.

Steffen, Erich Wieviele Tode stirbt der Mensch?, in: NJW 1997, S. 1619-1620.

Stentenbach, Berthold Der strafrechtliche Schutz der Leiche, Köln 1992.

Stern, Klaus Das Staatsrecht der Bundesrepublik Deutschland, Band III/2: Grundrechtstatbestand, Grundrechtsbeeinträchtigungen und Grundrechtsbegrenzungen, Grundrechtsverluste und Grundpflichten, Schutz der Grundrechte, Grundrechtskonkurrenzen, Grundrechtssystem, München 1994 (zit.: Das Staatsrecht der Bundesrepublik Deutschland, Band III/2).

Sternberg-Lieben, Detlev Die objektiven Schranken der Einwilligung im Strafrecht, Tübingen 1997 (zit.: Die objektiven Schranken der Einwilligung).

Tod und Strafrecht, in: JA 1997, S. 80-88.

Rechtliche Grenzen einer Patientenverfügung, in: Festschrift für Manfred Seebode zum 70. Geb., Berlin 2008 (zit.: Festschrift für M. Seebode), S. 401-420.

Stoecker, Ralf Ein Plädoyer für die Reanimation der Hirntoddebatte in Deutschland, in: Preuß, Dirk/Knoepffler, Nikolaus/Kodalle, Klaus-Michael (Hrsg.), Körperteile – Köper teilen?, Würzburg 2009, S. 41-59.

	Der Hirntod. Ein medizinethisches Problem und seine moralphilosophische Transformation, 2. Aufl., Freiburg, München 2010.
Stratenwerth, Günther	Zum juristischen Begriff des Todes, in: Festschrift für Karl Engisch zum 70. Geb., Frankfurt a. M. 1969 (zit.: Festschrift für K. Engisch), S. 528-547.
Strätz, Hans-Wolfgang	Zivilrechtliche Aspekte der Rechtsstellung des Toten unter besonderer Berücksichtigung der Transplantationen, Paderborn 1971.
Streinz, Rudolf (Hrsg.)	EUV/AEUV. Vertrag über die Europäische Union und Vertrag über die Arbeitsweise der Europäischen Union, Kommentar, 2. Aufl., München 2012.
Teifke, Nils	Das Prinzip Menschenwürde, Tübingen 2011.
Thomas, Hans	„Hirntod": ungewisses Todeszeichen, aber Organentnahme erlaubt?, in: ZfL 2008, S. 74-82.
Thompson, Richard	Das Gehirn. Von der Nervenzelle zur Verhaltenssteuerung, 3. Aufl., Heidelberg, Berlin 2000 (zit.: Das Gehirn).
Tiedemann, Klaus	Verfassungsrecht und Strafrecht, Heidelberg 1991.
	Europäisches Gemeinschaftsrecht und Strafrecht, in: NJW 1993, S. 23-31.
Tönnis, Wilhelm/ Frowein, Reinhold A.	Wie lange ist Wiederbelebung bei schweren Hirnverletzungen möglich?, in: Monatsschrift für Unfallheilkunde, Versicherungs-, Versorgungs- und Verkehrsmedizin 1963, S. 169-190.
Trechsel, Stefan	Die Bedeutung der Europäischen Menschenrechtskonvention, in: ZStW 1989, S. 819-837.

Tröndle, Herbert — Der Hirntod, seine rechtliche Bedeutung und das neue Transplantationsgesetz, in: Festschrift für Joachim Hirsch zum 70. Geb., Berlin, New York 1999 (zit.: Festschrift für J. Hirsch), S. 779-793.

Der Hirntod als Voraussetzung für die Organentnahme, in: ZfL 1997, S. 3-6.

Tröndle, Herbert/ Fischer, Thomas — Strafgesetzbuch und Nebengesetze Kommentar, 49. Aufl., München 1999 (zit.: StGB Kommentar).

Ulsenheimer, Klaus — Therapieabbruch beim schwerstgeschädigten Neugeborenen, in: MedR 1994, S. 425-428.

Hirntod und Intensivmedizin. Juristische Probleme, in: Der Anaesthesist 2009, S. 722-727.

Arztstrafrecht in der Praxis, 4. Aufl., Heidelberg, München, Landsberg u. a. 2008.

Verrel, Torsten — Ein Grundsatzurteil? – Jedenfalls bitter nötig!, in: NStZ 2010, S. 671-676.

Villiger, Mark E. — Handbuch der Europäischen Menschenrechtskonvention (EMRK) unter besonderer Berücksichtigung der schweizerischen Rechtslage, 2. Aufl., Zürich 1999 (zit.: Handbuch der Europäischen Menschenrechtskonvention (EMRK)).

Vogel, Joachim/Hocke, Peter — Der Fall Theresa Marie Schiavo, in: Jura 2005, S. 709-714.

Voß, Monika — Symbolische Gesetzgebung. Fragen zur Rationalität von Strafgesetzgebungsakten, Ebelsbach 1989.

Wagner, Edgar/Brocker, Lars — Hirntodkriterium und Lebensgrundrecht, in: ZRP 1996, S. 226-230.

Wallrabenstein, Astrid — Verfassungsrechtliche Fragen der Organexplantation, in: JA 1999, S. 128-131.

Wawersik, Jürgen — Todeszeitpunkt und Organtransplantation, in: DÄBl. 1969, S. 1315-1319.

Weigend, Thomas — Strafrecht durch internationale Vereinbarungen – Verlust an nationaler Strafrechtskultur?, in: ZStW 1993, S. 774-802.

Weimer, Tobias — Der tödliche Behandlungsabbruch beim Patienten im apallischen Syndrom, Frankfurt a. M., Berlin, Bern u. a. 2004.

Weinschenk, Miriam — § 217 StGB – Folgen des Wegfalls einer Norm, Konstanz 2004.

Welzel, Hans — Das Deutsche Strafrecht in seinen Grundzügen, 1. Aufl., Berlin 1947.

Das Deutsche Strafrecht. Eine systematische Darstellung, 11. Aufl., Berlin 1969.

Weißauer, Walther/ Opderbecke Hans W. — Tod, Todeszeitbestimmung und Grenzen der Behandlungspflicht, in: BayÄB 1973, S. 12-27.

Weizsäcker v., Carl Friedrich — Der Garten des Menschlichen. Beiträge zur geschichtlichen Anthropologie, München, Wien 1977 (zit.: Der Garten des Menschlichen).

Wessels, Johannes/ Hettinger, Michael — Strafrecht Besonderer Teil 1: Straftaten gegen Persönlichkeits- und Gemeinschaftswerte, 35. Aufl., Heidelberg, München, Landsberg u. a. 2011.

Westermann, Harry — Vortrag zum Thema „Fortschritte der Medizin und die Grenzen der ärztlichen Pflicht“, in: Jahresschrift der Gesellschaft zur Förderung der Westfälischen Wilhelms-Universität zu Münster 1968, S. 87-92.

Wolfslast, Gabriele — Grenzen der Organgewinnung – zur Frage der Änderung der Hirntodkriterien, in: MedR 1989, S. 163-188.

Wuermeling, Hans-Bernhard	Der Hirntod als vernünftiges Zeichen des Todes der menschlichen Person. Zu Walter Schweidler: Gibt es eine moralische Pflicht zur Organspende? (ZfL 1/2011, S. 2 ff.), in: ZfL 2011, S. 51-53.
Yamanaka, Yuri	Warum ist die Organentnahme in Japan so schwierig? Bemerkungen zum japanischen Organtransplantationsgesetz, in: Festschrift für Claus Roxin zum 80. Geb., Band 2, Berlin, New York 2011 (zit.: Festschrift für C. Roxin Band 2), S. 1623-1642.
Zimmeck, Sebastian	Die Reichweite des Lebensrechts im technologischen Zeitalter, 1. Aufl., Baden-Baden 2009 (zit.: Die Reichweite des Lebensrechts).
Zimmermann, Frank	Die Auslegung künftiger EU-Strafrechtskompetenzen nach dem Lissabon-Urteil des Bundesverfassungsgerichts, in: Jura 2009, S. 844-851.

Anhang

Gesetz über die Spende, Entnahme und Übertragung von Organen und Geweben (Transplantationsgesetz - TPG)[1]

Nichtamtliches Inhaltsverzeichnis

TPG

Ausfertigungsdatum: 05.11.1997

Vollzitat:

„Transplantationsgesetz in der Fassung der Bekanntmachung vom 4. September 2007 (BGBl. I S. 2206), das durch Artikel 3 des Gesetzes vom 17. Juli 2009 (BGBl. I S. 1990) geändert worden ist"

Stand: Neugefasst durch Bek. v. 4.9.2007 I 2206
Geändert durch Art. 3 G v. 17.7.2009 I 1990

Überschrift: IdF d. Art. 1 Nr. 1 G v. 20.7.2007 I 1574 mWv 1.8.2007
Nichtamtliches Inhaltsverzeichnis

Eingangsformel

Der Bundestag hat mit Zustimmung des Bundesrates das folgende Gesetz beschlossen:

Nichtamtliches Inhaltsverzeichnis

1 S. h. http://www.gesetze-im-internet.de/tpg/BJNR263100997.html (Stand: Mai 2012).

Inhaltsübersicht

Abschnitt 4
Vermittlung und Übertragung
bestimmter Organe, Transplantationszentren,
Zusammenarbeit bei der
Entnahme von Organen und Geweben

§ 9 Zulässigkeit der Organübertragung, Vorrang der Organspende
§ 10 Transplantationszentren
§ 11 Zusammenarbeit bei der Entnahme von Organen und Geweben, Koordinierungsstelle
§ 12 Organvermittlung, Vermittlungsstelle

Abschnitt 5
Meldungen, Dokumentation,
Rückverfolgung, Datenschutz, Fristen

§ 13 Meldungen, Begleitpapiere vermittlungspflichtiger Organe
§ 13a Dokumentation übertragener Gewebe durch Einrichtungen der medizinischen Versorgung
§ 13b Meldung schwerwiegender Zwischenfälle und schwerwiegender unerwünschter Reaktionen bei Geweben
§ 13c Rückverfolgungsverfahren bei Geweben
§ 14 Datenschutz
§ 15 Aufbewahrungs- und Löschungsfristen

Abschnitt 5a
Richtlinien zum Stand
der Erkenntnisse der medizinischen
Wissenschaft, Verordnungsermächtigung

§ 16 Richtlinien zum Stand der Erkenntnisse der medizinischen Wissenschaft bei Organen
§ 16a Verordnungsermächtigung
§ 16b Richtlinien zum Stand der Erkenntnisse der medizinischen Wissenschaft zur Entnahme von Geweben und deren Übertragung

Abschnitt 6
Verbotsvorschriften

§ 17 Verbot des Organ- und Gewebehandels

Abschnitt 1
Allgemeine Vorschriften

Nichtamtliches Inhaltsverzeichnis

§ 1 Anwendungsbereich

(1) Dieses Gesetz gilt für die Spende und die Entnahme von menschlichen Organen oder Geweben zum Zwecke der Übertragung sowie für die Übertragung der Organe oder der Gewebe einschließlich der Vorbereitung dieser Maßnahmen. Es gilt ferner für das Verbot des Handels mit menschlichen Organen oder Geweben.

(2) Dieses Gesetz gilt nicht für

1. Gewebe, die innerhalb ein und desselben chirurgischen Eingriffs einer Person entnommen werden, um auf diese rückübertragen zu werden,
2. Blut und Blutbestandteile.

§ 1a Begriffsbestimmungen

Im Sinne dieses Gesetzes

1. sind Organe, mit Ausnahme der Haut, alle aus verschiedenen Geweben bestehenden Teile des menschlichen Körpers, die in Bezug auf Struktur, Blut-

gefäßversorgung und Fähigkeit zum Vollzug physiologischer Funktionen eine funktionale Einheit bilden, einschließlich der Organteile und einzelnen Gewebe eines Organs, die zum gleichen Zweck wie das ganze Organ im menschlichen Körper verwendet werden können, mit Ausnahme solcher Gewebe, die zur Herstellung von Arzneimitteln für neuartige Therapien im Sinne des § 4 Absatz 9 des Arzneimittelgesetzes bestimmt sind;

2. sind vermittlungspflichtige Organe die Organe Herz, Lunge, Leber, Niere, Bauchspeicheldrüse und Darm im Sinne der Nummer 1, die nach § 3 oder § 4 entnommen worden sind;
3. sind nicht regenerierungsfähige Organe alle Organe, die sich beim Spender nach der Entnahme nicht wieder bilden können;
4. sind Gewebe alle aus Zellen bestehenden Bestandteile des menschlichen Körpers, die keine Organe nach Nummer 1 sind, einschließlich einzelner menschlicher Zellen;
5. sind nächste Angehörige in der Rangfolge ihrer Aufzählung
   a) der Ehegatte oder der eingetragene Lebenspartner,
   b) die volljährigen Kinder,
   c) die Eltern oder, sofern der mögliche Organ- oder Gewebespender zur Todeszeit minderjährig war und die Sorge für seine Person zu dieser Zeit nur einem Elternteil, einem Vormund oder einem Pfleger zustand, dieser Sorgeinhaber,
   d) die volljährigen Geschwister,
   e) die Großeltern;
6. ist Entnahme die Gewinnung von Organen oder Geweben;
7. ist Übertragung die Verwendung von Organen oder Geweben in oder an einem menschlichen Empfänger sowie die Anwendung beim Menschen außerhalb des Körpers;
8. ist Gewebeeinrichtung eine Einrichtung, die Gewebe zum Zwecke der Übertragung entnimmt, untersucht, aufbereitet, be- oder verarbeitet, konserviert, kennzeichnet, verpackt, aufbewahrt oder an andere abgibt;
9. ist Einrichtung der medizinischen Versorgung ein Krankenhaus oder eine andere Einrichtung mit unmittelbarer Patientenbetreuung, die fachlich-medizinisch unter ständiger ärztlicher Leitung steht und in der ärztliche medizinische Leistungen erbracht werden;
10. ist schwerwiegender Zwischenfall jedes unerwünschte Ereignis im Zusammenhang mit der Entnahme, Untersuchung, Aufbereitung, Be- oder Verarbeitung, Konservierung, Aufbewahrung oder Abgabe von Geweben, das die Übertragung einer ansteckenden Krankheit, den Tod oder einen lebensbedrohenden Zustand, eine Behinderung oder einen Fähigkeitsverlust von Patienten zur Folge haben könnte oder einen Krankenhausaufenthalt erfor-

derlich machen oder verlängern könnte oder zu einer Erkrankung führen oder diese verlängern könnte; als schwerwiegender Zwischenfall gilt auch jede fehlerhafte Identifizierung oder Verwechslung von Keimzellen oder Embryonen im Rahmen von Maßnahmen einer medizinisch unterstützten Befruchtung;

11. ist schwerwiegende unerwünschte Reaktion eine unbeabsichtigte Reaktion, einschließlich einer übertragbaren Krankheit, beim Spender oder Empfänger im Zusammenhang mit der Entnahme oder der Übertragung von Geweben, die tödlich oder lebensbedrohend verläuft, eine Behinderung oder einen Fähigkeitsverlust zur Folge hat oder einen Krankenhausaufenthalt erforderlich macht oder verlängert oder zu einer Erkrankung führt oder diese verlängert.

§ 2 Aufklärung der Bevölkerung, Erklärung zur Organ- und Gewebespende, Organ- und Gewebespenderegister, Organ- und Gewebespendeausweise

(1) Die nach Landesrecht zuständigen Stellen, die Bundesbehörden im Rahmen ihrer Zuständigkeit, insbesondere die Bundeszentrale für gesundheitliche Aufklärung, sowie die Krankenkassen sollen auf der Grundlage dieses Gesetzes die Bevölkerung über die Möglichkeiten der Organ- und Gewebespende, die Voraussetzungen der Organ- und Gewebeentnahme und die Bedeutung der Organ- und Gewebeübertragung einschließlich einer möglichen medizinischen Anwendung von aus Geweben hergestellten Arzneimitteln aufklären. Sie sollen auch Ausweise für die Erklärung zur Organ- und Gewebespende (Organ- und Gewebespendeausweise) zusammen mit geeigneten Aufklärungsunterlagen bereithalten. Die Krankenkassen und die privaten Krankenversicherungsunternehmen stellen diese Unterlagen in regelmäßigen Abständen ihren Versicherten, die das sechzehnte Lebensjahr vollendet haben, zur Verfügung mit der Bitte, eine Erklärung zur Organ- und Gewebespende abzugeben.

(2) Wer eine Erklärung zur Organ- und Gewebespende abgibt, kann in eine Organ- und Gewebeentnahme nach § 3 einwilligen, ihr widersprechen oder die Entscheidung einer namentlich benannten Person seines Vertrauens übertragen (Erklärung zur Organ- und Gewebespende). Die Erklärung kann auf bestimmte Organe oder Gewebe beschränkt werden. Die Einwilligung und die Übertragung der Entscheidung können vom vollendeten sechzehnten, der Widerspruch kann vom vollendeten vierzehnten Lebensjahr an erklärt werden.

(3) Das Bundesministerium für Gesundheit kann durch Rechtsverordnung mit Zustimmung des Bundesrates einer Stelle die Aufgabe übertragen, die Erklärungen zur Organ- oder Gewebespende auf Wunsch der Erklärenden zu speichern und darüber berechtigten Personen Auskunft zu erteilen (Organ- und Gewebe-

spenderegister). Die gespeicherten personenbezogenen Daten dürfen nur zum Zwecke der Feststellung verwendet werden, ob bei demjenigen, der die Erklärung abgegeben hatte, eine Organ- oder Gewebeentnahme nach § 3 oder § 4 zulässig ist. Die Rechtsverordnung regelt insbesondere

1. die für die Entgegennahme einer Erklärung zur Organ- oder Gewebespende oder für deren Änderung zuständigen öffentlichen Stellen (Anlaufstellen), die Verwendung eines Vordrucks, die Art der darauf anzugebenden Daten und die Prüfung der Identität des Erklärenden,
2. die Übermittlung der Erklärung durch die Anlaufstellen an das Register sowie die Speicherung der Erklärung und der darin enthaltenen Daten bei den Anlaufstellen und dem Register,
3. die Aufzeichnung aller Abrufe im automatisierten Verfahren nach § 10 des Bundesdatenschutzgesetzes sowie der sonstigen Auskünfte aus dem Register zum Zwecke der Prüfung der Zulässigkeit der Anfragen und Auskünfte,
4. die Speicherung der Personendaten der nach Absatz 4 Satz 1 auskunftsberechtigten Ärzte bei dem Register sowie die Vergabe, Speicherung und Zusammensetzung der Benutzerkennungen und Passwörter für ihre Auskunftsberechtigung,
5. die Löschung der gespeicherten Daten und
6. die Finanzierung des Registers.

(4) Die Auskunft aus dem Register darf ausschließlich an den Erklärenden sowie an einen von einem Krankenhaus dem Register als auskunftsberechtigt benannten Arzt erteilt werden, der weder an der Entnahme noch an der Übertragung der Organe oder Gewebe des möglichen Organ- oder Gewebespenders beteiligt ist und auch nicht Weisungen eines Arztes untersteht, der an diesen Maßnahmen beteiligt ist. Die Anfrage darf erst nach der Feststellung des Todes gemäß § 3 Abs. 1 Satz 1 Nr. 2 erfolgen. Die Auskunft darf nur an den Arzt weitergegeben werden, der die Organ- oder Gewebeentnahme vornehmen oder unter dessen Verantwortung die Gewebeentnahme nach § 3 Abs. 1 Satz 2 vorgenommen werden soll, und an die Person, die nach § 3 Abs. 3 Satz 1 über die beabsichtigte oder nach § 4 über eine in Frage kommende Organ- oder Gewebeentnahme zu unterrichten ist.

(5) Die Bundesregierung kann durch allgemeine Verwaltungsvorschrift mit Zustimmung des Bundesrates ein Muster für den Organ- und Gewebespendeausweis festlegen und im Bundesanzeiger bekannt machen.

Abschnitt 2
Entnahme von Organen und Geweben bei toten Spendern

§ 3 Entnahme mit Einwilligung des Spenders

(1) Die Entnahme von Organen oder Geweben ist, soweit in § 4 oder § 4a nichts Abweichendes bestimmt ist, nur zulässig, wenn

1. der Organ- oder Gewebespender in die Entnahme eingewilligt hatte,
2. der Tod des Organ- oder Gewebespenders nach Regeln, die dem Stand der Erkenntnisse der medizinischen Wissenschaft entsprechen, festgestellt ist und
3. der Eingriff durch einen Arzt vorgenommen wird.

Abweichend von Satz 1 Nr. 3 darf die Entnahme von Geweben auch durch andere dafür qualifizierte Personen unter der Verantwortung und nach fachlicher Weisung eines Arztes vorgenommen werden.

(2) Die Entnahme von Organen oder Geweben ist unzulässig, wenn

1. die Person, deren Tod festgestellt ist, der Organ- oder Gewebeentnahme widersprochen hatte,
2. nicht vor der Entnahme bei dem Organ- oder Gewebespender der endgültige, nicht behebbare Ausfall der Gesamtfunktion des Großhirns, des Kleinhirns und des Hirnstamms nach Verfahrensregeln, die dem Stand der Erkenntnisse der medizinischen Wissenschaft entsprechen, festgestellt ist.

(3) Der Arzt hat den nächsten Angehörigen des Organ- oder Gewebespenders über die beabsichtigte Organ- oder Gewebeentnahme zu unterrichten. Die entnehmende Person hat Ablauf und Umfang der Organ- oder Gewebeentnahme aufzuzeichnen. Der nächste Angehörige hat das Recht auf Einsichtnahme. Er kann eine Person seines Vertrauens hinzuziehen.

§ 4 Entnahme mit Zustimmung anderer Personen

(1) Liegt dem Arzt, der die Organ- oder Gewebeentnahme vornehmen oder unter dessen Verantwortung die Gewebeentnahme nach § 3 Abs. 1 Satz 2 vorgenommen werden soll, weder eine schriftliche Einwilligung noch ein schriftlicher Widerspruch des möglichen Organ- oder Gewebespenders vor, ist dessen nächster Angehöriger zu befragen, ob ihm von diesem eine Erklärung zur Organ- oder Gewebespende bekannt ist. Ist auch dem nächsten Angehörigen eine solche Erklärung nicht bekannt, so ist die Entnahme unter den Voraussetzungen des § 3 Abs. 1 Satz 1 Nr. 2 und 3, Satz 2 und Abs. 2 Nr. 2 nur zulässig, wenn ein Arzt

den nächsten Angehörigen über eine in Frage kommende Organ- oder Gewebeentnahme unterrichtet und dieser ihr zugestimmt hat. Kommt eine Entnahme mehrerer Organe oder Gewebe in Betracht, soll die Einholung der Zustimmung zusammen erfolgen. Der nächste Angehörige hat bei seiner Entscheidung einen mutmaßlichen Willen des möglichen Organ- oder Gewebespenders zu beachten. Der Arzt hat den nächsten Angehörigen hierauf hinzuweisen. Der nächste Angehörige kann mit dem Arzt vereinbaren, dass er seine Erklärung innerhalb einer bestimmten, vereinbarten Frist widerrufen kann; die Vereinbarung bedarf der Schriftform.

(2) Der nächste Angehörige ist nur dann zu einer Entscheidung nach Absatz 1 befugt, wenn er in den letzten zwei Jahren vor dem Tod des möglichen Organ- oder Gewebespenders zu diesem persönlichen Kontakt hatte. Der Arzt hat dies durch Befragung des nächsten Angehörigen festzustellen. Bei mehreren gleichrangigen nächsten Angehörigen genügt es, wenn einer von ihnen nach Absatz 1 beteiligt wird und eine Entscheidung trifft; es ist jedoch der Widerspruch eines jeden von ihnen beachtlich. Ist ein vorrangiger nächster Angehöriger innerhalb angemessener Zeit nicht erreichbar, genügt die Beteiligung und Entscheidung des zuerst erreichbaren nächsten Angehörigen. Dem nächsten Angehörigen steht eine volljährige Person gleich, die dem möglichen Organ- oder Gewebespender bis zu seinem Tode in besonderer persönlicher Verbundenheit offenkundig nahegestanden hat; sie tritt neben den nächsten Angehörigen.

(3) Hatte der mögliche Organ- oder Gewebespender die Entscheidung über eine Organ- oder Gewebeentnahme einer bestimmten Person übertragen, tritt diese an die Stelle des nächsten Angehörigen.

(4) Der Arzt hat Ablauf, Inhalt und Ergebnis der Beteiligung der nächsten Angehörigen sowie der Personen nach Absatz 2 Satz 5 und Absatz 3 aufzuzeichnen. Die nächsten Angehörigen sowie die Personen nach Absatz 2 Satz 5 und Absatz 3 haben das Recht auf Einsichtnahme.

§ 4a Entnahme bei toten Embryonen und Föten

(1) Die Entnahme von Organen oder Geweben bei einem toten Embryo oder Fötus ist nur zulässig, wenn

1. der Tod des Embryos oder Fötus nach Regeln, die dem Stand der Erkenntnisse der medizinischen Wissenschaft entsprechen, festgestellt ist,
2. die Frau, die mit dem Embryo oder Fötus schwanger war, durch einen Arzt über eine in Frage kommende Organ- oder Gewebeentnahme aufgeklärt worden ist und in die Entnahme der Organe oder Gewebe schriftlich eingewilligt hat und

3. der Eingriff durch einen Arzt vorgenommen wird.

In den Fällen des Satzes 1 Nr. 3 gilt § 3 Abs. 1 Satz 2 entsprechend. Die Aufklärung und die Einholung der Einwilligung dürfen erst nach der Feststellung des Todes erfolgen.

(2) Der Arzt hat Ablauf, Inhalt und Ergebnis der Aufklärung und der Einwilligung nach Absatz 1 Satz 1 Nr. 2 aufzuzeichnen. Die entnehmende Person hat Ablauf und Umfang der Organ- oder Gewebeentnahme aufzuzeichnen. Die Frau, die mit dem Embryo oder Fötus schwanger war, hat das Recht auf Einsichtnahme. Sie kann eine Person ihres Vertrauens hinzuziehen. Die Einwilligung kann schriftlich oder mündlich widerrufen werden.

(3) In den Fällen des Absatzes 1 gilt die Frau, die mit dem Embryo oder Fötus schwanger war, nur für die Zwecke der Dokumentation, der Rückverfolgung und des Datenschutzes als Spenderin.

§ 5 Nachweisverfahren

(1) Die Feststellungen nach § 3 Abs. 1 Satz 1 Nr. 2 und Abs. 2 Nr. 2 sind jeweils durch zwei dafür qualifizierte Ärzte zu treffen, die den Organ- oder Gewebespender unabhängig voneinander untersucht haben. Abweichend von Satz 1 genügt zur Feststellung nach § 3 Abs. 1 Satz 1 Nr. 2 die Untersuchung und Feststellung durch einen Arzt, wenn der endgültige, nicht behebbare Stillstand von Herz und Kreislauf eingetreten ist und seitdem mehr als drei Stunden vergangen sind.

(2) Die an den Untersuchungen nach Absatz 1 beteiligten Ärzte dürfen weder an der Entnahme noch an der Übertragung der Organe oder Gewebe des Spenders beteiligt sein. Sie dürfen auch nicht Weisungen eines Arztes unterstehen, der an diesen Maßnahmen beteiligt ist. Die Feststellung der Untersuchungsergebnisse und ihr Zeitpunkt sind von den Ärzten unter Angabe der zugrunde liegenden Untersuchungsbefunde unverzüglich jeweils in einer Niederschrift aufzuzeichnen und zu unterschreiben. Dem nächsten Angehörigen sowie den Personen nach § 4 Abs. 2 Satz 5 und Abs. 3 ist Gelegenheit zur Einsichtnahme zu geben. Sie können eine Person ihres Vertrauens hinzuziehen.

(3) Die Feststellung nach § 4a Abs. 1 Satz 1 Nr. 1 ist durch einen Arzt zu treffen, der weder an der Entnahme noch an der Übertragung der Organe oder Gewebe des Embryos oder Fötus beteiligt sein darf. Er darf auch nicht Weisungen eines Arztes unterstehen, der an diesen Maßnahmen beteiligt ist. Die Untersuchungsergebnisse und der Zeitpunkt ihrer Feststellung sind von den Ärzten unter Angabe der zugrunde liegenden Untersuchungsbefunde unverzüglich jeweils in einer gesonderten Niederschrift aufzuzeichnen und zu unterschreiben. Der Frau, die

mit dem Embryo oder Fötus schwanger war, ist Gelegenheit zur Einsichtnahme zu geben. Sie kann eine Person ihres Vertrauens hinzuziehen.

§ 6 Achtung der Würde des Organ- und Gewebespenders

(1) Die Organ- oder Gewebeentnahme bei verstorbenen Personen und alle mit ihr zusammenhängenden Maßnahmen müssen unter Achtung der Würde des Organ- oder Gewebespenders in einer der ärztlichen Sorgfaltspflicht entsprechenden Weise durchgeführt werden.

(2) Der Leichnam des Organ- oder Gewebespenders muss in würdigem Zustand zur Bestattung übergeben werden. Zuvor ist dem nächsten Angehörigen Gelegenheit zu geben, den Leichnam zu sehen.

(3) Die Absätze 1 und 2 gelten entsprechend für tote Embryonen und Föten.

§ 7 Datenerhebung und -verwendung; Auskunftspflicht

(1) Die Erhebung und Verwendung personenbezogener Daten eines möglichen Organ- oder Gewebespenders, eines nächsten Angehörigen oder einer Person nach § 4 Abs. 2 Satz 5 oder Abs. 3 und die Übermittlung dieser Daten an die nach Absatz 3 Satz 1 auskunftsberechtigten Personen ist zulässig, soweit dies zur Klärung, ob eine Organ- oder Gewebeentnahme nach § 3 Abs. 1 und 2, § 4 Abs. 1 bis 3 sowie § 9 Abs. 2 Satz 2 zulässig ist und ob ihr medizinische Gründe entgegenstehen, sowie zur Unterrichtung des nächsten Angehörigen nach § 3 Abs. 3 Satz 1 erforderlich ist.

(2) Zur unverzüglichen Auskunft über die nach Absatz 1 erforderlichen Daten sind verpflichtet:

1. Ärzte, die den möglichen Organ- oder Gewebespender wegen einer dem Tode vorausgegangenen Erkrankung behandelt hatten,
2. Ärzte, die über den möglichen Organ- oder Gewebespender eine Auskunft aus dem Organ- und Gewebespenderegister nach § 2 Abs. 4 erhalten haben,
3. die Einrichtung der medizinischen Versorgung, in der der Tod des möglichen Organ- oder Gewebespenders nach § 3 Abs. 1 Satz 1 Nr. 2 festgestellt worden ist,
4. Ärzte, die bei dem möglichen Organ- oder Gewebespender die Leichenschau vorgenommen haben,
5. die Behörden, in deren Gewahrsam oder Mitgewahrsam sich der Leichnam des möglichen Organ- oder Gewebespenders befindet oder befunden hat, und
6. die von der Koordinierungsstelle (§ 11) oder einer gewebeentnehmenden Gewebeeinrichtung beauftragte Person, soweit sie Auskunft über nach Absatz 1 erforderliche Daten erhalten hat.

Die Pflicht zur unverzüglichen Auskunft besteht erst, nachdem der Tod des möglichen Organ- oder Gewebespenders nach § 3 Abs. 1 Satz 1 Nr. 2 festgestellt ist.

(3) Ein Recht auf Auskunft über die nach Absatz 1 erforderlichen Daten haben

1. Ärzte, die die Entnahme von Organen nach § 3 oder § 4 beabsichtigen und in einem Krankenhaus tätig sind, das nach § 108 des Fünften Buches Sozialgesetzbuch oder nach anderen gesetzlichen Bestimmungen für die Übertragung solcher Organe zugelassen ist oder mit einem solchen Krankenhaus zum Zwecke der Entnahme solcher Organe zusammenarbeitet,
2. Ärzte, die die Entnahme von Geweben nach § 3 oder § 4 beabsichtigen oder unter deren Verantwortung Gewebe nach § 3 Abs. 1 Satz 2 entnommen werden sollen und in einer Einrichtung der medizinischen Versorgung tätig sind, die solche Gewebe entnimmt oder mit einer solchen Einrichtung zum Zwecke der Entnahme solcher Gewebe zusammenarbeitet, und
3. die von der Koordinierungsstelle beauftragte Person.

Die Auskunft soll für alle Organe oder Gewebe, deren Entnahme beabsichtigt ist, zusammen eingeholt werden. Sie darf erst eingeholt werden, nachdem der Tod des möglichen Organ- oder Gewebespenders nach § 3 Abs. 1 Satz 1 Nr. 2 festgestellt ist.

Abschnitt 3
Entnahme von Organen und Geweben bei lebenden Spendern

§ 8 Entnahme von Organen und Geweben

(1) Die Entnahme von Organen oder Geweben zum Zwecke der Übertragung auf andere ist bei einer lebenden Person, soweit in § 8a nichts Abweichendes bestimmt ist, nur zulässig, wenn

1. die Person
   a) volljährig und einwilligungsfähig ist,
   b) nach Absatz 2 Satz 1 und 2 aufgeklärt worden ist und in die Entnahme eingewilligt hat,
   c) nach ärztlicher Beurteilung als Spender geeignet ist und voraussichtlich nicht über das Operationsrisiko hinaus gefährdet oder über die unmittelbaren Folgen der Entnahme hinaus gesundheitlich schwer beeinträchtigt wird,
2. die Übertragung des Organs oder Gewebes auf den vorgesehenen Empfänger nach ärztlicher Beurteilung geeignet ist, das Lebens dieses Menschen zu

erhalten oder bei ihm eine schwerwiegende Krankheit zu heilen, ihre Verschlimmerung zu verhüten oder ihre Beschwerden zu lindern,
3. im Fall der Organentnahme ein geeignetes Organ eines Spenders nach § 3 oder § 4 im Zeitpunkt der Organentnahme nicht zur Verfügung steht und
4. der Eingriff durch einen Arzt vorgenommen wird.

Die Entnahme einer Niere, des Teils einer Leber oder anderer nicht regenerierungsfähiger Organe ist darüber hinaus nur zulässig zum Zwecke der Übertragung auf Verwandte ersten oder zweiten Grades, Ehegatten, eingetragene Lebenspartner, Verlobte oder andere Personen, die dem Spender in besonderer persönlicher Verbundenheit offenkundig nahestehen.

(2) Der Spender ist durch einen Arzt in verständlicher Form aufzuklären über

1. den Zweck und die Art des Eingriffs,
2. die Untersuchungen sowie das Recht, über die Ergebnisse der Untersuchungen unterrichtet zu werden,
3. die Maßnahmen, die dem Schutz des Spenders dienen, sowie den Umfang und mögliche, auch mittelbare Folgen und Spätfolgen der beabsichtigten Organ- oder Gewebeentnahme für seine Gesundheit,
4. die ärztliche Schweigepflicht,
5. die zu erwartende Erfolgsaussicht der Organ- oder Gewebeübertragung und sonstige Umstände, denen er erkennbar eine Bedeutung für die Spende beimisst, sowie über
6. die Erhebung und Verwendung personenbezogener Daten.

Der Spender ist darüber zu informieren, dass seine Einwilligung Voraussetzung für die Organ- oder Gewebeentnahme ist. Die Aufklärung hat in Anwesenheit eines weiteren Arztes, für den § 5 Abs. 2 Satz 1 und 2 entsprechend gilt, und, soweit erforderlich, anderer sachverständiger Personen zu erfolgen. Der Inhalt der Aufklärung und die Einwilligungserklärung des Spenders sind in einer Niederschrift aufzuzeichnen, die von den aufklärenden Personen, dem weiteren Arzt und dem Spender zu unterschreiben ist. Die Niederschrift muss auch eine Angabe über die versicherungsrechtliche Absicherung der gesundheitlichen Risiken nach Satz 1 enthalten. Die Einwilligung kann schriftlich oder mündlich widerrufen werden. Satz 3 gilt nicht im Fall der beabsichtigten Entnahme von Knochenmark.

(3) Bei einem Lebenden darf die Entnahme von Organen erst durchgeführt werden, nachdem sich der Spender und der Empfänger, die Entnahme von Geweben erst, nachdem sich der Spender zur Teilnahme an einer ärztlich empfohlenen Nachbetreuung bereit erklärt hat. Weitere Voraussetzung für die Entnahme von Organen bei einem Lebenden ist, dass die nach Landesrecht zuständige Kommission gutachtlich dazu Stellung genommen hat, ob begründete tatsächliche

Anhaltspunkte dafür vorliegen, dass die Einwilligung in die Organspende nicht freiwillig erfolgt oder das Organ Gegenstand verbotenen Handeltreibens nach § 17 ist. Der Kommission muss ein Arzt, der weder an der Entnahme noch an der Übertragung von Organen beteiligt ist, noch Weisungen eines Arztes untersteht, der an solchen Maßnahmen beteiligt ist, eine Person mit der Befähigung zum Richteramt und eine in psychologischen Fragen erfahrene Person angehören. Das Nähere, insbesondere zur Zusammensetzung der Kommission, zum Verfahren und zur Finanzierung, wird durch Landesrecht bestimmt.

§ 8a Entnahme von Knochenmark bei minderjährigen Personen

Die Entnahme von Knochenmark bei einer minderjährigen Person zum Zwecke der Übertragung ist abweichend von § 8 Abs. 1 Satz 1 Nr. 1 Buchstabe a und b sowie Nr. 2 mit folgender Maßgabe zulässig:

1. Die Verwendung des Knochenmarks ist für Verwandte ersten Grades oder Geschwister der minderjährigen Person vorgesehen.
2. Die Übertragung des Knochenmarks auf den vorgesehenen Empfänger ist nach ärztlicher Beurteilung geeignet, bei ihm eine lebensbedrohende Krankheit zu heilen.
3. Ein geeigneter Spender nach § 8 Abs. 1 Satz 1 Nr. 1 steht im Zeitpunkt der Entnahme des Knochenmarks nicht zur Verfügung.
4. Der gesetzliche Vertreter ist entsprechend § 8 Abs. 2 aufgeklärt worden und hat in die Entnahme und die Verwendung des Knochenmarks eingewilligt. § 1627 des Bürgerlichen Gesetzbuchs ist anzuwenden. Die minderjährige Person ist durch einen Arzt entsprechend § 8 Abs. 2 aufzuklären, soweit dies im Hinblick auf ihr Alter und ihre geistige Reife möglich ist. Lehnt die minderjährige Person die beabsichtigte Entnahme oder Verwendung ab oder bringt sie dies in sonstiger Weise zum Ausdruck, so ist dies zu beachten.
5. Ist die minderjährige Person in der Lage, Wesen, Bedeutung und Tragweite der Entnahme zu erkennen und ihren Willen hiernach auszurichten, so ist auch ihre Einwilligung erforderlich.

Soll das Knochenmark der minderjährigen Person für Verwandte ersten Grades verwendet werden, hat der gesetzliche Vertreter dies dem Familiengericht unverzüglich anzuzeigen, um eine Entscheidung nach § 1629 Abs. 2 Satz 3 in Verbindung mit § 1796 des Bürgerlichen Gesetzbuchs herbeizuführen.

§ 8b Entnahme von Organen und Geweben in besonderen Fällen

(1) Sind Organe oder Gewebe bei einer lebenden Person im Rahmen einer medizinischen Behandlung dieser Person entnommen worden, ist ihre Übertragung

nur zulässig, wenn die Person einwilligungsfähig und entsprechend § 8 Abs. 2 Satz 1 und 2 aufgeklärt worden ist und in diese Übertragung der Organe oder Gewebe eingewilligt hat. Für die Aufzeichnung der Aufklärung und der Einwilligung gilt § 8 Abs. 2 Satz 4 entsprechend.

(2) Absatz 1 gilt entsprechend für die Gewinnung von menschlichen Samenzellen, die für eine medizinisch unterstützte Befruchtung bestimmt sind.

(3) Für einen Widerruf der Einwilligung gilt § 8 Abs. 2 Satz 6 entsprechend.

§ 8c Entnahme von Organen und Geweben zur Rückübertragung

(1) Die Entnahme von Organen oder Geweben zum Zwecke der Rückübertragung ist bei einer lebenden Person nur zulässig, wenn

1. die Person
   a) einwilligungsfähig ist,
   b) entsprechend § 8 Abs. 2 Satz 1 und 2 aufgeklärt worden ist und in die Entnahme und die Rückübertragung des Organs oder Gewebes eingewilligt hat,
2. die Entnahme und die Rückübertragung des Organs oder Gewebes im Rahmen einer medizinischen Behandlung erfolgen und nach dem allgemein anerkannten Stand der medizinischen Wissenschaft für diese Behandlung erforderlich sind und
3. die Entnahme und die Rückübertragung durch einen Arzt vorgenommen werden.

(2) Die Entnahme von Organen oder Geweben zum Zwecke der Rückübertragung bei einer Person, die nicht in der Lage ist, Wesen, Bedeutung und Tragweite der vorgesehenen Entnahme zu erkennen und ihren Willen hiernach auszurichten, ist abweichend von Absatz 1 Nr. 1 nur zulässig, wenn der gesetzliche Vertreter oder ein Bevollmächtigter entsprechend § 8 Abs. 2 Satz 1 und 2 aufgeklärt worden ist und in die Entnahme und die Rückübertragung des Organs oder Gewebes eingewilligt hat. Die §§ 1627, 1901 Abs. 2 und 3 sowie § 1904 des Bürgerlichen Gesetzbuchs sind anzuwenden.

(3) Die Entnahme von Organen oder Geweben zum Zwecke der Rückübertragung bei einem lebenden Embryo oder Fötus ist unter den Voraussetzungen des Absatzes 1 Nr. 2 und 3 nur zulässig, wenn die Frau, die mit dem Embryo oder Fötus schwanger ist, entsprechend § 8 Abs. 2 Satz 1 und 2 aufgeklärt worden ist und in die Entnahme und die Rückübertragung des Organs oder Gewebes eingewilligt hat. Ist diese Frau nicht in der Lage, Wesen, Bedeutung und Tragweite der vorgesehenen Entnahme zu erkennen und ihren Willen hiernach auszurichten, gilt Absatz 2 entsprechend.

(4) Für die Aufzeichnung der Aufklärung und der Einwilligung gilt § 8 Abs. 2 Satz 4 entsprechend.

(5) Für einen Widerruf der Einwilligung gilt § 8 Abs. 2 Satz 6 entsprechend.

Abschnitt 3a Gewebeeinrichtungen, Untersuchungslabore, Register

§ 8d Besondere Pflichten der Gewebeeinrichtungen

(1) Eine Gewebeeinrichtung, die Gewebe entnimmt oder untersucht, darf unbeschadet der Vorschriften des Arzneimittelrechts nur betrieben werden, wenn sie einen Arzt bestellt hat, der die erforderliche Sachkunde nach dem Stand der medizinischen Wissenschaft besitzt. Die Gewebeeinrichtung ist verpflichtet,

1. die Anforderungen an die Entnahme von Geweben nach dem Stand der medizinischen Wissenschaft und Technik einzuhalten, insbesondere an die Spenderidentifikation, das Entnahmeverfahren und die Spenderdokumentation,
2. sicherzustellen, dass nur Gewebe von Spendern entnommen werden, bei denen eine ärztliche Beurteilung nach dem Stand der medizinischen Wissenschaft und Technik ergeben hat, dass der Spender dafür medizinisch geeignet ist,
3. sicherzustellen, dass die für Gewebespender nach dem Stand der medizinischen Wissenschaft und Technik erforderlichen Laboruntersuchungen in einem Untersuchungslabor nach § 8e durchgeführt werden,
4. sicherzustellen, dass die Gewebe für die Aufbereitung, Be- oder Verarbeitung, Konservierung oder Aufbewahrung nur freigegeben werden, wenn die ärztliche Beurteilung nach Nummer 2 und die Laboruntersuchungen nach Nummer 3 ergeben haben, dass die Gewebe für diese Zwecke geeignet sind,
5. vor und nach einer Gewebeentnahme bei lebenden Spendern Maßnahmen für eine erforderliche medizinische Versorgung der Spender sicherzustellen und
6. eine Qualitätssicherung für die Maßnahmen nach den Nummern 2 bis 5 sicherzustellen.

Das Nähere regelt eine Rechtsverordnung nach § 16a.

(2) Eine Gewebeeinrichtung hat unbeschadet ärztlicher Dokumentationspflichten jede Gewebeentnahme und -abgabe und die damit verbundenen Maßnahmen sowie die Angaben über Produkte und Materialien, die mit den entnommenen oder abgegebenen Geweben in Berührung kommen, für die in diesem Gesetz geregelten Zwecke, für Zwecke der Rückverfolgung, für Zwecke einer medizinischen

Versorgung des Spenders und für Zwecke der Risikoerfassung und Überwachung nach den Vorschriften des Arzneimittelgesetzes oder anderen Rechtsvorschriften nach Maßgabe einer Rechtsverordnung nach § 16a zu dokumentieren.

(3) Jede Gewebeeinrichtung führt eine Dokumentation über ihre Tätigkeit einschließlich der Angaben zu Art und Menge der entnommenen, untersuchten, aufbereiteten, be- oder verarbeiteten, konservierten, aufbewahrten, abgegebenen oder anderweitig verwendeten, eingeführten und ausgeführten Gewebe sowie des Ursprungs- und des Bestimmungsortes der Gewebe und macht eine Darstellung ihrer Tätigkeit öffentlich zugänglich. Sie übermittelt der zuständigen Bundesoberbehörde jährlich einen Bericht mit den Angaben zu Art und Menge der entnommenen, aufbereiteten, be- oder verarbeiteten, aufbewahrten, abgegebenen oder anderweitig verwendeten, eingeführten und ausgeführten Gewebe. Der Bericht erfolgt auf einem Formblatt, das die Bundesoberbehörde herausgegeben und im Bundesanzeiger bekannt gemacht hat. Das Formblatt kann auch elektronisch zur Verfügung gestellt und genutzt werden. Der Bericht ist nach Ablauf des Kalenderjahres, spätestens bis zum 1. März des folgenden Jahres zu übermitteln. Die zuständige Bundesoberbehörde stellt die von den Gewebeeinrichtungen übermittelten Angaben anonymisiert in einem Gesamtbericht zusammen und macht diesen öffentlich bekannt. Ist der Bericht einer Gewebeeinrichtung unvollständig oder liegt er bis zum Ablauf der Frist nach Satz 5 nicht vor, unterrichtet die zuständige Bundesoberbehörde die für die Überwachung zuständige Behörde. Die Gewebeeinrichtungen übersenden der zuständigen Behörde mindestens alle zwei Jahre oder auf Anforderung eine Liste der belieferten Einrichtungen der medizinischen Versorgung.

§ 8e Untersuchungslabore

Die für Gewebespender nach § 8d Abs. 1 Satz 2 Nr. 3 vorgeschriebenen Laboruntersuchungen dürfen nur von einem Untersuchungslabor vorgenommen werden, für das eine Erlaubnis nach den Vorschriften des Arzneimittelgesetzes erteilt worden ist. Das Untersuchungslabor ist verpflichtet, eine Qualitätssicherung für die nach § 8d Abs. 1 Satz 2 Nr. 3 vorgeschriebenen Laboruntersuchungen sicherzustellen.

§ 8f Register über Gewebeeinrichtungen

(1) Das Deutsche Institut für Medizinische Dokumentation und Information führt ein öffentlich zugängliches Register über die im Geltungsbereich dieses Gesetzes tätigen Gewebeeinrichtungen und stellt seinen laufenden Betrieb sicher. Das Register enthält Angaben zu den Gewebeeinrichtungen und ihrer Erreichbarkeit sowie zu den Tätigkeiten, für die jeweils die Herstellungserlaubnis, die

Erlaubnis für die Be- oder Verarbeitung, Konservierung, Lagerung oder das Inverkehrbringen oder die Einfuhrerlaubnis nach den Vorschriften des Arzneimittelgesetzes erteilt worden ist. Die zuständigen Behörden der Länder übermitteln dem Deutschen Institut für Medizinische Dokumentation und Information die Angaben nach Satz 2. Das Deutsche Institut für Medizinische Dokumentation und Information kann für die Benutzung des Registers Entgelte verlangen. Der Entgeltkatalog bedarf der Zustimmung des Bundesministeriums für Gesundheit im Benehmen mit dem Bundesministerium der Finanzen. Von der Zahlung von Entgelten sind die zuständigen Behörden der Länder und die Europäische Kommission befreit.

(2) Das Bundesministerium für Gesundheit kann durch Rechtsverordnung mit Zustimmung des Bundesrates die in das Register aufzunehmenden Angaben nach Absatz 1 Satz 2 im Einzelnen bestimmen sowie Näheres zu ihrer Übermittlung durch die zuständigen Behörden der Länder und der Benutzung des Registers regeln. In der Rechtsverordnung kann auch eine Übermittlung der Angaben an Einrichtungen und Behörden innerhalb und außerhalb des Geltungsbereichs dieses Gesetzes vorgesehen werden.

Abschnitt 4
Vermittlung und Übertragung bestimmter Organe, Transplantationszentren, Zusammenarbeit bei der Entnahme von Organen und Geweben

§ 9 Zulässigkeit der Organübertragung, Vorrang der Organspende

(1) Die Übertragung von Herz, Niere, Leber, Lunge, Bauchspeicheldrüse und Darm darf nur in dafür zugelassenen Transplantationszentren (§ 10) vorgenommen werden. Die Übertragung vermittlungspflichtiger Organe ist nur zulässig, wenn die Organe durch die Vermittlungsstelle unter Beachtung der Regelungen nach § 12 vermittelt worden sind. Sind vermittlungspflichtige Organe im Geltungsbereich dieses Gesetzes entnommen worden, ist ihre Übertragung darüber hinaus nur zulässig, wenn die Entnahme unter Beachtung der Regelungen nach § 11 durchgeführt wurde.

(2) Die mögliche Entnahme und Übertragung eines vermittlungspflichtigen Organs hat Vorrang vor der Entnahme von Geweben; sie darf nicht durch eine Gewebeentnahme beeinträchtigt werden. Die Entnahme von Geweben bei einem möglichen Spender vermittlungspflichtiger Organe nach § 11 Abs. 4 Satz 2 ist erst dann zulässig, wenn eine von der Koordinierungsstelle beauftragte Person doku-

mentiert hat, dass die Entnahme oder Übertragung von vermittlungspflichtigen Organen nicht möglich ist oder durch die Gewebeentnahme nicht beeinträchtigt wird.

§ 10 Transplantationszentren

(1) Transplantationszentren sind Krankenhäuser oder Einrichtungen an Krankenhäusern, die nach § 108 des Fünften Buches Sozialgesetzbuch oder nach anderen gesetzlichen Bestimmungen für die Übertragung von in § 9 Abs. 1 Satz 1 genannten Organen zugelassen sind. Bei der Zulassung nach § 108 des Fünften Buches Sozialgesetzbuch sind Schwerpunkte für die Übertragung dieser Organe zu bilden, um eine bedarfsgerechte, leistungsfähige und wirtschaftliche Versorgung zu gewährleisten und die erforderliche Qualität der Organübertragung zu sichern.

(2) Die Transplantationszentren sind verpflichtet,

1. Wartelisten der zur Organübertragung angenommenen Patienten mit den für die Organvermittlung nach § 12 erforderlichen Angaben zu führen sowie unverzüglich über die Annahme eines Patienten zur Organübertragung und seine Aufnahme in die Warteliste zu entscheiden und den behandelnden Arzt darüber zu unterrichten, ebenso über die Herausnahme eines Patienten aus der Warteliste,
2. über die Aufnahme in die Warteliste nach Regeln zu entscheiden, die dem Stand der Erkenntnisse der medizinischen Wissenschaft entsprechen, insbesondere nach Notwendigkeit und Erfolgsaussicht einer Organübertragung,
3. die auf Grund der §§ 11 und 12 getroffenen Regelungen zur Organentnahme und Organvermittlung einzuhalten,
4. jede Organübertragung unverzüglich so zu dokumentieren, dass eine lückenlose Rückverfolgung der Organe vom Empfänger zum Spender ermöglicht wird; bei der Übertragung von vermittlungspflichtigen Organen ist die Kenn-Nummer (§ 13 Abs. 1 Satz 1) anzugeben, um eine Rückverfolgung durch die Koordinierungsstelle zu ermöglichen,
5. vor und nach einer Organübertragung Maßnahmen für eine erforderliche psychische Betreuung der Patienten im Krankenhaus sicherzustellen und
6. nach Maßgabe der Vorschriften des Fünften Buches Sozialgesetzbuch Maßnahmen zur Qualitätssicherung, die auch einen Vergleich mit anderen Transplantationszentren ermöglichen, im Rahmen ihrer Tätigkeit nach diesem Gesetz durchzuführen; dies gilt für die Nachbetreuung von Organspendern nach § 8 Abs. 3 Satz 1 entsprechend.

§ 11 Zusammenarbeit bei der Entnahme von Organen und Geweben, Koordinierungsstelle

(1) Die Entnahme von vermittlungspflichtigen Organen einschließlich der Vorbereitung von Entnahme, Vermittlung und Übertragung ist gemeinschaftliche Aufgabe der Transplantationszentren und der anderen Krankenhäuser in regionaler Zusammenarbeit. Zur Organisation dieser Aufgabe errichten oder beauftragen der Spitzenverband Bund der Krankenkassen, die Bundesärztekammer und die Deutsche Krankenhausgesellschaft oder die Bundesverbände der Krankenhausträger gemeinsam eine geeignete Einrichtung (Koordinierungsstelle). Sie muß auf Grund einer finanziell und organisatorisch eigenständigen Trägerschaft, der Zahl und Qualifikation ihrer Mitarbeiter, ihrer betrieblichen Organisation sowie ihrer sachlichen Ausstattung die Gewähr dafür bieten, daß die Maßnahmen nach Satz 1 in Zusammenarbeit mit den Transplantationszentren und den anderen Krankenhäusern nach den Vorschriften dieses Gesetzes durchgeführt werden. Die Transplantationszentren müssen in der Koordinierungsstelle angemessen vertreten sein.

(2) Der Spitzenverband Bund der Krankenkassen, die Bundesärztekammer, die Deutsche Krankenhausgesellschaft oder die Bundesverbände der Krankenhausträger gemeinsam und die Koordinierungsstelle regeln durch Vertrag die Aufgaben der Koordinierungsstelle mit Wirkung für die Transplantationscentren und die anderen Krankenhäuser. Der Vertrag regelt insbesondere

1. die Anforderungen an die im Zusammenhang mit einer Organentnahme zum Schutz der Organempfänger erforderlichen Maßnahmen sowie die Rahmenregelungen für die Zusammenarbeit der Beteiligten,
2. die Zusammenarbeit und den Erfahrungsaustausch mit der Vermittlungsstelle,
3. die Unterstützung der Transplantationszentren bei Maßnahmen zur Qualitätssicherung,
4. den Ersatz angemessener Aufwendungen der Koordinierungsstelle für die Erfüllung ihrer Aufgaben nach diesen Gesetz einschließlich der Abgeltung von Leistungen, die Transplantationszentren und andere Krankenhäuser im Rahmen der Organentnahme erbringen.

(3) Der Vertrag nach den Absätzen 1 und 2 sowie seine Änderung bedarf der Genehmigung durch das Bundesministerium für Gesundheit und ist im Bundesanzeiger bekanntzumachen. Die Genehmigung ist zu erteilen, wenn der Vertrag oder seine Änderung den Vorschriften dieses Gesetzes und sonstigem Recht entspricht. Der Spitzenverband Bund der Krankenkassen, die Bundesärztekammer und die Deutsche Krankenhausgesellschaft oder die Bundesverbände der Krankenhausträger gemeinsam überwachen die Einhaltung der Vertragsbestimmungen.

(4) Die Transplantationszentren und die anderen Krankenhäuser sind verpflichtet, untereinander und mit der Koordinierungsstelle zur Entnahme vermittlungspflichtiger Organe sowie zur Entnahme von Geweben bei möglichen Spendern vermittlungspflichtiger Organe zusammenzuarbeiten. Die Krankenhäuser sind verpflichtet, den endgültigen, nicht behebbaren Ausfall der Gesamtfunktion des Großhirns, des Kleinhirns und des Hirnstamms von Patienten, die nach ärztlicher Beurteilung als Spender vermittlungspflichtiger Organe in Betracht kommen, dem zuständigen Transplantationszentrum mitzuteilen, das die Koordinierungsstelle unterrichtet. Kommen diese Patienten zugleich als Gewebespender in Betracht, ist dies gleichzeitig mitzuteilen. Das zuständige Transplantationszentrum klärt in Zusammenarbeit mit der Koordinierungsstelle, ob die Voraussetzungen für eine Organ- oder Gewebeentnahme vorliegen. Hierzu erhebt das zuständige Transplantationszentrum die Personalien dieser Patienten und weitere für die Durchführung der Organentnahme und -vermittlung oder der Gewebeentnahme erforderliche personenbezogene Daten. Die Krankenhäuser sind verpflichtet, dem zuständigen Transplantationszentrum diese Daten zu übermitteln; dieses übermittelt die Daten an die Koordinierungsstelle.

(5) Die Koordinierungsstelle veröffentlicht jährlich einen Bericht, der die Tätigkeit jedes Transplantationszentrums im vergangenen Kalenderjahr nach einheitlichen Vorgaben darstellt und insbesondere folgende, nicht personenbezogene Angaben en thält:

1. Zahl und Art der durchgeführten Organübertragungen nach § 9 und ihre Ergebnisse, getrennt nach Organen von Spendern nach den §§ 3 und 4 sowie nach § 8,
2. die Entwicklung der Warteliste, insbesondere aufgenommene, transplantierte, aus anderen Gründen ausgeschiedene sowie verstorbene Patienten,
3. die Gründe für die Aufnahme oder Nichtaufnahme in die Warteliste,
4. Altersgruppe, Geschlecht, Familienstand und Versichertenstatus der zu den Nummern 1 bis 3 betroffenen Patienten,
5. die Nachbetreuung der Spender nach § 8 Abs. 3 Satz 1 und die Dokumentation ihrer durch die Organspende bedingten gesundheitlichen Risiken,
6. die durchgeführten Maßnahmen zur Qualitätssicherung nach § 10 Abs. 2 Nr. 6.

In dem Vertrag nach Absatz 2 können einheitliche Vorgaben für den Tätigkeitsbericht und die ihm zugrundeliegenden Angaben der Transplantationszentren vereinbart werden.

(6) (weggefallen)

§ 12 Organvermittlung, Vermittlungsstelle

(1) Zur Vermittlung der vermittlungspflichtigen Organe errichten oder beauftragen der Spitzenverband Bund der Krankenkassen, die Bundesärztekammer und die Deutsche Krankenhausgesellschaft oder die Bundesverbände der Krankenhausträger gemeinsam eine geeignete Einrichtung (Vermittlungsstelle). Sie muß auf Grund einer finanziell und organisatorisch eigenständigen Trägerschaft, der Zahl und Qualifikation ihrer Mitarbeiter, ihrer betrieblichen Organisation sowie ihrer sachlichen Ausstattung die Gewähr dafür bieten, daß die Organvermittlung nach den Vorschriften dieses Gesetzes erfolgt. Soweit sie Organe vermittelt, die außerhalb des Geltungsbereichs dieses Gesetzes entnommen werden, muß sie auch gewährleisten, daß die zum Schutz der Organempfänger erforderlichen Maßnahmen nach dem Stand der Erkenntnisse der medizinischen Wissenschaft durchgeführt werden. Es dürfen nur Organe vermittelt werden, die im Einklang mit den am Ort der Entnahme geltenden Rechtsvorschriften entnommen worden sind, soweit deren Anwendung nicht zu einem Ergebnis führt, das mit wesentlichen Grundsätzen des deutschen Rechts, insbesondere mit den Grundrechten, offensichtlich unvereinbar ist.

(2) Als Vermittlungsstelle kann auch eine geeignete Einrichtung beauftragt werden, die ihren Sitz außerhalb des Geltungsbereichs dieses Gesetzes hat und die Organe im Rahmen eines internationalen Organaustausches unter Anwendung der Vorschriften dieses Gesetzes für die Organvermittlung vermittelt. Dabei ist sicherzustellen, daß die Vorschriften der §§ 14 und 15 sinngemäß Anwendung finden; eine angemessene Datenschutzaufsicht muß gewährleistet sein.

(3) Die vermittlungspflichtigen Organe sind von der Vermittlungsstelle nach Regeln, die dem Stand der Erkenntnisse der medizinischen Wissenschaft entsprechen, insbesondere nach Erfolgsaussicht und Dringlichkeit für geeignete Patienten zu vermitteln. Die Wartelisten der Transplantationszentren sind dabei als eine einheitliche Warteliste zu behandeln. Die Vermittlungsentscheidung ist für jedes Organ unter Angabe der Gründe zu dokumentieren und unter Verwendung der Kenn-Nummer dem Transplantationszentrum und der Koordinierungsstelle zu übermitteln.

(4) Der Spitzenverband Bund der Krankenkassen, die Bundesärztekammer, die Deutsche Krankenhausgesellschaft oder die Bundesverbände der Krankenhausträger gemeinsam und die Vermittlungsstelle regeln durch Vertrag die Aufgaben der Vermittlungsstelle mit Wirkung für die Transplantationszentren. Der Vertrag regelt insbesondere

1. die Art der von den Transplantationszentren nach § 13 Abs. 3 Satz 3 zu meldenden Angaben über die Patienten sowie die Verwendung dieser Angaben

durch die Vermittlungsstelle in einheitlichen Wartelisten für die jeweiligen Arten der durchzuführenden Organübertragungen,
2. die Erfassung der von der Koordinierungsstelle nach § 13 Abs. 1 Satz 4 gemeldeten Organe,
3. die Vermittlung der Organe nach den Vorschriften des Absatzes 3 sowie Verfahren zur Einhaltung der Vorschriften des Absatzes 1 Satz 3 und 4,
4. die Überprüfung von Vermittlungsentscheidungen in regelmäßigen Abständen durch eine von den Vertragspartnern bestimmte Prüfungskommission,
5. die Zusammenarbeit und den Erfahrungsaustausch mit der Koordinierungsstelle und den Transplantationszentren,
6. eine regelmäßige Berichterstattung der Vermittlungsstelle an die anderen Vertragspartner,
7. den Ersatz angemessener Aufwendungen der Vermittlungsstelle für die Erfüllung ihrer Aufgaben nach diesem Gesetz,
8. eine vertragliche Kündigungsmöglichkeit bei Vertragsverletzungen der Vermittlungsstelle.

(5) Der Vertrag nach den Absätzen 1 und 4 sowie seine Änderung bedarf der Genehmigung durch das Bundesministerium für Gesundheit und ist im Bundesanzeiger bekanntzumachen. Die Genehmigung ist zu erteilen, wenn der Vertrag oder seine Änderung den Vorschriften dieses Gesetzes und sonstigem Recht entspricht. Der Spitzenverband Bund der Krankenkassen, die Bundesärztekammer und die Deutsche Krankenhausgesellschaft oder die Bundesverbände der Krankenhausträger gemeinsam überwachen die Einhaltung der Vertragsbestimmungen.

(6) (weggefallen)

Abschnitt 5
Meldungen, Dokumentation, Rückverfolgung, Datenschutz, Fristen

§ 13 Meldungen, Begleitpapiere vermittlungspflichtiger Organe

(1) Die Koordinierungsstelle verschlüsselt in einem mit den Transplantationszentren abgestimmten Verfahren die personenbezogenen Daten des Organspenders und bildet eine Kenn-Nummer, die ausschließlich der Koordinierungsstelle einen Rückschluss auf die Person des Organspenders ermöglicht. Die Kenn-Nummer ist in die Begleitpapiere für das entnommene Organ aufzunehmen. Die Begleitpapiere enthalten daneben alle für die Organübertragung erforderlichen medizi-

nischen Angaben. Die Koordinierungsstelle meldet das Organ, die Kenn-Nummer und die für die Organvermittlung erforderlichen medizinischen Angaben an die Vermittlungsstelle und übermittelt nach Entscheidung der Vermittlungsstelle die Begleitpapiere an das Transplantationszentrum, in dem das Organ auf den Empfänger übertragen werden soll. Das Nähere wird im Vertrag nach § 11 Abs. 2 geregelt.

(2) Die Koordinierungsstelle darf Angaben aus den Begleitpapieren mit den personenbezogenen Daten des Organspenders zur weiteren Information über diesen nur gemeinsam verwenden, insbesondere zusammenführen und an die Transplantationszentren weitergeben, in denen Organe des Spenders übertragen worden sind, soweit dies zur Abwehr einer zu befürchtenden gesundheitlichen Gefährdung der Organempfänger erforderlich ist.

(3) Der behandelnde Arzt hat Patienten, bei denen die Übertragung vermittlungspflichtiger Organe medizinisch angezeigt ist, mit deren schriftlicher Einwilligung unverzüglich an das Transplantationszentrum zu melden, in dem die Organübertragung vorgenommen werden soll. Die Meldung hat auch dann zu erfolgen, wenn eine Ersatztherapie durchgeführt wird. Die Transplantationszentren melden die für die Organvermittlung erforderlichen Angaben über die in die Wartelisten aufgenommenen Patienten nach deren schriftlicher Einwilligung an die Vermittlungsstelle. Der Patient ist vor der Einwilligung darüber zu unterrichten, an welche Stellen seine personenbezogenen Daten übermittelt werden. Duldet die Meldung nach Satz 1 oder 3 wegen der Gefahr des Todes oder einer schweren Gesundheitsschädigung des Patienten keinen Aufschub, kann sie auch ohne seine vorherige Einwilligung erfolgen; die Einwilligung ist unverzüglich nachträglich einzuholen.

§ 13a Dokumentation übertragener Gewebe durch Einrichtungen der medizinischen Versorgung

Die Einrichtungen der medizinischen Versorgung haben dafür zu sorgen, dass für Zwecke der Rückverfolgung oder für Zwecke der Risikoerfassung nach den Vorschriften des Arzneimittelgesetzes oder anderen Rechtsvorschriften jedes übertragene Gewebe von dem behandelnden Arzt oder unter dessen Verantwortung nach Maßgabe einer Rechtsverordnung nach § 16a dokumentiert wird.

§ 13b Meldung schwerwiegender Zwischenfälle und schwerwiegender unerwünschter Reaktionen bei Geweben

Die Einrichtungen der medizinischen Versorgung haben

1. jeden schwerwiegenden Zwischenfall, der auf die Entnahme, Untersuchung, Aufbereitung, Be- oder Verarbeitung, Konservierung, Aufbewahrung oder

Abgabe einschließlich des Transports der verwendeten Gewebe zurückgeführt werden kann, und
2. jede schwerwiegende unerwünschte Reaktion, die bei oder nach der Übertragung der Gewebe beobachtet wurde und mit der Qualität und Sicherheit der Gewebe im Zusammenhang stehen kann,

unverzüglich nach deren Feststellung zu dokumentieren und der Gewebeeinrichtung, von der sie das Gewebe erhalten haben, unverzüglich nach Satz 2 zu melden. Dabei haben sie alle Angaben, die für die Rückverfolgbarkeit und für die Qualitäts- und Sicherheitskontrolle erforderlich sind, nach Maßgabe einer Rechtsverordnung nach § 16a mitzuteilen.

§ 13c Rückverfolgungsverfahren bei Geweben

(1) Jede Gewebeeinrichtung legt ein Verfahren fest, mit dem sie jedes Gewebe, das durch einen schwerwiegenden Zwischenfall oder eine schwerwiegende unerwünschte Reaktion beeinträchtigt sein könnte, unverzüglich aussondern, von der Abgabe ausschließen und die belieferten Einrichtungen der medizinischen Versorgung unterrichten kann.

(2) Hat eine Gewebeeinrichtung oder eine Einrichtung der medizinischen Versorgung den begründeten Verdacht, dass Gewebe eine schwerwiegende Krankheit auslösen kann, so hat sie der Ursache unverzüglich nachzugehen und das Gewebe von dem Spender zu dem Empfänger oder umgekehrt zurückzuverfolgen. Sie hat ferner vorangegangene Gewebespenden des Spenders zu ermitteln, zu untersuchen und zu sperren, wenn sich der Verdacht bestätigt.

§ 14 Datenschutz

(1) Ist die Koordinierungsstelle, die Vermittlungsstelle oder die Gewebeeinrichtung eine nichtöffentliche Stelle im Geltungsbereich dieses Gesetzes, findet § 38 des Bundesdatenschutzgesetzes mit der Maßgabe Anwendung, dass die Aufsichtsbehörde die Ausführung der Vorschriften über den Datenschutz auch insoweit kontrolliert, als deren Anwendungsbereich weiter ist, als in § 38 Abs. 1 Satz 1 des Bundesdatenschutzgesetzes vorausgesetzt. Dies gilt auch für die Verwendung personenbezogener Daten durch Personen mit Ausnahme des Erklärenden, an die nach § 2 Abs. 4 Auskunft aus dem Organ- und Gewebespenderegister erteilt oder an die die Auskunft weitergegeben worden ist.

(2) Die an der Erteilung oder Weitergabe der Auskunft nach § 2 Abs. 4 beteiligten Personen mit Ausnahme des Erklärenden, die an der Stellungnahme nach § 8 Abs. 3 Satz 2, die an der Mitteilung, Unterrichtung oder Übermittlung nach § 11 Abs. 4 sowie die an der Organ- oder Gewebeentnahme, der Organvermitt-

lung oder -übertragung oder der Gewebeabgabe oder -übertragung beteiligten Personen dürfen personenbezogene Daten der Spender und der Empfänger nicht offenbaren. Dies gilt auch für personenbezogene Daten von Personen, die nach § 3 Abs. 3 Satz 1 über die beabsichtigte oder nach § 4 oder § 4a über eine in Frage kommende Organ- oder Gewebeentnahme unterrichtet worden sind. Die im Rahmen dieses Gesetzes erhobenen personenbezogenen Daten dürfen für andere als in diesem Gesetz genannte Zwecke nicht verwendet werden. Sie dürfen für gerichtliche Verfahren verwendet werden, deren Gegenstand die Verletzung des Offenbarungsverbots nach Satz 1 oder 2 ist. Die in Absatz 1 Satz 1 genannten Stellen haben technische und organisatorische Maßnahmen zu treffen, damit die Daten gegen unbefugtes Hinzufügen, Löschen oder Verändern geschützt sind und keine unbefugte Weitergabe erfolgt.

(3) Von diesen Vorschriften unberührt bleibt im Falle der Samenspende das Recht des Kindes auf Kenntnis der eigenen Abstammung. Im Falle der Knochenmarkspende darf abweichend von Absatz 2 die Identität des Gewebespenders und des Gewebeempfängers gegenseitig oder den jeweiligen Verwandten bekannt gegeben werden, wenn der Gewebespender und der Gewebeempfänger oder ihre gesetzlichen Vertreter darin ausdrücklich eingewilligt haben.

§ 15 Aufbewahrungs- und Löschungsfristen

(1) Die Aufzeichnungen über die Beteiligung nach § 4 Abs. 4, über die Aufklärung nach § 4a Abs. 2, zur Feststellung der Untersuchungsergebnisse nach § 5 Abs. 2 Satz 3 und Abs. 3 Satz 3, zur Aufklärung nach § 8 Abs. 2 Satz 4, auch in Verbindung mit § 8a Satz 1 Nr. 4, § 8b Abs. 1 und 2, § 8c Abs. 1 Nr. 1 Buchstabe b und Abs. 2 und 3 und zur gutachtlichen Stellungnahme nach § 8 Abs. 3 Satz 2 sowie die Dokumentationen der Organentnahme, -vermittlung und -übertragung sind mindestens zehn Jahre aufzubewahren. Die in diesen Aufzeichnungen und Dokumentationen enthaltenen personenbezogenen Daten sind spätestens bis zum Ablauf eines weiteren Jahres zu löschen. Satz 2 ist nicht anzuwenden, wenn die dort genannten Daten zusammen mit den in Absatz 2 genannten Angaben aufbewahrt werden; diese Daten sind spätestens nach Ablauf von 30 Jahren zu löschen oder zu anonymisieren.

(2) Abweichend von Absatz 1 müssen zum Zwecke der Rückverfolgung die nach § 8d Abs. 2 zu dokumentierenden Angaben mindestens 30 Jahre lang nach Ablauf des Verfalldatums des Gewebes und die nach § 13a zu dokumentierenden Daten mindestens 30 Jahre lang nach der Übertragung des Gewebes aufbewahrt werden und unverzüglich verfügbar sein. Nach Ablauf der Aufbewahrungsfrist sind die Angaben zu löschen oder zu anonymisieren.

Abschnitt 5a
Richtlinien zum Stand der Erkenntnisse der medizinischen Wissenschaft, Verordnungsermächtigung

§ 16 Richtlinien zum Stand der Erkenntnisse der medizinischen Wissenschaft bei Organen

(1) Die Bundesärztekammer stellt den Stand der Erkenntnisse der medizinischen Wissenschaft in Richtlinien fest für

1. die Regeln zur Feststellung des Todes nach § 3 Abs. 1 Satz 1 Nr. 2 und die Verfahrensregeln zur Feststellung des endgültigen, nicht behebbaren Ausfalls der Gesamtfunktion des Großhirns, des Kleinhirns und des Hirnstamms nach § 3 Abs. 2 Nr. 2 einschließlich der dazu jeweils erforderlichen ärztlichen Qualifikation,

1a. die Regeln zur Feststellung des Todes nach § 4a Abs. 1 Satz 1 Nr. 1,

2. die Regeln zur Aufnahme in die Warteliste nach § 10 Abs. 2 Nr. 2 einschließlich der Dokumentation der Gründe für die Aufnahme oder die Ablehnung der Aufnahme,
3. die ärztliche Beurteilung nach § 11 Abs. 4 Satz 2,
4. die Anforderungen an die im Zusammenhang mit einer Organentnahme zum Schutz der Organempfänger erforderlichen Maßnahmen einschließlich ihrer Dokumentation, insbesondere an
   a) die Untersuchung des Organspenders, der entnommenen Organe und der Organempfänger, um die gesundheitlichen Risiken für die Organempfänger, insbesondere das Risiko der Übertragung von Krankheiten, so gering wie möglich zu halten,
   b) die Konservierung, Aufbereitung, Aufbewahrung und Beförderung der Organe, um diese in einer zur Übertragung oder zur weiteren Aufbereitung und Aufbewahrung vor einer Übertragung geeigneten Beschaffenheit zu erhalten,
5. die Regeln zur Organvermittlung nach § 12 Abs. 3 Satz 1 und
6. die Anforderungen an die im Zusammenhang mit einer Organentnahme und -übertragung erforderlichen Maßnahmen zur Qualitätssicherung.

Die Einhaltung des Standes der Erkenntnisse der medizinischen Wissenschaft wird vermutet, wenn die Richtlinien der Bundesärztekammer beachtet worden sind.

(2) Bei der Erarbeitung der Richtlinien nach Absatz 1 Satz 1 Nr. 1, 1a und 5 sollen Ärzte, die weder an der Entnahme noch an der Übertragung von Organen beteiligt sind, noch Weisungen eines Arztes unterstehen, der an solchen Maßnahmen beteiligt ist, bei der Erarbeitung der Richtlinien nach Absatz 1 Satz 1 Nr. 2 und 5 Personen mit der Befähigung zum Richteramt und Personen aus dem Kreis der Patienten, bei der Erarbeitung von Richtlinien nach Absatz 1 Satz 1 Nr. 5 ferner Personen aus dem Kreis der Angehörigen von Organspendern nach § 3 oder § 4 angemessen vertreten sein.

§ 16a Verordnungsermächtigung

Das Bundesministerium für Gesundheit kann durch Rechtsverordnung mit Zustimmung des Bundesrates nach Anhörung der Bundesärztekammer und weiterer Sachverständiger die Anforderungen an Qualität und Sicherheit der Entnahme von Geweben und deren Übertragung regeln, sofern dies zur Abwehr von Gefahren für die Gesundheit von Menschen oder zur Risikovorsorge erforderlich ist. In der Rechtsverordnung kann insbesondere das Nähere zu den Anforderungen an

1. die Entnahme und Übertragung von Geweben einschließlich ihrer Dokumentation und an den Schutz der dokumentierten Daten,
2. die ärztliche Beurteilung der medizinischen Eignung als Gewebespender,
3. die Untersuchung der Gewebespender,
4. die Meldung von Qualitäts- und Sicherheitsmängeln und schwerwiegenden unerwünschten Reaktionen durch Einrichtungen der medizinischen Versorgung und
5. die Aufklärung und die Einholung der Einwilligung der Gewebespender oder der Zustimmung zu einer Gewebeentnahme

geregelt werden. Das Bundesministerium für Gesundheit kann die Ermächtigung nach Satz 1 durch Rechtsverordnung ohne Zustimmung des Bundesrates auf die zuständige Bundesoberbehörde übertragen.

§ 16b Richtlinien zum Stand der Erkenntnisse der medizinischen Wissenschaft zur Entnahme von Geweben und deren Übertragung

(1) Die Bundesärztekammer kann ergänzend zu den Vorschriften der Rechtsverordnung nach § 16a in Richtlinien den allgemein anerkannten Stand der Erkenntnisse der medizinischen Wissenschaft im Einvernehmen mit der zuständigen Bundesoberbehörde zur Entnahme von Geweben und deren Übertragung feststellen, insbesondere zu den Anforderungen an

1. die ärztliche Beurteilung der medizinischen Eignung als Gewebespender,
2. die Untersuchung der Gewebespender und

3. die Entnahme, Übertragung und Anwendung von menschlichen Geweben.

Bei der Erarbeitung der Richtlinien ist die angemessene Beteiligung von Sachverständigen der betroffenen Fach- und Verkehrskreise einschließlich der zuständigen Behörden von Bund und Ländern sicherzustellen. Die Richtlinien werden von der zuständigen Bundesoberbehörde im Bundesanzeiger bekannt gemacht.

(2) Die Einhaltung des Standes der Erkenntnisse der medizinischen Wissenschaft wird vermutet, wenn die Richtlinien der Bundesärztekammer nach Absatz 1 beachtet worden sind.

Abschnitt 6
Verbotsvorschriften

§ 17 Verbot des Organ- und Gewebehandels

(1) Es ist verboten, mit Organen oder Geweben, die einer Heilbehandlung eines anderen zu dienen bestimmt sind, Handel zu treiben. Satz 1 gilt nicht für

1. die Gewährung oder Annahme eines angemessenen Entgelts für die zur Erreichung des Ziels der Heilbehandlung gebotenen Maßnahmen, insbesondere für die Entnahme, die Konservierung, die weitere Aufbereitung einschließlich der Maßnahmen zum Infektionsschutz, die Aufbewahrung und die Beförderung der Organe oder Gewebe, sowie
2. Arzneimittel, die aus oder unter Verwendung von Organen oder Geweben hergestellt sind und den Vorschriften über die Zulassung nach § 21 des Arzneimittelgesetzes, auch in Verbindung mit § 37 des Arzneimittelgesetzes, oder der Registrierung nach § 38 oder § 39a des Arzneimittelgesetzes unterliegen oder durch Rechtsverordnung nach § 36 des Arzneimittelgesetzes von der Zulassung oder nach § 39 Abs. 3 des Arzneimittelgesetzes von der Registrierung freigestellt sind, oder Wirkstoffe im Sinne des § 4 Abs. 19 des Arzneimittelgesetzes, die aus oder unter Verwendung von Zellen hergestellt sind.

(2) Ebenso ist verboten, Organe oder Gewebe, die nach Absatz 1 Satz 1 Gegenstand verbotenen Handeltreibens sind, zu entnehmen, auf einen anderen Menschen zu übertragen oder sich übertragen zu lassen.

Abschnitt 7
Straf- und Bußgeldvorschriften

§ 18 Organ- und Gewebehandel

(1) Wer entgegen § 17 Abs. 1 Satz 1 mit einem Organ oder Gewebe Handel treibt oder entgegen § 17 Abs. 2 ein Organ oder Gewebe entnimmt, überträgt oder sich übertragen lässt, wird mit Freiheitsstrafe bis zu fünf Jahren oder mit Geldstrafe bestraft.

(2) Handelt der Täter in den Fällen des Absatzes 1 gewerbsmäßig, ist die Strafe Freiheitsstrafe von einem Jahr bis zu fünf Jahren.

(3) Der Versuch ist strafbar.

(4) Das Gericht kann bei Organ- oder Gewebespendern, deren Organe oder Gewebe Gegenstand verbotenen Handeltreibens waren, und bei Organ- oder Gewebeempfängern von einer Bestrafung nach Absatz 1 absehen oder die Strafe nach seinem Ermessen mildern (§ 49 Abs. 2 des Strafgesetzbuchs).

§ 19 Weitere Strafvorschriften

(1) Wer

1. entgegen § 8 Abs. 1 Satz 1 Nr. 1 Buchstabe a oder Buchstabe b oder Nr. 4 oder § 8c Abs. 1 Nr. 1 oder Nr. 3, Abs. 2 Satz 1, auch in Verbindung mit Abs. 3 Satz 2, oder § 8c Abs. 3 Satz 1 ein Organ oder Gewebe entnimmt,
2. entgegen § 8 Abs. 1 Satz 2 ein Organ entnimmt oder
3. entgegen § 8b Abs. 1 Satz 1, auch in Verbindung mit Abs. 2, ein Organ oder Gewebe zur Übertragung auf eine andere Person verwendet oder menschliche Samenzellen gewinnt,

wird mit Freiheitsstrafe bis zu fünf Jahren oder mit Geldstrafe bestraft.

(2) Wer entgegen § 3 Abs. 1 Satz 1 oder Abs. 2, § 4 Abs. 1 Satz 2 oder § 4a Abs. 1 Satz 1 ein Organ oder Gewebe entnimmt, wird mit Freiheitsstrafe bis zu drei Jahren oder mit Geldstrafe bestraft.

(3) Wer

1. entgegen § 2 Abs. 4 Satz 1 oder Satz 3 eine Auskunft erteilt oder weitergibt,
2. entgegen § 13 Abs. 2 eine Angabe verwendet oder
3. entgegen § 14 Abs. 2 Satz 1, auch in Verbindung mit Satz 2, oder Satz 3 personenbezogene Daten offenbart oder verwendet,

wird mit Freiheitsstrafe bis zu einem Jahr oder mit Geldstrafe bestraft.

(4) In den Fällen der Absätze 1 und 2 ist der Versuch strafbar.

(5) Handelt der Täter in den Fällen des Absatzes 2 fahrlässig, ist die Strafe Freiheitsstrafe bis zu einem Jahr oder Geldstrafe.

§ 20 Bußgeldvorschriften

(1) Ordnungswidrig handelt, wer vorsätzlich oder fahrlässig

1. entgegen § 5 Abs. 2 Satz 3 oder Abs. 3 Satz 3 eine Aufzeichnung nicht, nicht richtig, nicht vollständig oder nicht rechtzeitig macht,
2. entgegen § 8d Abs. 1 Satz 2 Nr. 3 in Verbindung mit einer Rechtsverordnung nach § 16a Satz 2 Nr. 3 nicht sicherstellt, dass eine Laboruntersuchung durchgeführt wird,
3. entgegen § 8d Abs. 2 in Verbindung mit einer Rechtsverordnung nach § 16a Satz 2 Nr. 1 eine Gewebeentnahme, eine Gewebeabgabe, eine damit verbundene Maßnahme oder eine dort genannte Angabe nicht, nicht richtig, nicht vollständig oder nicht rechtzeitig dokumentiert,
4. entgegen § 9 Abs. 1 ein Organ überträgt,
5. entgegen § 10 Abs. 2 Nr. 4 die Organübertragung nicht, nicht richtig, nicht vollständig oder nicht rechtzeitig dokumentiert,
6. entgegen § 13a in Verbindung mit einer Rechtsverordnung nach § 16a Satz 2 Nr. 1 nicht dafür sorgt, dass ein übertragenes Gewebe dokumentiert wird,
7. entgegen § 13b Satz 1 in Verbindung mit einer Rechtsverordnung nach § 16a Satz 2 Nr. 4 einen Qualitäts- oder Sicherheitsmangel oder eine schwerwiegende unerwünschte Reaktion nicht, nicht richtig, nicht rechtzeitig oder nicht vollständig dokumentiert oder eine Meldung nicht, nicht richtig, nicht vollständig oder nicht rechtzeitig macht,
8. einer Rechtsverordnung nach § 16a Satz 1 oder einer vollziehbaren Anordnung auf Grund einer solchen Rechtsverordnung zuwiderhandelt, soweit die Rechtsverordnung für einen bestimmten Tatbestand auf diese Bußgeldvorschrift verweist.

(2) Die Ordnungswidrigkeit kann mit einer Geldbuße bis zu dreißigtausend Euro geahndet werden.

Abschnitt 8
Schlussvorschriften

§ 21 Zuständige Bundesoberbehörde

Zuständige Bundesoberbehörde im Sinne dieses Gesetzes ist das Paul-Ehrlich-Institut.

§ 22 Verhältnis zu anderen Rechtsbereichen

Die Vorschriften des Embryonenschutzgesetzes und des Stammzellgesetzes bleiben unberührt.

§ 23 Bundeswehr

Im Geschäftsbereich des Bundesministeriums der Verteidigung obliegt der Vollzug dieses Gesetzes bei der Überwachung den zuständigen Stellen und Sachverständigen der Bundeswehr.

§ 24

(Änderung des Strafgesetzbuchs)

§ 25 Übergangsregelungen

(1) Bei Inkrafttreten dieses Gesetzes bestehende Verträge über Regelungsgegenstände nach § 11 gelten weiter, bis sie durch Vertrag nach § 11 Abs. 1 und 2 abgelöst oder durch Rechtsverordnung nach § 11 Abs. 6 ersetzt werden.

(2) Bei Inkrafttreten dieses Gesetzes bestehende Verträge über Regelungsgegenstände nach § 12 gelten weiter, bis sie durch Vertrag nach § 12 Abs. 1 und 4 abgelöst oder durch Rechtsverordnung nakch § 12 Abs. 6 ersetzt werden.

§ 26 (Inkrafttreten, Außerkrafttreten)

-